公元前172年铸造的长信宫灯是汉代青铜鎏金灯具之一

阿伽门农面具是希腊青铜时代晚期的文明，它由伯罗奔尼撒半岛的迈锡尼城而得名

中国四川广汉三星堆出土的青铜纵目面具

U0943587

于克诺索斯发掘的牛首塑像

图坦卡蒙是古埃及新王国时期第十八王朝的一位法老。图坦卡蒙为现代人广为熟知是因为他的坟墓在三千年的时间内从未被盗，直到1922年才被英国人哈瓦德·卡特发现，挖掘出大量珍宝，震惊了西方世界。

玛雅神庙金字塔遗址

罗马古罗马球斗兽场遗址

柬埔寨吴哥遗迹

希腊古代竞技场遗址

泰国清迈古庙遗址

古希腊阿波罗神庙遗址

古印度寺庙遗址

秘鲁印加马丘比丘遗址

土耳其以弗所遗址

欧洲古代石堆石砌遗址

西安秦朝兵马俑

俄罗斯通古斯卡大爆炸遗迹

泰国石砌遗址

敦煌月牙泉建筑遗址

圣托里尼，昔日的火山口。锡拉火山的喷发对米诺斯文明的影响仍旧在争议中

英国史前遗迹巨石阵

距今3000多年的小河古墓

UFO爱好者拍摄的不明飞行物

全球变暖南极海冰反增之谜

“冰人奥茨”最先由两名德国登山游客西蒙夫妇于1991年9月19日共同发现的，最初被认为是一具现代人的尸体，及后奥地利当局把冰人送往因斯布鲁克化验，发现冰人竟来自5300年前，是迄今最古老的木乃伊。

尼泊尔“雪人”设想图

探索自然丛书

未解之谜

探索自然丛书编委会　编

科学普及出版社

·北　京·

图书在版编目(CIP)数据

未解之谜/《探索自然丛书》编委会编.—北京:科学普及出版社,2012.1(2012.5重印)
(探索自然丛书)
ISBN 978-7-110-07617-0

Ⅰ.①未… Ⅱ.①探… Ⅲ.①科学知识-普及读物 Ⅳ.①Z228

中国版本图书馆CIP数据核字(2011)第259834号

策划编辑 马冠英 谭建新
责任编辑 马冠英 谭建新
封面设计 李 丽
责任校对 孟华英
责任印制 王 沛

出　　版 科学普及出版社
发　　行 科学普及出版社发行部
地　　址 北京市海淀区中关村南大街16号
邮　　编 100081
发行电话 010-62173865
传　　真 010-62179148
投稿电话 010-62176522
网　　址 http://www.cspbooks.com.cn

开　　本 880mm×1230mm 1/32
字　　数 344千字
印　　张 11.25
印　　数 5001—10000册
版　　次 2012年1月第1版
印　　次 2012年5月第2次印刷
印　　刷 北京凯鑫彩色印刷有限公司

书　　号 ISBN 978-7-110-07617-0/Z·190
定　　价 25.00元

(凡购买本社图书,如有缺页、倒页、脱页者,本社发行部负责调换)

探索的动机

（代序）

在科学的神殿里有许多楼阁，住在里面的人真是各式各样，而引导他们到那里去的动机也各不相同。有许多人爱好科学是因为科学给他们以超乎常人的智力上的快感，科学是他们自己的特殊娱乐，他们在这种娱乐中寻求生动活泼的经验和对他们自己雄心壮志的满足。在这座神殿里，另外还有许多人是为了纯粹功利的目的而把他们的脑力产物奉献到祭坛上的。如果上帝的一位天使跑来把所有属于这两类的人都赶出神殿，那么集结在那里的人数就会大大减少，但是，仍然会有一些人留在里面，其中有古人，也有今人……他们大多数是沉默寡言、相当怪僻和孤独的人，但尽管有这些共同特点，他们之间却不像那些被赶走的一群那样彼此相似。究竟是什么力量把他们引到这座神殿中来的呢？这是一个难题，不能笼统地用一句话来回答。首先我同意叔本华所说的，把人们引向艺术和科学的最强烈的动机之一，是要逃避日常生活中令人厌恶的粗俗和使人绝望的沉闷，是要摆脱人们自由变化不定的欲望的桎梏。除了这种消极的动机外，还有一种积极的动机。人们总想以最适合于他自己的方式，画出一幅简单的和可理解的世界图像，然后他就试图用他的这种世界体系来代替经验的世界，并征服后者。这就是画家、诗人、思辨哲学家和自然科学家各按自己的方式去做的事。他们每个人把世界体系及其构成作为他的感情生活的中枢，以便由此找到他在个人经验的狭小范围内所不能找到的宁静和安定。

——爱因斯坦

探索自然丛书编委会

主　编　朱根逸

副主编　赵赞淑　朱　仑　郭　扬　张　峰

编　委　（按拼音排序）

陈达健　程伟光　董　晨　杜淑琴　樊晓然
付海涛　付静山　付　阳　高海春　高海茹
戈　云　谷元珠　顾　芳　郭菁瑶　郭述曾
郭思宇　黄予欣　金小倩　金　毅　李　晨
李楚琦　李　梅　李雪卿　梁　波　林　云
刘　全　刘秀辉　吕永军　马　峥　任　博
宋立新　宋秋燕　苏春慧　苏国彬　王凤琴
王　静　王凯晖　王　乐　王　喆　隗立超
吴天秀　杨承勇　杨雅文　张　力　张　桃
张　玥　张　志　赵　盛　周陈维　周桂英
周沂倩　朱　珂　朱倩媚　朱帅奇　朱　焱

前 言

未解之谜与人类探秘是永恒的、取之不尽的课题。众所周知,人类总会遇到暂时无法解释的现象,这些现象搅乱了人们的意识,因为它们不在习惯观念的框框之中,并常常把它们看作是超自然的事物。

法国一位学者公正地写道:“奇妙的现象只是一些朴素的,没有得到很好理解的或者是没能正确地被反映出来的物理事实。但由于一些偶然的,不依赖人们意志为转移的原因被歪曲了。”诚然,其中许多过去认为是神秘的,不可思议的,并且确定为是超自然力量的现象,现在已被科学地解释之后,人们逐渐地就不再坚持了。不管怎么说,今天仍有许多古怪现象发生。正因为如此,在生活中才继续不断地产生着许多神秘的观念、人难以置信的臆测。

本书中收集来的关于“神秘现象”的证据及许多描述,是许多作者花了相当大的劳动,收集了不同时期发生的不寻常现象的事例。作者并无故弄玄虚,哗众取宠,而是认真描写对这些现象的丰富想象力,还同时以敏锐的眼光观察着我们这个世界上所发生的各种事情。

本书遵循着一个原则:要收集所有能够读到的或者听到的神奇事情,甚至那些与传统思想相矛盾的事情。但不赞同超自然的概念,在没有得到科学、公认的答案之前,不依靠自身“不解”的超自然来回避对真相的追求。因为在这里,人们的认识是脱离现实,脱离实践的。

声称没有力图给奇妙现象以某种解释,仍然存在着人们无法理解的神奇现象。难免给读者留下的是“不可知”,神秘和莫名其妙……

人类认识的过程是非常复杂和艰难的。弗·伊·列宁说过:“绝对真理是相对真理的总和。”他指出：“科学发展的每一阶段，都在给绝对真理这一总和增添新的一粟。”如果在某一阶段，人们不能提供对某些现象的正确解释，那么这只是意味着，在该时刻所达到的知识水平还不能理解它们，但这绝不证明它们的不可知性。历史上曾产生过宇宙以地球为中心的学说统治时期，有过不存在达尔文进化论的时期，也存在当时人们没有认识到而后被门捷列夫发现的元素周期表的时代。当然，那时候他们不能解释许多事物发生的过程和现象，而揭示这些过程及现象的关键是学者的杰出发现提供给我们的。因此，对于人类来说，过去神秘的事物要比现在的多得多。

人们在企图寻找解释生活中不清楚的事物时，常常会陷入迷信的桎梏中。人类的幻想引起多少极其荒谬的观念！相信天神、恶魔、妖精、鬼魂——所有这一切都是由于古代的祖先们昔日的无知而产生的。而且，正如歌德所写的：“有时我们觉得已完全摆脱了迷信，然而迷信这时却正隐藏在秘密的角落，当它认为自己十分安全时，突然又重新出现了。”

如果从前的那些神秘现象已被许多妖术家、巫神和巫师的诡计所解释，那么今天我们也会对这些现象找到与现代精神相吻合的解释。如对神奇的不明飞行物，外星人以及20世纪的其他谜案，不是正在逐渐被解开嘛！

坚定信心，科学的答案终究会现身的！

这套丛书能够同广大读者见面，并被许多省(自治区)、市教育系统推荐为青少年暑期读物和“农村书屋”的选购书目，这同科学普及出版社领导的远见卓识、准确决策，责任编辑坚持不懈的敬业精神密切相关，作者在此表示深深的敬意。同时亦对帮助支持本丛书出版的国内外博物馆、图书馆、网站以及众多的大自然爱好者所提供的资料和图片深表谢意！但限于客观条件，无法一一注明并无法同所有作者取得联系，在此表示由衷的歉意。

作者于2011年仲夏

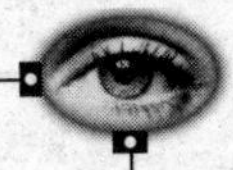

目　录

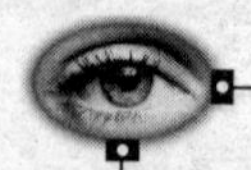

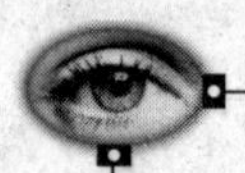

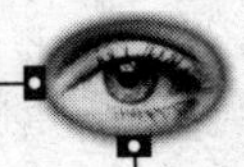

一、天体之谜

1. 真的有火星人吗

自从我们人类有闲暇思考及探索以来，就一直在观测星空并幻想在某个遥远的星球上可能有生命存在。人们关注的焦点是火星。火星并不是离地球最近的行星，最近的是金星。但火星直至现在仍被认为是太阳系中除地球外生命最有可能繁盛过并生存至今的地方。

在西方国家，火星以罗马神话中的战神马尔斯(Mars)的名字命名。这部分是因为它在夜空中呈现血一般的颜色。在17世纪，一位名叫卡西尼(Giovanni Cassini)的天文学家用一架早期的望远镜首次观测到火星表面的白色极冠。大约一个半世纪以后，在19世纪30年代，贝尔(Wilhelm Beer)和梅德勒(Johannvon Madler)注意到火星极冠的大小和表面颜色会有周期性的变化。他们推测火星上也许生长有季节性变化的植物，就好像地球上植物的叶片枯萎凋零后长出鲜嫩的新芽一样。

自19世纪凡尔纳(Jules Verne)的时代以来，大量的科幻作品都以地外生命作为题材。许多科幻小说作家把他们的注意力放在了太阳系中的第四颗行星——火星上。然而，真正令人兴奋的消息却是1877年斯基帕雷利(Giovanni Schiaparelli)观测到火星的红色表面上有着线状的纹理。他把这种现象叫做"canali"，意思是"水道"。但这个词却被错误地从意大利语英译成了"canal"，意为"运河"。

美国业余天文学家洛厄尔(Percival Lowell)依据火星运河的想法精心设想了一个寒冷、干旱、濒临灭亡的世界。富有智慧的火星人建造了巨大的运河将水从一处输送至另一处以灌溉农田。他宣称这就是引起火星表面色泽变化及造成那些线状印记的原因，并进一步说："我并不清楚火星生命是什么样子的，但那里一定有某种形式的生命存在。"令人遗憾的是，这些都只是幻想而已，完全没有事实根据。不过洛厄尔的想法倒是为一系列关于火星的科幻小说提供了素材。从威尔斯（H. G. Wells）那部关于邪恶的火星人在英国登陆的《世界间的战争》（1898），到伯勒斯（Edgar Rice Burroughs）的一系列古怪而有影响力的小说《巴松丛书》（1912），鲁宾孙（Kim Stanley Robinson）的现代经典《红火星》（1992），《绿火星》（1993）和《蓝火星》（1996）。然而，这些科幻小说家们的梦想与现实相去甚远。

20 世纪 60 年代到 70 年代，苏联和美国都向火星发射了不少精密的探测器。这些探测器送回的图像表明火星是个不毛之地，丝毫没有生命的迹象。这一系列探测行动始于 1964 年的"水手 4 号"，一直到 2003 年的"火星快车"和"火星探索漫游车"。这些从地球上去的探访者分析了火星土壤样品，发现这颗行星完全没有生命。由于没有像地球大气那样的保护层，强烈的紫外光照射使得火星土壤完全不能孕育生命。

这一系列探测所带回的数据并没有使人们完全失去信心，因为随着对生命可以在何等严酷的条件下生存的认识的加深，我们对于在火星上的某处，也许在地下深处可以发现某种非常简单的生命形式的信心也愈来愈强。

1984 年夏，地质学家斯科尔（Roberta Score）在他们的南极工作基地艾伦山附近，发现冰雪中有一块黑色的岩石。这块石头就是 12 年后，在 1996 年 8 月出现在全世界各报刊头版的火星岩石。这块被命名为"艾伦山 84001"（ALH84001）的陨石据称是第一块来自地球之外世界的生物化石样本。

起初，斯科尔博士辨认不出这是一块什么样的岩石，她按照惯例将它送到位于得克萨斯州休斯敦的约翰逊空间中心的陨石处理实验室。它被放在一间充满氮气的实验室中保存了 8 年。这间实验室最初是为保存"阿波罗号"航天员带回的月球岩石样本而建立的。

1993 年，对一小片艾伦山 84001 陨石切片进行的检测表明，该陨石中所含的气体与火星大气中的气体成分相吻合。然后又过了一年，一支由麦凯（David S. McKay）领导的，在约翰逊空间中心为美国国家航天局（NASA）工作的科研小组又取下一部分来进行研究。他们的具体任务是在火星陨石中搜寻生物化石。英国化学家克莱梅特（Simon Clemett）

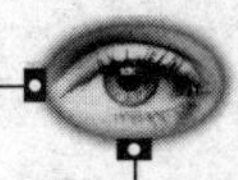

艾伦山 84001 是一块重约 1.75 千克，大小似土豆般的陨石。和其他岩石一样，是在 40 亿～45 亿年前形成的

是最先收到该工作组送来的小块试验样本的人之一。他当时正在加利福尼亚州斯坦福大学攻读博士学位。这块岩石样本被装在密封罐中送到了他的实验室。在所附的信件中，约翰逊空间中心的联系人要求他对样品进行分析，并报告他的发现，却只字未提样本的出处。克莱梅特博士把它作为自己学位工作的一部分或又一项日常工作对待，做完测试送出结果后就把这一切抛到脑后去了。

两年过去了，克莱梅特博士已经回到英格兰。1996 年 8 月的一个清晨，他过去在斯坦福大学的导师突然打电话给他，要他立刻飞往华盛顿，并建议他找一份当天的报纸看一下头版新闻。

1996 年 8 月，美国航空航天局研究小组发表研究成果说火星曾有生命存在，证据是掉落在南极大陆的火星陨石。研究小组在陨石中的碳酸盐部分检测出有机物，推断远古时代的火星，应该像 30 多亿年前的地球。那时地球已有生命，因此，不能否定火星曾有生命的可能性。

由于消息的泄漏，关于火星岩石艾伦山 84001 的新闻很快充斥了各个报亭。最先披露这个消息的报刊是一本名为《空间新闻》的专业杂志。该报道暗示在南极的废墟中发现了某些不同寻常的东西。这篇报道很快就以燎原之势散播开来，这一切着实给研究人员来了个措手不及。他们原本计划晚些时候在《科学》杂志上发表这则声明，但面对外界对这项研究的强烈关注，他们不得不立即召开了一个记者招待会，并把研究成果呈报了总统。

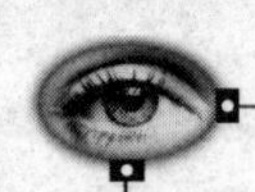

在华盛顿的记者招待会上，克林顿总统称这一发现为伟大的发现，并宣布将研讨美国该如何“寻求艾伦山 84001 带来的许多科学问题的解答。这块岩石经历数十亿年的时间，跨越数千万千米的距离来向我们传递信息。它说的是存在生命的机遇”。国家航天局的代表戈尔丁(Dan Goldin)说：“我们正站在通往天界的大门口，在过去的一年里，我们在邻近的恒星旁发现了行星，我们探索宇宙的深处以查明星系的诞生和形成。而今，我们又行将证实是否只有地球上才有生命……我们也许将发现在我们这颗小小的行星——太阳附近的第三块巨石之外存在生命的第一个证据。”他又谨慎地补充说：“我希望各位明白，我们现在并不是在讨论什么小绿人。目前并没有任何迹象表明火星上存在任何高等形式的生命。”

艾伦山 84001 是一块重约 1.75 千克，大小似土豆般的陨石。和其他岩石一样，是在 40 亿～45 亿年前形成的。在那段时间里，拥有固态核的行星凝聚并逐步演化成今天这样密度较高的状态——主要由铁和其他矿物质组成的天体。然后，在距今约 36 亿～40 亿年时，水以液态的形式渗入岩石的间隙中。当时火星上很可能有大量的水，这些水饱含着大气层中的二氧化碳，正因为这样，水能够在岩石中借助碳酸盐的形式残留下来。

据说，是微生物促成了这些碳酸盐的产生。微生物死后就在岩石中变成了化石，就像地球上的石灰岩中保存了不同地质时期的大量生物化石一样。这块岩石也许在某个地方逗留了数十亿年。或许它是某个悬崖的一部分，或者是暴露于地面上的一块巨岩的一部分。大约 1600 万年前的一天，一颗巨大的彗星或小行星与火星相撞，这块陨石被猛烈撞击后与火星地表分离，进入了宇宙空间。随后这 1600 万年中，艾伦山 84001 几乎都在星际空间中漂浮，在大约 13000 年前落在南极冰冻的荒原上。它一直静静地待在那里，直至 1984 年的那个下午，斯科尔博士为命运所安排发现了它。

艾伦山 84001 当时所处的那种可能存有微生物的火星环境与地球当时的情形很相似。如果我们能够接受地球之外可能存在生命的观点，那么火星就(像地球一样)是极有可能孕育着生命的地方。

与世界上其他新事物一样，出现后既有支持者同时也会有反对者。

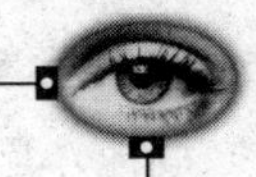

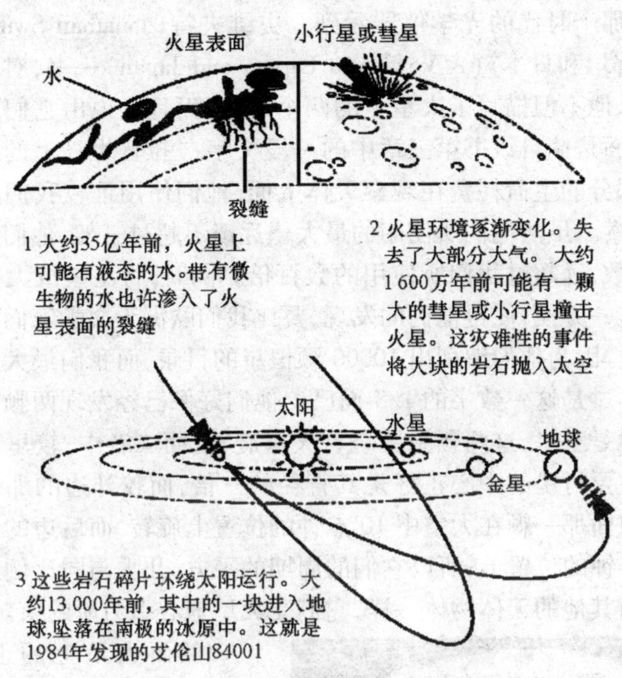

火星陨石是如何到达地球的推想图

从支持或反对的声明中，从那些或证实或反驳艾伦山 84001 含有原始化石的证据中能得到什么结论呢？似乎各派评论家和科学家的不同呼声中只有一点是肯定的：在我们能确认南极艾伦山这块火星陨石的不同寻常之处确实来自另一个世界的生物化石之前，我们还有太多太多的研究工作要做。目前的证据开始越来越倾向艾伦山 84001 上的生物是地球微生物这一说法。但对于冷静客观的观察者来说，在该陨石上发现的那些化石的不寻常的性质仍然是一个难解的神秘疑团。

2. 奇特的火星卫星

火星有两颗卫星：即火卫一和火卫二（Phobos，Deimos；希腊人所称的“畏惧”和“恐怖”两星）在美国天文学家霍尔（Hall Asaph ）于 1877 年发现它们之前，已经为众人所知。早在 1610 年时开普勒（Kepler，Johannes）就怀疑金星有两颗卫星。虽然法兰西斯派托钵僧席尔声称，在数年前曾见过火星上的两个月亮。那他一定是弄错了，因为渺小的火星卫星不可能用那个时代的光学仪器看到。史维夫特(Jonathan Swift)所著的《航向拉普坦和日本》(A Voyage to Laputa and Japan)一书,对它们有迷人的描绘,他不但描写了火星上的两个月亮,而且也说出它们的大小和轨迹。下面是摘自该书第三章中的一段文字:“拉普坦岛上的天文学家们,将大部分的生命耗费在观察天体上面,他们使用远较我们精良的望远镜来观察。虽然他们所使用的最大望远镜不超过三架,他们的望远镜放大的倍数,远超过我们所使用的数百倍。同时,将星星放大得清清楚楚,由于这一方便,使得他们的发现,要比我们欧洲天文学家们所看到的还要深远。因为他们编列出 10000 颗恒星的目录,而我们最大的恒星目录,也只不过是这一数字的 1/3 而已。他们好像已经发现两颗较小的星星,或者说是卫星,这两颗星围绕着火星旋转,而二者中,较里边的那颗卫星,距主要行星的中心正好是其直径的三倍,而较外边的那颗卫星则是五倍,前面那一颗在太空中 10 点钟的位置上旋转,而后边的那一颗则在 21 点半钟的位置上;所以它们的周期的平方,几乎与同比例距离的立方相等,与其他的天体物体一样,它们受火星地心引力所约束。”

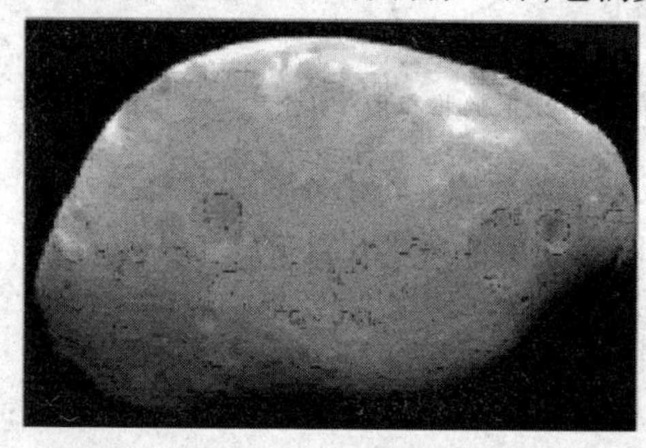

火卫一

然而火星上的卫星是在 150 年后才被发现的,而史维夫特如何能描写呢?无疑在史维夫特之前,已经有天文学家对火星上的卫星产生怀疑了。但是,疑惑不可能有那么多正确的资料!人们不明白史维夫特是从哪里学到这些知识的。

这些卫星的确是我们这个太阳系中最小和最奇怪的卫星了。它们几乎是在赤道上的圆周状轨道上旋转。如果它反射出跟我们的月亮相等的光亮,那么火卫一只有 16 千米的直径,而火卫二只有 8 千米,但是如果他们是人造卫星,而仍能反射出很亮的光度,它们实际上就要更小些。它们像我们太阳系中所知的卫星,绕着母星旋转,速度要比母星来得快。就与火星旋转的关系来说,火星上一天火卫一可绕轨道旋转两次,火卫二只是比火星自转的速度快一点点,而绕着火星旋转。

1862年,那时地球与火星的位置更为接近,但人们却没有发现火星上的卫星——直到15年以后才发现。几位天文学家怀疑,火星上的卫星是火星吸引住太空中的一些石块之故,于是产生了小行星的理论。但是小行星的理论是站不住脚的,因为这两颗火星的卫星几乎同时在赤道的同一平面上旋转。一块太空中的石块可能偶然产生这样的结果,但不可能两块同时有这样的效果。从所得的事实中,最后产生了现行的卫星理论。

苏联科学家史克劳维斯基(I. S. Shklovskii)和举世闻名的天文学家萨根(Carl Sagan)在他们1966年出版的《宇宙中的智慧生命》一书中,认为火卫一是一颗人造卫星,萨根还根据许多观测的结果,认为火卫一是“中空”的,而一颗“中空”的卫星不可能是大自然的产物。

火卫二

事实上,从火卫一轨道的特性上看,足以证明其与母体没有什么关联,而这正是中空物体的典型轨道。史克劳维斯基是莫斯科史坦贝克星象研究所,无线电天文学部门的负责人,经过他的观察,确定了火卫一运行的不自然加速度现象后,作了相同的陈述。这一加速度,与我们的人造卫星所完成的现象是一致的。

今天,一般人对待萨根和史克劳维斯基之异想天开的理论相当严肃。更进一步地探测火星的计划已经拟定,同时也计划探测火星上的卫星。在不久的将来,准备用几所天文台来观察火星上卫星的运行情形。

有朝一日,东西方著名的科学家,所认为火星曾经有过很进步文明的观点,被证明确凿无误后,问题就接踵而至:今天这种文明为什么不再存在?火星上的智慧生物另外觅得新的环境了吗?他们的故居火星,氧气变得越来越稀薄了之后,迫使他们另找环境谋生吗?是宇宙间的剧烈变动,要对这个文明的毁灭负起责任吗?最后要问:火星上的一些人类可能会逃到邻近的行星上去吗?

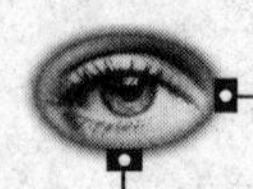

3. 寻找"丢失的"行星

在中美洲的尤卡坦半岛上栖息过的玛雅人,无疑是我们地球上最神秘莫测、最富有传奇色彩的民族之一。早在远古时代,玛雅人就在天文、建筑、医学、历法等方面都曾取得过辉煌的成就,他们建筑了富丽堂皇的宫殿,修筑了台阶状金字塔式的纪念碑和寺院。此外,玛雅人留下的许多天体方面的史料中,最令人惊叹不已的莫过于推算出卓尔金年 260 天,金星年 584 天,算出地球是 365.2520 天(今天的准确计算是 365.2422 天)。

现代的史学家、天文学家一般把玛雅人的卓尔金年当作他们的宗教祭祀年,1 年一共有 260 天(有 260 个不同的名称和顺序),划分为 13 个月,每个月 20 天。他们的这种年历一般被认为是他们为定出举行宗教仪式的时间而制定的。同时玛雅人也用 365 天(地球的公转周期)计年,他们将这种有别于宗教年的历法通称为"民用年",1 年划分为 18 个月,1 个月 20 天,外加 5 天。

但几乎是与这种传统说法同时的,有人却持另一种意见,他们坚持认为:既然玛雅人的地球年、金星年都是针对太阳系两个大行星而言的,那么卓尔金年一定也与某个大天体有着神秘的联系。可是,整个太阳系内并不存在公转周期为 260 天的大行星。于是便有人随之大胆地提出了一个近似于科幻小说的设想。玛雅人可能是外星人,他们曾居住的星球由于某种目前尚不可知的原因爆炸后"丢失"了,他们是该行星大爆炸前移民到地球上来的,他们的 260 天计年法,则是他们原来曾使用过的历法。所以,玛雅历中规定每 52 年(260/5 =52,墨西哥的阿兹特克人便一直采用 52 年一个循环的计年法)要建造一定级数台阶的建筑物(如寺庙和金字塔),建筑物的每一块石头都与历法有关,每一座建筑物都严格地符合某种天文上的要求。而且,每 5 个 52 年,他们都会举行隆重的祭祀仪式。现代学者称之为"历的轮回"。

无独有偶,关于太阳系内是否发生过行星"丢失"一说,从另一方面,竟也殊途同归的得出一个共同的结论。那就是天文学上著名的"提丢斯 - 波得"定则。早在 1772 年,德国天文学家波得在他编写的《星空研究指南》一书中,总结并发表了 6 年前由一位德国物理学教授提丢斯

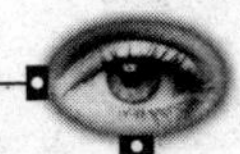

提出的一条关于行星距离的定则。

定则的主要内容是这样的：取得0,3,6,12,24,48,96……这么一个数列，每个数字加上4再用10来除，就得出了各行星到太阳实际距离的近似值。如：水星到太阳的平均距离为(0+4)/10=0.4(天文单位)；金星到太阳的平均距离为(3+4)/10=0.7；地球到太阳的平均距离为(6+4)/10=1.0；火星到太阳的平均距离为(12+4)/10=1.6。照此下去，下一个行星的距离应该是：(24+4)/10=2.8，可是这个距离处没有行星，也没有任何别的天体。波得相信，“造物主”不会有意在这个地方留下一片空白。提丢斯认为，也许是火星的一颗还没有发现的卫星在这个位置上。接着，木星到太阳的平均距离为5.2；土星到太阳的平均距离为10。

那么，定则给出的数据与实际情况比较起来，是否相符合呢？请看：水星0.4(0.387)；金星0.7(0.723)；地球1.0(1.000)；火星1.6(1.524)；“丢失星”2.8；木星5.2(5.203)；土星10.0(9.554)(括弧内为行星距太阳的实际距离)。你看，定则算出来的那些数值与行星距离多么相近似啊！于是大家开始相信，“2.8”那个地方应该有颗大行星来补上。波得为此向其他天文学家呼吁，希望共同组织起来寻找这颗“丢失”了的行星。

一些热心的天文学家便立刻响应号召开始了搜索，好几年过去了，毫无结果。但正当大家有点灰心准备放弃这种漫无边际的搜寻工作时，1781年，英国天文学家赫歇耳于无意中发现了太阳系的第7大行星——天王星。使人惊讶的是，天王星与太阳的平均距离为19.2天文单位，若用提丢斯－波得定则计算，得出的结果是：(192+4)/10=19.6。这个定则数值与实际距离符合得好极了。

这一下子，定则的地位陡然高涨，几乎是所有的人对它都笃信无疑，而且完全相信，在“2.8”的位置上，一定存在一颗大行星，只是方法不得当，所以才一直没有找到它。可是，很快10多年又过去了，还是杳无音信。直到1801年元旦，一个惊人的消息才从意大利西西里岛传出，那里的一个偏僻天文台的台长皮亚齐在一次常规观测时，发现了一颗新天体。经过计算，它的距离是2.77天文单位，与“2.8”极为近似。新天体被认为就是那颗好多人在拼命寻找而一直没找到的天体，并命名为“谷

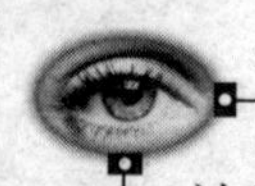

神星”。

德国数学家高斯(Carl Friedrich Gauss)有机会戏剧性地施展他的优势的计算技巧对这颗新发现的小行星作出贡献。谷神星被发现当时它好像在向太阳靠近,天文学家虽然有40天的时间可以观察它,但还不能计算出它的轨道。高斯只做了3次观测就提出了一种计算轨道参数的方法,而且达到的精确度使得天文学家在1801年末和1802年初能够毫无困难地再确定谷神星的位置。高斯在这一计算方法中用到了他大约在1794年创造的最小二乘法(一种可从特定计算得到最小的方差和中求出最佳估值的方法),他在天文学中这一成就立即得到公认。他在《天体运动理论》中叙述的方法今天仍在使用,只要稍作修改就能适应现代计算机的要求。高斯在小行星“智神星”方面也获得类似的成功。

接着,谷神星的直径被测定了出来,是700多千米(后经重新测定为1020千米),这可把大家弄糊涂了,怎么不是大个子行星,而是小个子行星呢?但令人震惊的事情还在后头呢。第二年,即1802年3月,德国医生奥伯斯又在火星与木星轨道之间发现了一颗行星“智神星”。除了略小之外,智神星在好些方面与谷神星相差不多,距离则基本一致,接着人们又发现了第三颗“婚神星”和第四颗“灶神星”。到最后,前前后后发现并已登记在案的小行星总数竟已达4000多颗(据估计总数最后会达到150万颗),它们都集中在火星与木星之间的一个特定区域里,即所谓的“小行星带”,该带的中心位置正好符合提丢斯-波得定则给出的数据。

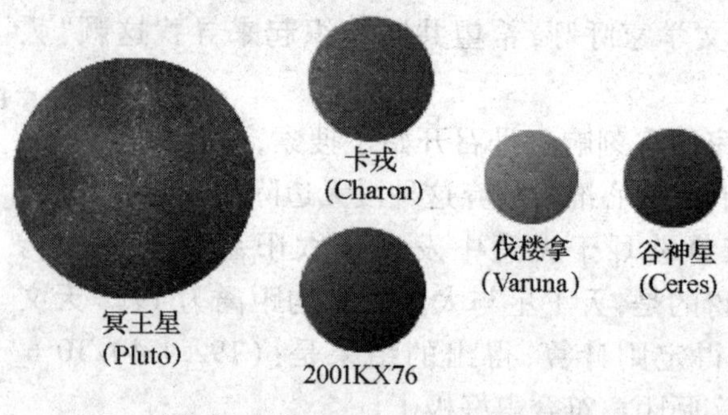

谷神星与其他天体尺寸对比

为什么大行星变成了150万颗小行星?当时便有人猜测:是不是因某种人们暂时无法知晓的原因,存在的大行星产生大爆炸或被另一个外来闯入的天体撞碎了?

后来,1846年和1930年,海王星和冥王星先后被发现,这两次发现

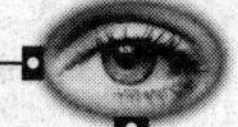

对提丢斯-波得定则来说,都是挫折。请比较它们的定则值与实际距离:海王星(384+4)/10=38.8(30.2);冥王星(768+4)/10=77.2(39.553)。于是,人们又开始怀疑提丢斯-波得定则到底有什么意义了。

这个问题引起众多科学家旷日持久的争论,同时对于行星大爆炸的机制是什么,究竟是一种什么能量竟能使一颗大行星产生四分五裂的大爆炸,定则也完全无法说清。最终,提丢斯-波得定则连同“2.8天文单位”处行星“丢失”之谜,也一起成为了一两百年来人们孜孜以求的世纪之谜。

4. 反物质为何物

众所周知,我们的这个世界是由物质组成的,而物质又是由原子、分子等微观粒子所构成。反物质则与之相反,它是由原子、分子的反粒子,即反原子和反分子所构成,因此,反物质具有与物质完全相反的性质。

反物质这一概念的提出由来已久,但它首先要从正电子的预言与发现说起。早在1928年,英国物理学家狄拉克在尝试将20世纪的最重要原理——相对论与量子力学结合起来的实践中就发现了这一现象,并预言了正电子的存在。而所有这一切则是由狄拉克建立的相对论波动方程中得出负能量值的解引起的。狄拉克在对这个方程求解的过程中共得到了4个描述电子内部状态的解,用以说明电子应当具有4个内部状态。其中两个状态可以用电子的自旋及自身磁矩的存在加以解释;但对于方程的另两个附加解的求解过程中得到的负能量值的解得出了离奇的结论。这就是说,如果一个电子真的能够存在于负能状态,那么它不会因与其他粒子相碰撞而逐渐减速并最终停下来,而是将加速得越来越快,直到它的速度等于光速。但是,从相对论方程的分析中很清楚地知道,这种性质是不可能的。由此,狄拉克提出了他著名的假设。

他假设我们平时所谓的真空,其实并不是真空的,而是所有负能级上都有两个电子的一种系统,所以,真空中就应有无穷数目的电子,并且全部负能级都被电子占满了。根据泡利原理,电子不可能跃升到某个已被占满的负能级,所以它只能留在正能级区听之任之一个能级上。因此只能是处于负能级的电子受到激发后向正能级跃迁。这种过程正如电子正能级跳跃到负能级上的反过程，只要有能量大于能级的光子激发，是完全可能发生的。如果它发生了，那么这个具有正能量的电子将会使其跃迁出的负能级位置上出现一个空穴。这样，人类便第一次从理论上预言了反粒子的存在。紧接着在1932年，卡尔·安德森通过对宇宙射线的威尔逊去层实验发现并证实了正电子的存在。继安德森发现正电子后，1955年张伯伦发现了反质子，1956年又发现了中子。

20世纪60年代前后相继发现一系列反超子，一个又一个反粒子的发现使人们联想到是否所有的粒子都有与之对应的反粒子呢？在此后进行的一系列实验中发现除了光子等少数粒子的反粒子是其本身外，所有粒子都有反粒子。人类自古就相信宇宙是对称的思想不禁又使人们想到了既然粒子能组成物质，那么反粒子为什么不会组成反物质呢？在当前公认的宇宙起源的大爆炸理论中则明确地提出了反物质是存在的，并预言了宇宙中应存在等量的物质与反物质。

但是探索反物质的道路是艰难的。从发现第一个反粒子到现在已近70年，期间人们也仅是从实验中获得了一些反粒子，并且最近几年才人工合成了第一反原子——反氢原子。而对于能构成反物质的其他各类反原子、反分子都还一无所获，更谈不上反物质了。产生这些困难的原因在于人们发现的反粒子都是从宇宙射线中获得的，而宇宙射线要达到地球首先要穿过厚达3000～4000千米的大气层，所以射线中的绝大部分反粒子在到达地球前都已与大气层中的粒子中和了。因而人们所能探测到的反粒子就微乎其微了。

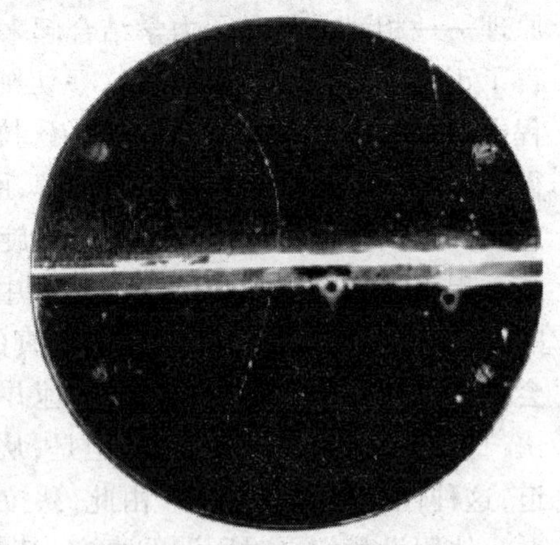
安德森拍到的第一张正电子轨迹照片。正电子从上往下运动，穿过气室中央的铅板。其轨迹因磁场的作用而呈弧状

1997年4月，美国海军研究实验室、西北大学和加州大学伯克利分校等著名研究机构的天文学家宣布，他们用先进的伽马射线探测卫星，发现在银河系上方

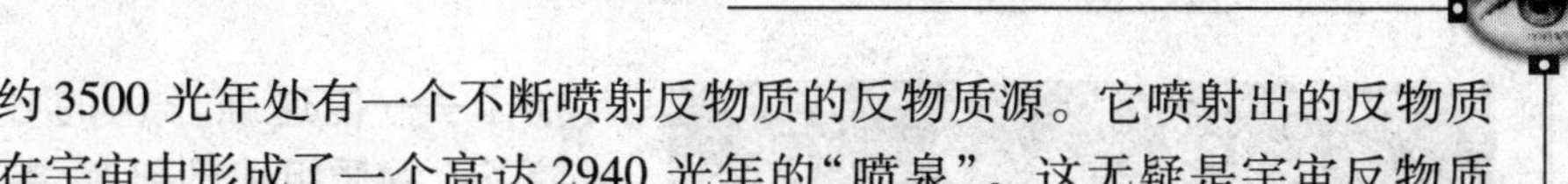

约3500光年处有一个不断喷射反物质的反物质源。它喷射出的反物质在宇宙中形成了一个高达2940光年的“喷泉”。这无疑是宇宙反物质领域的一个重大突破。

正反物质相遇可释放出巨大的能量和比普通可见光强25万倍的伽马射线。银河系反物质“喷泉”就是通过这一间接证据发现的。

1998年6月2日北京时间6时04分在美国肯尼迪航天发射中心，“发现号”航天飞机顺利发射升空。“发现号”此行的目的是为了把多国科学家共同研制的大型空间探测器——“阿尔法磁谱仪”送入太空以探寻理论上预言的反物质的暗物质。

由于反粒子都很不稳定，很容易和周围物质粒子发生湮灭。所以，科学家们认为在现在我们所处的这个物质世界中是不可能存在反物质的，即使存在也会很快和周围物质相中和，因此，只能把探寻反物质的希望寄予宇宙空间。在宇宙空间深处可能存在一个与物质世界完全相反的空间，在那里会存在大量的反物质，基于这一考虑，许多国家的科学家们经过数年共同努力，“阿尔法磁谱仪”终于升入太空。经过10天的太空航行后，它将对宇宙中是否存在反物质做初步探测。2002年“阿尔法磁谱仪”被安置到新建的“发现号”空间站，从而开始对反物质的大规模探测。

反物质如果被探明确实存在，那将会是对在此基础上建立起的现有宇宙起源论及相对论量子力学理论的最有力的实验验证。1千克铀235完全裂变释放出的能量相当于2000吨优质煤完全燃烧时所放出的化学能。而同等质量的物质与反物质中和放出的能量则是铀235的3200多倍！因此探索反物质对于能源相对短缺的现代社会亦有着重大意义。而一旦探测结果表明宇宙中并不存在反物质，那么，这将会对现有理论物理的基础进行最彻底的修改。

我国古代经典《道德经》里所说：“道生一，一生二，二生三，三生万物。”古希腊人也就认为水、火、空气和泥土是构成物质的基本元素。时至今日，人类已经发现，物质由分子和原子组成，原子是由带负电的电子和带正电的原子核组成。再往下划分，物质又可以分成强子——由夸克组成，包括上夸克、下夸克、奇异夸克、粲夸克、底夸克和顶夸克；轻子——包括电子、电子中微子、μ子、μ子中微子、τ子、τ子中微子；还有

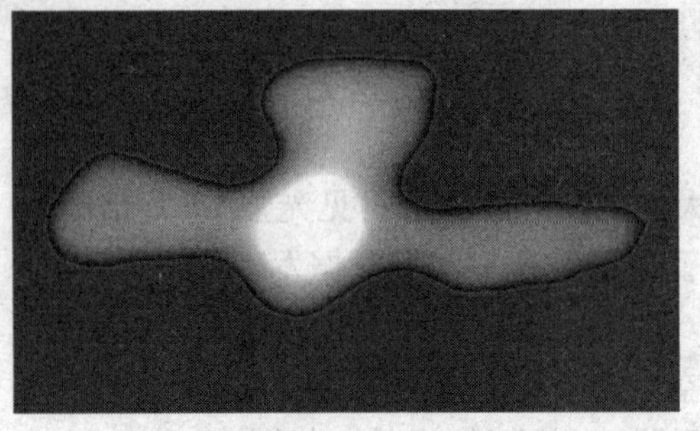

银河系中央,物质与反物质湮灭时产生的γ射线暴。康普顿卫星 1997 年摄

传播子——传递强作用的各种胶子。物质组成的研究,帮助人们重新认识了物质的世界,也帮助人们认清了物质之间的各种相互作用。

不过,世界上的万物是否可以统归入物质范畴呢?答案应该是对的,不过,这里的物质得再解释一下,那就是正物质与反物质。正物质的概念就如同人们现今普遍理解的含义,但反物质又是什么?

1932 年,美国科学家安德森发现了一种特殊的粒子。与之前发现的电子相比,其质量和带电量完全相同,但它带的是正电,而电子带的是负电。因此,这被称为正电子。正电子也就是电子的反粒子。正电子的发现,毫无疑问的引发了科学家们新的探索之旅,而就此,一个反物质的世界如同沉睡千年的地下宫殿逐渐呈现在人们眼前。

科学家研究认为,宇宙中存在着我们看不见摸不着的“反物质世界”,它的基本属性同我们周围的世界正好相反。反物质的原子核是由反质子和反中子构成的“负核”,外有正电子环绕。反物质一旦同我们世界的“正物质”接触,便会在瞬间发生爆炸,物质和反物质变为光子或介子,释放巨大能量,产生“湮灭”现象。

迄今为止,人们已经多次证实了反物质的存在。1995 年,欧洲核子研究中心(CERN)的科学家在世界上制成了第一批反物质——反氢原子。科学家利用加速器,将速度极高的负质子流射向氙原子核,以制造反氢原子。

CERN 的反质子收集器(AC)和反质子存储器(AA)装置

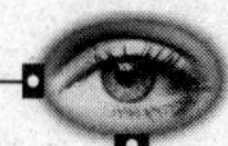

由于负质子与氙原子核相撞后会产生正电子，刚诞生的一个正电子如果恰好与负质子流中的另外一个负质子结合就会形成一个反氢原子。在累计 15 小时的实验中，共记录到 9 个反氢原子存在的证据。由于这些反氢原子处在正物质的包围之中。因此它们的寿命极短，平均寿命仅为 30 纳秒(一亿分之三秒)。1996 年，美国费米国立加速器实验室成功制造了 7 个反氢原子。

目前，在实验室中制造正电子、负质子等反基本粒子已是轻而易举，而将正电子与负质子组成反原子尚十分困难，因为将这两种粒子结合在一起并且能证实它们结合成反原子的工作十分复杂，因此科学家需要研制功能更强大的研究工具。而且，人们还有一个普遍的疑问，那就是反物质如何能存储在物质的世界里？

科学不是万能的，但真正的科学总是可以带来无限可能。就在 2002 年 2 月，欧洲核子研究中心的科学家日前宣布，他们可能已经成功的实现捕捉并存储反氢原子。科学家审慎地表示，他们相信已经存储了数千个反氢原子，但尚需等待进一步的实验证实。

欧洲核子中心的科学家加夫列尔瑟领导的一个科研小组，使用高能磁场捕捉在该中心粒子加速器中实验得到的反质子，然后引入正电子流，并使用电场对其减速，再使得两种粒子汇合在被称为“粒子陷阱”的结构中。由于物质或者带有正电荷或者带有负电荷，因此它们可以被保存在具有适当电磁场结构的“陷阱”中。之后科学家再将该粒子陷阱放置入电场条件下，结果发现部分粒子出现无法移动的现象。这种条件下很难认为没有反氢原子的存在，只是他们还不能确定具体存储了多少反氢原子。如果上述实验结果最终得到证实，将为人类在物质认知领域带来重大突破。

5. 引力之谜

茫茫宇宙由无数个星系、星体组成，这些天体沿着各自的轨道秩序井然地运转，组成一个和谐的宇宙大家庭，究竟是什么神奇的力量把这些天体组合在一起的呢？人们认为是引力。然而引力的实质是什么呢？

由两个具有一定质量的物体构成的体系，按照广义相对论，这两个物体振荡时，就可能发射出引力波。许多加速运动的物体都可以发射引

提出广义相对论和引力场理论时的爱因斯坦(1916)

力波。一个跳跃的小球,挥舞双臂的人,月亮围绕地球的运动……都能发射引力波。引力波的传播速度也是光速。并且,它携带着一定的能量。所以,它是一种实在的波。可以发射引力波,也可以接收引力波。这种种特点都与电磁波非常相似。因此,尽管在牛顿的理论中完全没有引力波的概念,但是广义相对论的这个预言却很容易被接受。

尽管人们容易承认引力波的预言,但是,它的观测检验却异常困难。爱因斯坦根据广义相对论给出的其他的预言,都在不太长的时间里被观测证实了。唯独引力波的预言,经过了60年,直到1978年底才取得了第一个定量的观测证据。原因在于引力波实在太弱了。

早在1679年,著名科学家牛顿提出了万有引力定律,认为天体间因有质量而有引力,并且发现了引力对一切物体的作用性质都是相同的。例如,当地球引力把任何一个物体吸引到地面时,其加速度是9.8米/秒^2。很显然,牛顿所提出的引力,实际上就是重力。但是引力是如何实现的呢?它的作用机制是什么?万有引力定律不能予以解答。

引力与电力有相似之处,如二力均与物体间距离的平方成反比,与两物体所带力荷(引力是质量,电力是电荷)的乘积成正比。但二力的比例系数相差悬殊,电力远远大于引力。二力间还存在一些其他的差别,如同性电荷间存在相互排斥力,异性电荷间存在吸引力,而万有引力却总是吸引力。

1916年爱因斯坦广义相对论问世,提出了崭新的引力场理论。他认为由引力造成的加速度,可以同由其他力造成的加速度区分开来。这个命题就是爱因斯坦的等价原理,即一个加速系统与一个引力场等效。我们设想,一个人在远离地球的太空中乘一架升降机上升,上升的加速度为9.8米/秒^2,由于速度变化产生了阻力,这个人双脚会紧紧压在升降机的底板上,就像升降机停在地球表面上不动一样,但无法说明他所受到的是引力还是惯性。因此,牛顿所说的万有引力,在爱因斯坦看来,

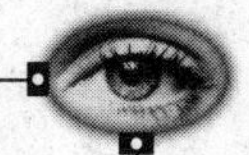

根本不是什么引力,而是时空的一种属性。

1918 年爱因斯坦根据引力场理论预言有引力波存在。他认为高速运动着的物质会辐射引力,引力波就是这种引力的载体,就像光波是电磁力的载体一样。引力波的速度与真空中的光速相同。例如,在太阳和地球之间就是靠引力波传递引力子而实现相互作用的。因此,引力波存在与否,是广义相对论的又一个关键性验证。引力波非常微弱。据计算,用一根长 20 米、直径 1.6 米、重 500 吨的圆棒,以 28 转/秒的转速绕中心转动,所产生的引力波功率只有 2.2×10^{-29} 瓦/厘米^2;一次广岛级核爆炸,在距中心 10 米处的引力波充其量也只有 10^{-16} 瓦/厘米^2。因此,引力波在目前还无法直接测量。

按照爱因斯坦的理论,自然界也应存在引力波,正如电荷的运动会产生电磁波一样,物体的运动也会产生引力波,引力波的传播速度为光速。这是电力与引力间又一个重要的相似特性。但只有宇宙中具有巨大质量(几倍于太阳质量)的运动天体才可能产生强烈的引力波。

例如,双星体系就是一种引力波源。下表给出一些双星的引力波辐射的强度。

双星的引力波辐射强度

双星名称	轨道周期	引力波强度(焦/秒)	到达地球表面的能流(焦/厘米^2·秒)
仙后座 η	480 年	5.6×10^3	1.4×10^{-36}
牧夫座 ξ	150 年	3.6×10^5	6.7×10^{-35}
天狼星	50 年	1.1×10^8	1.3×10^{-31}
天琴座 β	13 年	4.9×10^{21}	3.8×10^{-22}
狮子座 UV	14 小时	1.8×10^{24}	3.5×10^{-19}

可见尽管双星系统的引力波发射强度比 500 吨的圆棒旋转和一枚广岛级原子弹爆炸要高得多,但是,比起电磁波来仍是微不足道的。例如,太阳的电磁波辐射强度高达 4×10^{33} 焦/秒。比上表中任何一个都大得多。至于引力波到达地球时的能流那就更小了。

最早试图检测引力波的是美国马里兰大学的物理学家韦伯(E. Weber 1901 ~)博士。20 世纪 60 年代他建立了世界上第一套引力波检测装置:一根长 153 厘米、直径 61 厘米、重约 3.5 吨的圆柱形铝棒——后人称之为韦伯杆,横搭在由两个铁柱子支着的钢丝上。铝杆质量虽大,钢丝却几乎无丝毫振动。在圆柱体的表面装有压电晶体。可以测量圆柱体极微小的形变。当引力波作用到天线时,就可以通过圆柱形的形变,把它们检测出来。

韦伯推测,铝杆若能接收到来自太空的一束强引力波,就会摆动起来,但摆动很可能是很轻微的,他估计摆动幅度可能只有原子核直径(10^{-15}米)那么大,附近卡车开过等引起的地面震动均可能导致韦伯杆产生如此幅度的振动。为确认检测的确实是引力波,他还在 1000 千米之外的芝加哥阿岗国家实验室安装了一个类似的仪器。他想,假如有一个引力波扫过整个太阳系的话,则两个仪器都会同时作出同样的反应。

1969 年 6 月韦伯声称,他的天线在 1968 年 12 月 30 日到 1969 年 3 月 21 日的 81 天观测中,收到了两次引力波的信号。韦伯的结果也引起很多疑问。首先,如果韦伯收到的是引力波信号,而且如韦伯自己宣称的,这些信号来自银河系中心,那么,银河系中心必定有十分激烈的事件,可是,核对当时的天文观测资料,却没有看到任何异常的记录。其次,如果引力波到达地球时的能量有韦伯宣布的那样大,竟能达到 10^3 焦/厘米^2·秒,那么银河系中每年就要消耗 10^4 个太阳质量,才能产生如此强的引力波。如果这样,我们银河系的寿命只能有 10^7 年。但天文观测证明,银河系已经有 10^{10}年的历史了。这又是一个矛盾。更重要的是,其他各国的实验小组用更精确的仪器再也未检测到,所以韦伯的结果并没有得到公认。科学家现在一般认为,韦伯的实验结果有误。因为韦伯检测器工作在室温(27 摄氏度左右)环境,由于受分子热运动噪声的限制,最高灵敏度只能达 10^{-16}量级,用来检测引力波尚无能为力。

天体物理学家采取另一种途径来检验引力波理论。由于双星是一种典型的引力辐射源。引力辐射能把双星的能量慢慢带走,使整个双星体系的能量变小。结果使双星的周期越来越短。这个性质叫做引力辐射阻尼。只要我们能证实引力辐射阻尼所引起的双星周期变短确实存在,尽管没有直接测到引力波,也是对引力辐射理论的一种支持。不过,这种方法同样不容易真正做到。因为,能引起双星周期变化的因素太多了。按照广义相对论,只有由两颗脉冲星(R 很小)组成的双星体系,才有可能是一个良好的检验引力波理论的天空实验室。脉冲星是急速旋转的中子星,它是一个内部停止了核燃烧而被压得极端紧密的恒星体。它与另一个中子星一起相互绕转,构成一个双星体系。按照爱因斯坦的理论,这个双星体系应能发射引力波,从而带走一些能量,使双星轨道慢慢缩小,周期慢慢变短。这些变化尽管都很微小,却可以从它们发出的脉冲信号到达地球的时间精确计算出来。

然而,直到1974年以前,没有发现一个双星是由两个致密星组成的。1974年底,美国射电天文学家胡尔斯及泰勒发现了离地球15000光年的一颗射电脉冲星,名字叫做PSR1913+16(PSR是射电脉冲星的意思,1913是赤径,+16是赤纬)。这颗星与众不同,在当时,所有发现的射电脉冲星都是单星,唯独PSR1913+16肯定是双星中的一个成员。泰勒等人对PSR1913+16进行了四年多的监视性观测。测量次数超过1000次。使许多观测参数的精度达到百亿分之几。他们的确发现了这颗双星的周期在稳定地变短。它的转动位相与时间的关系反映出如果没有周期变短,则应是一条水平线。理论与观测之间的符合是双星轨道周期总共减少了万分之四秒。这个结果恰好与爱因斯坦的理论相符。这是人类第一次间接证实了引力波的存在。但是,这毕竟是间接证明,还不能由此得出引力波真实存在的结论。但引力辐射阻尼理论的定量证实,意义十分重大,它把引力物理推进了一大步,再一次令人信服地证明了广义相对论的正确性。

然而,物理学家们坚持走韦伯之路,在20世纪70年代中期到80年代中期,制造出工作在低温条件下的第二代引力波检测器。如美国斯坦福大学建成了低温引力波天线装置:天线是圆柱形的铝棒,长3米,重4.8吨,工作在液氮温区,灵敏度达5×10^{-19},能检测出振幅为1.5×10^{-16}厘米即约10^{-3}原子核半径或者10^{-24}头发直径的振动。日本东京大学平川诺平教授的引力波检测工作也令人耳目一新。其众多实验均以频率为千赫量级的高频引力波为检测对象,这是与科学家迄今所知道的最强天体引力波源相对应的。平川则创制了一种共振低频引力检测器,明确以蟹状星云中的高速自转脉冲中子星NP0531+21为检测对象,该星自转周期为33毫秒,所发引力波到达地面的强度约为10^{-27}量级。平川的引力波检测器分别设立在东京和筑波科学城,经在低温条件

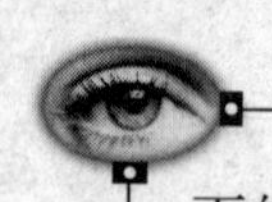

下的长时间积累,灵敏度已达10^{-25}。

在进入20世纪80年代之后,苏联科学家乌恰耶夫又提出了“中微子引力论”。传统理论认为,中微子不带电荷,无静止质量,它以光速运动,几乎不与物质发生作用,可以顺利穿过地球。但是近年来发现中微子还是有静止质量的,不过其质量极小,约10^{-32}克。科学上发现的中微子实际上有三类:电子类、μ介子类和介子类。例如,在太阳核聚变反应中辐射的是电子类中微子,它们在到达地球前某个时候就已经变成了μ介子类或介子类中微子了。如果一类中微子能变成另一类,它们就必须具有一定的质量了。有质量就可能对物体造成冲力。乌恰耶夫以“中微子气”代替引力波,认为在充满宇宙间的中微子气中,中微子以亚光速进行着杂乱无章的运动,其中一部分总是要被天体吸收的,结果每一天体都获得一种“脉冲力”,此脉冲力大小等于其吸收的中微子质量与其速度乘积。在日地系统中,地球向日面承受的中微子流比背日面要弱,由此产生的脉冲力恰好抵消地球绕太阳运动的离心力。宇宙间各天体运动都可以如此解释。在这里根本不需要吸引之力。当然,这个理论只是一种探讨,并无实验事实作依据。不过由于中微子在宇宙演化过程中起着重要作用,对它的认识还有待进一步深化。因此,乌恰耶夫的说法或许是有一定道理的。那么,引力的本质到底是什么?是重力,引力波,还是中微子?

现在,科学家又在改进检测器或创制新的检测器,以求检测到引力波。例如,美国计划分别在东西两岸建立臂长为3.2千米的激光检测器,经多次反射,总光程可达100千米,其灵敏度估计可达10^{-21}。

2000年末,欧洲航天局宣布,与美国国家航空航天局合作,从2010年开始共同实施“莉萨”(LISA)计划,以寻找84年前就预言存在的引力波。“莉萨”计划要发射3颗卫星,这3颗卫星将组成一个边长为500万千米的巨大三角形,它们之间以激光束相连。科学家们希望能够借此测量出3颗卫星中的某一颗是否会因太空中的引力塌缩而产生微弱的位置偏差,从而获得引力波存在的事实证据。

科学家不遗余力地探索引力波之谜,是因为引力波探测的结果将有助于证明各种引力理论的正确与否,它将推动引力场量子化的理论研究,从而为完善物理学“大统一”理论作出贡献。

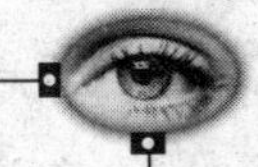

6. 不明飞行物(UFO)

这是半个多世纪以来未解的“世界之谜”,也是分歧和争议最多的自然现象。所谓不明飞行物系指未经查明来历的空中飞行物。国际上通称 UFO,俗称飞碟。20 世纪以前较完整的目击报告有 300 件以上。自 20 世纪 40 年代末起,不明飞行物目击事件急剧增多,引起了科学界的争论。因为 UFO 不是一种可以再现的,迄今在世界上尚未形成一种绝对权威的看法。持否定态度的科学家认为,很多目击报告不可信,不明飞行物并不存在,只不过是人的幻觉或是目击者对自然现象的一种曲解,甚至把飞碟学视为伪科学。肯定论者认为,不明飞行物是一种真实现象,正在被越来越多的事实所证实。但许多 UFO 专家表示,他们并不肯定 UFO 是外星船。他们认为不应该把相信 UFO 存在与相信它来自外星的说法混淆起来,因为来自宇宙的假说只是根据其飞行性能、电磁性质以及目击者的印象和解释归纳推断出来的,正确与否尚待查证。也有一部分 UFO 专家支持“外星说”。一些学者还指出,飞碟现象在许多方面与已知的基本科学规律不符,在解释这种现象时理论上所遇到的困难是它至今未能为现代科学家所承认的主要原因,但不能因此就轻易否定这种现象的存在。

(1)UFO 问题的起端

飞碟热首次出现在 1878 年 1 月,该年初,美国得克萨斯州的农民马丁看到空中有一个圆形物体。随后美国 150 家报纸登载这则新闻,把这种物体称做“飞碟”。1947 年 6 月,美国爱达荷州的一个企业家阿诺德驾驶私人飞机,途经华盛顿的雷尼尔山附近,发现 9 个圆盘高速掠过空中,跳跃前进。这一事件在美国所有报纸上得到报道,又一次引起了世界性的飞碟热,以后

“飞碟”照片之一

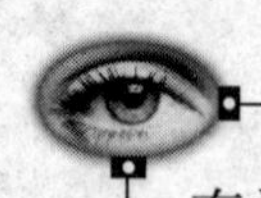

有关发现飞碟的报告纷至沓来，各国政府和民间机构也纷纷组织调查研究。

20世纪60年代初期，由于瑞士作家丹尼肯的《史前文明的奥秘》一书，在全世界流行，提出外星人在先史时代就来过地球的说法，一时之间，飞碟外星人的书籍如雨后春笋，轰动全球，也因此产生“宇宙考古学”这样一门新的学科。当时报纸也将不明飞行物话题大做报道，出版社也大量翻译飞碟外星人及史前文明之谜的书籍，对UFO现象作出种种的解释。据报告，到20世纪80年代初为止，全世界共有目击报告约10万件，每年平均还要增加3000余件。

人们对UFO现象曾作出种种解释。可归纳为：①自然现象：某种未知的天文或大气现象，地震光，大气碟状湍流，地球放电效应。②对已知现象或物体的误认：被误认的因素或物体有天体（行星、恒星、流星、彗星、陨星等）；大气现象（球状闪电、极光、幻日、幻月、爱尔摩火、海市蜃楼、流云）；生物（飞鸟、蝴蝶群等）；生物学因素（人眼中的残留影像、眼睛的缺陷）；光学因素（由照相机的内反射、显影的缺陷所造成的照片假象），雷达假目标（雷达副波、反常折射、散射、多次折射，如来自电离层或云层的反射）；人造器械（飞机灯光或反射阳光、重返大气层的人造卫星、点火后正在工作的火箭、气球、军事试验飞行器、云层中反射的探照灯光、照明弹、信号弹、信标灯、降落伞、秘密武器等）。③心理现象：有人认为UFO可能纯属心理现象，它产生于个人或一群人的大脑。④地外高度文明的产物：有人认为有的UFO是外星球的高度文明生命制造的航行工具。

（2）飞碟问题的种种观点

地下文明说：据悉，美国的人造卫星“查里7号”到北极圈进行拍摄后，在底片上竟然发现北极地带开了一个孔。这是不是地球内部的入口？另外，地球物理学家一般都认为，地球的重量有6兆吨的百万倍，假如地球内部是实体，那重量将不止于此，因而引发了“地球空洞说”。一些石油勘探队员都在地下发现过大隧道和体形巨大的地下人。我们可以设想，地球人分为地表人和地内人，地下王国的地底人必定掌握着高于地表人的科学技术，这样，他们“地表人的同星人”，乘坐地表人尚不能制造的飞碟遨游太空，就成为顺理成章的事了。

杂居说：该观点认为，外星人就在我们中间生活、工作！研究者们用一种令人称奇的新式辐射照相机拍摄的一些照片中，发现有一些人的头周围被一种淡绿色晕圈环绕，可能是由他们大脑发出的射线造成的。然而，当试图查询带晕圈的人时，却发现这些人完全消失了，甚至找不到他们曾经存在的迹象。外星人就藏在我们中间，而我们却不知道他们将要做什么，但没有证据表明外星人会伤害我们。

“飞碟”照片之二

人类始祖说：有这么一种观点，认为人类的祖先就是外星人。大约在几万年以前，一批有着高度智慧和科技知识的外星人来到地球，他们发现地球的环境十分适宜其居住，但是，由于他们没有带充足的设施来应付地球的地心吸引力，所以便改变初衷，决定创造一种新的人种——由外星人跟地球猿人结合而产生的。他们以雌性猿人作为对象，设法使她们受孕，结果便产生了今天的人类。

平行世界说：当今我们所看到的宇宙(即总星系)不可能形成于四维宇宙范围内，也就是说，我们周围的世界不只是在长、宽、高、时间这几维空间中形成的。宇宙可能是由上下毗邻的两个世界构成的，它们之间的联系虽然很小，却几乎是相互透明的，这两个物质世界通常是相互影响很小的“形影”状世界。在这两个叠层式世界形成时，将它们“复合”为一体的相互作用力极大，各种物质高度混杂在一起，进而形成统一的世界。后来，宇宙发生膨胀，这时，物质密度下降，引力衰减，从而形成两个实际上互为独立的世界。换言之，完全可能在同一时空内存在一个与我们毗邻的隐形平行世界，确切地说，它可能同我们的世界相像，也可能同我们的世界截然不同。可能物理、化学定律相同，但现实条件却不同。这两个世界早在200亿~150亿年前就“各霸一方”了。因此，飞碟有可能就是从那另一个世界来的。可能是在某种特殊条件下偶然闯入的，更有可能是他们早已经掌握了在两个世界中旅行的知识，并经常来往于两

个世界之间，他们的科技水平远远超出我们人类之上。

四维空间说：有些人认为，UFO 来自于第四维。那种有如幽灵的飞行器在消失时是一瞬间的事，而且人造卫星电子跟踪系统网络在开机时根本就盯不住，可以认为，UFO 的乘员在玩弄时空手法。一种技术上的手段，可以形成某些局部的空间曲度，这种局部的弯曲空间再在与之接触的空间中扩展，完成这一步后，另一空间的人就可到我们这个空间来了。正如各种目击报告中所说的那样，具体有形的生物突然之间便会从一个 UFO 近旁的地面上出现，而非明显地从一道门里跑出来。对于这些情况，上面的说法不失为一种解释。

(3) 古籍中记载的“不明飞行物”事件

1) 中国古籍中对“不明飞行物”的记载

中国古代史籍中的“正史”，除了历朝历代朝廷中正式由史官记载的历史以外，由于中国的幅员辽阔，东南西北各地州、省、府、县，甚至一城一乡也都有正式记载当地各种大事的历史文件，被称之为《地方志》。这种地方志不但是由地方上正式的官员来主笔记载，随时要呈报给地方首长知道，而且如果发生了重大事件，还要层层上报，甚至启奏皇帝知晓，而其中发生在地方上特别重大的事件也会再次重复被记录在朝廷的正史之中；譬如重大的水、旱灾及地震等自然灾害。所以，中国历朝历代以来各地的《地方志》也属于正史的范围。

在中国正史中，如《古今图书集成》、《竹书纪年》、《史记》、《资治通鉴》、《二十五史》以及各地方府县志等所记载的“不明飞行物事件”约有 1000 件。远在 4000 年前就有飞碟事件的记录，可说是世界最早的“外星人到地球的相关证据”，按年代顺序的事件范例十二则，叙述如下：

夏帝　八年，“十日并出。”《古今图书集成卷·十九》。

商帝　辛四十八年，“二日并出。”《古今图书集成·卷十九》。

汉昭帝　元平元年，“有流星大如月，众星皆随西行。”《汉书·昭帝本纪》。

晋愍帝　建兴二年正月辛未，“辰时，日陨于地。又有三日，相承出于西方而东行。”《晋书·愍帝纪》。

唐宪宗　元和九年正月，“有大星如半席，自下而升，有光烛地，群小星随之。”《新唐书·天文志》。

宋太宗　端拱元年闰五月辛亥，“丑时，有星出奎，如半月，北行而没。”《宋史·天文十》。

金哀宗　正大三年三月庚午，“有气微黄，自东北一亘西南，其状如虹，大有白物十余，往来飞翔，又有光倏见如二星，移时方灭。”《金史·天文志》。

宋恭宗　德佑元年二月丁亥，“有星二，斗于中天，顷之，一星坠。”《宋史·天文十三》。

明世宗　嘉靖三十九年十一月，“有星如剑，横亘西北，赤如血，声如火，气如烟。”《清乾隆·广东潮州府志》。

明神宗　万历三十年秋，“夜有星如卵，光散照地，后随小星二，复有大小二星飞行梭织。”《清乾隆·安徽铜陵县志》。

清高宗　乾隆四十五年十月中，“二更，见天南方有物大如牛，渐如山，色红烛地若昼，逾时灭。”《清朝·贵州遵义府志》。

清德宗　光绪三十四年七月，“夜，有火星飞行半空，来自北而南，其形如盘，光如电灯，一时光敛而没。”《民国·河北枣强县志》。

其中第一例句：“十日并出”，是在公元前 1914 年的记载，距今将近 4000 年，流传成为“后羿射日”的神话。这个“十日”，似非太阳，若以现代的眼光来看，应是“十个如太阳大小的明亮发光体”，这就是世界上正史中，古代最早的飞碟事件的记录。上述范例中，所谓“日”、“月”、“星”、“光”、“火”都可以看成飞碟。另外有清末民初上海《申报》出版的新闻性画刊——《点石斋画报》曾刊载一些异象，其中有些属飞碟现象，下面的《金陵赤焰腾空》即其中之一。这类图文并茂的记载仍有许多篇，可见中国自古以来就有许多天外来客的正式记载。

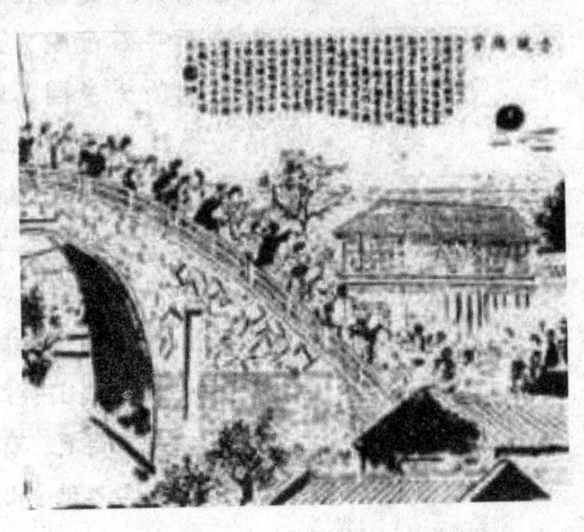

《金陵赤焰腾空图》

•《金陵赤焰腾空图》。清代画家吴有如晚年作品中有

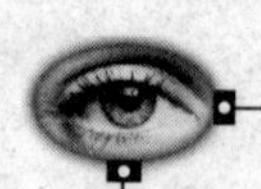

一赤焰腾空图，画面是南京朱雀桥上行人如云，皆在仰目天空，争相观看一团团熠熠火焰。画家在画面上方题记写到："九月二十八日，晚间八点钟时，金陵（今南京市）城南，偶忽见火毬（即球）一团，自西向东，型如巨卵，色红而无光，飘荡半空，其行甚缓。维时浮云蔽空，天色昏暗。举头仰视，甚觉分明，立朱雀桥上，翘首踮足者不下数百人。约一炊许渐远渐减。有谓流星过境者，然星之驰也，瞬息即杳。此球自近而远，自有而无，甚属濡滞，则非星驰可知。有谓儿童放天灯者，是夜风暴向北吹，此球转向东去，则非天灯又可知。众口纷纷，穷于推测。有一叟云，是物初起时微觉有声，非静听不觉也，系由南门外腾越而来者。嘻，异矣！"

画家之题记，可谓一详细生动之目击报告。火球掠过南京城的时间，地点，目击人数，火球的大小、颜色、发光强调，飞行速度以及各种猜测又不得其解，皆有明确记述。此画约作于光绪十八年（1892），在100多年前，世人尚无飞碟和UFO为何物，画家显然未能意识到，这幅《金陵赤焰腾空图》，竟成为今人研究UFO的一则珍贵历史资料。

• 我国宋代著名诗人苏轼于镇江游历时，因目睹天空奇异景象后，所写下的诗篇《游金山寺》对不明飞行物（炬火明）之描写，栩栩如生。原诗如下：

我家江水初发源，宦游直送江入海。
闻道潮头一丈高，天寒尚有沙痕在。
中泠南畔石盘陀，古来出没随涛波。
试登绝顶望乡国，江南江北青山多。
羁愁畏晚寻归楫，山僧苦留看落日。
微风万顷靴纹细，断霞半空鱼尾赤。
是时江月初生魄，二更月落天深黑。
江心似有炬火明，飞焰照山栖鸟惊。
怅然归卧心莫识，非鬼非人竟何物？
江山如此不归山，江神见怪惊我顽。
我谢江神岂得已，有田不归如江水。

东坡夜遇"炬火明"之出现之地，也在扬州附近，与沈括所记述的"扬州明珠"恰恰巧合如一！

• 如果说画家和诗人的描述难免"夸张"的话。那么最引人注目者，要属宋代大科学家沈括的《梦溪笔谈》一书中的一段述说了，该段文字颇耐人寻味，其所叙之事，很像是一个其他星球的飞行器莅临我国江南水乡的生动记录。原文："嘉中，扬州有一珠甚大，天晦多见。初出于天长县陂泽中后转入甓社湖中，又后乃在新开湖中，几十余年，居民行人常常见之。余友人书斋在湖上，一夜忽见其珠甚近，初微开其房间，光自吻中出，如横一金线。俄顷忽张壳，其大如半席，壳中白光如银，珠大如拳，灿然不可正视，十余里间林木皆有影，如初日所照，远处单见天赤如野火。悠然远去，其行如飞，浮于波中，杳杳如日。古有明月之珠，此珠不类月，荧荧有芒焰，殆类日光。崔伯易尝为'明珠赋'。伯易，高邮人，盖常规见之。近岁不复出，不知所往。樊良镇正当往日来处，行人至此，往往循船数宵待观，名县亭以'玩珠'。"

扬州明珠

沈括是我国历史上一位于天文、地质、物理、医学等诸多方面皆有成就的科学家，1072 年出任"司天监"之职，他治学严谨，用功极勤。该段文章对扬州明珠的记述，毫无梦境幻觉之妄言或神鬼迷信之色彩。不难看出，沈括所记述的乃是一起真实的 UFO 案例，于现代人的目击报告十分相似。

• 在古籍中疑似飞碟绑架事件者甚罕见，比较明确的大概首推一个多世纪前发生在湖北省松滋县境内的覃姓农人随飞碟飞天的离奇遭遇。据湖北省《松滋县志》上的记载，整个事件的经过原文如下：

清朝，湖北松滋县志(清德宗光绪六年五月初八日)：西岩咀覃某，田家子也。光绪六年五月初八，晨起信步往屋后山林，见丛薄间有一物，光彩异常，五色鲜艳。即往捕之，忽觉身自飘举，若在云端，耳旁飒飒有声，精神懵昧，身体不能自由，忽然自高坠下，乃一峻岭也，覃某如梦初醒，惊骇非常。移时来一樵者，询之，答曰："余湖北松滋人也。"樵夫诧曰："子胡为乎来哉？此贵州境内，去尔处千余里矣！"指其途径下山。

覃丐而归，抵家已逾十八日矣。

译文：1880 年 6 月 15 日：湖北省松滋县境内的西岩嘴地方，有个姓覃的农人，早晨到屋后的山林中去散步，突然见到树林里有一个奇怪的物体，正发射出亮丽的五彩光芒。他立即上前想抓住它，却突然感到自己的身体飘离了地面，并飞上空中进入云里，且旁边不停的响起飒飒的风声，这时他感觉到神智有些模糊，身体也不太能自由动弹。一会儿，忽然从高空中坠下，落在一座高山上（身体没有受什么伤）。这姓覃的农人好像大梦初醒一般，十分害怕。后来遇到了一位樵夫，见到姓覃的农人既陌生又有些好奇而主动问他从何处来？姓覃的农人据实答说是湖北省松滋县的人。樵夫很诧异地说："你怎么会来到这里呢？这里已是贵州省境了，离你的家乡有五六百千米远呢？"后来经过这位樵夫的指引，他才能顺利下山，并一路当乞丐沿途乞讨回去，经过 18 天才终于回到家里。

这是中国正史上最具代表性的"不明飞行物"事件，虽然，严格地说当事人并非被外星人计划性地绑架，而是主动去捕捉"不明飞行物"，不料却反而意外地被带往空中。以当时中国的科学发展状况及当事人是农夫的身份与知识水准，他没有加上神鬼妖怪的说法，反而据实的说出自己被"不明飞行物"带往空中，落于五六百千米的另一省份，更增加了事件的"真实性"，非常具有参考及探讨的价值。

2）西方古籍中对"不明飞行物"的记载

有关外星人和"不明飞行物"的叙述，在圣经的新旧约中均多次出现，其中几则如下：

《圣经旧约》的原文大部分都是用希伯来文写的，而希伯来文的"天主、上帝、神"都是用复数名词——Elohim，其原意是"来自天上的人们"。

《出埃及记》记载："上主在他们前面行，白天在云柱里给他们领路，夜间在火柱里光照他们，为叫他们白天黑夜都能上路。白天的云柱，黑夜的火柱，总不离开百姓面前。"其中"白天的云柱，黑夜的火柱"以现代的观点来看，就是"不明飞行物"。又"上主的彩云白天停在帐篷上，黑夜在云中有火"，其中有火的彩云，也应当是"不明飞行物"。

《以西结书》记载："我观望，有一阵暴风由北方吹来，刮来一大块火光四射的彩云，云中有一团旋转的火，火中有一种发亮的金属。"这个在

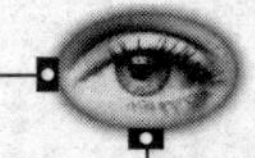

火中会发亮的金属可能就是飞碟。

《马太福音》记载:“有几个博士从东方到耶路撒冷……在东方所见的那星,忽然在他们前头行,直行到小孩的地方,就在上头停住了。”那星就是“不明飞行物”。又“忽然有摩西、以利亚,向他们显现,同耶稣说话。说话之间,忽然有一朵光明的云彩遮盖他们”。光明的云彩也是“不明飞行物”。

在其他国家的历史中,也不乏这种记载:公元前 1450 年,古埃及法老图特摩斯三世,见过空中出现许多火圈。公元前 218 年的某夜,罗马共和国的人们见到两个月亮;在阿普里城上空人们见到一个飞行的盾牌;公元前 213 年,一个形容成“祭场”的东西在哈德里上空飞翔,上面还有个穿白衣的人。1133 年,有一个大“银盆”访问了日本。1290 年,又一个大“银盆”缓慢地飞过英国的约克郡。1561 年,在德国纽伦堡,许多球体、碟体和雪茄体的飞行物,好像在进行空战。

在佛教的最原始经典,即佛陀所讲的《阿含经》,就有记载着异次元时空的天界,其三界分为:欲界有十二天、色界有二十二天、无色界有四天,共计有三十八天,每一天都有不同的天。这些天人及天,隐约就是我们现代所谓的外星人及其所居住的星球。在《长阿含经》中的《世纪经》转轮王品描述:“在楼阁上,亲属群臣前后围绕,是时王前有‘金轮宝’忽然来应,轮径七肘,千辐毂辋众相满足,自然成就,非工匠造……彼天轮宝应声即转,即命严驾行向东方,于是轮宝及四种兵一时皆从。”这个金色的轮宝就是转轮王的运输工具,以现在的眼光来看,就是飞碟。

(4)罗斯韦尔事件

在 1947 年 7 月 4 日,夜间零点时,一架飞碟坠毁在美国新墨西哥州的罗斯韦尔镇。该镇附近设有一处美国空军基地。事件发生后不久,罗斯韦尔镇的镇长,巡警和驻军赶到现场,他们看到了金属制成的飞碟残骸碎片,并在飞碟坠毁地点以东 3 千米处找到了四具外星人尸体。由于在野外暴露和禽兽撕咬,这些尸体已受到一定程度破坏。美军方急忙电令将飞碟残骸和外星人秘密转移到福特沃尔德空军基地,并召集了 10 多名人类学、生物学和医学方面的专家,在空军基地中对这些外星人进行了解剖。同时,政府和军方首脑担心此事可能引起社会的恐慌,决定将此事作为重大机密向世界隐瞒。当地报纸对此曾有所走漏。“X 档案”从此就一直成为全世界关注飞碟和外星人的人心中最大的谜团。

1998年,美国有人制作了一部名为“X档案”的影片,披露了罗斯韦尔事件及解剖外星人的情况。根据影片中的镜头,这些外星人体形与人类相似,但身高只有1.3米左右,头部比例较大,眼大,手有四指,皮肤灰色。相信外星人存在的人坚信,这些镜头就是外星人光临地球的证据。但美国军方仍声称,所谓飞碟残骸不过是坠毁的空军气象仪器,外星人不过是在空中做实验用的假人模型。究竟孰是孰非,局外人仍无从知晓。

(5)索科洛事件

1964年的索科洛事件曾轰动一时,那年4月24日傍晚,美国新墨西哥州巡警萨莫拉看到索科洛镇以南一间炸药库附近上空冒出一股蓝烟,他连忙驱车前去察看。在炸药库附近,萨莫拉看到40米以外的干旱河谷中有一个椭圆形的物体,旁边站着两个身穿白衣,个子矮小的人形生物。其中一个看见他时,似乎吃了一惊,然后就钻进那个椭圆形物体,在震耳欲聋的巨响中飞走了。稍后赶来的警官们发现萨莫拉脸色苍白,浑身是汗。他们都看到那飞行器起飞后,地上的灌木仍在燃烧。地面上还有“四个大致是方形的印迹,成梯形分布”,可能就是那飞行器留下的。

(6)英国国防部的UFO档案

不明飞行物(UFO)目击事件在英国很少出现,这在很大程度上是由于英国政府,特别是英国国防部一直对不明飞行物光临英国领空事件进行新闻封锁。现在,在致力于研究天外生命的科学家们的一再要求下,英国政府开始对不明飞行物目击事件机密档案进行解密,于是,一例例奇特的不明飞行物目击事件终于在世人面前揭开其神秘面纱。

新解密的档案显示,1999年2月15日,苏格兰一位航空管制人员在他的雷达屏幕上发现在苏格兰海岸线上空有一个奇怪的飞行物。屏幕上那个明亮的点表明,这个飞行物正在以每小时5000千米的速度飞越苏格兰海岸线上空,方向朝向西南,目的地似乎是贝尔法斯特。雷达屏幕上的亮点还表明,这个物体非常庞大,约有16千米长,3千米宽,这样大的物体以这样快的速度在空中飞行,简直令人难以置信。正当这个航管员心里纳闷的时候,这个物体从他监控的雷达屏幕上消失了,而且再也没有在雷达搜索范围内出现。从这个飞行物的出现到消失只有两分钟的时间，没有人知道它是什么，去了何方。

1998 年末，英国国防部档案还曾经记录下了一位客机驾驶员的报告，报告称有一次他在英国中部上空飞行时，意外发现了一个异常飞行物，这个飞行物“飞行速度非常快”，它的闪光测速器发出的光非常亮，每隔 20 秒就会闪动一次。

英国民航飞机发现了不明飞行物，都要向英国国防部报告，在上边两起事件发生后，英国民航局（CAA）称实际上还曾发生过多起目击事件。在同一时期，他们曾向国防部递交过另外两次目击报告，但国防部从来没有向外界透露过半点关于那两次目击事件的消息。根据民航局的官方报告，在雷达发现一庞大飞行物飞越苏格兰上空的同一个月，一位飞行员在驾机飞越北海时曾经遭遇不明飞行物。当时他的飞机被一束“白炽的光亮”照亮，吓得他当时都屏住了呼吸，很长时间没敢大口出气。同一天，另外三架飞越这一地区的飞机也报告说他们看到了一个闪亮的光球在空中快速飞行。整个目击事件发生时，地面的航空管制人员都称在那一空域没有其他特别的飞机飞行，但是 5 分钟后，一个气象站的雷达操作员报告说，他的雷达发现了一个高速飞行的物体，但是无法判断这个飞行物是何物。

UFO 照片之三

英国境内最著名的不明飞行物目击事件是通过美国的媒体曝光的，

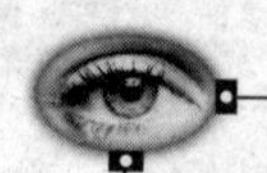

而这次解密的档案则更详细地记述了那次事件的经过。档案透露，事件发生在1980年12月的一天，地点在美国驻英国萨尔福克空军基地附近。由于发生了一起飞机坠毁事件，三名安全巡警到坠毁地进行调查，他们刚刚到离基地不远的一片森林，却骇然发现树林上空飘浮着一个奇怪的三角形发光飞行物，飞行物不停地旋转着，顶部发出有规律的红光，底部发出的是蓝光。

三人在惊吓之余，急忙回到基地向司令官报告。后来该基地的中校副司令查尔斯·哈尔特向英国国防部提交了一份详细的报告，报告详细描述了这起目击事件的经过与那三人观察到的细节，并称第二天他们在不明飞行物的发现地点的地上找到了三个压过的痕迹，这显然是飞行物的降落地，而对这片地进行测量后发现，其辐射量明显高过其他地方。就在那天晚上，基地的人又发现了三个星状飞行物，这三个飞行物在森林上空盘旋，并做快速的"锐角运动"，这用现在的飞行动力学根本讲不通。

在宣布将机密档案解密后，英国国防部拒绝就目击事件的个案进行讨论，但认为所有的目击事件都可以有完善的正常的解释，国防部认为，在这些描述中所谓的不明飞行物，要么是附近活动的军机和雷达干扰设施造成的雷达误判，要么就是真正的飞机，所谓的炫目光束只是飞机机身对地面活动或太阳光的反射光。而在致国会议员的信中，英国国防大臣约翰·斯佩拉尔则称："关于不明飞行物，或者说飞碟事件，或天外生命形式是否存在等问题，国防部不感兴趣，也没有发挥过什么作用。我们对此是相当开明的，没有任何遮掩。"

(7)同"外星人"接触

据自称见过外星人的人们描述，他们所见到的外星人大多是一些个子矮小，脑袋圆大、嘴巴窄长如裂缝、身穿紧身衣的类人生物。但也有人声称他们见到的外星人是高大的巨人、机器人状怪物、满身长毛的怪兽甚至美丽的裸女。对这种现象，有人认为这些外星人不止来自一个星球。另一些人则认为，地球上绝不可能有这么多不同种的外星人同时光临，这种混乱的描述正说明外星人的说法是不足为据的。还有一些人认为，这些确有相当一部分不足为信，但仍有一些可以确认是真实的。

以德国作家冯·丹尼肯为主的一些人则热心于寻找外星人在古代

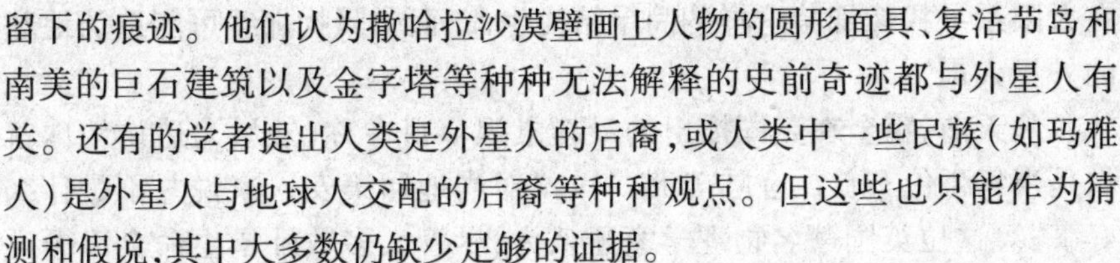

留下的痕迹。他们认为撒哈拉沙漠壁画上人物的圆形面具、复活节岛和南美的巨石建筑以及金字塔等种种无法解释的史前奇迹都与外星人有关。还有的学者提出人类是外星人的后裔,或人类中一些民族(如玛雅人)是外星人与地球人交配的后裔等种种观点。但这些也只能作为猜测和假说,其中大多数仍缺少足够的证据。

美国康奈尔大学的著名天文学家卡尔·萨根曾指出,在整个银河系中差不多有2000亿颗恒星,这些恒星中有相当一部分带有行星。在这些行星中,与地球环境近似的,估计可能多达100万颗。既然生命能够在地球上产生和演化,那也就可能同样在这些行星上产生和演化,并发展出智慧生物。而其中必定有一部分,要比现在的人类文明更为先进。因此,这些天文学家们认为,在地球以外的别的星球上出现智慧生命,完全是可能的。但萨根却对世界各地常常有人遭遇外星人的消息嗤之以鼻。他认为,这些都是把一些人类掌握的科技加到所谓外星人身上,所描述的外星人形象也大多是人类的变形。而在别的星球,生命进化过程千差万别,外星智慧生命的演化形态很可能与人类完全不同,其掌握的科学技术也会与人类完全两样。而且这些可能产生智慧生命的星球,离地球的距离都在几千或几万光年。因此以为每年甚至每天都有外星人来访的说法,更是完全不现实的。

萨根的看法,大致可以代表严肃的科学家们的意见。这就是说,外星智慧生命的存在,从理论上讲是完全可能的。但各种发现外星人的消息,却大都不足为信。然而仍有一些被认为可靠而目前科学界尚无法解释的事件,以及某些不可理解的史前奇迹,又是否与外星智慧生命有关呢?这一切仍然是个谜。

1)搜寻生命居于核心地位

两年前,美宇航局将披头士乐队的经典歌曲《穿越苍穹》发送至太空,4月28日,该机构又讨论了最新的地外生命搜寻计划。美国康奈尔大学行星科学家史蒂夫·斯奎尔斯(Steve Squyres)教授说:“搜寻生命确实在我们未来探索太阳系的任务中居于核心地位。”

斯奎尔斯是美国国家科学院一个就未来探测任务向美宇航局提供建议的专门委员会的主席。该委员会正在研究28个潜在探测任务——从火星、木星卫星到木星。同时,美宇航局当前探测任务的主要目标是在太阳系寻找像细菌这样的简单结构生命,而非骚扰那些可能造访地球的外星人霸主。

几天前,霍金在英国播出的最新电视节目中称,外星人造访地球就像是当年哥伦布首次登陆美洲一样,“对当地印第安人来说并不是什么好事”。这位英国著名物理学家还认为,尽管大多数外星生命会以微生物等简单的生命形式存在,但先进的生命形式可能是“游牧民族,寻求征服和开拓殖民地”。

搜寻地外文明计划(SETI)协会资深天文学家塞思·肖斯塔克(Seth Shostak)表示,霍金的警告重新在一小部分寻找外星生命的天文学家中间激起了已进行三年的大讨论。为了避免引来危险的外星人,天文学家是否应该停止向宇宙发送目的性明确的信息呢?肖斯塔克认为这其实没有关系,并称这种方法未必会引起外星人注意。

2)天文学界存在巨大分歧

有些人认为,向宇宙发送信息“就像在森林中喊话,不一定是好主意”,肖斯塔克反问道,“难道我们永远躲在石头下面吗?这对我来说生不如死”。美宇航局资深天体生物学家玛丽·沃特克(Mary Voytek)说,天文学界在这个问题上存在巨大分歧。她在美宇航局召开的电话会议表示:“我们为发现任何类型、任何形式的生命做好了准备。”

沃特克指出,部分搜索外星智能生命的任务是由私人资助的,比如搜寻地外文明计划。大约20年前,美宇航局就这个问题专门召开过会议讨论。美宇航局前约翰逊航天中心主任克里斯多弗·克拉夫特(Christopher Kraft)表示,当时,大多数专家就担心搜寻任务会引来危险的外星人。

克拉夫特是美宇航局的传奇人物,创建了地面任务控制中心,4月28日还获得史密森学会颁发的终生成就奖。克拉夫特说他会欢迎外星人,“我或许能学到一些东西”。搜寻地外文明计划协会总部设在加利福尼亚州的山景城,向来采取被动方法,收听外星人发送的任何信号。

(8)关于UFO的另一种声音

不久前,美国中央情报局的情报专家自曝家底,终于向世人揭开了关于UFO的鲜为人知的一些真相。海恩斯是专门研究美国军用侦察的历史学家,在翻阅了20世纪90年代中情局所有关于UFO的秘密内参后称,“1950~1960 年,超过半数所谓的 UFO 实际上是有人驾驶的侦察飞机”。海恩斯解释道,“当时的美国一方面假借 UFO 的报道来安抚民众对于苏联空中入侵的恐慌,另一方面以此来麻痹被侦察国的防空警报系统,以达到浑水摸鱼的效果”。真可谓一箭双雕,还有什么比将战斗机“包装”成引人注目的天外来客更巧妙的伪装方式呢?

美国政府之所以将 UFO 蒙上一层神秘的面纱,是因为美国当时最机密的两样情报收集“宝贝”——A-12 和 SR-71,在飞临敌方上空时时刻受到致命的威胁。中情局于是想出释放 UFO 这枚“烟幕弹”来为其护航。

这场针对公众的欺骗开始于 20 世纪 50 年代的早期。这不得不从当时被视作绝密、直到现在还鲜为人知的 A-12 飞机说起。早在 1954 年,当时的中央情报局负责人爱伦·杜勒斯就已经对这种性能先进的飞机作出了构想。根据研究美国航空史的史学家波尔·克里斯摩尔的说法,这项秘密计划的目标就是建造一种比 U-2 飞机飞得更高更快的侦察机。这项秘密计划最初被称做“感光板”,然后是“兴趣”,再后来是“牛车”,直至第一架 A-12 模型出炉。

A-12 之所以会在 1959 年与 UFO 结下“不解之缘”,全有赖于大名鼎鼎的洛克希德公司的“功劳”。当时它建立了从加州帕尔梅拉到内华达州格罗姆湖的飞行试验基地。这就是被那些 UFO 迷称为“51 区”的秘密军事基地,这个前飞行秘密测试基地位于美国内华达州的拉斯维加斯北部的 160 千米。A-12 模型当时深藏在沙漠之中,四周又被核武器所包围。在经历了一系列严格苛刻的测试来检验其反射和吸收雷达波的能力之后,中央情报局对检测结果非常满意,当即订购了 12 架。

洛克希德公司创造了令世人叹为观止的飞机,其卓越的性能在任何时代都傲视群雄。但要想飞机起飞,它需要强有力的发动机将其推至 3.2 马赫的初速度和 30 千米的高度。在 1962 年 2 月,Pratt & Whitney 宣布无力马上交出性能卓著的 J58 发动机产品。作为权宜之计,他们提供了一种功率较小的 J75 发动机,它可以将 A-12 推到 15 千米的高度,速度达到 1.6 马赫。中情局的工程师们在做了这样一个计算之后接受了这个提议,那就是一架装备了一对 J75 发动机的 A-12 战斗机,飞行速度应该可以快于 2 马赫。F-117A 和 SR-71 造型古怪,可以反射雷达波，人们常常因为它们怪异的长相而将其误认为UFO。

SR－71的另一个与UFO十分相像的特征就是：其尾气周期性地呈现出绿色。SR－71燃烧的是经过改进后的耐高温、高燃点的燃料。每当在空中为高耗能的SR－71补给燃料时，它就使人误以为这是UFO在闪闪发亮。

令人惊奇的是，UFO在美国西南部的来去行踪与秘密侦察飞机的活动惊人地“巧合”。UFO活动最频繁的时候恰好是F－117A秘密侦察飞机在“51区”的测试最密集的时候。也许这诸多“巧合”背后隐藏着许多未解之谜的答案。

霍金警告说，外星人几乎是肯定存在的，但我们人类不要努力去寻找外星人

2010年，著名天体物理学家斯蒂芬·霍金警告说，外星人几乎是肯定存在的，但我们人类不要努力去寻找外星人，应该尽量避免与他们接触。否则，有可能给人类带来灾难。

在为发现频道录制的一部最新纪录片中，霍金将表述他对一些宇宙最大神秘的最新理解。他认为，在宇宙的很多其他地方，外星人肯定存在，不只在行星里，还有可能存在于恒星的中心，甚至还可能漂浮在星际空间。

霍金认为外星人存在的理由非常简单。他指出，宇宙有1000亿个星系，每个星系含有数亿颗恒星。宇宙如此之大，地球不可能是唯一拥有生命的星球。他说：“我从数学的逻辑来思考，只是这些数字就可以极其合理地考虑外星人的存在。我们真正的挑战是弄清楚外星生命是什么样子。”

他认为，大部分地外生物等同于相当长时间里主宰地球的细菌或者简单生物。“探索频道”纪录片的一个画面显示，一个其他星球的崖面，成群的两条腿食草动物在吃草，并遭致很多会飞的黄色蜥蜴状食肉动物捕猎。另一画面显示，木卫二厚厚冰层下的海洋中，发光动物成群结队。

虽然这类场景是构想出来的，但霍金用它们说明一个重点：少数生命形式可能是智能化的，但他们对人类是一种威胁，霍金相信，与这些生命进行接触对人类来说结果将是灾难性的。他认为，外星人可能会袭击地球并掠夺地球上的资源，然后扬长而去。他说：“我们看看自己就知道智能生命是如何发展到无法自给自足的地步了。我设想他们应该是坐着大型飞船来到我们星球，不过由于长途旅行，他们已经耗尽了起飞时所带的资源。他们可能已经成为流浪者，伺机征服并殖民他们能够抵达的任何星球。”

他的结论是设法与外星人接触“有点冒险”。他说：“如果外星人来拜访我们，我认为那么其结果就和当年哥伦布到达美洲大陆差不多，美洲的土著居民深受其害。”这部纪录片的完成标志着霍金取得一大成功，现年 68 岁的霍金因运动神经疾病而瘫痪，沟通的能力极其受限。他和他的制作团队为这一节目筹划了 3 年时间，期间，他曾坚持重新改写剧本和监测摄制过程。“探索”频道的执行制作人约翰·史密森说：“他想要制作一个能令普通观众和科学家感兴趣的节目，那是一份艰难的工作，其中很多概念非常复杂。”

霍金之前就曾表示存在外星人的可能性，他的观点一直通过一系列科学突破阐明，如这一发现，自 1995 年以来，人类已发现 450 多个围绕遥远恒星轨道运动的行星，这表明行星是一个常见现象。现在，天文学家发现的所有新行星都比地球大得多，但只是因为用来探测它们的望远镜不足以敏感到探测这类距离的和地球一样大的天体。另外一项突破是科学家发现地球生命已证明可居住在它的大部分极端环境。科学家推断，如果生命能在极端环境下生存和发展，那么可能没有不可能生存的地方。霍金对外星人的理解得到了很多其他科学家的支持。最近在英国广播公司系列片《太阳系奇迹》中，布莱恩·考克斯教授对他的这一理论表示支持，考克斯认为，火星、木卫二和土卫六可能是值得探究的地方。

同样，英国皇家天文学家洛德·里斯今年早些时候警告，人类可能难以理解外星人。他说："我估计，生命和智能生命以我们无法想象的形式存在于其他地方。就像黑猩猩无法理解量子论一样，可能存在我们想象不到的现实。"

7. 奇异的彗星蛋现象

在茫茫苍穹中，人类已经知道宇宙间共有 900 多颗彗星，其中最大而又最光亮的一颗，是哈雷彗星。哈雷彗星每 76 年回归地球一次，世界上最早见到哈雷彗星的可靠记录是在公元前 164 年。每当巨大、明亮的哈雷彗星拖着它那漂亮的尾巴"访问"地球的时候，人们总能惊异地发现一个奇特的现象——地球上会随之出现蛋壳上"印"有哈雷彗星图案的鸡蛋。

1682 年，哈雷彗星出现时，在德国的马尔堡今黑森州境内，有只母鸡生下了一个蛋壳上布满星辰花纹的、异乎寻常的蛋。1758 年，当哈雷彗星"访问"地球时，英国霍伊克附近乡村的一只母鸡生下了一个蛋壳上有清晰的彗星图案的蛋。1834 年，哈雷彗星在苍穹出现，希腊科扎尼有只母鸡又生下了一个"彗星之蛋"，这个鸡蛋表面的彗星图案令人惊奇不已。

1910 年 5 月 17 日，当哈雷彗星光临地球时，法国也有一个母鸡生下了一个蛋壳上绘有彗星图案的怪蛋。奇异的鸡蛋为什么和哈雷彗星一样，周期性地出现呢？这一系列奇特的"彗星蛋"事件，使世界各地的科学家百思不得其解。一个在天空，一个在地上，两者之间有何联系呢？科学家们对此不断地研究和思考着，他们希望能揭开哈雷彗星与鸡蛋之间的奥秘。诚如美国一位科学家所说的"彗星与鸡蛋之间存在着因果关系，这种联系还有待人们去探索、研究"。

苏联生物学家亚历山大·涅夫斯基就曾认为："两者之间肯定具有某种因果关系。"他大胆推测："这种现象也许与免疫系统的效应原则和生物的进化是相关的。"科学家们为了得到 1986 年的彗星蛋，早在 1950 年时，苏联科学界便在国内联系了数以万计的农户，法国、美国、意大利、瑞典、波兰、匈牙利、西班牙等 20 多个国家也建立了类似的调查网络。结果，当 1986 年哈雷彗星又一次回归地球时，人们在意大利博尔戈的一户居民家里，又一次发现了一个彗星蛋。神奇的哈雷彗星与彗星蛋究竟有着什么必然的联系呢？这一神秘莫测的疑问到今尚未得到令人满意的答案，仍有待于人们去深入研究与解答。

8. 月球的怪异现象

数百年来的天文学家不知对月球已观察过多少次了。曾发现过不少无解的现象。最早的记载是1671年，天文学家卡西尼就曾发现月球上出现一片云。1786年4月，现代天文学之父赫歇耳发现月球表面似乎有火山爆发，但是科学家认为月球在过去30亿年来已没有火山活动了，那么这些“活火山”是什么？1843年曾绘制数百张月球地图的德国天文学家施密特，发现原来约有10千米宽的“利尼”陨石坑正在逐渐变小，如今，“利尼”坑只是一个小点，周围全是白色沉积物，科学家不知原因为何？

1882年4月24日，科学家发现月球表面“亚里士多德”区出现不明移动物体。1945年10月19日，月面的“达尔文墙”出现3个明亮光点。1954年7月6日晚上，美国明尼苏达州天文台台长和其助手，观察到“皮克洛米尼”陨石坑里面，出现一道黑线，过不久就消失了。1955年9月8日，“泰洛斯”陨石坑边缘出现两次闪光。1956年9月29日，日本明治大学的丰田博士观察到数个黑色物体，似乎排列成 DYAX 和 JWA 字形。1966年2月3日，苏联无人探测飞船“月球九号”登陆“雨海”后，拍摄到两排塔状结构物，距离相等，并能形成很强的日光反射，很像跑道旁的标志物。从其阴影长度估计，大约有15层楼高，并且成几何形式排列。而附近没有任何高地能使这些岩石滚落到这一位置。

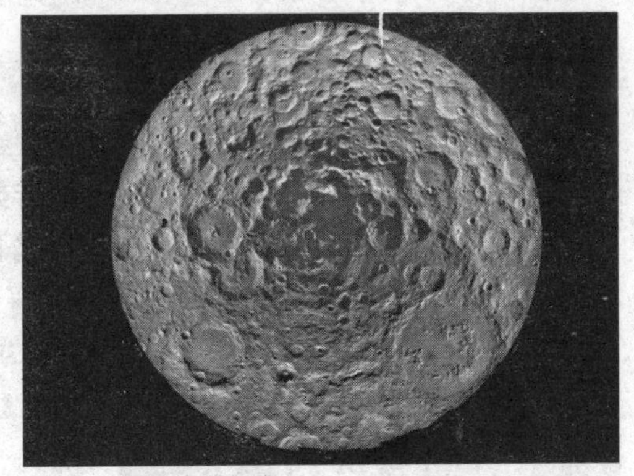

月球南极的照片

另外，“月球九号”也在“风暴海”边缘拍摄到一个深洞穴，专家们相信这些圆洞是通往月球内部的通道。1966年11月20日,美国"轨道二号"探测飞船在距"静海"46千米的高空上,拍摄到数个金字塔形结构物,科学家估计高度在15~25米高,也是以几何形式排列,而且颜色比周围岩石和土壤要淡,显然不是自然物。1967年9月11日,由天文学家组成的"蒙泰罗"小组发现"静海"出现四周呈紫色的黑云……

为什么月球离地球越来越远?月球目前距离地球大约60倍地球半径。但是,由于在地球和月球之间的潮汐力的影响,月球正以每年约3厘米的速度慢慢离地球远去。另一方面,地球的自转速度也逐渐变慢,也就是说,以前月球比现在更靠近地球,而地球的自转速度比现在更快。证据就在科学家发现的"二枚贝"化石上。二枚贝的成长速度会随着潮汐的涨落而变化,一边成长一边形成树木年轮一样的条纹,条纹数量和宽度依潮汐的大小而异。根据这些条文数量和宽度,科学家发现,大约5亿年前,地球一天仅有21小时,1年有410天。

值得指出的是,发现这些奇异现象,不是一般的外行人,全是天文学家和太空探测器的真实报告,这是否意味着:月球上有人类未知的"神秘生命"存在?!

9. 极光奥秘何时解

极 光

在地球上,人们经常会看到一种奇异的光,因这种光经常发生在南北两极,所以,人们便叫它"极光"(aurora borealis,英文原意是"北方的黎明")。

每当猛烈的风暴在太阳外部沸腾,太阳风将以100多万千米的时速轰击地球,这就是太阳风暴,或称日冕大爆发。太阳风暴可能导致卫星通信中断,干扰无线电的传输,但同时,它也会以自然界最绚丽的光芒照亮极地的夜空。从浅蓝到深红,极光的色彩绮丽夺

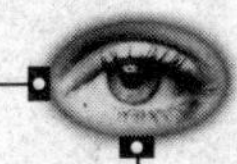

目,几个世纪以来,吸引了无数观察者。

就在几十年前,我们对极光的成因还是完全误解的。最近几年,科学家用发送高空轨道探测器的方法,了解制造这种自然奇观的动力。关于极光,我们在近 20 年间所了解的,远远超过了过去 2000 年的经验。然而科学家仍然不知道?是什么使极光看起来宛若拂动的薄纱,是什么令其呈现为各种形状?正如一些观察者所描述的,状如头骨或动物。

早期有关极光的描述在《圣经·旧约》中有记载,书中称极光是从天堂跌落人间的火焰——而这种解释,实际上,也并非完全谬误。加拿大的因纽特人相信,极光是火炬,照亮着天堂之路。即便是亚里士多德和弗兰克林也对极光迷惑不解。

极光的颜色可谓色彩斑斓,五颜六色。有时呈绿色,有时呈橙黄,有时则鲜红,有时则几种颜色不断变换着,或者像垂下的一道道祖母绿色的帷幕,镶着大红的穗子,或者是无数色彩缤纷的光束,时而光耀夺目,时而熄灭不见。

但是,当极光出现的时候,也会给人们的通讯联络带来一定影响,它会使无线电短波遭到破坏,电报和电话受到严重干扰,罗盘指示紊乱。

对这种奇异的极光现象,科学家们有各种各样的解释。俄国科学家罗蒙诺索夫认为,是高空稀薄大气层里的大气放电造成的。他曾做过这样一个实验:他把一只玻璃球中的空气抽出大部分,然后在球内造成放

2000 年 4 月 7 日,欧洲部分地区出现该地区罕见的极光现象。图为在德国北部一个镇出现极光时的情景

电现象。这一实验证实了他的推测,他说:“在空气极其稀薄的玻璃球内,随着放电,不断发出闪光。”后来,又有许多人重复过罗蒙诺索夫的实验,也都得到了相同的结果。这种实验,证明了极光是一种放电现象。但极光之谜还远未揭开。比如,极光为什么多发生在两极?是哪种粒子引起高空空气发光的?发生在多高的高空?为什么极光的形状千奇百怪,并不断变换着花样?因此,有人便把寻找极光答案的目光转向太阳。

经过多年的研究,弄清楚一些问题,如太阳风携带着质子和电子,吹向地球,由于它们带有电荷,这些粒子陷入地球磁场。它们沿着磁力线抵达极地,然后闯入大气层上层。太阳风粒子下降时,与大气中的氧、氮分子发生冲撞。冲撞的能量以光的形式被释放,这与霓虹灯管里的发光原理类似。极光的颜色取决于粒子的类型。在低大气层,电子撞击氮,将产生红色的光,但如果它们撞击的是大气层上层的带电荷氮,则会制造出蓝色和紫色的光。大约在100千米的上空,与氧原子撞击所产生的是最常见的极光色——白中泛绿。

通常,只有在极地地区才能见到极光,但在“太阳活动高峰期”极光也会出现在比北纬48度还要偏南的地区。由于从太阳吹来的风暴将用粒子填满地球的磁场,太阳风“侵蚀”着地球磁场,使得更多的粒子能够朝赤道飞移,因而扩大了极光发生的范围。但许多问题仍然没有令人信服的答案。

2000年4月6日23:05(北京时间7日5:05)在瑞典首都斯德哥尔摩拍摄到的北极光。整个斯堪的那维亚半岛和德国北部都可以看到这一壮观景象

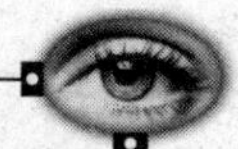

有些人称不仅看到了极光，还听到了极光的声音。自几个世纪前第一次有此类报道开始，这个现象一直困扰着科学家们。极光发生在地表以上 100～320 千米的高空，那里的空气非常稀薄，不可能传载声波。然而，类似的报道依然不断。物理学家罗伯特·依瑟在他的著作《壮丽的极光》中列举了许多这一类的报道。他写道人们所描述的伴随极光的声音都“非常相似，是一种微弱的沙沙、嘶嘶、嗖嗖或劈啪声”。

就人们所观察到的极光现象，有各种各样的形状。有的极光像探照灯光束，从地平线上升起。早在 1883 年 8 月的一天，有人在英国伦敦以南的沿海一带，就发现一次这样的极光。当时，在东北方向的地平线，升起了一束亮光，光线越来越亮，向上做放射状，地平线附近还有几朵远处的层积云与它交错。1837 年，有人在多伦多湾和安大略湖之间的小岛上，看到从东方水平线上直射到天顶的一道白色强光柱，光亮稳定，并很慢地整体向西运动，一直占据着从地平线到天顶的空间，先是上部逐渐消失，然后整体消失。还有的极光则呈弧状，跨越整个天空，由地平线的一端到另一端地平线。

1882 年有人报道过这样一次极光。它缓慢地升起，移向天顶，并越过天顶，逐渐从月亮的上边穿过，降向西方，同时逐渐减小和减弱，在达到地平线时消失。其样子像个长纺锤。其实，极光的形状还有多种多样，这里举的，不过是一种比较典型的。

1903 年 8 月 21 日，有人在纽约的北部一带发现了这样一次奇异的极光。当时人们看到，有两道明显的光弧横贯天空，在天顶附近以大角度互相交叉，其中一条是银河，一条就是光弧。这条光弧宽约为 6 个满月并列那样，从西略偏北伸到东略偏南。这条光弧持续了大约半个多钟头，形状和亮度都没什么变化。有些地方呈弯曲波浪状，有几处完全断开，也有的地方仅断开极窄的间隔。还有的极光呈流星状穿过天空。

有人分析，极光可能和太阳黑子活动有关。有人发现过这样一种现象，当一个大黑子经过太阳中心的子午线时，在 20～40 小时以后，地球上一定会发生极光。这时因为太阳在产生黑子时，由黑子区抛出强大的带电粒子流——质子和电子。当这些由太阳远道而来的“客人”到达地球高空的稀薄大气层时，就和大气层中的气体相撞，这些气体的原子和分子就会发出光来。这一过程大约发生在 100～900 千米的高空中，有时还要高些。这种现象之所以会发生在两极,是因为地球本身是个大磁石。像所有磁体一样,周围环绕着磁场,这磁场使太阳送来的粒子流飞向两极地区,因为地磁的两极非常接近地理上的两极。在太阳喷发的带电粒子流非常强烈的年份,在极区以外的一些地方也常能观察到极光。这种观点只能解释高空出现的极光现象,却无法解释距地面附近出现的极光现象。

有人曾发现离地面仅数米左右的极光。有时人们在出现极光的地方还闻到了臭氧的气味。所以,有人把这种现象归因于地磁的干扰,或是由于地面附近的静电放电所致。还有人认为,极光现象可能是彗星物质激发所致,因为许多极光现象与彗星的尾巴有相似之处。

古时候,由于人们无法解释这种现象,便产生了种种离奇的传说,可连现代人,每当看到奇形怪状的极光和目睹或听到上述的传闻同样也会感到迷惑。尽管今天人们用宇宙飞船、探空火箭以及其他科学仪器进行研究,也仍然未能彻底揭穿极光的全部奥秘。

10. 天狼星与多冈人的传说

尼日尔河是非洲西部的大河之一,它流过马里共和国时拐了个大弯。在河湾处,居住着一个名叫多冈族(Dogon)的黑人土著民族,他们以耕种和游牧为生,生活艰难贫苦,大多数人还居住在山洞里。他们没有文字,只凭口授来传述知识。看上去同西非其他土著民族没有什么两样。在过去的几个世纪,这个非洲部落受到了基督教和伊斯兰教的影响,却仍然保持住了其独一无二的传统和详尽的神话传说,由于它们与大多数其他非洲部落的传说和神话不同,因而受到了许多科学家的重视。

多冈人为天狼星起舞

20 世纪 20 年代,法国人类学家格里奥勒(Marcel Griaule)和狄德伦为调查原始社会宗教,来到西非,并在多冈

人中居住了 10 年之久。长时期的交往使他们得到了许多多冈人的信任。从多冈人最高级的祭司那里，他们了解到一个令人极为惊讶的现象：在多冈人口头流传了 400 年的宗教教义中，蕴藏着有关一颗遥远星体的丰富知识。那颗星用肉眼是看不见的，即使用望远镜也难以看到，这就是天狼伴星。

多冈人对天狼星的知识既详细又准确。天狼星有一颗看不见的伴星，多冈人把它叫做“谷星”。多冈人之所以将其称为谷星，大概正是因为它小得几乎无法看见的缘故。据多冈人说，“谷星”是由现在人们所知道的最重的金属所构成，这种金属甚至比铁还要重。这即意味着，多冈人知道天狼星 B 具有很大的密度。多冈人还画了许多有关天狼星系统的祭礼性图画，这些画表明多冈人了解天狼星 B 绕天狼星 A 转动的轨道是椭圆的，处于中心位置的是天狼星 A。根据多冈人的传说，科学家甚至绘出了天狼星和“谷星”摆动轨道的一幅图，结果发现，它与现代天文学家所绘的天狼星 A 和 B 的同一种图惊人地相似。

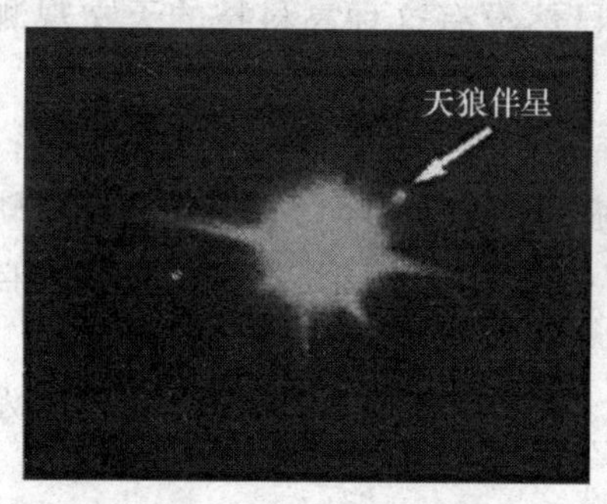

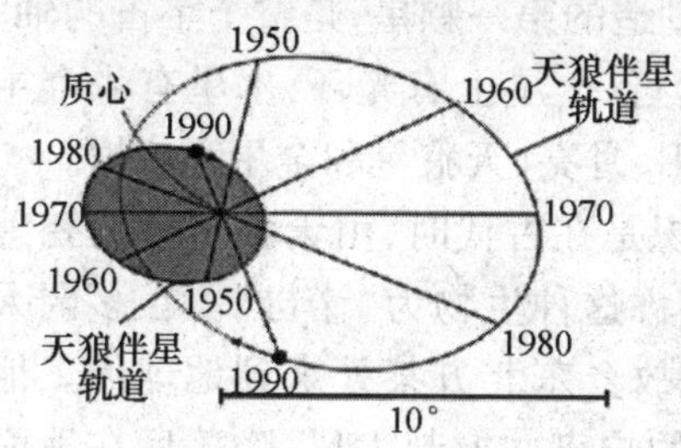

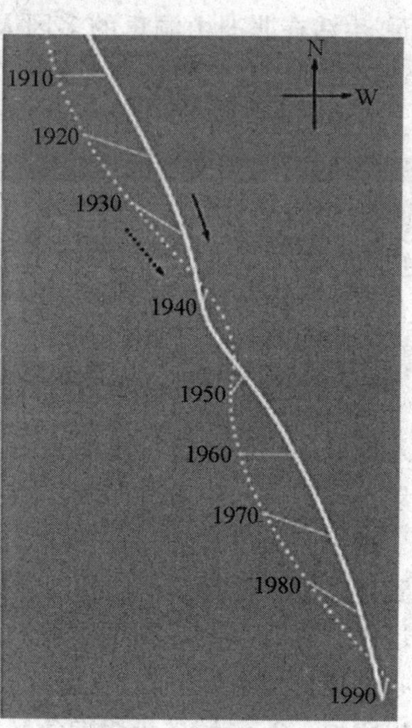

天狼星及其伴星的运行轨道

多冈人把天狼伴星叫做“朴托鲁”。在他们的语言中，“朴”指细小的种子，“托鲁”指星。他们还说这是一颗“最重的星”，而且是白色的。这就是说，他们已正确地说明了这颗星的三种基本特性：小、重、白。实际上，天狼伴星正是一颗白矮星。

天狼星(Sirius)大犬座 α，全天最亮的恒星，距离地球约 8.8 光年。1844 年贝塞尔(F. W. Bessel，1784～1846)根据天狼星自行的不规则性，推测有一颗肉眼看不见的伴星存在。

1862 年美国望远镜制造家克拉克(A. G. Clark，1832～1897)在检验望远镜的时候，意外地发现了它。天狼星的伴星是一颗白矮星，质量比太阳稍大，半径比地球还小。双星轨道周期为 50 年。1975 年发现了来自天狼星及其伴星的 X 射线。

而天文学家最早观测到天狼伴星的存在是在 1844 年，借助高倍数望远镜等各种现代天文学仪器，1928 年人们才认识到它是一颗体积很小而密度极大的白矮星。直到 1970 年才拍下了这颗星的第一幅照片。然而，生活在非洲山洞里的多冈人显然没有这种高科技的天文观测仪器，那么，他们是怎样获得有关这颗星的知识的呢？

不仅如此，多冈人还在沙上准确地画出了天狼伴星绕天狼星运行的椭圆形轨迹，与天文学的准确绘图极为相似。多冈人说，天狼伴星轨道周期为 50 年(实际正确数字为 50.04 ±0.9 年)；其本身绕自转轴自转(也是事实)。他们又说，天狼星系中还有第三颗星，叫做“恩美雅”，而且有一颗卫星环绕“恩美雅”运行。不过直到现在，天文学家仍未发现“恩美雅”。

多冈人认为，天狼伴星是神所创造的第一颗星，是整个宇宙的轴心。此外他们还早就知道行星绕太阳运行，土星上有光环，木星有 4 个主要卫星。他们有四种历法，分别以太阳、月亮、天狼星和金星为依据。

据多冈人说，他们的天文学知识是在古代时，由天狼星系的智慧生物到地球上来传授给他们的。他们称这种生物为“诺母”。在多冈人的传说中，“诺母”是从多冈人现今的故乡东北方某处来到地球的。他们所乘的飞行器盘旋下降，发出巨大的响声并掀起大风，降落后在地面上划出深痕。“诺母”的外貌像鱼又像人，是一种两栖生物，必须在水中生活。在多冈人的图画和舞蹈中，都保留着有关“诺母”的传说。

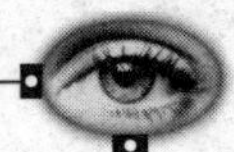

天狼星是夜空中最亮的恒星。在上面的这张照片中地平线上方的主要星体，从右到左分别为海尔－波普彗星，昴宿星团，V字形的金牛座，猎户座；而最左边的那颗亮星，就是天狼星。在本质上，天狼星比太阳亮20倍，质量也只有太阳的2倍多而已，但是它离我们地球却是相当近的，只有8.7光年。尽管半人马座的alpha星（南门二）是离我们最近的恒星，天狼星的大质量与远距离的特性，使它成为夜空中最亮的恒星

当今世上最多有几十万多冈人生活着，仅从20世纪30年代起才受到人类学家们深入细致的研究。他们的神话中的某些成分，使人想起古代埃及文明的各种传统，有些人类学家认为，较不发达的多冈人必与古代埃及在文化上有联系。天狼星的罗盘状上升乃是埃及历法的中心，并用来预见尼罗河的泛滥。

多冈天文学最引人注目的方面已由格里奥勒作了描述。格里奥勒是一位法国人类学家，工作于20世纪三四十年代。鉴于格里奥勒的说明已无可怀疑，所以重要的是要注意，对于这些突出的多冈族人的信念，早先西方并没有记载，而且，所有这些信息又都由格里奥勒搜集起来的。这个故事近来有一位英国作家坦普尔（Temple）使之普及了。

11. 地球的磁层

地球磁场是偶极型的，近似于把一个磁铁棒放到地球中心，使它的N极大体上对着南极而产生的磁场形状。当然，地球中心并没有磁铁

棒,而是通过电流在导电液体核中流动的发电机效应产生磁场的。

由于太阳风以高速接近地球磁场的边缘,便形成了一个无碰撞的地球弓形激波的波阵面。波阵面与磁层顶之间的过渡区叫做磁鞘,厚度为 3 ~ 4 个地球半径

地球磁场不是孤立的,它受到外界扰动的影响,宇宙飞船就已经探测到太阳风的存在。太阳风是从太阳日冕层向行星际空间抛射出的高温、高速、低密度的粒子流,主要成分是电离氢和电离氦。

因为太阳风是一种等离子体,所以它也有磁场,太阳风磁场对地球磁场施加作用,好像要把地球磁场从地球上吹走似的。尽管这样,地球磁场仍有效地阻止了太阳风长驱直入。在地球磁场的反抗下,太阳风绕过地球磁场,继续向前运动,于是形成了一个被太阳风包围的、彗星状的地球磁场区域,这就是磁层。

地球磁层位于地面 600 ~ 1000 千米高处,磁层的外边界叫磁层顶,离地面 5 万 ~7 万千米。在太阳风的压缩下,地球磁力线向背着太阳一面的空间延伸得很远,形成一条长长的尾巴,称为磁尾。在磁赤道附近,有一个特殊的界面,在界面两边,磁力线突然改变方向,此界面称为中性片。中性片上的磁场强度微乎其微,厚度大约有 1000 千米。中性片将磁尾部分成两部分:北面的磁力线向着地球,南面的磁力线离开地球。

1967 年发现,在中性片两侧约 10 个地球半径的范围里,充满了密度较大的等离子体,这一区域称做等离子体片。当太阳活动剧烈时,等离子片中的高能粒子增多,并且快速地沿磁力线向地球极区沉降,于是

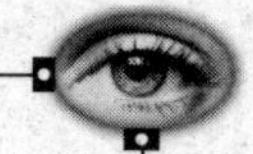

便出现了千姿百态、绚丽多彩的极光。

科学家们早已认识到磁层空间与太阳活动、特别是与日冕物质的喷发密切相关。当太阳风暴发生时，常常会喷射出大量的电磁物质，这些物质如果射向地球，将触发磁暴和电离层暴，使地球同步轨道上的卫星暴露于行星际太阳风之中，影响正在运行的卫星和载人航天器，使卫星定位导航信号出现误差，甚至使靠近地磁极区附近的输电网络被强大的感应电流烧毁。这些事件在20世纪90年代中期以后，特别是最近几年来被称为灾害性的空间天气事件。

由地磁场和行星际太阳风相互作用形成包覆着地球的地球磁层空间。任何太阳活动都会使磁层的尺度和性质发生变化，特别是发生大的爆发时，可以引起非常大的磁层空间暴。但是，这些空间环境的变化规律对人类来说仍然存在许多未解之谜。

1983年，为探测磁层中各种边界层的微观结构，欧洲航天航空局提出了一个用4颗完全一样的卫星组成的星簇探测计划。从1991年，我国与该局就Cluster科学数据系统（CSOS）开始合作，1993年签署了合作的协议。由于欧洲航天航空局的星簇计划没有进行大范围的地球空间同步测量，仍无法全面解释磁层中的重大科学问题。1997年，以中国科学院空间中心刘振兴院士为首的科学家小组提出了利用两颗轨道相互交叉的卫星进行大范围的磁层空间同步探测的设想，即"双星计划"。该计划中的赤道卫星运行于倾角28.5度的近赤道大椭圆轨道（近地点550千米，远地点6万千米）上，主要探测向阳面磁层顶和近磁尾等重要磁层活动区域；极轨卫星运行于倾角90度的极区大椭圆轨道（近地点700千米，远地点4万千米）上，主要探测地球两极漏斗区沉降粒子对电离层扰动的作用及其与磁层其他活动区域变化的关系。两颗卫星的探测数据经过联合处理，可以探明磁层空间与太阳活动的时序关系，验证目前仍处于理论猜想阶段的磁层空间暴触发机制理论，以及发现重要的能量粒子输运途径等。

欧洲航天局成员国中有6个国家参加了"双星计划"。这是21世纪国际上最重要的日地空间探测计划，对推动日地空间物理学的研究，将会产生重要的作用，有望揭开地球磁层空间的科学谜团。

为了表彰刘振兴院士对2000年7月16日及2000年8月9日在哈萨克斯坦拜科努尔发射升空的欧空局星簇计划的4颗卫星数据及研究

所作出的突出贡献,欧洲航天航空局签署了对刘振兴院士的嘉奖证书。

地球磁层是一个颇为复杂的问题,其中的物理机制有待于深入研究。磁层这一概念近来已从地球扩展到其他行星。甚至有人认为中子星和活动星系核也具有磁层特征。

人类对地球空间的认识自有航天活动以来已发生了质的飞跃,不但更清楚地认识了电离层,还真实地探测到了电离层以外的地球空间,包括辐射带和磁层的边界。尽管如此,地球空间环境变化的许多规律至今仍然不为人知,磁层就是其中之一。

12. 通古斯事件

有人推测,正如在6500万年前,昌盛一时的爬行类动物恐龙神秘地从地球上消失了一样,"第一代人类文明"也是因为某种原因,从地球上神秘地消失了。

通古斯大爆炸是反物质引起的吗?

1908年6月30日格林尼治时间零时,俄罗斯西伯利亚东起勒拿河、西至叶尼塞河直线距离约1500千米的广大地区上空,一个巨大的天体拖着长长的烟火尾巴,伴随着雷鸣般的轰鸣飞过。随后,人们感到三次强烈的爆炸,伊尔库茨克地震站测定其爆炸当量相当于1000万~1500万吨TNT炸药。爆炸引起的大火,烧毁了周围数百千米内的原始森林,成群的驯鹿在大火中化为灰烬。爆炸后的几天里,东至勒拿河、西至爱尔兰、南至塔什干、波尔多(法国)一线的北半球广大地区连续出现了白昼现象。远在西欧的人,竟然能在夜间不用灯火看报!

爆炸之后,科学家们在叶尼塞河中、下游和勒拿河支流维季姆附近,先后发现了3个与月球火山口相似、直径为90~200米的爆炸坑和一片面积约2000平方千米的被冲击波击倒的原始森林。在随后的探险考察

中,科学家们还发现爆炸地区土壤被磁化,1908~1909年的树木年轮中出现放射性异常,某些动物出现遗传变异。由于现场没有发现任何陨石碎片等,基本排除流星或陨石坠落等。一个可能的解释,就是反物质造成了这一著名的通古斯大爆炸。

由于通古斯地区地处偏远,大爆炸发生的最初十几年中,一直无人问津。直到1927年,苏联地质学家库里克才带队亲临现场考察。一望无际的被烧焦的树木,使考察队员得出结论:大火是在大范围内辐射燃烧起来的。部分考察队员推测,大火是由火山喷发引起的。但爆炸区内,并没有找到火山口,显然,这种推测是错误的。库里克决心弄清大爆炸的真实原因,他访问了许多火球从天而降的目击者,并先后4次进入通古斯地区,进行了详尽的实地考察,最后,他得出结论:是一颗庞大的陨石在快速运动中,与大气摩擦后,充分燃烧分解,引起大爆炸。但是,如果真是这种情况,就一定能在该地区找到陨石碎片,遗憾的是,库里克和众多考察队员,费尽了周折,也没有找到任何陨石碎片。

通古斯事件烧毁了周围数百千米内的原始森林

第二次世界大战期间,通古斯大爆炸的考察曾一度中断。战后,由于人类首次领略了核爆炸的威力,因而,有人指出,只有核爆炸,才会有如此巨大的摧毁力。但是,人类掌握核爆炸的技术是在20世纪40年

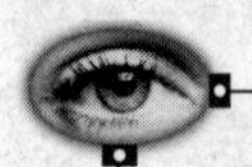

代，那么1908年的核爆炸是如何产生的呢？只能有一个解释：此乃外星人所为。一时间，这一观点轰动一时，整个世界为此沸沸扬扬。科学家们纷纷推测，是外星人的飞船事故呢？还是外星人在地球上做的实验？然而，这种推测却找不到任何科学的依据。

通古斯大爆炸引起了苏联科学家的高度重视，许多一流的科学家每年夏天都要去通古斯考察，他们搜集了大量的资料。1961年及1963年，苏联科学院派遣两个探险队到通古斯去勘察。1963年的探险队是由地球物理学家苏洛托夫率领。这群配备最新技术设备的科学家们，得到的结论是西伯利亚的通古斯爆炸是属于原子爆炸的一种。有个叫法斯特的科学家，测出了大爆炸所摧毁的树木占地约2万平方千米。在这之后，又经过35年的艰苦努力，法斯特拼出了该区域内被毁树木的详解图。根据此图，科学家们推算出，这片原始森林，当年是被一个自西向东飞行的，相当于1000万～2000万吨TNT当量的天体，在距地面6千米的高空爆炸所毁。就此，大爆炸的真实原因逐渐露出端倪。最近有人认为这次爆炸是由一次彗星撞击地球引起，而这颗彗星又可能是业已瓦解的恩克彗星的一部分。计算表明，如果彗星碎片总质量为350万吨，平均密度为每立方厘米0.003克，以每秒40千米的速度和30°的入射角进入地球大气层，那就可以引起通古斯事件那样规模的爆炸。

随着苏联的解体，冷战结束。大批西方科学家蜂拥而至，他们对通古斯的兴趣是显而易见的，搞清大爆炸的真实原因，对人类本身有着至关重要的意义。意大利核物理学家用重同位素法测试出，1908年被击毁的冷杉，其微量元素的含量远远高于其他年份的含量，而这些微量元素不可能源于地球，显然，大爆炸与陨石有关。

美国科学家在实验室里，用计算机模拟出了大爆炸的真实效果：当一块直径约60米的陨石以45°角撞向地球时，由于与大气的剧烈摩擦，使其充分燃烧和分解，恰好在距地6千米的高空处爆炸，冲击波扬起的地面尘埃高达大气外层，反射回的日光恰好解释了当年通古斯周边地区的如昼之夜。

13. 反向公转的系外行星

下图是广域行星搜索（WASP）与欧南天文台（ESO）共同发现的反向公转系外行星。每个分图中体积大的是主恒星，以箭头表明了旋转方

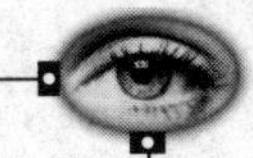

向。这里所有的系外行星都处于"凌日"状态中。其中左下角为首次观测到的沿反向轨道公转的系外行星 WASP－17b，右下角行星作为比较之用，其拥有一个"正常"的轨道方向。（欧南天文台供图）

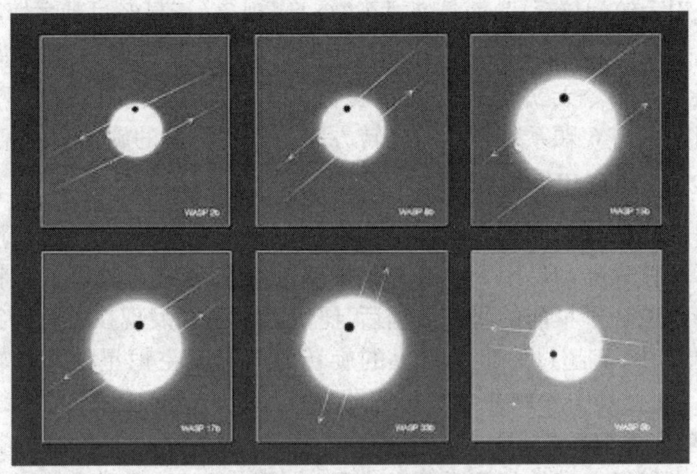

反向公转的系外行星

据美国"每日科学"网站报道，天文学家新发现多个"轨道逆行"的系外行星，即该行星围绕主恒星旋转的方向与恒星旋转方向相反，这项发现几乎颠覆了主流行星形成理论。相关报告发表于英国皇家天文学会会议上。

（1）不孤独的"逆行者"

行星和主恒星在同一个旋转气体星云中产生，因此它们的轨道被认为是沿同一个方向旋转的。以我们的太阳系为例，系内所有行星都以相同方向围绕太阳系运转，因为太阳和它的行星都是由同样的巨大星云旋转形成，星云的运动方向决定了行星的运动方向。

这个传统理论一直套用在太阳系及其外部所有星系。但在 2009 年，科学家首次观测到了沿反向轨道公转的系外行星 WASP－17b，其倾斜角度与恒星赤道平面的夹角达到了 150 度。虽然在此之前也曾观测到存在倾角反常的行星，但都没"疯狂"到使自己倒行逆转的。

因它是当时唯一已知的"孤独逆行者"，科学家推测其可能遭遇了近距离接触甚至碰撞，才会出现这种现象。而现在，WASP－17b 多个

“同道中人”被发现,使关于行星们的理论需要被重新审视了。

就在不久前,由日内瓦天文台的阿莫里·特里约博士领导的一个天文学观测研究小组,发现了9颗新的系外行星。本次发现过程并非利用计算星光引力等间接手段,而是通过了“凌日”现象(行星经过其主恒星的一种天文现象)。该现象能提供比间接手段更多的行星资讯,极其珍贵。

最终结果令天文学家们大感震惊,因为包括之前发现的WASP-17b,目前共有6颗系外行星的公转方向与其主恒星的旋转方向相反。

(2)匪夷所思“热木星”

研究团队先后利用广域行星搜索(WASP)、欧南天文台高精度视向速度行星搜索器(HARPS)、瑞士欧拉望远镜来观测与验证。在将此次观察结果融合于早前的研究数据后,研究人员意外发现在所有研究过的“热木星”中,有超过一半的行星的旋转方向与其主恒星的旋转轴有方向偏离,而且其中6颗甚至以几乎是“错误的”方式完全反向公转。

“热木星”(hot Jupiters),指其公转轨道极为接近其恒星的类木行星。这类行星在其他的星系可以找到,出现凌日的次数较多。

阿莫里·特里约称本次结果不啻为一枚“抛向系外行星研究领域的重磅炸弹”。“热木星”在非常接近其主恒星的轨道上运行,一直被认为是形成“热木星”的星云与其主恒星的引力相互作用造成:行星定是在离主恒星很远的地方形成,然后向内部迁移。但这种几百万年一贯制的行为会让行星与主恒星旋转轴方向一致,无法解释本次的观测结果。

(3)系外探索新征程

于是,新出现的理论认为,“热木星”的运行状态与行星的形成无关,可能是更遥远行星或伴随星的引力缓慢拉扯造成的。

对抗这种持久的拉扯,行星会“弹回”其主恒星方向。但宇宙潮汐使行星离主恒星越近,旋转速度就越慢,能量随之越低,最后身处在一个随意倾斜但接近主恒星的轨道上。这一缓慢演化进程的副作用是,星系中较小的类地行星将在漫长撕扯中被“无辜”摧毁。因而该理论也暗示着,“热木星”行星系统中不大可能有类地行星。

截止到目前,新发现的这9颗星同时也使自1995年以来发现的系外行星总数增至452个;为解释这些“不走寻常路”的行星而出现的理论,亦很可能引发天文学界对其他行星系统中额外星体的频繁搜索。

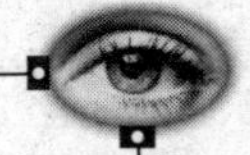

二、地理之谜

1. 探测地球深处的秘密

地球是我们人类赖以生存的家园。在漫长的岁月中,人类在这个星球上繁衍生息,不断地用自己的双手,建设着自己美好的家园。劳动之余,人们更希望了解自己居住的这片土地。尽管人类生活在地球上,可是在过去的很长时期里人们对地球的认识却非常肤浅。数千年来,人类对自己生存的空间产生过各种遐想,编织成各种美丽的传说。当人类进入了文明时代,就一直在探索我们脚下的这块大地的本质是什么。大地有尽头吗?它是方的、平的、还是圆的?为什么日、月、星辰总是东升西落?为什么会有四季变化?等等。这些现在看起来很简单的问题是经历了数千年的努力才弄明白的。人类终于知道自己生存在一个不大的且极普通的行星之上,这只是近几百年的事。当人类跨入宇航时代并步入太空的时候,才真正有机会从地球以外来俯视我们这颗星球的全貌。原来它是一颗蓝色的星球,表面蓝色的海洋与蜿蜒相接的大陆美景交辉,飘忽变幻的白云环绕其上,堪称宇宙间最美丽的天体。

阿波罗 11 号登月飞船 1969 年拍摄的地球照片

今天,人类对遥远太空中的星体、星云、黑洞已做了许多精密的观察,建立了相当可信的理论。但对于我们生活其上的地球其实还不完全了解,世界上最先进的钻机也只能钻 1 万多米深。1 万米以下是什么样?人们只能根据火山爆发、地震或者一些断层进行分析。所以,现在人们对地球的了解仅只是一些皮毛,许多悬案迄今还没有得到完善的解释。认为地下只有炽烈的岩浆显然是科学的浅薄。

我们现在知道,固态的地壳只有数十千米厚,在它以下是具高度可塑性的地幔(manile),而后者所包覆的,则是以铁(占 90%)为主的地核(core),它基本上是一个半径为3480千米(约为地球半径的 55%)的球体。地核是低黏度的液体,但在它中央还有一个纯铁的固体内核(inner core),内核由液态铁在高压之下慢慢凝固而成,所以它的半径不断增加,现在已达 1220 千米。铁凝固时所释放出的热和外核中较轻的液态导电金属产生对流。这类似发电机的运动就是产生地磁的主要能量来源。

内核是 60 年前由地震观测所发现;上述产生地磁的机制则是 30 多年前首次提出。大约 10 年前科学家们又发现固态内核的性质在沿其对称轴(这轴与地球的自转轴成大约 10 度交角)方向和垂直于这轴的方向不一样:即是说它只是柱状而非球状对称。内核的这种各向异性(anisotropy)一般相信是铁在高压下形成六角密堆积结晶结构所造成的。

直到最近,我们总是想象地球是一个整体,也就是说,它自转的时候,地壳、地幔、外核、内核都应该沿地轴以相同的速率旋转。可是哥伦比亚大学的宋晓东和理查士(Paul G. Richards)两位地质学者,最近却通过对内核的地震和核爆讯号的分析,得出一个十分惊人的结论:内核的旋转速度要比地球其他部分快,大约每年快 1.1 度左右。那也就是说,它的对称轴在地球表面的投影点,其经度每年增加 1 度,而纬度(约 80°N)则不变。上述发现有关的分析虽然复杂,基本原理其实是很简单的。倘若内核相对于地表是静止的,那么通过内核的地震讯号速度会和进行方向有关(这是由核的各向异性造成),但却不会有时间上的变化。

然而,仔细分析过去 30 年间的地震讯号,却发现它们通过地球内核那一部分的速度有系统性的时间变化,最能符合这变化的解释,便是内核的对称轴在慢慢移动——那也就是说内核本身有相对于地球整体的移动。内核每年 1 度的滑动相当于内外核在其界面每年滑动 20 千米左右:这大约是地壳板块最快滑动速度的 10 万倍。所以这一发现对地球

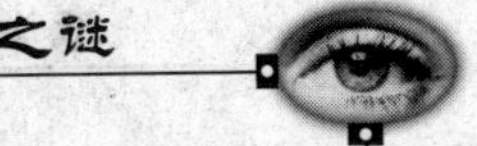

内部的构造、动力学、热力学、对流现象，乃至电磁动力学都是有极其密切关系的。

实际上，人类早就在利用地下，从挖窖掘水井开始到利用天然溶洞。现代科学技术发展后在山里打隧道，修储备粮仓，修地下铁道。可这些仅仅是地球的一点点表皮，地下有无穷无尽的奥秘，地下有无穷无尽的潜力，地下也有无穷无尽的作为。

长期以来，地球科学家们试图运用地质、地球物理和地球化学等方法来探测与研究地球内部，但所获得的认识都是间接的。随着科学技术的发展，从20世纪70年代开始，地学家开始利用钻探技术，向地球深处伸出“望远镜”。这是迄今人类唯一能获得地下深处真实信息和图像的方法。

地学家可以通过科学钻探的钻孔获取岩心、岩屑、岩层中的流体(气体和液体)，并进行地球物理测井和在钻孔中安放仪器进行长期观测，来获取地下岩层中的各种地学信息，了解地壳深部的状态、构造和成分，研究岩石圈动力学和演变；寻找深部矿产资源；勘探与开发深部能源；监测预报地震和火山灾害；勘探核废料和其他有害废料储埋地点；了解生物圈的性质和下界限；研究地球的气候史以及全球气候和环境的变化；研究陨石冲击和生物灭绝事件；发展地质勘查技术，提高人类在恶劣条件下，向地球的内层空间前进的能力。

现在，科学钻探分为大洋科学钻探、大陆科学钻探、湖泊钻探和冰心钻探。科学钻孔的深度可浅至数十米，深至数千米、甚至上万米。世界上最深的科学钻孔是俄罗斯科拉超深钻，其深度为12262米。

(1)深海钻探计划(DSDP)

20世纪60年代中期开始的一项全球性大洋钻探计划，是指在大洋和深海区进行钻探，通过获得的海底岩芯样品和井下测量资料来研究大洋地壳的组成、结构、成因、历史及其与大陆关系的一项海底地球科学研究计划。

1957年，美国科学家W. H. 蒙克和H. H. 赫斯倡议用深海钻孔穿过莫霍面，以研究地幔的物质组成，这就是“莫霍计划”(MOHOLE)。该计划于1961年在美国加利福尼亚湾外试钻，接着在墨西哥西岸外钻到了玄武岩，以后虽因多种原因中途夭折，但为深海钻探积累了经验。

1964年，由美国斯克里普斯海洋研究所等五个单位联合发起组成“地球深层取样联合海洋机构”（JOIDES），并提出了深海钻探计划，1965年在美国东海岸的布莱克海台试钻成功。1966年6月，斯克里普斯海洋研究所从美国科学基金会接受任务，筹备开展一项以浅层取样为目的的深海钻探计划（DSDP）、技术上受JOIDES指导。由有动力定位设备的“格洛玛·挑战者”号钻探船负责钻探。1968年8月，“格洛玛·挑战者”号首航墨西哥，深海钻探计划正式开始。它用五年半的时间完成了三期钻探计划。由于该计划执行以来取得了显著成果，因而苏联、联邦德国、法、英、日等国相继加入JOIDES，深海钻探计划进入国际合作的新时代，即大洋钻探国际协作阶段（IPOD），又称“国际大洋钻探计划”。IPOD是深海钻探计划的第四阶段，它继续沿用DSDP的航次和编号，1975年12月第45航次开始了国际大洋钻探计划的钻探活动，重点研究洋壳的组成、结构和演化。

从1968年8月11日开始至1983年11月计划结束，“格洛玛·挑战者”号船完成了96个航次，钻探站位624个，实际钻井逾千口，航程超过60万千米，回收岩心9.5万多米。除冰雪覆盖的北冰洋以外，钻井遍及世界各大洋。深海钻探的原始资料与成果按每个航次一卷汇编成《深海钻探计划初步报告》（Initial Reports of the Deep Sea Drilling Project），至1985年已出版80余卷。

深海钻探取得的大批资料弥补了近代地质学在深海地质方面的空白，验证了海底扩张说和板块构造说的基本论点，提供了中生代（2亿年前）以来古海洋学的第一手资料，极大地推动了海洋地质学的发展，对近代地质理论和实践作出了卓越的贡献。“深海钻探计划”的主要成果有以下几方面：

• 验证了海底扩张和板块构造说。20世纪60年代初、中期，海底扩张说和板块构造说先后问世，许多地质学家疑信参半。深海钻探计划开始实施恰与这些新思想同时出现。因此，验证这些思想就成为该计划的首要任务。

• 证实了海底扩张与洋壳生长。深海钻探计划证实大洋地壳确实比陆壳年轻得多，最老的岩石未超过1.7亿年。钻探得出的年龄证明，F. J. 瓦因等根据海底扩张思想对海底条带状磁异常作出的年龄预测基

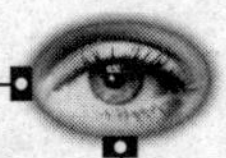

本上是正确的。随着远离大洋中脊，洋壳年龄呈线性增加，上覆沉积物底部层位时代逐渐变老，沉积层逐渐增厚。海底在扩张过程中伴随着冷却沉降，导致洋壳的埋藏深度自脊顶向两侧逐渐增大。1971 年和 1973 年 J. G. 斯克莱特据此从理论上提出洋壳深度与年龄的关系曲线。大西洋和太平洋的钻探成果证实了这一曲线的可靠性，从而可以根据斯克莱特曲线推算古海底的深度。被动大陆边缘的深海钻探成果，进一步论证了陆壳引张变薄，以至完全裂开，形成新洋壳的演化过程。一些幼年海洋就是大陆裂开初始海底扩张作用的产物。在红海，23B 航次证实，近 240 万年来，该海盆以每年 0.9 厘米的速度扩张。加利福尼亚湾的钻探表明，湾内的轴部盆地是近 400 万年海底扩张形成的。

• 证实俯冲增生和构造侵蚀作用。板块构造理论认为，在俯冲过程中，大洋板块上的深海沉积物和火成岩被刮落下来，沿海沟内壁不断增生，构成混杂的增生楔形体。新的物质不断自下方楔入，将老的混杂岩体逐一向上顶举，理应产生一套上老下新的序列。深海钻探果然在美国西岸外的阿斯托里亚海底扇和阿拉斯加海沟发现了由变形沉积物组成的增生楔形体。在中美海沟，见到沟壁上方为中新世地层，根部为更新世地层。汤加海沟、帝汶海沟、新赫布里底海沟等地的钻探结果，也可

在"格洛玛·挑战者"号钻探船上

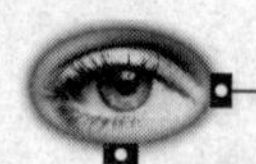

以用增生楔形体模式解释。但是,深海钻探也证明,实际情况要比原来的设想复杂得多。日本海沟、马里亚纳海沟等均未发现足够规模的增生楔形体。事实迫使人们另作解释,于是有“陆壳下曳”或“构造侵蚀作用”模式的提出。在这样的活动边缘,沉积物随板块潜入地幔,陆壳因洋壳的俯冲拖曳而下挠,并常因壳下侵蚀作用而使陆壳变薄。

• 获取了边缘盆地的资料。边缘盆地的性质和成因,是地球动力学中争论较多的问题。根据板块构造理论,岛弧陆侧的边缘盆地,是弧后扩张作用的产物,下伏着扩张新生的洋壳,其年龄应比岛弧洋侧的俯冲洋壳年轻。深海钻探在边缘盆地内确实发现了较年轻的洋壳,如在珊瑚海盆地钻到玄武岩,在马里亚纳弧后的菲律宾海钻到了始新世(约5000万年前)以来的洋壳;而马里亚纳弧东侧太平洋洋壳的年龄为晚中生代;有一个钻孔穿入洋壳600米,发现其成分与正常的大洋中脊玄武岩一致。但也遇到许多复杂的情况,如在第勒尼安海中,钻穿了200米的拉斑玄武岩,其成分介于典型大洋中脊玄武岩和板块内部大洋岛玄武岩之间。

• 揭示了中生代以来的板块运动史。深海钻探结果揭示了联合古陆破裂解体的过程。1.65亿年前,非洲与北美分离,形成北大西洋;距今1.25亿~1.10亿年,非洲与南美分离,南大西洋形成;9500万年前,欧洲与北美分离。大西洋向北延伸。第三纪欧、非之间进一步汇聚挤压,特提斯海消亡,其残余构成东地中海。西地中海是较近时期张裂形成的,巴利阿里海底玄武岩的年龄,只有几百万年。在太平洋,DSDP在东太平洋海隆的扩张中心发现了新生洋壳。向西,洋壳逐渐变老,在日本海沟和马里亚纳海沟以东,钻到了白垩纪和侏罗纪的洋壳。通过对条带磁异常的测年工作,取得了有关中生代海底扩张的详细资料。在印度洋和南冰洋的钻探,取得了解释海底磁异常所必需的地质依据。资料表明,大约1.27亿年前,印度从澳大利亚-南极洲裂出,印度洋开始形成;5300万年前澳大利亚与南极洲分裂。

• 阐明了洋底玄武岩的性质。深海钻探表明,洋壳底层主要由拉斑玄武岩组成。这些玄武岩广布于各大洋洋底,具枕状或角砾状构造,大离子亲石元素和轻稀土元素的含量很低,化学成分极相类似。它们形成于大洋中脊轴部,称大洋中脊玄武岩。深海钻探还在洋盆内海底火山

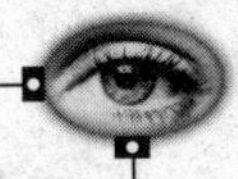

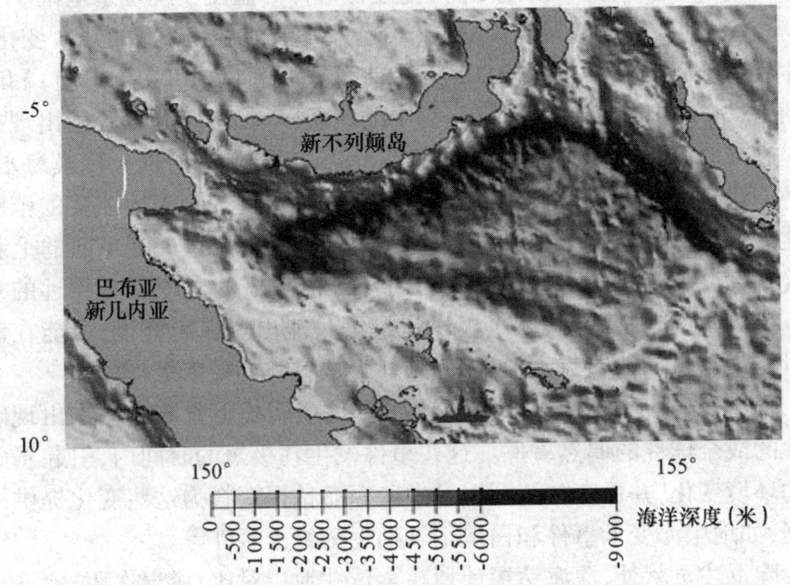

所罗门海域的海底结构

和火山岛揭露了另一种玄武岩类型,称大洋岛玄武岩,为板块内部火山活动的产物,其大离子亲石元素和轻稀土元素含量较高。对夏威夷-皇帝海岭的钻探发现,自东南向西北方向,海底火山和火山岛的年龄逐渐变老,深度逐渐加大。

这不仅证实了热点假说,而且在海岭地区验证了斯克莱特曲线,证实了深海底大幅度垂直运动的存在,为古海洋学的建立奠定了基础。深海钻探取得了各大洋海底沉积物的完整剖面,其中的微体化石和超微化石为年代学和古海洋生态环境的研究提供了依据。深海沉积物的性质取决于多种因素,其中最重要的是碳酸盐补偿深度(CCD)的变化。正是这些沉积记录,揭示了近 2 亿年来古海洋的演变史,为古海洋学的建立奠定了基础。深海钻探发现了一些特殊的沉积物,如广泛分布的白垩纪中期黑色页岩和中新世的红黏土。它们标志着古海洋化学性质的巨大变化。白垩纪中期黑色页岩在大西洋分布最广,也见于北太平洋及澳大利亚以西的印度洋部分地区,富含有机质,是大西洋沿岸许多重要油田的生油层。它反映当时海水曾处于停滞缺氧状态。碳、氧稳定同位素技

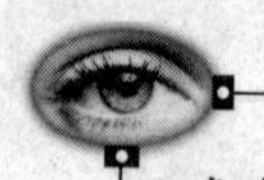

术在深海沉积物研究中的应用，为重建古海洋的温度史奠定了基础。

资料表明，第三纪以来，总的气候趋势是变冷的。最大的几次变化，发生在始新世末渐新世初（3800 万年前）、中中新世（1400 万年前）和晚上新世（300 万年前）。根据沉积物中的冰载碎屑，南极局部开始出现冰川是在 4000 万 ~4500 万年以前；渐新世初，南极附近出现大规模海水；中中新世进一步形成南极冰盖；400 万 ~500 万年以前，南极冰盖的范围要比现在大得多。北半球的冰盖迟至大约 240 万 ~300 万年前的上新世晚期才开始出现。深海钻探在古海洋环流方面的发现具有深远的意义。南冰洋的钻探表明，环南极洋流最早只能出现在渐新世，可能在渐新世末中新世初德雷克水道打开时，才形成完整的环南极洋流。

• 证实了地质历史上的偶然事件。地质历史上曾不止一次出现区域性的或全球性的偶然事件。这些事件发生在极短的时间内，引起了急剧的环境变化，并保存在沉积记录中。深海钻探资料为这些变化提供了证据，如地中海变干事件和白垩纪末期生物绝灭事件等。

除上述贡献外，深海钻探计划在全球性地层对比、成岩作用、地震火山形成机理、深海钻探技术以及海底矿产资源等方面，也有新发现、新进展。研究表明，大洋边缘的深海区拥有可喜的油气资源。深海锰结核和多金属软泥也有很高的经济价值。

（2）大陆钻探计划（ICDP）

爱因斯坦说："想象力比知识更重要，因为知识是有限的，而想象力概括世界上的一切，推动着进步，并且是知识的源泉。严格地说，想象力是科学研究的实在因素。"人类虽然生活在地球上，但对地球的了解只是一些皮毛。

有上天必然有入地，有"嫦娥奔月"，也有"阴曹地府"。在我们努力探索空间的同时，千万不要忘记探索我们脚下的地球。地下条件可能要艰苦一些，黑暗、封闭，随时都会有灭顶之灾。所以古人写地下世界都很惨然，过刀山闯火海攀奈何桥，人的模样更难看，头上长角，马脸模样，舌头很长，称为阎罗。在科幻作家笔下，地下世界却十分可爱，虽然有惊有险，但同时也有趣有乐。地下的石油有红色、黑色、白色、蓝色、绿色。有发光基因遗传的萤火鸟一抖翅膀五彩缤纷。地海里从来未受到袭击的大对虾一只重 300 千克……

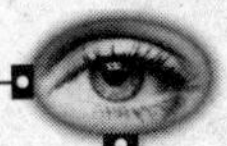

地下有无穷无尽的奥秘，地下有无穷无尽的潜力，地下也有无穷无尽的作为。21 世纪，也应该是一个开发地下的世纪。

1963 年，美国发起实施了莫霍面钻探计划，在墨西哥湾打下了第一口科学钻孔。在近 40 年里，许多地质科学发达的国家分别在大陆和海洋执行了多层次的科学钻探计划，获得了深部陆壳、洋壳的地质信息和实物资料，使地球科学开始伸向岩石圈深部，深入到找矿禁区。科学钻探将地球科学的发展从仅仅靠锤子、罗盘、放大镜做表面地质工作，一下子深入到地壳深部的 2000 米、6000 米、10000 米甚至 12260 米。1993 年，国际大陆科学钻探计划——ICDP 组织筹建。

国际上的科考钻探分大洋钻探和大陆钻探。大洋钻探应用比较成熟。大陆钻探不仅以其特殊地质区别于大洋钻探，而且也因大陆特有的地温梯度使其难度远甚于大洋钻探。大陆科学钻探通常是寻找地球上极具地学研究价值的地区进行钻孔、测井、分析。

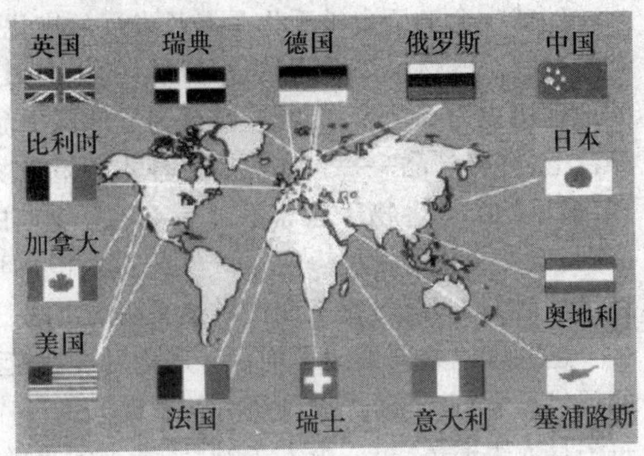

参加 ICDP 计划的国家

事实上，每一次大陆科学钻探都对实施钻探的国家带来收获。苏联通过对贝加尔湖湖底近亿年沉积泥的钻探检测，找到了该地区气候的年际变化规律。美国的大陆科学钻探则是利用了原先的一些石油和地质钻孔，在全国范围内对火山、矿藏资源、地质构造进行了基础性研究。我国迄今为止，只有钻进不超过 2000 米的地质矿井，真正意义上的大陆科学钻探井，还没有一口。

大陆科学钻探在世界上实施了将进 30 年，已有 13 个国家打了近 100 口深浅不一的科学钻孔，其中 4000 米以上的深孔有 20 口。世界第一口超深孔为俄罗斯科拉SG－3孔（12262 米），其目的是解决古老变质基底的深部结构、构造及演化。第二口超深孔为德国的 KTB 孔（9100

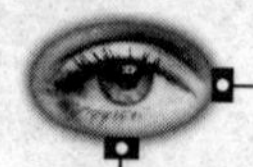

米），以研究古生代板块碰撞构造为主要科学目的。

2. 不可思议的地球生物遗迹

在当今的大多数学术界，对于地球、生命、人类、人类文化的历史的阐述，多囿于个别流行的理论。例如，对地球地理的解释，仅仅局限于均变说。按此学说，现今存在的风化和火山活动是在过去起作用的唯一力量。由于此力量的变化进程极其缓慢，而地球深层可观察到的改变又是如此巨大，因此认为地球的年龄为几十亿年，今天普遍认为是45亿～50亿年。

地球生命的历史被看作是漫长发展的进化过程，或者说从简单到复杂的过程。既然最简单恐怕也是最早的生命形式始于寒武纪，而寒武纪的地理历史为6亿年，因此这被认为是地球生命的年龄。在进化的历史舞台上，终极产品——人在最后一幕才粉墨登场。根据最新的人类学发现，最早的类人生物于地球不过是400万年前的事。最后，根据进化论原则，人类文化的发展一定是线性的：缓、慢，但从不间断，从原始开端，经过最后的1万年，直至现代科技文明的出现，达到顶点。

这些理论共同形成了均变－进化－线性模型，主宰了过去一个世纪的现代科学，并进而扩展到所有的发现。每一片岩石样本、每一块化石、每一具人类遗体、每一个人工制品，都须慎重解释和分类以符合此模型框架，排除其他任何可能。但日趋明显的是，并非所有事实均符合这一模型。已有其他发现与之相抵触，但这些发现被漠视。因为对于大多数科学家和历史学家来讲，维护现有理论比根据“例外”建立新模型更容易。

均变－进化－线性模型的最大缺陷是它必须以此为前提，即在地球历史中，人作为智慧生命只是初来乍到。地理记录有几十亿年的历史，化石记录有几亿年的历史，人类化石记录有几百万年的历史，而人类文明只有几千年，根本无法解释地层深处存在的人类骸骨或复杂的手工制品。事实上，即使发现一例也足以毁灭这个模型，因为它将否定整个均一理论体系及人类与人类文化进化学说。本文论点为：人和人类文明的产品存在于地层深处有确凿证据。在此列举事例。

今天如果你走进任何一家自然博物馆或者你打开任一本人类学的

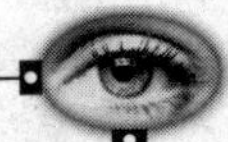

教科书、或者往前追溯人类先人的更远古祖先，最后这条线就在猿人这里消失了。古人类学家利基（L. S. B. Leakey，1903～1972）在埃塞俄比亚考古挖掘中宣称发现了设想中最古老的人类遗骸化石，约400万年。这个新发现困扰大家的部分问题是化石太像人类了：虽然古老，可是部分外貌十分"现代"；这迫使进化论者将人类从猿类中分化出的时间远远推前，因此根据猿类自身进化所需的时间，现在该打破这一分化论调了。

(1)亘古的人类化石

当非洲的发现带来革命时，在其他地方也发现了一些更重要的人类化石，只是这些发现被故意忽视或驳斥了，因为这些使人类比"想象的"远为古老。在19世纪50年代，淘金者在台伯山（美国加利福尼亚州尼窦斯西北）的山腰和山顶挖掘隧道。金子找到了，但同时出土了许多遗骨，诸如灭绝了的乳齿象、猛犸、北美野牛、貘、马、犀牛、河马还有骆驼等。它们统统属于上新世（第三纪）。

1863年，来自附近所诺拉的内科医生斯内尔开始收集这些出土文物的样本。那一年他用自己双手从这些化石中挖出了一块似乎曾用来研磨东西的石头圆盘。不过斯内尔既非首位、亦非末位从山上的砂砾中掘出这些神秘物品的：1853年，奥利弗·史蒂夫宣称自己曾在最底层的隧道中搬开了一个很大的石球；1857年，保罗·哈布斯在瓦伦丁竖井中挖出了一块人类头盖骨；1862年卢埃林·皮尔斯也宣称自己在那个竖井口里发现了一个60米长的石臼。

最令人称奇的发现来自矿主马第生，1866年2月，马第生从一层玄武岩下挖出的一件东西：因为包了一层结垢，他先想是块树根化石，但仔细检查后发现是一块完整的人类头骨。同年6月他把头骨交给了州土地测量办公室。最终这块化石成为哈佛学院怀曼博士的藏品，他将头盖骨上的东西除掉。他和合作者惠特尼教授鉴别发现这块头盖骨很像现代人类，他们还说："头盖骨的缝隙中塞满了骨头碎片、砂砾、贝壳等，因此发现的环境特征应该没有错误。"难题是这意味着从所有发现古物来看，这块头盖骨有1200万年了。

1958年，在意大利的托斯卡纳区一个煤矿180米深处，瑞士巴塞尔自然历史博物馆的尤哈尼司·胡里兹勒博士挖出一块人类下颚骨。这块骨头是一名5~7岁的儿童的。尽管平得像块铁片,好几位专家都承认这块颚骨不但是人类的,而且像现代人类的。但是迷惑他们的是它埋在2000万年前的中新世地质层里。胡里兹勒博士宣称他是世界上"最古老的人类",然而他的人类学家同行们却不敢给它这个声誉。

早在1926年11月,考古学家J. C. F. 赛格伏瑞德调查了另一个矿井(距离美国蒙大拿州毕灵斯西南88千米)。赛格伏瑞德发现了一只人类牙齿:石墨代替了牙釉、渗流固化的铁代替了牙根。在1926年11月11日出版的一篇卡本县新闻报道中,赛格伏瑞德说自己已经小心翼翼地保留了散布沉积在这颗牙齿周围的矿物,几名牙医根据牙齿的铸模鉴别出这是一个人的第二颗次臼齿。然而这颗牙来自该矿的底层——3000万年前始新世(第三纪下层)的沉积物。赛格伏瑞德的发现在其他专家中激不起兴趣,就目前而言,无人对这个秘密作任何深究。

如今作为德国富雷伯格矿业科学院的部分藏品里,有一批极为亘古的"错位"骨头,更富争议性的一件是一个保存很差的人类头盖骨,1842年在地址未透露的褐煤中发现。早期的欧洲权威视其为赝品,但近期的许多研究分析开始质疑这一草率论断,重新将其摆入正品。开始质疑的理由可以理解:埋藏这块头盖骨的煤仍有部分粘在上面,并且估计至少有5000万年之久。

看来尽管鉴定很有理由,科学界的反应却反而很冷淡。1973年,在一个被附近大印第安铜矿公司因为要采矿而刚用推土机推平的岩石高地(美国犹他州摩押西南56千米处)上,一名叫奥汀格的石器收藏者在拣东西时,突然发现一些石头和牙齿,他循迹找到一小片有棕色污渍的沙地,似乎是腐化器官的痕迹。当他小心地清理了沙子,发现是一具大而完整的人骨的上半身。这个搜石者意识到自己的发现很重要,决定找个知名专家来看看,让他挖出来,好让一切在"科学上能接受"。

一周后,欧亭阁带着盐湖城犹他大学的教授马威特博士、几个摄影师、一个新闻记者和数名观测员返回这里。摄影记录了这个过程:马伟特小心地将骨骼的下半部分移出来。骨骼都有关节,即是自然放置的,这显示不是掉进或者被冲进这一地质层的。这些因素、还有其他因素揭示了这具骨骼和所在地质层一样古老。有个问题是,依据地质学家的地质均变说,该地质层是1亿年前的晚侏罗纪和早白垩纪形成的。然而就

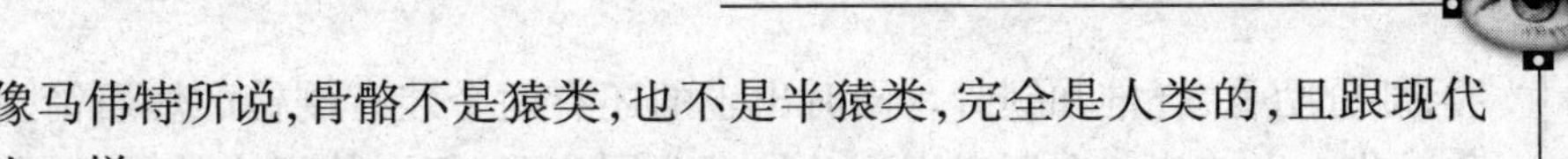

像马伟特所说，骨骼不是猿类，也不是半猿类，完全是人类的，且跟现代人一样。

马威特将骨架带回犹他大学以测定年代。但试验是否展开，已无从查考。给人的印象是，这些发现对于保守的思想冲击力过大。马威特对此项目突然丧失兴趣，离开犹他，到外地从事教学工作。经过一年的等待，奥汀格将骨架重新束之高阁，从而结束这一科学调查。

与此相似，十九世纪有很多发现一经报道后旋即就被遗忘。爱达荷市的《星期六先驱报》登载了一篇文章说，1867 年 4 月 10 日，在科罗拉多的 Rocky Point Mine，人类遗骨与手工制品重见天日。挖掘者在地下 120 米处发现了嵌于银矿石内的人骨，同时出土的还有一个冶炼精致的铜箭头。依现今地理学标准计算，藏有上述物品的银矿距今已 13.5 亿年。

随着时间推移，更多的发现显露出“秘中之秘”的味道。1877 年 7 月，四位勘探者到一个荒芜险峻的地区寻找露天金银矿藏。地点位于内华达州尤里卡市不远。在勘察岩石时，其中一人发现高高的岩架上有一个奇怪的突起物。当爬上细看时，他惊奇地发现从坚硬的岩石中伸出一个人的大腿骨和膝盖骨。他叫来同伴，一起凿下了这个奇怪的东西。一行人意识到这是个非同寻常的发现，便将它带回尤里卡，进行展览。

嵌有人骨的岩石是一种坚硬、呈黑红色的石英岩，骨头自身由于碳化作用几乎变成黑色，提示它久远的历史。当周围的岩石被仔细地一点点凿去时，发现样本由以下结构组成：在膝盖上方 10 厘米处断裂的大腿骨、膝盖骨及关节、小腿骨和完整的足骨。几位医生检查后证实，从解剖学角度看，它们确实属于人类，而且是与现代人极其相似的人类。令人颇感兴趣的是骨头的长度：从膝盖到足跟长达 1 米，因此整个人站立时应超过 3.5 米。更加神秘的是岩石的年龄，地理学上溯到恐龙年代，即侏罗纪世代，距今 1.85 亿年。当地报纸连续报道了这一惊人的发现。两家博物馆派专人调查是否可发现更多的残骸，但一无所获。

下一个也是最近一具被发现的骨架使历史时间又向前飞跃一步，带我们进入更深的地层。1880 年发表于《科学美洲》的一篇论文报道了同年春天的一个发现，已先期登载于《圣露易斯共和报》。布斯博士在美国密苏里州弗兰克林县挖开了一片铁矿。他在地下 5 米处挖出一具骷髅、部分肋骨、脊椎和锁骨。同时出土的还有两个装有倒钩的燧石箭头和一些木炭碎片。布斯意识到此发现非同小可,但令他沮丧的是,骷髅和其他骸骨触手即碎。尽管如此,骨片仍可证实,它们确凿无疑属于人类。两个半星期后,布斯挖掘到地下 7 米,发现了更多的骨架、大腿骨、脊椎和更多炭化木。而且,残骸被发现躺在一片粗糙、呈编织状的铁矿上。纵横交错的纤维仍隐约可见。令布斯震惊的是,矿层属志留纪第二期,距今 4.25 亿年,简直不可置信。

4.25 亿年,已远远超越普遍认为的人类文化的年龄,超越人类自身、猿人和所有哺乳动物,甚至超越恐龙时代。根据进化论,陆地生命始于志留纪,实际上这距理论推测的生命出现的时间已早出 2/3 还多。但为什么这些人类遗骨与化石出现在这个时候?一定有什么地方出了极大纰漏。

(2)跨越时间的神秘足迹

一个叫爱丁坦的人曾写道:"在一个无名海滩上,我们曾发现一个奇怪的足迹。我们曾想出一个又一个的深奥理论来追溯它的起源。起码我们曾成功地再现了踩下足迹的动物。你瞧!是我们自己。"

1884 年,哈佛大学皮伯第博物馆地质学家伏林特在尼加拉瓜的迈那瓜附近几尔瓦湖畔发现一个采石场,有一层已经变成化石的人类足迹,在地表下 5 ~ 7 米。1884 年伏林特这样描述:"这些足迹深 4 ~ 8 厘米,长不超过 46 厘米。有些足迹之间相当接近,软地表回添在压痕里,还有一个宽约 5 厘米的缝隙都能看到,一些较浅的压痕跟一排足迹平行,给我的印象是一个人拄着根棍子在走。从博物馆取得的一个样本可以发现有些足迹有点向外翻成脊状;因人的大小、走过的地表性质不同,步幅有大有小。已发现最大有 43 厘米,是一只 25 厘米长、10 厘米宽的拱形脚,沿着一条直线走了 3 步(从脚踵中心到大脚趾侧)。这些人或多或少都在沿着现在湖边的东西方向走。"这附近还有一些,伏林特还发现既有光脚的足迹,又有明显穿着精致便鞋的足迹。地质上讲所有的足迹都得追溯到 29 万年前。这么遥远的过去,按现在的观点看人还光着身子、浑身是毛、能用燧石打火、刚刚克服了对火的恐惧而已。可是形成尖刻对比的是,在尼加拉瓜发现的他们聪明地使用着手杖、穿着设计得既舒适又护脚的便鞋。在这里我们面对的不是半人半兽的脚印,而是

文明人类的足迹！

此前，1882 年夏，内华达州卡森城（美国西部内陆州）附近的州监狱的囚犯在采石场干活时，发现一层砂岩上有动物的化石脚印，其中有些是已经绝迹的猛犸。然而令科学界相当惊愕的是还发现了人的脚印！这些脚印分 6 个交替自右至左的序列。足迹前后相距在 75 ~ 90 厘米范围，每个长 45 ~ 50 厘米，左右跨度 45 ~ 48 厘米。地质学家康特于 1882 年 8 月 27 日在加利福尼亚科学院完成的卡森城足迹调查报告中，试图将它们解释为绝迹的巨型树懒在 200 万年前的中新世留下的。根据相关化石的研究，巨型树懒为了能用两脚直立行走，必须用尾巴来平衡，但这里没有尾巴的压痕。不仅如此，把卡森的足迹同巨型树懒的痕迹作比较，差异颇多：巨型树懒的脚印有脚趾隆起以及明显的爪子痕迹，卡森足迹却没有；事实还显示足迹的主人还穿着什么鞋或者护脚物，很显然动物不会有这种习惯。

1969 年 5 月 25 日的美国俄克拉荷马州《塔尔萨周日世界》登载了一个故事，介绍在塔尔萨东部一个山顶的一次古怪的化石发现。发现者约翰逊是有着 13 年经验的野外地质学家，尽管他曾向好几位专家展示了他发现的石膏模型，可是谁都不信。约翰逊挖出了一块布满脚印化石的砂岩，许多是 5 趾的、明显的人类脚印。这些脚印上覆盖着一些目前已经灭绝的生物的脚印，那么人的脚印肯定不会时间很短，大概要追溯到 300 万 ~ 500 万年前。

还有一件值得一提的人类脚印发现。1961 年一份苏联杂志报道：1959 年一个中苏古生物学家探险队，由陈周明博士率领，在中亚的戈壁沙漠发现了一个带底棱纹鞋留下的鞋印化石。鞋印出现在 1500 万年前的砂岩上。探险队成员仔细检查了鞋印，迅即辨认出这不是任何动物的脚印：棱纹太整齐规则了，绝非自然产物。

更近的脚印鞋印发现是 1970 年在美国俄克拉荷马州西北喀里佐山谷。脚印印在 1.55 亿 ~ 1 亿年前之间。光脚印有点受侵蚀，但压脊仍然清晰可辨。有几个距离恐龙脚印极近，鞋印就更加清晰了，显示穿鞋者身材适中，留下的鞋印前后距离 50 厘米、左右距离 20 厘米。在得克萨斯州的帕卢西河沿岸发现的人类足迹也许是最为公众所熟知的。1908 年该河岸经一场洪水冲刷，暴露出了分属于 1.2 亿 ~ 1.3 亿年前的早白垩纪时期地层。而且也发现了人类足迹。直到 1938 年,对神秘化石足迹的研究才真正开始。供职于纽约美国自然历史博物馆脊椎古生物部的彼德(Roland T. Bird)以其官方的身份在一具雷龙化石的旁边发现了一组足印,但在 1939 年 5 月号的《自然历史》中却否认说:"虽然那组足印天衣无缝,但在爬行动物的时代绝不会有人类存在。"彼德认为他所看见的足印属于一种"灭绝的类人猿"。但这个结论漏洞百出。因为根据进化论,类人猿在雷龙时代结束后 1 亿年才出现。

帕卢西遗迹成了一个旅游热点。在大萧条(1929 ~ 1933)期间,当地开始发掘恐龙和人类遗迹化石,并把它们作为纪念品出售。其中一些标本完全是肆无忌惮的投机商们的仿制品。不幸的是,某些保守派学者后来以这些赝品作为否定所有已发现遗迹的口实。但地质学家和古生物学家们发现了更多的无可辩驳的新遗迹。有些在岩层之间,有些则在帕卢西河岸的数米深处,根本没有仿冒的可能。帕卢西河沿岸的发现是人类遗迹和所有曾在这里生活的动物的遗迹的混合体。雷龙的脚印、令人生畏的暴龙的爪印、其他恐龙的三趾足迹及一种生活在数百万年前并不与恐龙同时代的剑齿虎的足印同时并存。至于人类足印,大都是连续的,步幅自然,并延伸至河床。许多足印为赤脚,大脚趾清晰可辨;另外一些显示步行者穿有某种"鞋",类似于鹿皮鞋或薄凉鞋。有一具化石保存极为完整,甚至可以辨认出鹿皮鞋上的鞋带。一些足迹证实步行者与现代人类身高相当。另一些足迹属于儿童,其足迹既小又浅。更多的足印长达 3 米,步行者身高应达绝无仅有的 6 米,步幅达 2 米,这是名副其实的巨人了。

但最为令人称奇的是,所有这些足印与恐龙足迹存在于同一地层中。在少数化石中,人类足迹甚至与恐龙足印交叠。这证明在该岩层尚未形成时,二者就已同时存在。伊利诺伊大学的史密斯(A. E. Wilder Smith)博士在评论这些化石的重要性时说:"一件真正的在同一岩层中的人类足印与恐龙足迹的化石胜于 100 年的进化论教育。它足以推翻整个达尔文理论,并引起生物学所有领域的革命。"

其他地区发现的足印化石可以追溯至更早的地质时代。《美国人类学家》第 4 卷(1896)第 66 页描述了在西弗吉尼亚州俄亥俄河畔的岩石中发现的一件近乎完美的足印化石。脚印长 37 厘米,嵌于一块大石

头中。尽管该文献并没有给出太多细节，一位专家应用现代地质断代方法，根据其描述的岩石类型及其在河边的位置计算出该足迹至少有 1.5 亿年的历史。20 世纪 70 年代末期，澳大利亚约克山自然历史博物馆馆长吉尔洛伊(Rex Gilroy)博士在维多利亚山发现了巨大的脚印。试探性的估计认为此遗迹至少有 2 亿年历史。

最为奇异的足印化石发现于美国内华达州潘兴县的菲舍尔峡谷。1927 年 1 月 25 日，一位名叫科纳普(Albert E. Knapp)的业余地质学爱好者在峡谷内的一座小山上考察时，在一堆石块中发现了该化石。他拾起该石块仔细观察并把它带回家。经进一步的检查后惊奇的发现，“该化石系由鞋跟离地时所带起的泥土所形成，这块岩石在当时呈弹性态。”鞋的印迹保存得出奇地好，鞋跟的边缘光滑而完美，其右侧比左侧磨损得严重——证明这只鞋被穿在右脚。但最令人惊奇的是，所发现的鞋跟化石是三叠纪石灰石，至少有 2.25 亿年历史。此化石后来经一位洛克菲勒基金会的专家鉴定，证实了科纳普的分析。分布于化石各处的微小硫化汞晶体的存在亦证明它是古时的遗物。

但直到显微摄影揭示了鞋跟上的皮革是由双线缝合而成，远古鞋跟遗迹才引发了真正的惊叹。双线的细微部分十分清晰。一条线沿鞋跟的外沿，另一条在低于第一条线 8 毫米处与之精确平行。使研究者们困惑的是，该化石中所用的线竟比发现它时的 1927 年鞋匠们所用的线在做工上还要精细。正如加利福尼亚奥克兰考古博物馆荣誉馆长胡布巴德(Samuel Hubbard)所言：“地球上今天的人类尚不能缝制那样的鞋。面对这样的证据，即在类人猿尚未开化的亿万年前，地球上已存在具有高度智慧的人，进化论将何去何从呢?”

(3)踩在三叶虫上的足印

1938 年美国肯塔基州柏里学院地质系主任柏洛兹博士宣布，他在石炭纪砂岩中发现 10 个类人动物的脚印。显微照片和红外线照片证明，这些脚印是人足压力自然造成，而非人工雕刻。据估计，有人足痕迹的这些岩石约有 2.5 亿年历史。更早一些时候，有人在美国圣路易市密西西比河西岸一块岩石上，曾发现过一对人类脚印。据地质学家判断，这块岩石约有 2.7 亿年历史。

更为奇特的发现，是在美国犹他州羚羊泉。业余化石爱好者米斯特

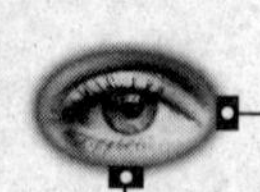

于1968年6月发现了几块三叶虫化石。一片上面有一个人的脚印，中央处踩着三叶虫，另一片上也显出几乎完整无缺的脚印形状。一个月后，地质学家伯狄克博士亲往羚羊泉考察，又发现了一个小孩的脚印。1968年8月，盐湖城公立学校的一位教育工作者华特，又在含有三叶虫化石的同一块岩石中发现了两个穿鞋子的人类足迹。所有这些发现，经有关学者鉴定，均认为令人无法怀疑，是对传统地质学的严重挑战。那个地质时代地球上没有人类，也没有可以造成近似人类脚印的猴子、熊或大獭兽，那么，在连脊椎动物也未演化出来之前，有什么似人的动物会在这个星球上行走呢？

三叶虫是微小的海洋无脊椎动物，与虾蟹同类。在地球上存在时间从6亿年前开始，至2.8亿年前灭绝。而人类出现的历史与之相比，很短，至于穿上像样的鞋子走路才不过3000多年。这一切，又该作何解释？

3. “一块石一座山”——艾尔斯巨岩

世界上最普通的东西大概要属“石头”了，即便是“怪石”亦数不胜数。但单就体积而言，其中最大的孤立石头当属位于澳大利亚中部的艾尔斯巨石。这块大石头长3600米，高约330米，基围9000米，而它的周围则是一片平坦而荒凉的土地。“一块石一座山”，艾尔斯巨石正是如此。

19世纪70年代初，吉文斯和戈斯两位来自欧洲的探险家来到了澳大利亚中部。在一个旭日东升的早晨，远处一片橘红色的光芒吸引了他们的注意。“那是一片朝霞”，“不，天啊，那是一座发光的大山”。两位探险家兴奋地向着远处的红光奔去。近了，大山的轮廓逐渐清晰，与其说那是一座山，还不如说是一块石头，长长的身影，平滑的山体，孤零零地矗立在荒野之中，俨然就是一块天外飞来之物。

这确实是一块石头，坚硬的岩石在岁月的雕刻下留下了道道裂纹。为了纪念这次发现，这两位探险家以当时南澳总督艾尔斯爵士的名字来命名这块巨石。其实，早在欧洲人到来之前，艾尔斯巨石周围就有土著人居住，他们把这块巨石称之为“乌鲁鲁”，并奉之为圣石。今天的研究表明，艾尔斯巨石是一整块巨大岩石，是5亿年前地壳运动升起的砂岩。此石的大部分埋于沙下，仅平滑的顶部露于沙上，这种现象在地质学上称为“岛山”。

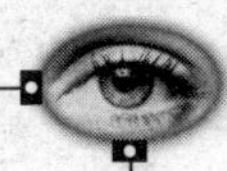

世上最宏伟的艾尔斯巨石

除了作为世界上最大的巨岩独石受到世人的关注之外，艾尔斯巨石的色彩变化也为其增添了不少神秘感。在阳光照耀下，艾尔斯巨石闪闪发光，并会随着阳光照射角度的不同而映射出不同的颜色。拂晓时显出旭日的橙黄色；上午的阳光又使它显出赤红；中午时分，在阳光直射下，艾尔斯巨石变成琥珀色；到夕阳西下时，它又变成一片非常壮丽的绯红色，就像熊熊燃烧的火焰。

直到今天，人们还不能对艾尔斯巨石一天之中的色彩变化作出完美的解释，澳大利亚土著人视其为圣石也就不足为怪了。在风沙的长期侵蚀下，艾尔斯巨石显得浑圆平滑。在岩石的周围，有风化形成的奇形怪状的洞穴，其中很多都留下了土著人生活的痕迹，他们用赭石、岩灰和木炭在洞穴的石壁上留下了丰富多彩的壁画。其实，这里的每一块岩石，每个悬崖、岩洞对当地土著人而言都具有神圣的意义，土著人认为他们的祖先就如同这块巨石一样神秘而伟大。

艾尔斯巨石所在地区雨水稀少，但偶尔也有大雨。大雨过后，雨水从高耸的陡坡倾泻而下，在岩石上留下了一道道黑色条纹，在岩石缝隙中形成许多水坑，但大部分还是流到了下面的土地上，使蓝灰檀香木、红桉树、金合欢以及沙漠橡树、沙丘草等植物得以在周围的沙丘生长。沙漠橡树的针状叶减少了水分的蒸发，其厚厚的树皮也能耐热。在巨石的

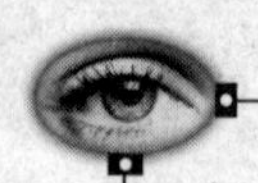

南面有一个叫马吉泉的水池，除了非常干旱的时候，这里的泉水一般终年不枯。而在其他的水坑，澳大利亚中部的酷热很快就把大部分水分蒸发掉了。住在池里的水蛇被土著人认为是池水守护神。这个地区还有剧毒的褐眼镜王蛇，长达 1.8 米，生活在沙丘间的青蛙、蜥蜴、袋鼹以及跳鼠都是毒蛇很容易捕捉的猎物，也是大洋洲野狗的猎物。红袋鼠有时也到这个地区来吃草，而胆小的岩袋鼠白天躲在岩洞里。大约有 150 种鸟在这里栖息，包括鸸鹋、楔尾鸟和吸蜜鸟。

今天，艾尔斯地区已经成为旅游胜地，每年有 50 万人到这里来观赏巨石。1985 年，艾尔斯地区被澳大利亚政府辟为乌鲁鲁国家公园，占地 1300 平方千米，土著拥有这里的所有权和管理权。对于游人而言，到这里旅游，一来可以欣赏巨石的风采，二来可以领略当地的文化和生态。步行绕石一圈约需 4 个小时，也可以坐在摩托车后座绕石观光，而汽车则被禁止。如果有当地土著人做向导，步行参观者可以选择路线较短的“蜥蜴小道”。路上，土著人会向游人讲解他们的文化，介绍他们的食品，讲他们祖先的故事和当地的神奇传说。登上巨石的顶部一般需 2 个小时，但是这样做是对土著人文化的不尊重，所以一般会被劝阻。

4. 破坏力巨大的龙卷风

龙卷风是一种破坏力极强的小尺度天气系统，是自积雨云底部下垂的漏斗状云及其所伴随的非常强烈的旋风。漏斗云内气压很低，具有很强的吮吸作用，当漏斗云伸到陆地表面时，可把大量沙尘等吸到空中，形成尘柱，称陆龙卷；当它伸到海面时，能吸起高大水柱，称海龙卷(或水龙卷)。

可怕的龙卷风

龙卷风的直径约几米至几百米，平均为250米。移动距离一般为几百米至几千米，个别可达几十千米以上。龙卷风的中心气压极低，一般比同高度四周低几千帕，由于中心气压低，中心附近的气压梯度极大，因此风速和上升速度都很大。据估计，龙卷风中心附近的风速一般约为每秒几十至一百米，极端情况可达每秒150米以上，最大上升速度可达每秒几十米甚至上百米。龙卷风的旋转方向在北半球一般都是气旋式（逆时针）的，但也有少数呈反气旋式（顺时针）的。尽管人们早就知道龙卷风生成在很强的热力不稳定的大气之中，但对其生成的物理机制，至今仍没有确切的了解。

(1) 龙卷风的分布

就世界范围而言，龙卷风主要发生在中纬度（20°~50°）地区。美国是龙卷风出现最多的国家，平均每年约出现500次左右。澳大利亚、日本次之。在我国也常发生龙卷风，每年春季和初夏常发生在华南、华东一带，湖北、南海和台湾海峡有时也出现水龙卷。

(2) 龙卷风如何形成

龙卷风是云层中雷暴的产物。龙卷风可能是雷暴巨大能量中的一小部分在很小的区域内集中释放的一种形式。据观察，龙卷风的形成可以分为四个阶段：①大气的不稳定性产生强烈的上升气流，由于急流中的最大过境气流的影响，它被进一步加强。②由于与在垂直方向上速度和方向均有切变的风相互作用，上升气流在对流层的中部开始旋转，形成中尺度气旋。③随着中尺度气旋向地面发展和向上伸展，它本身变细并增强。同时，一个小面积的增强涡旋，即初生的龙卷在气旋内部形成，产生气旋的同样过程，形成龙卷核心。④龙卷核心中的旋转与气旋中的不同，它的强度足以使龙卷一直伸展到地面。当发展的涡旋到达地面高度时，地面气压急剧下降，地面风速急剧上升，形成龙卷风。

龙卷风是一种涡旋气流：空气绕龙卷的轴快速旋转，受龙卷中心气压极度减小的吸引，近地面几十米厚的一薄层空气内，气流被从四面八方吸入涡旋的底部。并随即变为绕轴心向上的涡流，龙卷中的风总是气旋性的，其中心的气压可以比周围气压低10%。

(3) 龙卷风的探测

龙卷风长期以来一直是个谜。龙卷风的袭击突然而猛烈，产生的风

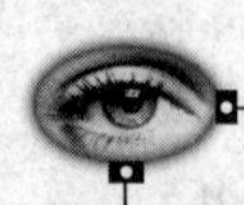

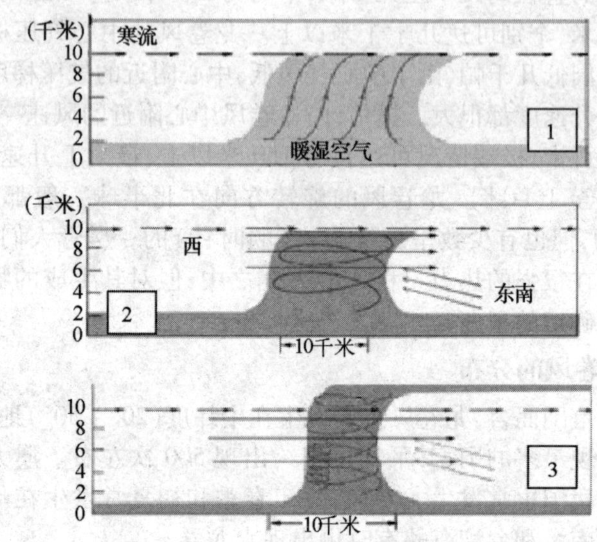

龙卷风的形成过程示意图

是地面最强的。由于它的出现和分散都十分突然，所以很难对它进行有效的观测。龙卷风的风速究竟有多大？没有人真正知道，因为龙卷风发生至消散的时间短，作用面积很小，以至于现有的探测仪器没有足够的灵敏度来对龙卷风进行准确的观测。相对来说，多普勒雷达是比较有效和常用的一种观测仪器。多普勒雷达对准龙卷风发出的微波束，微波信号被龙卷风中的碎屑和雨点反射后重被雷达接收。如果龙卷风远离雷达而去，反射回的微波信号频率将向低频方向移动；反之，如果龙卷风越来越接近雷达，则反射回的信号将向高频方向移动。这种现象被称为多普勒频移。接收到信号后，雷达操作人员就可以通过分析频移数据，计算出龙卷风的速度和移动方向。

(4)龙卷风的危害

龙卷风的风压极大、上升气流极强，从而具有巨大破坏力，能将上千吨的轮船由海面抛到岸上；能将可承受两倍于12级大风风力的高压电线铁塔连基座一起拔起。由于难以准确预报发生龙卷风的时间和地点，以及其巨大的破坏力，对龙卷风灾害的预防已成为气象部门的重点研究课题。

1966 年 3 月 3 日零时前后,江苏省盐城西南约 20 千米泰南乡刘村附近龙卷风从生成到消失仅 70 分钟左右,影响范围宽约 1～2 千米,长约 30 余千米。各地受强烈影响的时间仅 2～3 分钟,甚至更短。但风力极猛,摧毁力极大。死亡 87 人,伤 1246 人,其中重伤 275 人;毁坏房屋 32903 间,其中全部倒塌的 10413 间。

在美国,龙卷风是常见的自然现象,而且它的破坏力甚至超过地震。1925 年 3 自 18 日,一次有名的"三州旋风"遍及密西里、伊利诺伊和印第安纳 3 个州,损失达 4000 万美元,死亡 695 人,重伤 2027 人。美国境内另一次龙卷风竟然摧毁了一座铁路桥,可见威力之大。

1995 年在美国俄克拉荷马州阿得莫尔市发生的一场陆龙卷,诸如屋顶之类的重物被吹出几十千米之远。大多数碎片落在陆龙卷通道的左侧,按重量不等常常有很明确的降落地带。较轻的碎片可能会飞到 300 多千米外才落地。

来去匆匆的龙卷风平均每年使数万人丧生。全球每年平均发生龙卷风上千次,其中美国出现的次数占一半以上。1974 年 4 月 3 日,在美国南部发生了一场龙卷风,风速从每小时 100 海里逐渐增大到 300 海里,卷走了 239 人,使 4000 多人受伤,24000 户人家遭到不同程度的损失,损失价值约 7 亿美元。

(5)龙卷风的未解之谜

龙卷风不仅来势凶猛,而且还十分稀奇。

美国的俄克拉荷马州曾发生过这样一件怪事。两匹马拖着一辆大车走在海滨大道上,车夫坐在车上,由于天晴气爽,他打起瞌睡来。突然,一声巨响把他从昏睡中惊醒。他用双手揉揉眼睛清醒过来,一下子被吓呆了:两匹马无影无踪。再摸摸自己,脑袋还在肩上,四肢还都有,车子也少了一根车辕。发生在同一城市还有一件怪事。在一个晴朗的夏日,一对夫妇躺在床上休息,一声刺耳的巨响赶走了他俩的睡神。起来一看,以为这声音是梦中听到的,于是又躺了下去。但是,他们忽然发现他们的床已被弄到荒无人烟的旷野,周围没有房子、没有任何建筑物,也没有牲畜。只有一只椅子还留在他们的旁边,折叠好的衣服仍好端端地摆在上面。

这些稀奇古怪的事情,都是龙卷风一手造成。著名童话《绿野仙踪》的故事也是从龙卷风开始的:一位在自家门前帮奶奶喂鸡的小女孩,突然被一阵龙卷风带到一个完全陌生的森林地带。

1879 年 5 自 30 日下午 4 时,在堪萨斯州北方上空的两块又黑又浓的云会合后,15 分钟内,在云层下端产生漩涡。漩涡迅速增长,变成一根顶天立地的巨大风柱,在 3 个小时内,像一条孽龙似的在整个州内胡作非为,肆虐横扫,所到之处,无一幸免。但是,最奇怪的事是发生在刚开始的时候。龙卷风漩涡横过一条小河,遇上了一座峭壁,显然是无法越过这个障碍物,漩涡便折向西进,那边恰巧有一座新造的 75 米长的铁路桥。龙卷风漩涡竟将它从石桥礅上掀起来,把它扭了几扭,然后抛到水中。事后专家们认为,这次旋风的毁桥显示了它的最大威力,此时漩涡壁气流的速度已高于音速。

超音速的龙卷风好像是个魔术师,它的表演令人吃惊。美国圣路易市在 1896 年发生过一次旋风,使一根松树枝竟轻易穿透了一块 1 厘米左右厚的钢板。1919 年,发生在美国明尼苏达州的一次旋风,使一根细草茎刺穿一块厚木板,而一片三叶草的叶子竟像钉子一样,被深深凿入了泥墙中。

龙卷风不仅常常光顾美国,对另一个大国也饶有兴趣,那就是苏联。1953 年 8 月 23 日的一场龙卷风,吹开了苏联一户人家的门窗。放在五斗橱上的一只闹钟被吹过了 3 道门,飞过厨房和走廊,最后吹进了阁楼。还有一次,苏联一城镇的龙卷风范围较大,在它大约吹过了 100 米的距离后进入到一户农家的园子里,龙卷风将主人谢莱茹涅娃的大儿子和婴儿吹到一条沟里,而她的次子彼佳被刮走不见影踪,直到第二天,在索加尔尼基市找到。当时他吓得魂不附体,但丝毫未受损伤。令人奇怪的是,不是顺着风向吹,而是逆着风被吹到索加尔尼基市的。虽然所受损失不大,但十分令人不解。

空中飞物是龙卷风中最不可思议的。1917 年 3 月 23 日,新奥尔巴尼市曾有过一次空中坠物的奇迹,在离遭龙卷风袭击的村庄 40 千米远的地方,从云端落下来衣物碎片、残缺不全的家具、瓦片、一扇厨房中柜子的厚门,还有一罐子渍黄瓜等。显然,这是龙卷风的杰作。

在我国的沿海地区,龙卷风也创造了不少的传奇故事。1956 年 9 月 24 日,上海曾发生过一次龙卷风,它轻而易举地把一个 11 万升的大

储油罐“举”到 15 米高的空中,再甩到 120 米以外的地方。1997 年在渤海边一个乡村,龙卷风将一个 70 多岁的老太太带到空中,在太空遨游了好半天之后,竟然又安然无恙地送了回来。这位姓刘的老太太说,她在空中什么知觉也没有,不知到了什么地方,完全是混沌状态,更不知是怎么又回来的。在浙东一个农村,龙卷风将农场上的十几台脱粒机悬在空中,在旋风的中心,狂风凭借巨大的力量,将机器相互撞击,直听得吼叫的风声中夹着刺耳的金属撞击。农民们眼看着自己的机器被自然破坏着而束手无策,无能为力。在离心力作用下,不时摔出散落的机器零部件。风终于停了,在旋风的一个上百米的范围内,机器弯形的钢板、被肢解的钢架、扭弯了的螺丝洒落一地,十几部机器全部报废。

各国对龙卷风的研究都很重视,但龙卷风之谜一直未能彻底解开。而且龙卷风还有一“古怪行为”使人难以捉摸:它席卷城镇,捣毁房屋,把碗橱从一个地方刮到另一个地方,却没有打碎碗橱里面的一个碗;被它吓呆的人们常常被它抬向高空,然后,又被它平平安安地送回地面;大气旋风在它经过的路线上,总是准确地把房屋的房顶刮到两三百米以外,然后抛到地上,然而房内的一切却保存得完整无损;有时它只拔去一只鸡一侧的毛,而另一侧却完好无损;它将百年古松吹倒并捻成纽带状,而近旁的小杨树连一根枝条都未受到折损。

龙卷风之谜,至今仍有待人们不懈地探索。

5. 贝加尔湖究竟是湖还是海

贝加尔湖位于俄罗斯的中西伯利亚高原南部,按地理学家的说法,它是“自然界在一切方面的奇迹”。湖中拥有极其丰富的鱼类和其他生物资源,是俄罗斯的主要渔场之一。在那里,已经确认的动物就有 1200 种,植物超过 600 种,也有的报道说贝加尔湖拥有 2750 多种生物,其中 1083 种还是该地独一无二的,这在全世界的湖泊当中自然是独占鳌头。

1999 年 6 月,在俄罗斯贝加尔湖发现大量海豹尸体,湖上的大浪将 36 具海豹尸体冲上斯柳佳区乌图里克村附近的岸边。这是在不到一个月的时间里第二次发现贝加尔湖中的海豹大量死亡。5 月间,贝加尔湖边就曾发现过 42 具海豹尸体。贝加尔湖里大量海豹相继死亡一事已引起生态学家和环境保护者的不安,当地的动物生态学家正在对湖中的水样做化验分析并对动物尸体进行解剖，目前尚不清楚海豹死亡的原因。据推测，如此多的海豹死亡有可能是海豹群中发生了瘟疫，或者是人为偷猎造成的。

最使科学家们感兴趣、同时也难于理解的是：贝加尔湖的湖水一点咸味也没有，可是湖中却生活着许多地地道道的海洋生物，1999年大量死亡的海豹便是其中之一。这种唯一栖居在湖里的哺乳动物称为贝加尔海豹，以前数量特别多，喜欢成群结队活动，现在每年仍可捕获大约5000只。

在贝加尔湖发现大量海豹

除了海豹外，湖里还生活着海绵、龙虾、海螺、鲨鱼等形形色色的海洋生物。在任何一个湖泊里，也找不到像在贝加尔湖底所能见到的那种1～1.5米高的海绵，它们长成浓密的“丛林”。数不清的怪模怪样的贝加尔龙虾，就躲藏在这个海绵“丛林”里生长繁衍。湖里的奥木尔鱼，同海洋里的鲑鱼几乎一模一样。著名的贝加尔鲨鱼白色无鳞，大而透明的鱼鳍像蜻蜓的翅膀一样，它专吃小虾，能直接产下小鲨鱼来。一般的鲟鱼都生活在沿海，而贝加尔鲟鱼则已完全变成了淡水鱼类，从来不游到海里去。春天它们溯河而上，到河里去产卵，然后仍然回到冰凉的贝加尔湖里来，这片宽广的水域已经代替了它们的故乡。这一切确实叫人迷惑不解，贝加尔湖是湖？还是海？

这确实是一个两难抉择：如果贝加尔湖是湖，为什么生活着“海洋生物”？如果是海，为什么蓄的是淡水？贝加尔湖的确是一个淡水湖，蓄水量多达2.36万立方千米，约占地球表面淡水总量的1/5，是世界最大的淡水库，人称“淡水的海洋”。可是从古至今，当地人都不把贝加尔湖叫湖。通古斯人叫它“拉母”，意思就是“海”；住在湖岸的布里亚特人称之为“贝加尔大拉衣”意思是“自然的海”；就连中国古代文献也把贝加尔湖叫做“北海”。湖的最大深度有1620米，比许多海还要深，它的

蓄水量相当于92个亚速海，也超过了波罗的海的海水总量，因此过去的学者认为，贝加尔湖在地质史上是与大海相通的海湾，那些海洋生物是从古代的海洋进入贝加尔湖的。后来古生物学家和地质学家在湖岸以东地区发现了7000万年以前的海洋沉积物，断定当时在那里曾有过一个浩瀚的外贝加尔海，后因地壳变动造成海退，留下了宽广的内陆湖泊。随着河水、雨水不断注入，原来的咸水逐渐淡化，并且向西移动到现在的贝加尔湖地区，分散成一系列由河流连接的湖泊群，贝加尔湖就是其中最大的一个。今天湖里的海洋生物，便是当年外贝加尔海来不及撤退的海洋生物的遗留种族。

一些科学家则认为，贝加尔湖里的海洋生物来自西面的古地中海。古地中海的范围比目前的地中海要大得多，曾经把辽阔的欧亚大陆北部和南部分离开来，后来发生了地壳运动，古地中海东段隆起成了山，仅在中亚地区还残余少数湖泊，里海、咸海等，在这些由古代海洋变成的淡水湖里，至今还能找到不少海洋生物。专家们指出，尽管贝加尔海豹同北冰洋里的有环纹海豹是亲属，但和遥远的里海海豹更相似，就说明贝加尔湖可能是在古地中海消退之后形成的。

转机出现在20世纪50年代初，科学家在贝加尔湖滨打了几个很深的钻井，在取上来的岸芯样品中没有发现任何7000万年以前的沉积岩层，这表明当时贝加尔湖地区既没有被海水淹没过，也不存在湖泊，在很多时期内一直是陆地。贝加尔湖的地质史告诉我们，它诞生于2500万年前的新生代，当归于接二连三的强烈地壳断裂活动，周围山脉急剧升高，湖盆迅速陷落下降，形成了一条狭长而深陷的断层谷盆，从而诞生了这个世界上最深的淡水湖。

这一结论无情地否定了贝加尔湖起源于海洋的推测，说明贝加尔湖从来不是海洋的一部分，也未与海洋有过直接的联系。那么湖里的海洋生物究竟来自何方？它们又是怎样进入贝加尔湖的呢？对此，一些科学家坚持认为，贝加尔湖中只有海豹和奥木尔鱼是真正的海洋动物，它们是从北冰洋沿着河流迁移到贝加尔湖的。共有336条大大小小的河流汇集到贝加尔湖，海豹不仅能沿河逆流而上，有时甚至能穿过陆地从一条河迁移到另一条河。据推测这些“外来者”自北冰洋进入叶尼塞河，然后沿其支流安加拉河上溯进入湖中。也有人说海豹是沿拉普捷夫海、

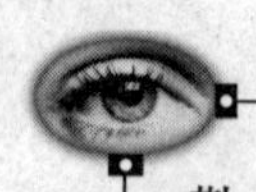

勒拿河、维季姆河和巴尔古津河到达贝加尔湖的。但不论走什么路线，这种大规模的迁徙都发生在较近的地质时期。

显而易见的疑问在于：这些海豹和奥木尔鱼为什么不在北冰洋好好待着，却要兴师动众搬到2000多千米外的淡水湖来生活呢？而且它们怎么会知道这里有适宜于它们开始新生活的贝加尔湖呢？对此怀疑者认为，这些所谓的"海洋生物"是在贝加尔湖中土生土长的。当一般的淡水生物进入了贝加尔湖那浩瀚的、又宽又深的新环境以后，争取生存的复杂斗争使淡水生物产生了适应新环境的变化。正因为贝加尔湖非常像一个海洋盆地，所以在许多淡水动物身上就慢慢出现了类似于海洋动物那样的典型标志。

不过反对者说，有些生物的海洋特性是不可能从后天的淡水湖中获得的，于是一种折中的说法出现了：海豹之类的少数动物是从北冰洋游进来的"不速之客"，其他一些所谓的"海洋生物"则是在贝加尔湖的特定环境中生成的。当然这些并不是最后的结论，贝加尔湖中的海洋生物之谜就像贝加尔湖本身一样深奥莫测，需要人们继续不懈的探索。

6. 沸腾的罗托鲁阿热泉

罗托鲁阿位于大洋洲新西兰境内。这里地上常常喷出蒸汽、火焰，并有破坏性的火山爆发，但有其独特之美。初到罗托鲁阿的人马上会闻到这里到处弥漫着一股臭鸡蛋味。不论是暴雨后蒸发的蒸汽、道路上的裂缝、高尔夫球场上的泥沟障碍地带，甚至花园里的花草都会发出这种臭味。当地人往往懒得解释这是火山活动散发出来的硫化氢气味，只轻描淡写地说，过上一两天就会习惯。事实也确实如此。

罗托鲁阿热泉

自从毛利人于14世纪从玻利尼西亚来到现在的新

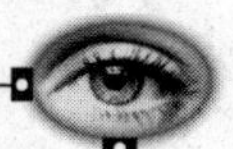

西兰以来，罗托鲁阿就一直是阿拉瓦人的家园。他们像后来的欧洲移民一样非常喜爱群山环抱、以罗托鲁阿湖为中心的群湖。湖中鱼肥禽多；湖岸土地肥沃，四季温和。最奇特的是，这里的温泉不仅可以沐浴，而且可以煮熟食物。四周许多间歇泉，周期性地向空中喷出沸水。现代化的罗托鲁阿旅游中心建在湖边，凭借这里的自然奇迹招徕游客，只是位于横贯北岛极不稳定的陶波火山区中心，而显得对它不利。游客脚下的大地常常威胁性地发出隆隆响声，喷出一股股蒸汽，尽管很少构成真正的威胁。而在旅游中心那一边的瓦卡勒瓦尔瓦却有许多间歇泉招徕游客，如颇负盛名的有七眼间歇泉的弗拉特泉。

上页图是一张19世纪拍摄的照片，显示毛利妇女正在罗托鲁阿附近的热水泉里煮饭。地下水被深层熔岩加热成高压蒸汽，使间歇泉喷出沸腾的水柱。最为壮观的是三股高达12米称为“威尔斯亲王羽饰”的间歇泉。通常，此泉喷射只是30米高的“波胡图”泉喷射的前奏，因此使人猜想这两个间歇泉在地下是相互连通的。泉的附近有些沸泥浆池，泥浆翻腾着，“噗噗”冒泡，不断改变表面的形状。

塔韦拉火山喷发后的情景

在“波胡图”泉东南24千米处是怀奥塔普，那里有个名叫“诺克斯夫人”的间歇泉，泉口装了铁管，故喷射高度惊人。怀曼库谷的景色却不大悦目，是一片沉寂阴郁的沙漠，只有一些荒凉的火山口以及沸水池塘。在谷的那边是塔拉韦拉湖和罗托马哈纳湖，湖边过去曾有著名的“粉白阶地”，由硅石构成，宛如巨大结婚蛋糕上的糖霜。阶地在1886年6月10日清晨消失，当时塔韦拉火山突然爆发，巨大的响声传到160千米以外，罗托马哈纳湖顷刻之间化成了直冲云霄的巨大泥浆和蒸汽柱。

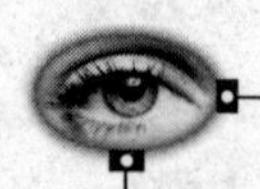

这次猛烈的火山爆发不仅淹没了美丽的阶地，而且掩埋了3个村庄，有155人丧生。这次灾难的证据相当充分。横贯塔拉韦拉山有一条长约20千米的火山口裂缝，像是巨人留下的脚印；在罗托马哈纳湖边的悬崖上永无休止地冒着蒸汽；被掩埋的蒂瓦罗阿村现已挖掘出来，像小型“庞贝城”一样吸引游客前来参观。

7. 麦田里的奇观

所谓麦田圈之谜，就是指人们在麦田地里发现了一些特殊的、不被人们认识的几何图形，是一种有待探索的自然现象。这种图形的产生，给人们带来了许多思索。这些现象的存在，让人们更进一步认识到，在人类地球上，在这个宇宙间，存在着人们目前无法理解、无法认识的奇特现象。

英国人安德鲁斯(Colin Andrews)在1983年发现了麦田圈，在麦田圈的周围没有任何足迹，圈内麦秆因弯曲而倒下，但并未折断。麦田圈内的辐射剂量较大，其麦子的收获量不但不减少，反而产量提高。此后，麦田圈的形状，由小型进步为大型；由简单线条进展为复杂曲线图案，包括几何图形、动物形貌、电脑图画、文字等。近年来，英国著名的石柱群附近地区，也不断出现神秘麦田圈。目前，全世界有不少科学家在从事麦田圈的研究，关于它们的成因也是众说纷纭，到目前为止尚无定论。

麦田圈之所以举世瞩目，是因为麦田出现几何图案的面积奇大。每组图案以圆形或长方形组成，面积与几个足球场相当。从高空俯瞰，这些图形看不出有什么意思，亦没有一个特定主题，只知道无一相同，但图案都是互相对称的。

那么以前人类，或者说远古人类历史上是否也有过麦田圈类似事件的发生呢？我们不得而知，只能从考古的发展中零星地得到一点信息，而且只能做一些推测和大胆的设想。在世界各地发现了许多史前遗迹或者印记，其中有的隐含了很多天文知识。在几万年前的岩画残片上，雕刻着许许多多奇怪的印记，这一切都构成了“不解”之谜。相信随着科学，尤其是考古学的发展，希望人类会更看清自己发展的历史。

在1983年发现麦田圈后就成立了一个叫“国际圆圈现象研究中心(CPRI)”的民间组织，从事麦田圈的研究。他们调查倾倒的麦秆、土壤

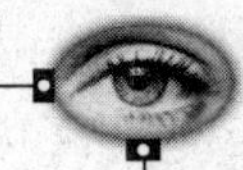

麦田圈之一

的状况，发现倾倒的麦秆并没有明显的损伤，确定这些是由强大的能量作用产生的。安德鲁斯声称他的一个朋友亲眼看到一个美丽的麦田圈三秒钟内就在面前形成，并未看到任何物体在附近出现。据说更有人拍下麦田圈瞬间成形中，上空的确有一群 UFO 飞来飞去十数秒的片段。此外，奇怪的是麦田圈上的植物没有折断的痕迹，只是植物的生长方向有不寻常变化。有的麦田圈在晚上形成，据说曾有人在当晚听到好像有几千架战斗机飞过的声音，并且看到不明发光体出现，例如大三角图形形成的夜晚。孰真孰假，无人得知。

首先发现麦田圈的安德鲁斯公开了最近发现的几张非常复杂或深奥的麦田圈图形，例如长达 180 米的蝎子形、直径超过 100 米的花形、超大型细致的蜘蛛网图形、宇宙星团以混沌图案（Chaos，需要超级电脑才能绘制的图形）、由大而小呈三条旋臂合成的图形等。亦真亦幻麦田圈，难道这一切真是这么的巧合？

在欧洲，平均每年都有几起有关麦田圈的报告，英国的比率则高于其他国家。其中最令人莫名其妙的是，麦田几何图案往往是一夜形成，甚至只需更短时间。假如是人为恶作剧，究竟需要耗费多少人力物力，才可以在短短一夜做出这些大型图案？从高空观察，每幅图案都极为对称，如果没有大型量度工具，根本就难以做到。

我国也曾出现“麦田圈”现象，但这方面的宣传报道不多，研究者更是寥寥。作家出版社曾经出版了一本由国外众多学者撰写的书——《世界之谜麦田圈》。

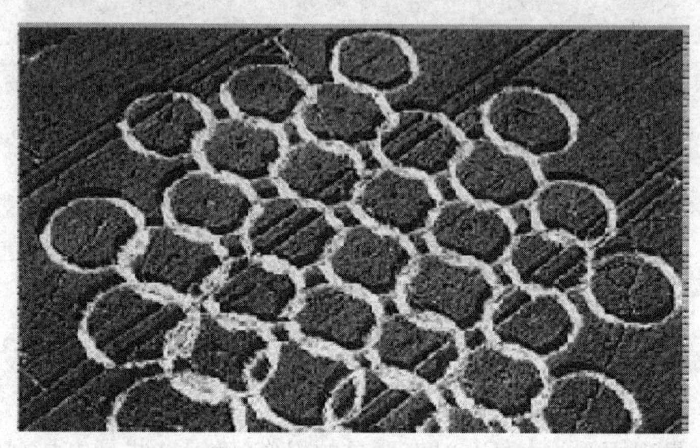

麦田圈之二(蜂窝)

在过去的年代,英国是最早发现并成立麦田圈研究中心的国家,1992 年,在美国召开了两次关于麦田圈的国际学术讨论会,会上,多数学者主张应从气象、地质和土壤环境等因素来考虑其成因和规律。多数人持有这样的观点:对待一个从未认识过的自然现象,人类应该努力去认识它、解释它,为人类知识的宝库增加一些东西,而不应该去盲目地否定、排斥,也许有一天我们证明了这是无谓的工作,但也许有一天我们发现了一个新世界。科学总是在谬误和真理中前进,但人类总是从无知到有知。

曾经有人认为,麦田圈是外星人的杰作,亦有气象学家估计可能是气旋或闪电造成。不过,这两种假设都难以成立。有人认为这种麦田圈的来源,是宇宙间存在的一种不被人们认识和了解的东西,他是物质存在的,但又是人们用肉眼看不到的。他有着非常高的能量,能使地球上的人类作出一些让人们无法理解又难以相信的事情来。也有人认为是人为恶作剧的可能性更大。在英国,曾经有一班年轻人承认,这些大型几何图案是他们的杰作。经科学家验证,图案的确是用脚践踏而成,因为麦田内的麦秆有被脚踏过的痕迹。但是这种看法又很难解释有些麦田圈的周围没有任何足迹,圈内麦秆因弯曲而倒下,并未折断。

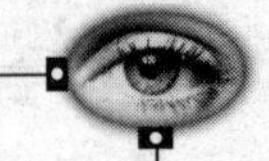

8. 岩石为何会生蛋

中国贵州省三都水族自治县，地处云贵高原苗岭山脉，属亚热带季风气候区，森林覆盖面积达44%，县政府所在地的三和镇依山傍水，海拔450多米。清明时节，一群石蛋的探索者们带着对黔南六大谜的疑问和兴趣，踏上贵州寻谜之路，黔南州地处云贵高原，山路崎岖，河流纵横，有的地方甚至不通公路。在三都水族自治县的一个叫姑鲁坡脚姑挂村的地方，家家户户门前都有几个圆滑的石蛋。这些石蛋大小不一，非常沉重，好客的村民请来客们坐在石蛋上休息喝茶。这里真是岩石生蛋最壮观的地方，只见大大小小的几十个等待降生的石蛋布满了整个悬岩。有的只露出一丁点“蛋头”，有的已露出一半，有的已挤出岩石就要降生大地。“生下”的石蛋沿着悬岩依次排列，大小不等，估计最轻者有几十千克。石蛋为青赤色，表面有如原木断面般的纹路，纹理清晰。据说：石蛋要30年左右才降生一个。对于岩石生蛋这一奇观，地质学家们考察后作出了不同的解释。有人认为，此处山岩处在“下泥盆纪”地质层上，它的形成已有四五亿年，在岩石最初形成和此后的挤压中，由于原始成分的差异和形状的不同，在地质运动中逐渐形成。又有的地质学家分析认为，这一现象可能是沉积礴石透镜状的岩石，由于与周围岩石不同，经过亿年的沧桑风雨，它们相继脱离原岩石而产生。还有的地质学家与生物学家通过石蛋外表木纹分析认为，可能是由于岩石中含矿物质的差异在地壳中受地热形成一种结晶体，在地热运动中逐渐脱离原岩石。而生物学家在现场观察后指出，三都县的石蛋更多像恐龙蛋，但经化验并没有恐龙基因。他们的分析均有道理，但不管怎么说，这有规律的、按秩序的在悬崖峭壁间定时生石蛋的奇观着实让人着迷。

9. 沿着北纬30度线觅奇探秘

美国的詹姆士·伯烈斯特等撰写了一本探讨北纬30度线地带神秘现象的奇书——《神秘北纬30度》。里面展示了世界北纬30度线上种种奇异的自然景观和未解之谜，比如古埃及的金字塔、撒哈拉沙漠之谜、大西洋诸岛沉没之谜、死海形成之谜、百慕大三角之谜、美国圣塔柯斯镇斜坡之谜以及巴比伦的空中花园等，不胜枚举。当看完这本书，跟随作者历经了一幕幕光怪陆离的秘境后，兴奋之余不免有些遗憾：因为作者没有展示中国在这一地带的神秘自然景观。北纬 30 度线从太平洋的国际日期变更线（即零经度）起自东向西经过中途岛（美）、日本、中国、尼泊尔、印度、巴基斯坦、阿富汗、伊朗、科威特、伊拉克、沙特阿拉伯、约旦、以色列、埃及、利比亚、阿尔及利亚、摩洛哥、百慕大群岛（英）、美国和墨西哥等 18 个国家和地区。中国是所有国家中 30 度线跨越长度最长的国家，既然认定这一神秘现象是全球的普遍规律，是什么原因使作者的目光偏离了这块更神奇的大陆呢？

北纬 30 度线横贯整个中国内陆腹地，由浙江省舟山群岛的普陀山岛起始从东向西穿越浙江、安徽、江西、湖北、湖南、四川、西藏等几个省（自治区），由西藏那木扎拉山口出境。整个地带大山大川广布、物产人文荟萃。“高山藏幽谷，深海隐玄机”，再加上无数被岁月掩埋的沧桑之变，因此这个地带鲜为人知的奇景谜团无疑十分众多。笔者依据现有能收集到的资料汇集后，为大自然无穷的神奇惊叹不已，被那些壮丽的风景所感动，被许许多多新奇古怪的难解之谜所深深吸引。可以毫不夸张地说：这里的神秘现象无论在数量上，还是在奇异程度上，比詹姆士·伯烈斯特所展示的更加丰富多彩。

（1）一份不完全的清单

下面是笔者对我国北纬 30 度及其附近地区种种自然之谜和自然奇观进行统计的一份不完全清单：

浙江钱塘大潮

杭州湾日月并升之谜

龙游石窟群

屯溪花山迷窟群

黄山朱砂泉

黄山梦幻谷

古扬子海消失之谜

鄱阳湖魔三角

江中兀立的小孤山

湖北松枝 UFO 事件

大神农架野人之谜

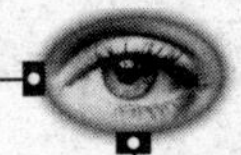

三峡三斗坪坝址地层构造之谜
奉节小寨天坑地缝
武隆巴人悬棺
南川水江天坑
侏罗纪遗存——荣县桫椤谷
东方玛雅——三星堆遗址
珙县僰人悬棺
自贡恐龙化石带
乐山天然巨型睡佛之谜
峨眉山佛灯之谜
瓦屋山原始植被和迷魂凼之谜
雅鲁藏布江大拐弯和世界第一大峡谷
西藏察隅－墨脱强烈地震带
羊八井地热带
高原湖泊纳木错水怪之谜
神秘消失的王国——古格
……

(2)钱塘大潮

全长500多千米的钱塘江，虽然没有黄河、长江那样源远流长，却一直以“地卷银山万马腾”的秋季大潮名扬天下。在茫茫的天地间，在众人的惊叹和欢呼声中，有声有色地演奏一部大自然的交响乐章，用“天下奇观”称之，当之无愧……钱江潮之所以成为闻名古今中外的天下奇观，不仅在于形，更在于它的声与势。

涌潮的壮观景象

钱塘江海潮的形成与涌潮的壮观景象与杭州湾得天独厚的地理环境有关。古时的钱塘江从富阳鹳山入海河口只有一般的潮汐涨落，天长日久，北面

从盐官逆流而上的潮水，到达河道顺直的老盐仓，涌潮毫无阻挡向西挺进，由于这里建有一条长达660米的拦河堤坝，潮水遇到障碍后将被反射折回，在那里它猛烈撞击对面堤坝，然后翻卷回头，呈现出一副惊涛翻卷，巨浪滔天的气魄

在钱塘江一个叫大缺口的地方，能看到两股潮水像一对兄弟般交叉拥抱、合二为一的精彩场面，这就是钱江潮的第一景交叉潮

的长江从上游挟带泥沙逐渐在杭州湾北岸形成太湖冲积平原，与相对稳定的南岸形成独特的河口形状。现在，杭州湾口从北岸的南汇咀至南岸的镇海相距有100千米，而往上游132千米至盐官，江面竟缩小到2.5千米宽，在平面上形成一个巨大的喇叭形，喇叭形的河口结构使得在每日的潮汐中有更多的海潮汇入杭州湾，推动湾口附近沉积的泥沙向湾内移动，慢慢地便在河口段形成沙坝，进入湾口的潮波遇到一个个沙坝的阻碍，前峰变陡，涌出水面，不断涌来的后浪又推动着受阻的前浪滚滚向前。与此相同，由于受喇叭口形状的约束，河口越往里缩，潮水与江面的落差就越大，涌潮就此形成。在月球引力的作用下，长驱直入的潮水直达海宁盐官附近时，潮头最高可达3米以上，以每秒5～7米的速度浩浩荡荡向上游挺进，势如破竹，蔚为壮观。

其实，世界上有涌潮的河流众多，像南美的亚马孙河、北美的科罗拉多河、芬迪湾的几条支流、法国的塞纳河、英国的塞文河，还有印度的呼格里河等，河口都有涌潮。在南美洲亚马孙河上形成的涌潮，它的流速大约是每秒6米，潮头高度可达5米。由于亚马孙河位于

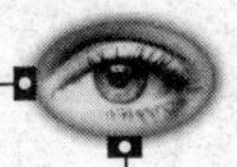

热带雨林深处，进出不便，所以能亲眼见到它真面目的人并不太多。

英国塞文河涌潮也很有名，涌潮只有60～90厘米高，不及钱江潮的1/5，潮速也仅为钱塘江潮的一半。

历史上，我国有涌潮的河流也不少，春秋时，最大的涌潮在青州，也就是今天山东、辽宁两省的东部，传说齐桓公曾去当地观看过潮舞；汉时，最大的涌潮在广陵（今扬州、江都一带），西汉辞赋家枚乘的《七发》有“观涛于广陵曲江”的说法，广陵潮从唐朝以后逐渐消失；而从六朝以后，钱塘江的涌潮逐渐盛起，南宋时达到高潮。

看来，钱塘江涌潮的壮观景象，除亚马孙河外，其他河流恐怕都无法与之媲美。亚马孙河涌潮的强度与钱塘江虽可一比，但钱塘江河口江道摆动频繁，涌潮潮景变化多端，确实是无与伦比。钱江涌潮之所以成为闻名古今中外的天下奇观，不仅在于形，也在于声和势，潮水激越时，如万马奔腾，涛声震闻十数里外，“海面雷霆聚，江心瀑布横”、“八月涛声吼地来，头高数丈触山回”、“天排云阵千雷震，地卷银山万马奔”、“滚滚长江去复回，蛟龙飞处响如雷，万千人尽回头望，一片银山驾海来”，都是古人对潮的声势的描述。

(3)屯溪花山谜窟群

距安徽屯溪市东北十几千米的环溪村新近发现地下石窟群。这里是新安江上游，村边小河对岸是一片高不过一二百米的小山当地称为花山，石窟的洞口就建在小山脚下并不显眼的地方。洞口有数人高，洞内空间巨大。从石窟岩壁上清晰可辨的凿痕完全可以推断，整个石窟并非天然形成的溶洞，而是古代人工开凿出来的遗迹。

这个庞大的石窟面积达12000平方米，洞高18米，几乎把整座小山都掏空了

从整体看上去，石窟的结构十分怪异，每个洞大小不一，凹凸不定，规模和样式的分布随意性很大。有些结构是洞内套洞，洞下藏洞，开凿

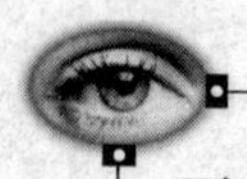

石窟的人到底要在这里干什么呢？实在有点令人费解。

与怪异的结构相映成趣的是洞内的凿痕大都均匀平整，有的甚至非常美观，尤其是有些图案，简直就像精致的浮雕，显然古人曾花了很大的工夫。但整个洞里都找遍了，奇怪的是却没有找到一点文字的痕迹。

石窟的洞口大都杂草丛生、野藤交错，不易被人发现。有的洞堆满泥土石块；有的洞积满了水，洞内光线黑暗，加上当地人传说洞中有狼，因此长久以来没有人敢深入洞中。后来，一个药农到山上采药，不慎滑进了一处洞口，才知道里面原来还有这样大的一方天地。

如此规模宏大、洞洞相连，到底是什么人在什么年代开凿的呢？开凿出来作什么用呢？疑问多多。首先，如此大规模的工程，需要庞大的人力、物力，也不是一年两年就可完成的，不是民间能够力所能及的，它应当是一个官方的工程。然而在安徽的《徽州志》还有附近的县志、村志上都没有任何记载，所以它可能是一个隐蔽的工程。

洞内的凿痕大都均匀平整，有的甚至非常美观，有些图案，就像精致的浮雕

从石窟里的钟乳石高度大致可推断石窟的年代，经专家鉴定最大的钟乳石大约有1700年左右历史。石窟的开凿年代肯定要比此更早，1700年前是西晋时期，从1700年前的西晋往前推，推多少呢？还是不能确定。

在《神秘的北纬30度》一书中描写过这样两个事例：在北纬30度上，被称为死亡之城的印度古城摩亨佐达罗，在4500多年前建造的城市，曾因一场突如其来的灾难毁于一旦，从发掘出来的遗迹看，其灾难的原因是受到异常猛烈的高温所毁，有如是现代核武器轰击的结果，这个事件考古学家列入世界三大自然之谜之一。而同在北纬30度上的土耳其卡巴杜西亚，那里的古人在公元12世纪，传说是为了躲避“天上的飞行器”，修建了世界上最大的地下城市，而人类只是近代才发明飞机。

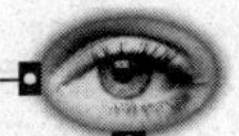

真是不可思议的事件。人们不禁大胆猜想:花山谜窟会不会也是古人为了防备某种灾难的降临,而修建的地下避难所呢?

令人更为惊异的是几乎地处同一纬度,距此不到100千米的东方,同是钱塘江的上游另一支流——衢江之畔的浙江龙游也有一个类似的谜窟,开凿年代,可能较其更早,存留的迷惑也更多。

(4)浙江龙游石窟群

位于浙江省龙游地区的地下石窟群,自从1992年被发现以来,经多家新闻媒体的报道,披上了一层神秘的色彩,引起了考古界、旅游界以及有关方面的关注。从金华市区出发,行车一个多小时大约70余千米的路程到达目的地。此地处浙江中部,属衙州境内,一个叫石岩背的小山村,这个坐北向南、背山面水的小村落,自古就有"风水宝地"之说。站在村前眺望远处,一条衢江环绕而过,视野开阔,颇有神往飘逸的感觉。村边临江处有一座竹林禅寺,寺中香火袅袅,佛音阵阵。1992年6月9日,当地农民吴阿奶、邓寿富、陈龙根、毛荣贵等动用四台水泵"四管齐下",历时17昼夜,终于使一个世代传说的"无底塘"水落洞出,呈现在世人面前的是一个宏伟壮观的神秘的地下世界。这里被誉为"世界第九大奇迹",成为可以与UFO相提并论的世界之谜。与万里长城、秦始皇兵马俑相比,无论是从成因还是规模、从工艺还是价值,龙游石窟都有过之而无不及。

龙游石窟的规模浩大恢弘。这是一个成年已久的巨型地下建筑群。在方圆0.38平方千米的山上似有规律地分布着不同大小、造型的24个洞窟,窟内面积,从1000~3000平方米不等,高度约30米,已开采的石窟为滑梯竖穴,自上而下开采,窟顶状似天穹,由洞口呈45度缓缓向下延伸,四壁陡峭笔直,棱角分明。洞窟内均科学地分布着3~4根巨大的"鱼尾形"石柱,与洞顶浑然一体,其截面呈奇特的熨斗形,尖头处棱角锋利,而且其布局与形状似乎是依照力学原理而设,难道古代人早已参悟了建筑学的真谛?更让人叹为观止的是洞壁、洞顶和石柱上都凿着极有规律的半叶脉装饰纹,似乎一气呵成。

从已经开发的7个石窟来看,造型、格局、风格如出一手。全局着眼,分布合理。最小的一号窟,约300平方米、二号窟约900平方米、三号窟约1200平方米、四号窟约2000平方米、五号窟仅700平方米。五个石窟的地面面积达5100平方米。据了解，就在石岩背村方圆1平方千米的地下，类似的石窟还有23个，而在龙游地区2.88平方千米的地下估计有50到70个以上基本相似的石窟。如果按平均每个石窟以1000平方米的面积来计算，一个石窟就要排出土方2万立方米，以50个石窟计算则至少可排土方100万立方米，若以一人一天可排土方0.3立方米，则需要200万个工作日才能完成。有人作过统计，若每天投入1000人不分刮风下雨、夜以继日地工作，也需要耗费6年的时间，况且模式统一、工艺讲究、精雕细凿，实际工作量要远远超过人们的推算。

一号窟

龙游石窟的气势壮观、设计精巧科学、施工规范先进，确实具有鬼斧神工之魅力。每个石窟就是一座宏伟的大厅，呈倒斗矩形状，出口小下面大，一面陡峭，一面按约45度角倾斜，四壁笔直，棱角分明。石窟顶部及洞壁的凿痕排列规则有序，凿线整齐划一，该平行则平行，该弧状则弧状，宽度均在30厘米左右，犹如出自一人之手，又似机械加工一般。石窟沿壁有台阶上下，成锯齿形，锯齿间相隔达3米，其中台阶到洞口有4米。每个石窟都有粗大的擎柱支撑着顶部，多则四根，少则一根，最大的周长为10米，最小的周长为5米。每个石窟自成一体，互不相通。石窟内部都有一个半凿半砌的矩形方池，约20平方米，深约5米。在一号石窟南壁上，清晰可见一幅岩画，内容是马、鸟、鱼三种动物。这是已发现

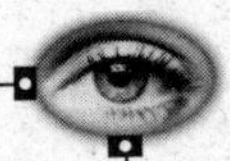

的7个石窟中唯一的窟内岩画。线条浑厚古朴,粗犷流畅,很有意境。

归纳起来有如下谜团:

开凿年代问题。龙游的人文记载约始于汉代,此前无古籍可查。在周、秦史料及唐朝文献中,韩愈曾撰写《徐偃王庙碑》,其中有"凿石为室,以祠偃王"的记载,所谓偃王为西周第五个皇帝(公元前11世纪至公元前77年)。且不谈凿石为室的"室"该有多大,又与龙游石窟有何联系尚存在许多疑问,若果真是,石窟的凿成距今至少已有2500~3000年的历史。

开凿目的问题。自龙游石窟显露真容后,对凿掘目的之争论一直是个热点,至今有多种猜想。虽然都有一定的道理,但又各有欠缺,还没有一种被公认。

施工组织问题。如此浩大的工程,按常规必须有成千上万人投入,必须有个组织者统一指挥协调。工具维修、生活供给、通讯联络等都必不可少。在远古时期,是如何实现组织协调的呢?种种迹象表明,这些石窟系同时开凿,又同时未完工就停止了。按常规,应一个一个地开凿,这样既能集中人力物力,又能不断地得出经验,减少不必要的损失。工程指挥者为何要同时开工呢?难道有一个强大的专业掘凿队伍?

地理位置和布局问题。石窟均呈倒斗形(四分之一金字塔形)。它们的建筑与埃及金字塔是否有联系?龙游石窟群位于北纬28.5°左右,与埃及金字塔在同一纬度线上,还有大西洋百慕大海底金字塔同样在北纬30°附近。难道北纬30°是金字塔带?金字塔为什么要与北纬30°结缘?已被发掘的7个洞窟呈北斗七星分布,其他洞窟布局尚在研究中,是否完全按照星座布局尚不得而知。

设计构思问题。石窟的设计呈分区密集型,有如现代化住宅群。每区由若干幢组成。窟与窟之间互不相通,壁厚非常均匀,其精确度就是用现代化设备施工、雷达测控也难以做到。更令人叹为观止的是,后山区的一批石窟采用了双层设计,这是现代设计师们不敢想象的设计方案,更无人胆敢施工。因为窟中不可能使用任何现代钢架水泥建材,谁能保证中间隔层不会坍塌?显而易见,双层石窟的施工难度及危险性都大大高于单层石窟。如此大胆的设计,如此冒险的挖凿,就连当今世界伟大的设计师,建筑师身临其境时,也会望洋兴叹!已开发的7个石窟,

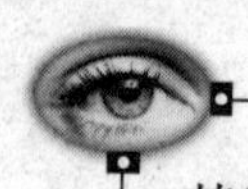

其窟口全部面对西南方向,其他未开发的洞窟也基本面对西南,不知是何目的。所有窟室顶部全部以45度角向下倾斜,直到石窟内壁。从建筑力学角度研究,最佳设计应呈圆锥顶,这样它可以把全部重力均匀分配给四壁。而这些石窟的岩质十分松软,如凿成圆锥顶必然要割掉岩层,导致岩石分层坍塌;若凿成平顶,则不仅凿断岩层,四壁承重很小,而且还须有大量柱子支撑。若凿成45度斜度,则巧妙地将大部分重力分解成沿45度斜面指向壁外坚实岩层,中央柱子只承受较小的负荷。这就是说,用最小的经济投入,获得最大地穴空间的最佳设计。

擎柱问题。从整体看,每个石窟中柱子的分布都非常合理,柱子既成一定距离以几何形状分布,又考虑一柱子支撑面大小决定柱子粗细(粗的周长达10米,细的只有5米),而柱子不是从底下往上砌的,乃是从窟顶倒过来往下伸,伸到窟底,既要符合力学负荷原理,又要符合地面整体布局。

防水问题。凡靠近江边地点的地下水位一般都比较高,往往与江水水位持平,沉积岩由于地质构造运动,几乎所有的岩层都有碎裂痕渗水。另外由于江水切割,岩层割断,江水很容易沿岩层缝隙浸入,沿江的石窟极可能成为水井。但从抽干的几个洞窟看,窟顶、窟壁均无滴水。凿壁前设计者是怎么知道此地岩石不渗水或无岩层水?是否事先进行过探查?

石窟内的巨大擎柱

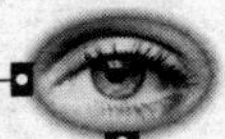

采光问题。如无照明，窟室内一片漆黑，伸手不见五指。洞中是如此的黑暗，而工程质量的要求又是如此的高，那么施工时的照明问题是怎么解决的呢？如用明火照明，窟顶窟壁必然要留下油烟的痕迹，窟中也应留下灰烬的痕迹，但现在却是一概不见。

通风问题。石窟为封闭型地穴，洞与洞又互不相通，空气对流困难，基本处于静止状态，而洞中容纳大批劳动力，劳工呼出的二氧化碳以及明火燃烧产生的二氧化碳将在洞中沉积，劳工将因缺氧而丧失劳动能力，如何维持氧的供给？在没有排风扇或鼓风机的古代，这又是一个未解之谜。

开凿工具问题。使用某种工具凿岩，这种工具必将受到不同程度的磨损，凿痕也会因工具锋利程度不同而不同，但从石窟内几乎没有差异的凿痕来分析，制造这种凿岩工具的材料异常坚硬且极不宜磨损，古人究竟是使用什么材料制造这种凿岩工具的呢？

台阶阶距问题。按常规，阶梯应为当年挖石运土的必经之路，这条阶梯应修成适合人们行走，然而现实是阶梯成锯齿状，很难行走，锯齿相隔达 3 米，似乎供巨型动物行走的。阶梯虽沿壁通往窟底，但到窟口便"断档"，没有通到窟顶开口处，现代人类不利用某些工具根本走不出石窟，这也说明了这些阶梯并非人工抬运石料之通道。

图案及文字问题。在一号石窟的南壁上有鱼、马、鸟三种动物的图案。似乎象征着海陆空。这是七个石窟中唯一的工艺岩画，凿刻此图案不知用意何在。三种动物皆属远古时代之动物，说明石窟凿就的年代距今十分遥远。有一窟的露天部分上刻有一类似甲骨文的图形，有几个石窟内还有闪电状石刻线条，究竟代表着什么？

石窟总数问题。凤凰山麓衢江两岸到底有多少个石窟，现在仍是个谜。已开发的 7 个洞窟中，三号与四号窟之间，便有一窟，窟口早已湮没，开凿四号洞之隧道时才发现还有一窟。埃及金字塔总数近 80 座，或许日后查明石窟数竟与金字塔数暗合亦未可知。

窟容问题。已发掘的几个石窟有 20 平方米矩形直井通到底，整体空间呈倒斗形，沿石窟有锯齿状石阶粘附，一直伸到窟底，似乎模仿现代高层建筑设计，一旦装上电梯，人们便既可乘电梯垂直上下，又可在停电时沿石阶步行进出洞厅。另有一批石窟则先有一大型门楣，进入门

一号石窟的南壁上有鱼、马、鸟三种动物的图案

楣后再以45度角向下倾斜掘进,从外观上看更显得堂皇、雄伟。石窟如一座座大厅,高度有六七层楼那么高,不管用途如何繁多也用不了如此高大。天然岩洞的高广乃天然造就,而龙游石窟高广应按需要而设计。设计者当然明白,不按实际使用需要的高广设计,既要增加工程的难度,又要造成人力的浪费,那么,如此高而广的洞穴设计是出于何种需要呢?

对于上述种种谜团许多专家学者经过考证,引经举证对龙游石窟提出许多解析,但是难以自圆其说而无法从根本上让人信服。这些解析有:

• 陵墓说(包括皇宫说)。龙游历史上是"姑之墟",历来没有异议,是古国必有古遗存。姑族和商王室是亲族,且与商王室关系一直很好,至西周武王去世时,三监叛周,姑是主要的支持力量。能与西周抗衡,姑国力之强可见一斑。故"宫殿"之说,并非突兀之言。对此说,目前多半信半疑,固涉及商末周初浙西地区先秦问题,有待更多证据全面论证。而据韩愈撰写的《徐偃王庙碑》记载为据,提出龙游石窟是古代帝王的陵墓或皇宫、储藏室,难免有许多牵强之处。

第一,作为皇陵或宫殿是皇室成员起居安息之地,为什么石窟中没有留下半点皇族的随葬品或宫中遗物?

第二,既然是皇陵或皇宫,理应对如此宽畅的宫殿作适当的分隔,如百官朝拜的龙庭、帝王起居后宫、将士卫兵住处等,而石窟中空空如也,

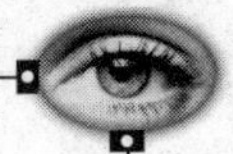

毫无遮挡之痕；

第三，如果是皇宫就有一班前呼后拥的人马，必然会有人间烟火的遗迹，而石窟的顶和壁却依然如新；

第四，石窟上下阶间距很大，运输进出都很有一些难度，难道不考虑水火、地震或其他因素引起的灭顶之灾吗？

• 仓储说。持此观点者认为，从石窟群的地理位置、合理分布以及洞内壁、顶、柱全部经过统一平整修饰的情况看，它的开凿目的可能是当地下库存之用。而不同意见者提出，此窟运输进出不便，为什么不凿横洞而凿直洞？万一进水如何排水？而且空气湿度大，会引起粮食霉变。若水果蔬菜保鲜或薯类储藏，效果还好；储藏干粮，恐不适宜。

• 采石（矿）说。有专家认为：龙游石窟是古代人采集石料而留下来的废弃洞窟，龙游石窟群的石头断面与采石形状比较吻合，且洞窟所在地离衢江很近便于石料运输，有可能是古代官方组织的采石行动所致。持不同意见者则提出质疑：如果龙游石窟是古代采石场，窟中必有凿好未外运的成品石条或半成品石条遗存，而事实上在7个被抽干水的石窟内找不到一块成品或半成品石条；采集石料最安全、最经济的方法应该是露天作业，既能保证安全又便于开采，何必要精心设计如此的方式进行地下挖掘；所有洞窟一体装饰着“统一规格”的半叶脉纹，采石场何必在采掘后花大量工时作此无经济效益的“装饰”？在宽广的四号石窟中伸手不见五指，进洞10米便难以举步，如何凿石？点灯凿石说是荒谬的，在劳动力价格低廉的古代，灯油费或许要越过石条的成本。尤其是双层石窟，双层取石简直是玩命！石窟内石料属红土沉积岩。据观察，裸露在外的岩石很容易风化，如此容易风化的石料，又何必花如此浩大的工程去开采？

• 屯兵说。有专家提出龙游石窟曾经是越王复仇的练兵屯兵之地，理由是怕被奸细发现而告密，故挖地下石窟进行备战，其疑点仍很多。第一，挖掘石窟并非一朝一夕所为，要把数年的大好时间用于挖洞，又用数年的时间进行练兵，岂不荒废消耗本来已弱小的实力；第二，因担心奸细告密屯兵而挖，难道就不担心奸细破坏造成窟毁人亡的悲剧；第三，在石窟屯兵自然采光无法解决，人工采光又没有留下烟火痕迹这如何解释；第四，屯兵地必须道路通畅，进出便捷，这是兵家常识，而石窟上下一条道，间距有 3 米，如何体现兵贵神速的策略；第五，既然是屯兵练兵，总会有一些冲冲杀杀的场面，应该留下一点碰碰撞撞和刀刀枪枪的痕迹。

• 巨石文化说。持这一观点的人士认为，龙游石窟群与世界巨石文化的遗迹颇有相似之处，尽管目前还很难说它是否与外星文明有关联，但至少不能绝对说没有。由于人们目前并未把对外星文明的研究作为一门科学看待，因而多数人视此为非科学之说。

目前，要断然得到结论，还为时过早，准确的答案还有待于石窟彻底的发掘和全面的考察。不过有几点是可以肯定的。

龙游石窟不是自然形成的溶洞。浙中地区是丘陵地带，据考证，在距今约 3 亿 ~2.5 亿年以前，即地质年代的晚古生代石炭纪与二叠纪时期，这里曾经是一片汪洋。随沧海桑田的变化，浙中地区地壳发生了强烈的造山运动，地壳抬升隆起，产生褶皱和断裂，造成该地区多溶洞的地形。例如，金华的双龙洞、冰壶洞、朝真洞，兰溪的地下溶洞等。但是很明显，龙游石窟根本区别于以上的溶洞。

龙游石窟不是现代科技的产物。生产力的发展为人类活动提供越来越先进的地下开采机械，使人类地下施工更安全更有效。例如，地下煤矿的开采，地下交通的挖掘等。但是，现代人们从安全、经济、美观的角度出发，一般的地下工程都是直线挖掘，成形后经过绝对的加固再作美化。而不是在挖掘的原型上直接进行修饰。再说，如果是现代科技的产物，应该是在 18 世纪工业革命以后的工程。而如此浩大的项目，又是 18 世纪以后形成，在历史记载中必然会留下详尽的记录。显然，龙游石窟的形成与现代人的作业思想方式及时间不相适应。

龙游石窟也非古代人所为。浩大的工程，低下的生产力，成为鲜明的对照。不可能是个别人和一般人所创造。除非是君主或首领才能组织如此规模的挖掘力量。如万里长城的修筑，而万里长城的修筑是为了抵御外来侵略。但是劳民伤财地动用如此时间和力量来挖掘毫无目的的地下石窟，实在没有必要。所以，龙游石窟也不会是落后并不富足的古代人闲情逸致的产物。

龙游石窟留给人们古朴辉煌的同时更多的是深不可测的神秘，值得广大有识之士去考证探索，去解开这个就在我们身边的世界之谜。

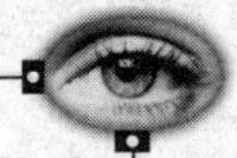

(5)小寨天坑地缝

小寨天坑位于距重庆市奉节县城 91 千米的荆竹乡小寨村。坑口地面标高 1331 米,深 666.2 米,坑口直径 622 米,坑底直径 522 米。坑壁四周陡峭,在东北方向峭壁上有小道通到坑底。坑壁有两级台地:位于 300 米深处的一级台地,宽 2 ~ 10 米,台地有两间房屋,曾有人隐居;另一级台地位于 400 米深处,呈斜坡状,坡地上草木丛生,野花烂漫,坑壁有几个悬泉飞泻坑底。坑底下边有地下河,小寨天坑是地下河的一个“天窗”。天坑底部的地下河水由天井峡地缝补给,自迷宫峡排泄;从天坑至迷宫峡出口地下河道长约 4 千米。小寨天坑当称“天下第一坑”,属当今世界洞穴奇观之一。

地缝位于小寨村附近的兴隆区境内。地面有一条天然缝隙,当地称天井峡地缝

地缝全长 14 千米,分上、下两段。上段从兴隆场大象山至迟谷槽,长约 8 千米,为隐伏于地下的暗缝。由兴隆场大象山天井峡能进入缝底,通行长度为 3.5 千米。缝深 80 ~200 米,底宽 3 ~30 米,缝两壁陡峭如刀切,是典型的“一线天”峡谷景观。缝底有落水洞,暴雨后有水流。下段由天坑至迷宫峡,是长约 6 千米的暗洞,1994 年 8 月,由英国洞穴探险家探明。确认小寨天坑与天井峡地缝属同一岩溶系统。

小寨天坑入口

从 1994 年以来,中英探险队经过 5 次连续探险,英国探险家叫安迪·伊文思。2001 年 9 月,在一号和二号洞发现巨羊、硕箭猪、双角犀、剑

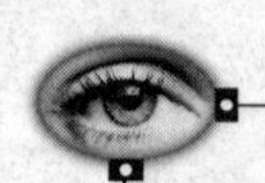

齿象、大熊猫等30余种哺乳动物化石。同时，还发现许多旧石器和3枚古人牙化石。其中特别引人注目的是，在一枚人牙的旁边，有排列整齐的一对完整的、长达2米多的象门牙化石。门牙上有明显的树枝状线条痕迹。经史前考古、古生物学者和动物专家观察研究，认为产生这种痕迹的因素，最大可能是中更新世“奉节人”所为。如果能得以印证，将标志着青藏高原东部的长江三峡地区出现了最早的刻痕“艺术”。根据随同出土的各种动物化石群推算，人牙是距今数十万年前中更新世古“奉节人”的化石。“奉节人”牙的具体年代尚是一个谜。

(6)瓦屋山的迷魂凼

瓦屋山位于四川荥经县东南面，横亘于荥经、洪雅两县之间，山体呈南北走向，绵延数十千米。由于地质作用，瓦屋山形成了向东西两侧略倾的屋脊状地形，从任何角度望去，此山整体上都状若瓦屋，因此得名“瓦屋山”。早在西汉年间就闻名于世的瓦屋山，后辟为瓦屋山国家森林公园。

瓦屋山山顶平台约11平方千米，南北长3375米，东西宽3475米，平均海拔2830米，高出我国著名的内蒙古“桌子山”681米，被认定为中国最高、最大的“方山”。瓦屋山是我国为数极少的未被污染的自然风景区域之一。山顶上原始森林莽莽苍苍，泉眼密布，溪流回环，72条飞瀑直泻而下，其中兰溪瀑布落差为1040米；瓦屋山植被丰富，有野生植物3500多种，被子植物科数占世界被子植物总数的60%，被誉为世界被子植物的摇篮。第四纪冰川保留下来的孑遗植物珙桐、桫椤、连乡、水青等国家一类保护植物，满山皆是。其中，最为著名的要数珙桐花和杜鹃花。珙桐林面积达200平方千米。杜鹃花是中国的传统名花，也是世界名花之一，共有850多种，其中530余种原产于中国，而瓦屋山就有关容、麻花、问客、团叶等40多个品种，面积达400平方千米，其中被英国植物皇家辞典收入并以瓦屋山命名的有17种。个别地域中的杜鹃花，因恰好生长在日照、土壤、暖湿等条件适宜的小环境内，常常出现在同一年的暮秋时节再次开花的奇观。

站在瓦屋山象尔岩观景台上，只见岩下云海茫茫，变化万千。忽而云遮群峰，忽而流云飞淌；一会儿如仙女牧羊，一会儿似嫦娥奔月。东眺峨眉，近在咫尺，西眺贡嘎，云中浮沉。每当彩环凌空，斜阳西照之际，天

空还会出现令人欢呼雀跃的绚丽佛光。凌晨，天色将明未明时，一轮红日从东方波涛中喷薄而出，冉冉升起，霎时霞光万丈，气象万千，景象蔚为壮观。由于大气折射的复杂多变，瓦屋山上有时还会看到“三个太阳”并存的独特奇观。

苏轼、李白、陆游、何绍基、杨升庵等历代文人墨客都曾对瓦屋山神奇的自然景观给予倾情咏颂，其中以苏轼的“瓦屋寒堆春后雪，峨眉翠扫雨余天”，何绍基的“巴蜀风光，峨眉十之三，瓦屋得六七”最为精彩，成为千古绝唱。

远眺瓦屋山平顶山

瓦屋山迷人的原因是因为这里不仅有完好的原始植被、古朴的人文景观，还有许多扑朔迷离的谜团。

1)佛灯现象

在成都青城山上清宫旁有座神灯亭，据说在月黑之夜，山下黑漆漆的幽谷间，会倏然涌现无数点荧荧亮光。亮光时大时小，时聚时散，忽明忽灭，忽左忽右，或近或远，高者天半，低者掠地。“灯”的颜色，一种记载为白色，一种记载为青色，也有说微带绿色的等等。其实，佛灯不只是在青城山才有，庐山、峨眉山、瓦屋山也都发现过佛灯。

在无月的黑夜，瓦屋山上夜色沉沉，有时忽见一光如萤，继而数点，渐至无数，在黑暗的山谷间飘忽不定。佛家称它为“圣灯”，又名“神灯”。明代万历年间，嘉定知州袁子让在《游大峨山记》一文中记述他的所见：“及时薄暮，一僧果语：空中有灯现。予急出观之，隐隐有一二点，如星飞在岩壑上下间。有顷，分为数十；有顷，渐分为数百。往来楼台栏之中，移时而散，竟不知何物。”释心诚《圣灯》诗云：“飞自峭崖东，飘来点点红。回翔分远近，掩映入空蒙。焰冷千年火，光摇半壁风。夜深人静后，挂满梵王宫。”明人尹伸《圣灯》诗亦云：“旷望不辞夜，灯从上界传。流光时渡壑,焰影欲连天。只讶繁星坠,还从法力圆。迷云开暗谷,处处见金仙。"

佛灯现象奇观

几百年来,谁也无法解开佛灯的奥秘。1961 年,著名气象学家竺可桢在游庐山时,曾将佛灯作为庐山大自然的三大谜题之一提出来,希望科学工作者能予以研究。据科学家初步考察,佛灯是一种物理现象。有的说是磷火;有的说是某些树木上有一种被称为密环菌的真菌,遇雨后而发光;有的说这是山下灯光的折射;有的说是星光在水田里的反射;有的说是一群大萤火虫在飞舞;还有的说是山中蕴藏着能发出荧光的矿石。最占上风的说法是磷火说,但是磷火说的破绽不少:一是磷火多贴近地面缓缓游动,不可能上升很高,更不会"高者天半"或"有从云出者";二是磷火的光很弱。最近,有人认为佛灯是"天上的星星反射在云上的一种现象",铺天盖地的云层就像一面镜子,从上向下看,不易看到云影,只看到云反射的无数星星。即飞行员产生的"倒飞错觉"。由于半空中的云层高低不一,飘移不定,所以它反射的荧荧星光也不是固定的。也许在这个角度反射这一片,在那个角度就反射另外一片,从而造成闪烁离合、变化无穷的现象。然而,为什么在其他山区就不能见到这种云反射星光的现象呢?而且就是在庐山、瓦屋山和青城山上,也只有特定地点才能一窥佛灯的真容,可见这种说法尚不足以定论。加之佛灯不常出现,就是居住在山上几十年的人,也难得看见一次,因而这一千古疑案至今悬而未决。

2)佛光奇观

佛光是瓦屋山的又一个自然奇观。看神奇的佛光,最佳的时间是下午 2 ~5 时,最佳的地点是在睹光台。云层中骤然幻化出一个红、橙、黄、绿、青、蓝、紫的七色光环,约一二米大小,中央虚明如镜。观者背向偏西

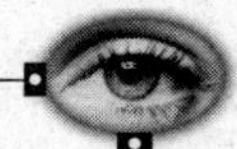

的阳光，有时会突然发现光环中出现自己的身影，犹如面对明镜，举手投脚，影皆随形；奇者，即使成千上万人同时同地观看，观者也只能自见己影。清人丁文灿在《看见佛光》一诗中云："云成五色现厅光，形似尼珠不可方。更有一桩神奇事，人人影在个中藏。"这种佛光名"摄身光"。范成大在《光》诗中曰："重轮叠影印岩腹，非烟非雾非丹青。我与化中人共住，镜光觌面交相呈。非云非雾起层空，异彩奇辉迥不同。试向石台高处望，人人都在佛光中。"

佛光因色调、形状、大小的不同，有各种不同名称的光，如有水光、辟支光、童子光、金桥、清现、反现、大现、小现等。佛光，佛家说是普贤菩萨向凡夫俗子显露真容，随缘应化，故又称"光相"。实际上，佛光是一种光的自然现象，是阳光照在云雾表面所起的衍射作用而形成的。科学家将其命名为"峨眉宝光"。据载，在峨眉山佛光每月均有出现。

天气晴好的早晨，睹光台四周云遮雾绕，眼前一片白茫茫。随着时间推移，一轮金灿灿的红日从云海中慢慢浮起，光彩夺目，霞光四射。就在游人欣赏美景之时，前方隐隐出现了一大团多彩圆光倚在锦云之上，环中虚明如镜，观者唯见自身现于环中，人动环动，人停环停，举手投足，影随人移，因其形极像大佛，故名为"佛光"。因"佛光"少见而奇特，令人莫不惊叹不已。

其实，这种气象景观在多雾的山区常会出现。早晨，人站在山顶上，当背后有太阳光线射来时，他前面弥漫的浓雾上就会出现人影或头影，影子四周常环绕着一个彩色光环，这个光环气象上称之为"反日华"。它是光线射入雾层之后，经过雾滴反射，当反射光的波长与雾滴的大小相近时，光线就会向雾滴后面传播而发生偏折，使光呈现色散现象。由于太阳光线是由红、橙、黄、绿、蓝、靛、紫 7 种光谱组成，其中，红光波长最长，紫光波长最短，在太阳光线发生色散时，波长最长和最短的光因处于光的最外层和最内层，被"保留"了下来，而其余的光都被"压缩"了。因此，我们肉眼看到的人影周围的光环通常都是外红内紫的彩色光环。

长期以来，瓦屋山"佛光"一直被迷信者认为是菩萨显灵而顶礼膜拜，气象工作者揭开"佛光"面纱后，到瓦屋山睹光台烧香拜佛的"信徒"才逐渐稀少下来。

3）怪异的动物

瓦屋山的动物有 470 多种，其中大熊猫 20 多只，野牛 300 多头，猴子50多群。自然景观中以“野牛街”和“燕子洞”最为著名，而能上树的纳鱼更是让人大开眼界。

瓦屋山的珍禽异兽

燕子洞高约20米，洞深数千米，燕子群飞、钟乳遍布。这里的野牛不吃回头草。因为瓦屋山幅员广阔，植物丰富，美味多多。山里的野牛就会绕着山腰的小道，一直向前走，一路走，一路吃，从不回头。而一年正好绕山一圈，于是，重新开始新的轮回，所以瓦屋山的野牛是不吃回头草的。山中目前有300多头野牛，而为什么野牛有如此的习性至今还是一谜。其次，那里的鱼能够上树。“缘木求鱼”的成语出自《孟子·梁惠王(上)》：“以若所为，求若所欲，犹缘木求鱼也。”比喻做法不当，就不可能达到目的。而在瓦屋山就真的能够“缘木求鱼”。在瓦屋山栖有一种特有的两栖动物——纳鱼，形似大鲵，却喜欢攀援山溪附近的小树。因此，人们常常在此缘木求鱼，往往手到擒来。

4)迷魂凼之谜

在众多谜团中，最大的谜团是山顶上的迷魂凼。在瓦屋山鸳鸯池的东南方，有一面积约70万平方米的区域，从平地隆起如馒头状的土丘；从古到今有不少人及多支森林调查队在该区域出现指南针失灵。1979年一支调查队在该区域走了3天3夜，结果仍在原处，后来用刀边走边砍，砍出一条“生命线”才脱困。1999年12月初，瓦屋山生态旅游研究所熊猫专家郑明全在调查大熊猫行踪过程中，误入迷魂凼，被困2天后冻死在山上。针对此情况，当地政府不得不将其划为旅游禁区，防止游人误入迷魂凼。由于它处的地理位置与百慕大三角在同一纬度上(即北纬30°线)，所以迷魂凼被国内的地质工作者和探险者称为陆地上的“百慕大三角”。一个方圆并不大的区域，为何竟能迷路，实在令人困惑。

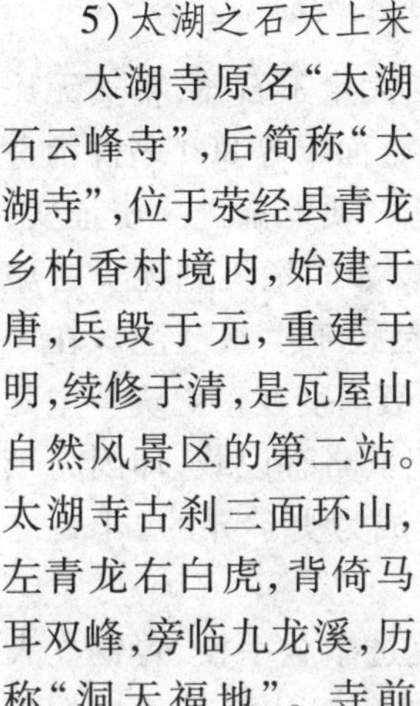

5)太湖之石天上来

太湖寺原名“太湖石云峰寺”，后简称“太湖寺”，位于荥经县青龙乡柏香村境内，始建于唐，兵毁于元，重建于明，续修于清，是瓦屋山自然风景区的第二站。太湖寺古刹三面环山，左青龙右白虎，背倚马耳双峰，旁临九龙溪，历称“洞天福地”。寺前左侧，有一巨大奇特的白石头，生得与后方云峰山一模一样，简直是云峰山的微缩，很像太湖石，然而这里历来无湖，何来太湖之石？相传，女娲从太湖边取石补天，不慎失落一石于“严道古城”青龙乡境内。虽属传说，这巨石却极像太湖飞来石，俨然一座雄峰微缩，绝妙盆景，既险峻挺拔，又不失玲珑剔透，像人工雕就，却无雕琢之痕。更奇怪的是其四周寻不见类似质地之石。它果真自太湖飞来么？原弥勒殿对联上联写道：“问太湖片石果从何处飞来弥勒无言扪腹笑。”既然连弥勒佛也道不出缘由，这千古之谜谁能解开？

太湖寺雪景

(7)东方玛雅——三星堆

自1929年四川广汉三星堆农民燕道诚在车水灌溉时无意碰醒了沉睡三四千年的三星堆文明之后，考古界就围绕这一奇迹进行了长达半个多世纪的叩问。随着一大批国宝级珍稀文物出世，一连串惊人之谜接踵而来：三星堆出土的这些高鼻深目、阔嘴大耳的青铜兵团从何而来？属什么人种？三星堆文明又为何突然从成都平原消失？通过破译三星堆文明不仅可以解开千古之谜，而且可以证明中华文明的起源是多元一

青铜面具

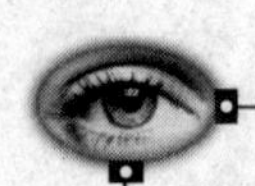

体的。

1986年夏发现两个商代祭祀坑，出土了包括大量玉石器，精美无比的青铜立人像、头像、面具和神树以及金手杖、纯金面罩等800多件稀世文物。中国的考古工作者声称：他们刚刚完成的一项发掘进一步证实，3000多年前这里曾是蜀国的古都。专家们相信，如同意大利庞贝古城消失在火山喷发的灾难中，三星堆古城很可能是毁于洪水泛滥。在中国，秦以前的古蜀是一段模糊不清的历史。其兴衰演变在正史资料中几乎不见影踪，后世人所撰写的地方志和读书笔记虽略有记载，却因为带有浓厚的神话色彩又被认为不可信。古蜀几乎成为史学界的“千古之谜”。

在祭祀坑中出土的文物中，最引人注目的莫过于金手杖、青铜立人像、头像和青铜神树。出土于一号坑的金手杖被普遍认为是王权的象征，而手杖上雕有水鸟和人头图案，使人联想起传说中以水鸟为姓氏的古蜀王渔凫。60多个青铜人像中，只有一尊是与真人一般大小的立人全像，其余或是大小不等的人像，或是虽与真人般大小却没有躯干的头像。立人像身高1.72米，躯干苗条，头戴高冠，双脚带镯，双手屈于胸前作握物状，衣着华贵，后摆似燕尾，姿容典雅，整个造型如鹤立鸡群，飘飘然欲升天而去。其余人头像虽表情各异，装束不一，但面部表情似乎都比较苦涩。至于高达1.4米的青铜神树，枝盛叶茂，好似一部登天梯。联系到渔凫之后的古蜀王杜宇“升西山隐”（神化升天）的传说，专家们估计二号坑应与杜宇有关。

引人注目的三星堆文化一个奇特之处就在于从遗址中出土的大量模样不同寻常的青铜面具，几乎千篇一律地全是粗眉毛、大眼睛、高鼻梁、阔扁嘴，几乎没有下巴颏。仔细观察这些青铜面具，两只耳朵上各有一个小孔。这种面具的脸型与现代当地人大相径庭，使人费解这种面具代表了什么？其中一个巨大的面具更引人注目。这个巨大的面具有普通面具的好几倍大，长长的耳朵向两边张开，大而长的眼睛向外夸张地突出着，好像是眼睛里向外长出两个橛子。据传，古蜀国的开山老祖蚕从就被描绘有一双“纵目”，那么这些面具是古蜀国人为崇拜蚕从而作，还是当时古蜀国人就是这种模样，实在让人匪夷所思。

还有一尊细而高的青铜铸成的人像，相貌和青铜面具的特征相同，穿着一件燕尾服式的袍子，光着脚丫，站在一个高高的底座上。铜像身高1.7米左右，两手一高一低，呈握东西状。据了解，该铜像出土时手中没有发现握着的东西。但专家推测，这么细高的铜像在站立时，手中稍有负重，就会倾倒。

金面青铜人头像

在三星堆文化博物馆里还有一棵被修复的“神树”的青铜制品让人惊讶。这棵“神树”高3.95米。“神树”上铸造了一只蛟龙栩栩如生，颇有生气，仿佛刚从天上飞旋而下，攀附在“神树”的树枝上。“神树”的枝干上引人注目的还有一只鸟在栖息着。

许多人把三星堆文化比喻成东方的玛雅或中国的庞贝城，但其所处年代要更早，并存留有更多不解之谜。归纳起来主要有：

世界上现存最高的青铜像

第一谜：三星堆文化来自何方？目前有其来源与岷江上游新石器文化有关、与川东鄂西史前文化有关、与山东龙山文化有关等看法，即人们认为三星堆文化是土著文化与外来文化彼此融合的产物，是多种文化交互影响的结果。但究竟来自何方？

第二谜：三星堆遗址居民的族属为何？目前有氐羌说、濮人说、巴人说、东夷说、越人说等不同看法。多数学者认为其主体居民可能是来自川西北及岷江上游的氐羌系。

第三谜：三星堆古蜀国的政权性质及宗教形态如何？是一个附属于中原王朝的部落军事联盟，还是一个相

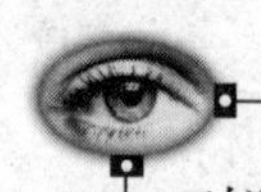

对独立的已建立起统一王朝的早期国家？其宗教形态是自然崇拜、祖先崇拜还是神灵崇拜？或是兼而有之？

第四谜：三星堆青铜器群高超的青铜器冶炼技术及青铜文化是如何产生的？是蜀地独自产生发展起来的，还是受外来文化影响的产物？

第五谜：三星堆古蜀国何以产生、持续多久，又何以突然消亡？

第六谜：两个祭祀坑属何年代及什么性质？年代争论有商代说、商末周初说、西周说、春秋战国说等，性质有祭祀坑、墓葬陪葬坑、器物坑等不同看法。

第七谜：出土的金杖等器物上的符号是文字？是族徽？是图画？还是某种宗教符号？

到目前为止，三星堆还没有发现任何相关的文字记载。据碳－14测年代分析，三星堆古城遗址始建于传说中古代蜀国的蚕从、鱼凫及开明氏时期。而相对应的历史时期已经有了金文、甲骨文等文字，同时也开始有了较为明确的历史记载。然而三星堆遗址发掘至今，出土了大量玉器、青铜器等实物，却无一件有文字记载，这也为三星堆之谜长期未解的原因。

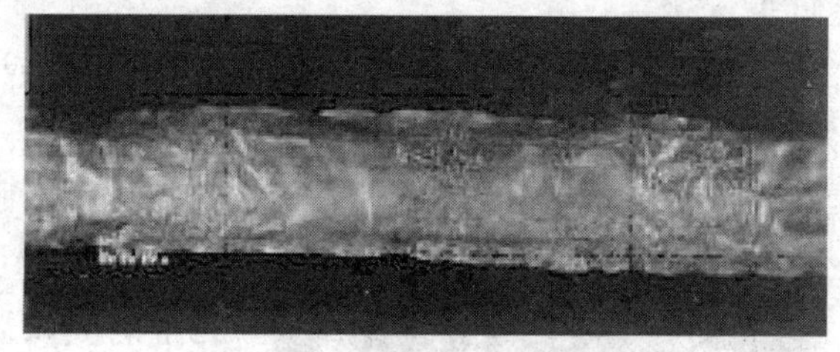

三星堆出土的金杖

金杖与青铜雕像，也许是三星堆出土文物中，最引人注目的稀世珍宝了。正因为这样，专家们意见最多，争议也最大。关于上古时代，何时开始使用黄金制品，尚无明确记载。《山海经》中已有黄金、赤金的区别，说明夏代已懂得金的属性。以前的考古结果认为："我国金银器皿出现较晚，汉以前少见，到唐代才开始较多发现。"但事实上，三星堆的金器就不少，除金杖外，还有金面罩、金虎饰、金璋形饰、金"竹叶"、四叉形器等。

杖，既是一种生活用具，也是一种装饰品。《山海经·海外北经》就有"夸父追日，弃其杖，化为邓林"之说。《山海经·海内经》说都广之野"灵寿实华"，这灵寿木就是做杖的好材料。《汉书·孔光传》："赐太师灵寿杖。"蜀山氏来自山区，用杖助力，更是一种必要的器具。至今，四

川剑门藤杖，仍驰名中外。我国历代王朝，都有赐杖与老臣的惯例。《礼记·曲礼》："大夫七十而致事。若不得谢，则必赐之几杖。""谋与长者，必操几杖以从之。"而不同身份的人，手杖的装饰和长度都各不相同。戏曲中，皇家使用的"龙头拐杖"，虽是道具，长度就和金杖差不多。至于包金拐杖、包银拐杖、木杖、藤杖、竹杖、刀杖、枪杖……品种甚为复杂。而杖首、杖身装饰各种花纹，各种造型，更是珍贵手杖所必有。否则，怎么表示自己的身价？既然可以表示身份，当然可以代表权力。

其实，"权杖"最早也不是出现于西亚。在旧石器晚期马格德林人的洞穴艺术中，就有用骨头或象牙雕刻的"权杖"。三星堆的金杖，既不同于西亚古代国王须臾不离的短金杖，也不同于埃及法老所执那种细长齐肩却无杖首的权杖。

出自一号祭器坑的金杖，全长 1.42 米，直径为 2.3 厘米，用捶打好的金箔，包卷在一根木杆上，净重约500 克。木杆早已碳化，只剩完整的金箔。金杖的一端，刻有图案，共分三组。靠近端头的是两个前后对称，头戴五齿高冠，耳垂三角形耳坠，面带微笑的人头像。另两种图案相同，上方是两只两头相对的鸟，下方是两条两背相对的鱼。它们的颈部，都叠压着一根似箭翎的图案。有人认为，这支金杖的图案，有鱼有鸟，当印证是鱼凫王所执掌。鱼鸟象征吉祥，箭翎则表示威武，这正是金杖作为权力象征的应有之义。

源于古氐、羌民的纳西族先民，就有使用"灵杖"的风俗。从先期的"卜杜"到其后的东巴在祭祀活动中，都要用灵杖，而这种法器，只有大东巴才能使用。我们知道，东巴文化在长期的发展过程中，吸收了佛教、道教文化，但就其本源来说，仍是古老的巫文化为其主体。灵杖既然长期存在于纳西族人民的生活中，而纳西人又是氐、羌民的一支。那么，在神权和王权合一的上古时代，金杖是古蜀人所固有的法器，似乎可以算作又一旁证。还有，西藏古格王朝，也有"权杖"的记载。

夏代开国，"禹铸九鼎"，从此，易鼎成为权力转移的同义语。而古蜀人为什么不用鼎而用"权杖"，这确实是个很大的疑问。据史料分析"经过长期发展，夏人分为两支，一支姜姓民族，这是周朝母系的祖先。另一支羌族，后来变成了留居于四川、青海、甘肃一带的少数民族。"羌族与氐族（戈基人）融合，其一支发展成蜀山氏。已知使用铜刀，则在蚕从氏阶段，又经柏灌、鱼凫，至杜宇一系从昭通返回，带回更为成熟的冶炼和铸造技术，在与土著濮彝等族的融合过程中，建立了真正的蜀国。因此，用金杖象征这种新的权力。一种更浪漫的看法则认为，3000 年前三星堆的这两次相距 100 多年的祭祀，实际上分别是为古蜀王渔凫、杜宇"升天仙去"的送葬活动。如果说提出"蜀国古都"的说法还只是一种推测，那么祭祀坑的出土已把这种推测同古蜀王渔凫、杜宇联系了起来。

然而，要最终证实还必须找到古都的城墙，于是人们把发掘的目光投向了"土埂"。"土埂"，是残存在遗址中心区外围的一些高出地面，长短不一的土堆。由于千百年河水冲刷和人为破坏，这些基础宽 40 ~ 50 米、平均高出地面 3 ~ 5 米的城墙呈不连续状态，总长约 2600 余米，主要分布在遗址中心区的东、西两边和南边马牧河流经过时形成的弯道内。城区面积约三四平方千米，与著名的郑州二里岗商城相当。

三星堆古城墙遗址

如今，站在三星堆古城墙上放眼眺望，四周全是一派秀丽的田园风光。人们不禁要问，历史上喧嚣一时的属国古都何以今天荡然无存呢？据记载，相传蜀王杜宇统治时，古蜀国发生严重的水灾。他委派宰相开明氏过玉垒山兴修水利。期间，杜宇与开明氏妻子私通，自觉有愧，便把政权禅让给开明氏，后来，开明氏迁都他处。杜宇不忍离开故土，升西山隐(死)，化为一只杜鹃鸟，每逢二月，声声悲鸣，直至泣血。因此蜀人一听到杜鹃悲鸣，就想起蜀王杜宇，悲痛不已。

如果撩开这个故事的面纱，可以见到 3000 多年前因水灾而导致政变留下的"蛛丝马迹"。甚至在地层下也能得到证实。约 25 ~ 50 厘米厚淤泥层，其中几乎没有包含物，正是古代洪水泛滥的泥沙沉积所致。然而，要彻底揭开这座中国古蜀"庞贝城"之谜，也许还得经过数十年的

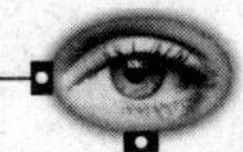

时间。

中国的北纬30°上也有这么多神奇的现象，看来真是“不探不知道，一探吓一跳”了。种种自然奇观数不胜数，这么多谜团怪事一齐分布于北纬30°这个并不十分宽广的区域，仅仅是因为巧合？还是有什么玄妙的“天机”呢？从自然条件看，北纬30°是处于亚热带和温带的过渡地带，应该说是最适于人生存的地带，它的降水相对比较丰沛，植物相对比较茂盛，温度也比较适合人的生存，尤其是在生产力水平比较低的古代，人可以靠自然的供给，获得一个比较良好的发展环境，早期文明和社会就容易在这个地带发展起来。地球的七大板块当中有六大板块的交接线在北纬30°（或附近），板块在地质历史时期漂移的过程当中，有的俯冲，有的被抬升，所以形成了世界最高的世界屋脊。地球在旋转的过程当中，如果它的速率有变化的话，它的整体上就会发生一些变形，加快的时候是两极稍稍的压扁，赤道的地方稍稍的膨胀，反过来呢，就是两极的方向稍稍要伸展，赤道的方向被压扁，这种交替就会造成地球一定纬度上的一些地质作用的出现。地理学和地质学界的这种分析为北纬30°线上高山深谷、物种繁多等自然与人文奇观寻找到了某些答案。

还有一种玄妙的学说，更从奇特的角度诠释北纬30°线上种种神秘的现象。中国古代就有一个说法，认为人本身就是一个小的宇宙、小的地球，道家的修真图就表现人是一个小的宇宙，二十四个节气夏至、小暑、大暑、春分在人体当中都有所表现，那么人体当中所表现出来的心肝肺都是和天地之间的大活体有关系。我们这个地球它本身就是一个活体，古代把它看作是阴阳结合、有新陈代谢的活体，而活体必然就有一些敏感地区，就像我们人的身体上面有经络穴位和敏感地区一样，丹田的部位就是敏感地区，是人体的命门所在，肾脏一些很重要器官所在的地方。对地球而言这样一些敏感地区是在地球的从赤道到极地1/3地带，即地球纬度30°线附近。这样，地球纬度30°线（包括南纬30°线）本身就构成了一个更大的自然之谜。

诸观点是见仁见智、各不相同，有的听起来甚至有点“离经叛道”，但这当中不乏智慧的火花，我们可以自己去分析、去领悟。爱因斯坦说过：探知奥秘是人类最美妙的感受。而且，探索是永无止境的，让热爱大自然的人们不懈地去探索吧！

10. 卡帕多西亚石锥

土耳其中部的石锥地区千姿百态，而石锥中的洞穴居所更使景色不同凡响。卡帕多西亚的格雷梅谷，矗立着一簇簇千姿百态的石锥，都是由风雨侵蚀较软岩石形成的。也许老天嫌这里的自然景色还不够奇特，故而又以人工来锦上添花。游客来此可看到在石锥和峡谷两边的悬崖峭壁上凿了无数门窗。在20世纪初期以前，西方人很少留意卡帕多西亚这个名字。过去，只是由于圣经里提过圣彼得的第一封信是寄往卡帕多西亚的，才使人模糊地知道在小亚细亚有这么一个地方。

但今天，卡帕多西亚成为全世界著名的旅游胜地。该区位于土耳其中部，环绕厄多格普和格雷梅谷，景色十分诡异。在卡帕多西亚，无数锥形和金字塔形的岩石从荒凉的深谷中拔地而起，构成了非常独特的神话般景色。有些石锥从下至上逐渐变尖，十分光滑，高达50米；有些则十分粗糙，奇形怪状；还有许多大小、形态各异的石柱和露头岩石。

卡帕多西亚洞穴

石锥的颜色更是绚丽奇诡，有艳黄、粉红、深朱、浅蓝及淡灰。更令人惊叹的是：不少石锥和岩石顶上都有深色的石板。远望有些形似古怪的蘑菇；有些则似身披斗篷、歪戴着帽子的绅士；有些地方，石锥乱七八糟地散布在谷底；有些地方则排列得井然有序。无怪民间流传着石锥起源的神话：很久以前，卡帕多西亚被一支掠夺成性的军队围困，当地居民祈祷真主帮助，结果把敌兵全化为石锥。卡帕多西亚石锥矗立于埃尔吉亚斯死火山高原上。石锥就是由这座高达3916米的死火山喷出物质形成的。千百万年以前，埃尔吉亚斯火山猛烈喷发，火山灰散布在广大面积上，冷却凝固成一层厚厚的白色凝灰

岩，质地较软，用刀便可削刻。凝灰岩经长期风雨剥蚀，雨水冲出了壑沟、峡谷，留下了千姿百态的锥形丘陵。火山喷出的凝灰岩有些温度非常高，与下层岩石融合，形成较坚硬的岩石层，颜色较深。雨水在这类岩层上冲蚀出沟壑，在较软石锥顶上剩下深色石块。保护着下面较软的凝灰岩，构成奇异的景色。

在卡帕多西亚石锥和峭壁上挖凿的岩洞，可让人居住。洞内温度四季如春，使洞穴居民免受酷暑严寒之苦。有些洞穴曾住过许多人，在乌奇希萨尔的一块巨岩上开挖的洞穴大院里，可能住过上千居民。还有许多卡帕多西亚人住在庞大的地下城里。更多的居所深入地下，以狭窄的通道互相连通，分成许多层，各层之间有楼梯相通。例如，代林库尤地下城，可能有20层，估计约有2万居民。代林库尤意为“深井”。地下城内不仅有住宅、公共厨房、通风和供水渠道，还有葡萄榨汁机、储藏室、家禽家畜的圈、一座教堂和墓地。房间用油灯照明。如果受到威胁，居民就推动大圆石，将地下城的入口封住。

11. 卡普里岛“蓝洞”

卡普里岛位于那不勒斯湾南部入海口附近，是意大利南部那不勒斯所属的一个小岛。长6.25千米，最宽处2.89千米，面积约10平方千米。史前已有人定居。后来成为希腊的殖民地。在罗马初期为帝王的游览地。卡普里岛的地质结构主要是石灰华和白榴火山灰构成的石灰质地形。海岸岩石峭立，有许多岩洞，被露出水面的礁石所环绕，如法拉格利奥尼岩洞。关于该岛地名的起源，有许多种不同的说法。CAPREA由STRABONE而来，表明是块不毛之地，而CAPRAIM则来白闪米特语，意思是“两个村庄”，CAPREAE更令人信服，因为VAR－RONE确信，这可能是指岛上有野猪出没(希腊语拼作CAPRIOS)。罗马人“发现”卡普里岛可上溯到公元前29年，当时，奥古斯都在东方战役之后的归途中，曾在该岛登陆。奥古斯都死后，他的继任者提比略，将卡普里岛当作“黄金流放地”，以此为家度过余生。他的死标志着衰败的开始。罗马帝国衰亡后，卡普里岛命途多舛，受到过卡西诺山隐修院院长们的控制，那不勒斯人的控制，还经常遭到海盗洗劫，特别是萨拉森海盗。接着又被伦巴第人和诺曼人征服，这座岛屿的统治权不断易手，包括阿拉贡人、

安茹省人、土耳其巴巴罗萨海盗。其后,该岛归西班牙人管辖并遭受一场大祸(18 世纪),最终归波旁王朝所有。拿破仑战争时期,英法两国争夺该岛。战后再次由那不勒斯的波旁家族统治,直到成为新兴的意大利王国的一部分。卡普里岛由此形成了保留至今的特色,成为国际旅游的一个必经之地。该岛的海岸多岩石洞穴。其中一处著名的"蓝洞"于1826 年被重新发现,只能乘船入内。日光通过水射入洞中,在入口处充满惊人的蓝光,蔚为壮观。岛上还有两座中世纪的城堡遗迹以及供奉该岛守护神圣科斯坦佐的教堂(建于 10 ~ 11 世纪)。19 世纪下半叶以后该岛成为著名的旅游胜地。

卡普里岛

卡普里岛"蓝洞"

到卡普里观光,除了在两镇漫游,登山下海之外,主要是游洞。该岛四周进海水的山洞很多,其中最著名的叫"蓝洞"(Grotta Azzurra)。蓝洞的洞口很小,只有 2 米宽,高不到 1 米。前往参观必须在船夫带领下,搭乘小船,每船可坐 2 ~ 4 人。小船通过入口时,船夫一边指挥游人俯下身子,一边手扶洞边铁链,顺势一拉,船便进入洞内。洞口虽小,洞里却很宽敞,长约 54 米,宽 30 米,洞顶最高达 22 米,水深 10 米,入内会使人产生别有洞天之感。内无灯光照明,但并不感到黑暗。除洞口透进光线外,还有从水底反射出来的亮光,因此整个洞内,从顶到四壁,一片蔚蓝,美妙无比,故称为"蓝洞"。这蓝色光辉从何而来?原来曾是一个谜,吸引大量游客来此猎奇。后来,发现"蓝光"来自洞外的天空和海洋,经过小小的洞口,洞内海水的折射,就产生了洞内蓝色的光辉。即使是游人

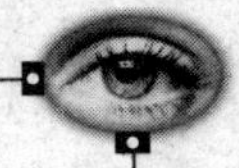

的手，伸入水中，也会变成蓝色。游人无不深感奇妙，回味无穷。

12. 用经典物理学难以解释的重力异常地带

美国加州有一处名叫“神秘地带”的地方，那里的好多现象，都是科学家们难以解释的。那里有一个名叫“圣塔柯斯”的小镇。这个“神秘地带”就位于这个小镇的郊外。在此可以见到你从来没有见到过的场景，一切景致都让人感到奇异和吃惊！

只见前面的地面上铺着两块长约50厘米、宽约20厘米的石板，两石板相隔40厘米左右。两个一高一矮的人各自选择一块石板相对而立，当两人分别跨步向前交换所站石板之后，奇异现象就发生了，矮者身高虽然只有164厘米，竟比180厘米以上的高个子看起来魁梧得多。当两人再交换站立的位置时，高个的身高骤然“增长”，而矮者显得就更加渺小了。在用水平仪来测量，两块石板完全处于同一的水平平面之上！

从任意改变人体高度的神秘石板到中心地段，是一条坡度极大的通道，也许正是因为重力异常的关系，周围的树木或向同一边倾斜，或呈螺旋形往上生长。沿着这条通道往上走时，居然看不见自己的双脚，可仍能步伐稳健地前行！无疑，这些奇怪的现象都是重力异乎寻常之故造成的，由于身体过度前倾，才看不到自己双足而只看到地面的。

重力异常的圣塔柯斯小镇

中心地点的一个简陋小屋的天井里挤满了人，一个个身体都不由自主地向同一方向倾斜。这是一种无法言喻的奇景，许多人倾斜身体边走边笑，边跳边叫，却并不感到半点儿吃力。好奇者拼命挺直腰背。可是，腰背还未完全挺直，就有一股不知来自何处的无形力量，把他拉向另一个方向，以致使其不由自主地往前平衡，好像田径运动员在到达终点之前向前冲刺那样。

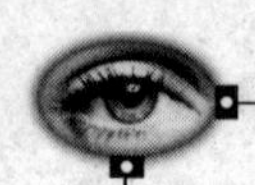

小木屋的一侧有一条向外伸展的木板。不论从任何角度去看,这条木板都明显地呈倾斜状态。但把高尔夫球放在木板上面时,球竟不向下斜的一方滚落,反而向上滚到木板的顶端。有人用手来推动高尔夫球,球儿也只是向下滚动几圈,之后又自动滚到木板的顶端去了。一再拨弄,球儿总是"力争上游"。球儿脱离木板后,也不垂直下落,而是斜斜地坠落。

跨进木屋的内室,就感到好像有一股看不见、摸不到,却又强大无比的力量牵引着每一个人的身体,似乎要将自己推向同一个方向,如果不使劲地抓住墙上的扶手,就会被吸引到重力的中心点去了。即使抓紧扶手,也只能坚持10来分钟,就会感到头晕眼花。再用双手抓住天花板的横梁,明明是双手往上伸,躯体笔直地下垂悬挂在天花板之下,但从旁边看上去,却是斜斜地倾向一边。在小木屋里,还可看到另一种科学完全无法解释的奇妙现象。天花板的横梁悬挂着一条铁链,下端绑着一个直径25厘米、厚约5~6厘米的盘状圆形物体,看来十分沉重。可是只要你在一个特定方向推它,它竟比想象的轻得多,只要手指轻轻地一点,它就能往前晃动,如果你在相反方向推动它,就要用双手的十足力量才能动它分毫。最初,推动它时是规规矩矩地左、右摆动的,但维持了大约5~6秒钟之后,它就突然改变运动方向,开始向右画圆圈式的转动。不但如此,瞬间后,其圆圈运动方向又再做改变,变成前后摇摆。再后,前后摆动又变成向左画圆圈转动。同样的,5~6秒后它又恢复了左、右摇摆的运动方向。如此周而复始,甚至历久不衰。

美国"神秘地带"内确实有着不少神秘的现象。在科学上应该如何解释,至今仍在探索中。

13. 毗邻泉水为何有冷有热

有人说:"桂林山水甲天下,蓝洋温泉冠天涯。"坐落于海南省西部的蓝洋冷热泉之所以有此美誉,是因为一潭之水中,冷热有别,一冷一热,冷者水温仅20℃,热者高达93℃以上,两处泉眼,且均系淡水,无味、无臭、清澈透明。水质含偏硅酸、氡及氟化物,其含量达到了医疗矿泉水的标准。热矿泉水中还含有锌、锶、锂、溴等人体必需的微量元素,具有较高的浴疗价值,用此热矿水洗浴,对神经衰弱、心血管、风湿、肩周炎、皮肤瘙痒等疾病有一定的辅助治疗效果，对促进血液循环、肌肉生长、大脑发育等有助人体健康生长有着明显的促进作用。当地黎族同胞常有到蓝洋去泡水的习惯。

"冷热泉"明万历年间就有记载，至今已有400多年的历史。在蓝洋迷宫里建有护泉六角亭榭，亭里竖立一块石碑，碑的正面镶刻有"冷热泉"三个红色大字；碑的背面刻有《儋县志》记载的一段文字："蓝洋岭高十余丈，耸峙如塔，下有水潭，大可六亩，一凉一热，亦奇境也。"许多好奇的游客用手或食物亲身体验冷热泉的神奇，人们把新鲜的生鸡蛋用竹篮装上放入热泉中浸泡10来分钟后取出，再放入冷泉冰凉后去壳入口，蛋白松软蛋黄熟，食之口感极佳，据称食用热泉煮熟的鸡蛋，可以止泻治疗肠炎胃热等一类疾病。猪、牛、羊肉及蔬菜串成小串放入热泉，片刻取出食用味美可口熟而鲜嫩，易于消化。冷热泉同系一潭之谜一直未被解开。随着科学研究的深入，将会准确地告诉人们其中的缘由。

14. 麇集泉水边的蝴蝶

"大理三月好风光，蝴蝶泉边好梳妆"，随着反映白族生活的彩色故事片《五朵金花》的放映，蝴蝶泉这一奇异的景观遐迩闻名，驰名中外。

蝴蝶泉位于云南省大理白族自治州下关市云弄峰下。泉池由大理石围砌而成。旁有古树一株，横卧泉而过，每年农历四月，古树开花，状如彩蝶。到四月十五日，成串彩蝶群集，翩翩起舞，五彩缤纷，络绎不绝。此即罕见的蝴蝶会。周围建有富有民族特色的蝴蝶楼、凉亭、花台、大理石牌坊一座，上有郭沫若手书"蝴蝶泉"。从牌坊到蝴蝶泉边，约有百米。泉池数丈见方，周围用大理石砌成护栏。泉水清澈见底，一串串银色水泡，自沙石中徐徐涌出，咕嘟嘟冒出水面，泛起片片水花。这泉水得苍山

大理蝴蝶泉

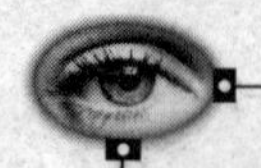

化雪之功,不仅水量稳定,水质也十分优良。

白族少女

最吸引人的还是那真假蝴蝶。何谓真假蝴蝶?在蓊蓊郁郁的树林里,有一棵古老的合欢树。它像一把巨伞,撑开立在蝴蝶泉池上面。每年农历三四月,云弄峰上的各种鲜花开放,泉边的大合欢树那散发着清香的淡黄色小花,恰似一只只流连忘返的蝴蝶,诱使成串成串的真蝴蝶前来聚会。于是每当农历四五月间,成千上万形形色色的蝴蝶,大的如掌,小的似蜂,纷纷飞临蝴蝶泉边。它们或翩舞于色彩斑斓的山茶杜鹃花之间,或嬉戏于花枝招展的游人头顶。更有那数不清的彩蝶,从合欢树上,一只只倒挂下来,连须钩足,结成长串,一直垂到水面,这就是蝴蝶泉特有的“蝴蝶捞月亮”奇观。

蝴蝶泉在明代《徐霞客游记》、《南诏野史》中均有记载。至于为什么在该时、该地会彩蝶群集,出现罕见的蝴蝶会,迄今仍无合理地解释。

15. 喷发毒气的“死亡湖”——尼奥斯火山湖

中非帕梅塔高原,是一个美丽而令人陶醉的地方。1986 年 8 月 21 日晚,位于非洲喀麦隆西北部,距首都雅温得 400 千米的帕梅塔高原上的一个火山湖——尼奥斯火山湖,突然从湖底喷发出大量的有毒气体,它犹如泛滥的洪水,沿着山的北坡倾泻而下,向处于低谷地带的几个村庄袭去……次日清晨,喀麦隆高原美丽的山坡上,水晶蓝色的尼奥斯河突然变得一片血红,好像一只溃烂而愤怒的红眼睛。尼奥斯湖畔的村落里,房舍、教堂、牲口棚完好无损,但是街上却没有一个人走动。走进屋里探个究竟,令人震惊的一幕映入眼帘:那里的人都已经死了!死者中有男人、女人、儿童,甚至还有婴儿。

通过幸存者的叙述,人们才得知惨案发生的经过,伴随着那天晚上的巨响,还有一股幽灵般的圆柱形蒸气从湖中喷出,整个湖水一下子沸腾了起来,掀起重重波浪袭击湖岸,直冲天空,高达 80 多米,然后又像一

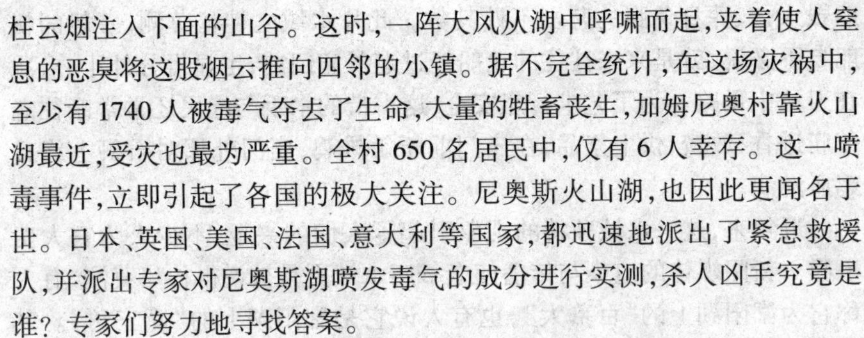

柱云烟注入下面的山谷。这时，一阵大风从湖中呼啸而起，夹着使人窒息的恶臭将这股烟云推向四邻的小镇。据不完全统计，在这场灾祸中，至少有 1740 人被毒气夺去了生命，大量的牲畜丧生，加姆尼奥村靠火山湖最近，受灾也最为严重。全村 650 名居民中，仅有 6 人幸存。这一喷毒事件，立即引起了各国的极大关注。尼奥斯火山湖，也因此更闻名于世。日本、英国、美国、法国、意大利等国家，都迅速地派出了紧急救援队，并派出专家对尼奥斯湖喷发毒气的成分进行实测，杀人凶手究竟是谁？专家们努力地寻找答案。

经过一段时间的努力工作，终于查明了尼奥斯湖中所喷出的有毒气体成分。专家们一致认为，喷出的气体主要有二氧化碳，而恶臭则来自硫化氢。但湖底为什么突然喷发出如此大量的窒息性气体，而且伴有剧毒的硫化氢，迄今仍然是个未解之谜。

16. 鄱阳湖上的“魔三角”

在江西省鄱阳湖畔与星子扬澜隔湖相望的都昌，有一片起伏的沙岭。一座临湖的沙丘旁，矗立着一座大庙，庙里供的不是菩萨和诸神的塑像，而是一只巨大的大头鼋，即鳖。这只大鳖的塑像后，立着一块高 3 米、宽 1 米的石碑，石碑上刻着“威震鄱湖定江王”七个大字。两旁对联是：

千百年风貌颂吾王功德，

九万里威灵平蠡水风波。

那只大鳖昂头对着庙门外的鄱阳湖，气宇轩昂，过往的船只至此，都恭恭敬敬地燃放香烛爆仗。人们都称此庙为老爷庙，即定江老爷庙。老爷庙内为何要供奉这只大鳖呢？鄱阳湖上流传着这样一个故事：朱元璋与陈友谅在鄱阳湖上大战时，陈友谅的战舰一炮击碎了朱的座舰，朱元璋落水挣扎，眼看就要丧命。忽然从湖里浮出一只巨头大鳖，将朱载往岸上逃命。朱元璋脱险后，战胜了陈友谅，3 年后入主中原，当了皇帝。为报答巨鳖的救命之恩，他在此为鳖建了这座老爷庙，并封巨鳖为定江王，享受过往船家的祭祀。老爷庙那只大鳖救过朱元璋的命当然是后人杜撰的神话，但几百年来，过往的船家每当舟行至老爷庙前，都要燃放鞭炮，水手们那虔诚谨慎之心态，却是真的。因为千百年来，在这一带水面船毁人亡、葬身鱼腹的悲剧不计其数。此片水域之神秘莫测,一般的帆船自不必说,就是来来往往的轮船经过老爷庙门前,也显得分外小心,犹在刀丛中觅路。为了乞求行船安全,这一带的水手与渔民还常常亲往老爷庙进香、放铳,供上祭品,在庙门前斩杀雄鸡,庙门外那对石狮上终日鸡血淋漓。

近年来,这一水域独特的现象引起了人们的兴趣,不少人为它大费笔墨。新闻媒体的渲染与传播使老爷庙水域更是被说得神秘莫测,有人称它为鄱阳湖上的“百慕大”,也有人说它是鄱阳湖上的“魔三角”。其实老爷庙水域行舟的危险性是由这里的地理位置、季节气候、水文状况等因素决定的。这片水域位于鄱阳湖咽喉地带,北部是星子湖口 40 多千米长,宽仅 3 ~5 千米的狭长水道,西北部是连绵起伏的庐山诸峰,它的东南部则是地形开阔、植被稀疏的沙丘。由于这特殊地形形成的“狭管效应”,使风行至此风速猛增,一般都要比周围陆地大 3 ~4 级。这里全年 8 级以上大风均达 163 天。夏天时,两岸沙丘与湖面温差很大,常常会形成破坏力极强的龙卷风和暴风雨。1985 年 8 月 3 日下午 6 时,一股“水龙卷”扫过湖面,将老爷庙西南星子新池水域的两条船高高举起,将其中一只从 10 多米高的空中摔下摔成碎片,却将另一船轻轻地从湖内放到围堤外,木船安然无恙。

老爷庙水域多灾多难的另一主要原因是此处水文情况复杂,赣江、抚河、信江、修河、饶河 5 河流水在这里交汇,水流紊乱,流速变幻不定,险象丛生。水中不断形成漩涡与暗流,使行船至此,须倍加小心。现在,这里已成为航行旅游探险的最佳水域,越来越多地吸引着寻求刺激的游客。

17. 两极分化的“阴阳湖”

在中国新疆若羌县东南部的昆仑山腹地,平卧着一个神奇的大湖——鲸鱼湖,它东西长 37 千米,南北宽 7.6 千米,面积 260 平方千米,湖面海拔高达 4708 米,湖深 1 ~10 米。湖水与雪山冰峰相互辉映,湖的形状恰似一条横卧着的肥大鲸鱼,头东尾西,故而得名“鲸鱼湖”。湖的东段 1/7 处,形成了一道长达 7.5 千米的自然沙砾堤,将湖水自然地分隔成东、西两部分。沙砾堤宽约 200 米,高出湖面 2 ~4 米,中间有缺口,

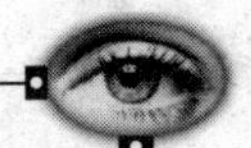

两侧之水可以互通。东半湖“鱼头处”因有玉浪河食物多，每年夏季，都有无数的棕头鸥和赤麻鸭等飞禽在此觅食繁育。西半湖“鱼身处”因无淡水补给，天长日久，蒸发强烈，湖水含盐量几乎达到饱和状态，是一个没有生命的死湖。由于两湖水质差异明显，自然形成东湖“鸥歌鸭舞”、西湖“万马齐喑”的鲜明对比，因此，人们又把鲸鱼湖叫做“阴阳湖”。

18. 阿尔金山之“大脚怪”和“魔鬼谷”

位于中国新疆和青海交界处的阿尔金山自然保护区深藏着许多诱人之谜。1984 年 10 月，有 9 名考察队员在木孜塔格峰地区多次发现了长 40 ~ 61 厘米的雪人足印（俗称“大脚怪”）。近年又传阿牙库克湖中发现了黑色湖怪，这为原本已很神奇的阿尔金山自然保护区又增添了一份神秘的色彩。在保护区南端还有一处被称作“魔鬼谷”的地方，谷中长满绿草野花，河水清澈，风景秀丽，但是当地人却是“谈谷”色变，不愿进入。因为人畜一旦进入此谷，十有八九不能生还。因此谷中堆积了不少枯骨。而更奇怪的是，当人死后忽然尸体失踪不见，而过不了多久又在其他地方出现了。

阿尔金山自然保护区内的野驴

“魔鬼谷”在阿尔金山自然保护区东端，若羌县与青海省交界处的昆仑山区，西起库木库里沙漠，东到布仑台，全长 100 千米，宽 30 千米，海拔 3000 ~ 4000 米。南有高耸入云的昆仑山主脉，北有祁曼塔格山阻挡着柴达木盆地夏季干燥而炎热的空气，两山夹峙，雨量充足，气候湿润，那棱格勒河穿越其中，大小湖泊星罗棋布，牧草繁茂，好似一条绿色的地毯。然而，就是这个景色迷人的峡谷，却被人们视为有魔鬼的禁区，充满着恐怖的气氛。在当地流传着许多关于“魔鬼”的神秘传说：“当黑云笼罩着山谷，伴随着电闪雷鸣，即可看到蓝莹莹的鬼火，听到猎人求救的枪声和牧民及挖金者绝望而悲惨的哭嚎。”因而，人们都远离这神奇的地方，并把那棱格勒（太阳沟）改叫为“魔鬼谷”。经科学考察人员考察，发现魔鬼谷是一个雷击区，这里有大面积强磁性的玄武岩，还有大大小小30多个铁矿脉及石英体。由于湿空气受昆仑山主脉和祁曼塔格山脉的阻挡，汇集谷内，形成雷雨云，加上地下磁场的作用，常产生“雷暴”现象。谷底永冻层中又多融冻暗河，被击毙的人畜常掉入暗河被冲向下游出现，因而尸体移位了。魔鬼谷之谜引起人们极大的兴趣，人们正在努力探索，以期尽快揭开魔鬼谷之谜。

木孜塔格位于保护区西南端，是东昆仑山的最高峰，也是新疆一座著名的对外开放山峰，海拔6973米。木孜塔格系维吾尔语，意为“冰山之子”。这里是登山家、探险者渴慕攀登之峰。木孜塔格冰峰方圆20千米范围内冰峰林立，冰川横溢，6000米以上的高峰，就有16座之多，冰川总面积达700多平方千米，其中最长的一条冰川达17.4千米，这里堪称是登山探险家的乐园。

19.“声控”之泉——藏东“喊泉”

在中国西藏东南波密县发现一神奇“喊泉”，泉水需喊而出之。本来泉出于高山之巅就奇，需喊而出之，更是奇上加奇。从波密县城扎木镇沿川藏公路西行20多千米，一巨石大山突兀立于道旁，这就是“喊泉”山了。“喊泉”山脚为茂密的千年古树林。从下往上登攀，10多分钟便到达巨大石壁，“喊泉”即在石壁脚下的一石缝中。当人们大声呼喊，不久便见一股泉水汩汩流出，先混浊后清澈。声住，泉水亦渐渐停流。再喊，再出……泉之出水多寡，视人之多寡而定。人多喊声大，泉水亦丰；人少喊声小，泉水亦贫。“喊泉”不在森林茂密的山脚，而在一巨石壁下，巨石之上寸草不长，也没有蓄水的沟池，泉水从哪里来呢？许多人曾作种种猜想。一般认为，泉水需喊而出之，内里应当有“机关”。但人们担心破坏了这神奇的“喊泉”而不敢去挖掘泉眼看个究竟，因而此谜至今未解。

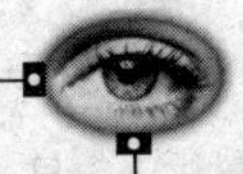

20. 时光能倒流吗

相信许多人在欣赏美国影片《回到 1872 年》之余，为主人公不惜生命代价，回到过去拯救芝加哥市民的义举而击掌赞叹时，总以为这是艺术家的虚构。因为，中国古代哲人孔子早就有过“逝者如斯夫”的名言，时光匆匆，怎能倒流？然而，大千世界创造的奇迹却又明白无误地告诉我们，在过去的 20 世纪里，时光倒流竟不可思议地发生了。

（1）意大利客机的空中历险

1994 年初，一架意大利客机在非洲海岸上空飞行。突然，客机从控制室的雷达屏幕上消失了。正当地面上的机场工作人员焦急万分之际，客机又在原来的空域出现，雷达又追踪到了客机的讯号。最后，这架客机安全降落在意大利境内的机场。然而，客机上的机组人员和 315 名乘客，并不知道他们曾经“失踪”过。机长巴达里疑惑不解地说：“我们的班机由玛尼拉起飞后，一直都很平稳，没有任何意外发生，但控制室竟说失去班机的踪影，实在有点不寻常。”不过，事实却不容争辩：到达机场时，每个乘客的手表都慢了 20 分钟。无独有偶。据资料记载，1970 年也发生过类似的奇闻。当时，一架 727 喷气客机在飞往美国迈阿密国际机场的旅途中，也无故“失踪”了 10 分钟。10 分钟以后，客机也在原来的地方出现，接着，安全飞抵目的地。客机上的所有人也都不知道发生了什么事，而最终使他们相信的理由也是因为所有的手表都慢了 10 分钟。对此现象，专家们认为唯一的解释是：在“失踪”的一刹那，时间“静止”不动了或者说出现了时光倒流。

（2）现代银币进入古代庙宇

就在意大利客机空中历险的同一年，传媒又披露了发生在埃及的时光倒流 4000 年的奇迹新闻：一枚尚未发行的现代银币，被深藏在一座太阳神庙的地底下。当时，一个由法国考古学家组成的考古工作队，1994 年来到尼罗河畔最早出现人类活动的地区进行科学考察。他们发现了一座太阳神庙，距今已有 4000 年的历史。由于人迹罕至，庙宇早已倾塌，仅是废墟一座，故而显得十分荒凉、破败。当考古学家在对废墟进行发掘时，在一块古老的石碑下，发现了一枚深埋在地下的银币。奇怪的是，这不是一枚古埃及银币，而是一枚美国银币；更加奇怪的是，这又不

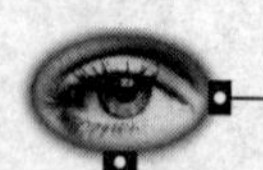

是一枚美国古银币，而是一枚现代银币。最不可思议的是：这是一枚已经铸造好、准备在1997年才进入市场流通、面值25美分、尚在美国金库中“贮存”的未流通银币。美国的现代银币，为何“跑到”4000年前的古埃及庙宇中？科学家们百思不得其解。

(3)“目睹”金字塔的建造

随着苏联的解体，一些机密文件不断面世，科学家查阅到其中也有时光倒流的内容。那是在1971年8月的一天，苏联飞行员亚历山大·斯诺夫驾驶米格21型飞机在做例行飞行时，无意中“闯入”了古埃及。于是，他看到了金字塔建造的场面：在一望无际的荒漠中，一座金字塔巍然矗立，而另一座金字塔刚刚奠起塔基。

(4)美国飞行员进入中世纪

1986年，一位美国飞行员驾驶SR71型高空侦察机飞越佛罗里达州中心城区时，突破“时空屏障”，来到了中世纪的欧洲上空。他在递交给军方有关部门的报告中这样说，飞机掠过树梢，可以感受到巨大的篝火发出的热浪，成堆的尸体令人触目惊心。专家们调查后指出：这位空军飞行员看到的是欧洲历史上发生著名的“黑死病”的情景。由鼠疫引发的瘟疫波及整个欧洲大陆，成千上万的人倒毙街头，是一场名副其实的灾难。

(5)绝密报告来自北约

如果说，上述因时光倒流而回到从前只是偶然发生就并不稀奇，甚至令人怀疑。蹊跷的是，物理学家玛西教授也向世人展示了来自北约的绝密报告，报告中所描述的事实，同样令人匪夷所思：1982年，一位北约飞行员在一次从北欧起飞的飞行训练中，他的视野里，竟然出现了数百只恐龙，飞机竟然来到了史前非洲大陆。

一位北约飞行员在飞行途中，“误入”第二次世界大战时期的德国战场。盟军和德军战机的飞行员都看见了他，他也“看见了他们”，仅仅1分钟后，他又回到了现实。

时光可以倒流吗？从实际上说人类的智慧尚不足以阻挡时间的飞进；而从理论上来说，时光倒流，回到从前绝非不可能。根据爱因斯坦的理论，时间和空间可以在光速中发生变化。所以，假如一个物体以30万千米/秒的光速飞行时，空间可以缩短，时间可以变慢。加利福尼亚州立大学的一位物理学家通过计算后称：人类从地球到达仙女座需要20万年，而在光速飞船上仅需20年。那么，这种美妙的事情是否会真的发生呢？回答是肯定的。因为科学家们已经发现宇宙中存在比光速还要快的神秘质点。科学家们研究发现：当太空船经过重力场时，把重力场的拉力转换成推力，太空船在那段时间内，便可以以光速甚至超光速飞行。美国航空航天局的专家们已经创立了"时空场共振理论"，这是以爱因斯坦和德国物理学家海森堡的"统一场论"为基础建立的。其要旨是：借助电磁、重力、光速和时空共同演变的伸缩性，瞬间跨越恒星际空间。到了那时，"时光倒流"将不再是个待解之谜。

21. 铁柱为何永不生锈

众所周知，自然界的铁由于氧化作用而发生锈蚀作用，然而在德国波恩以西几千米远的科滕福斯特有一根铁柱子，虽历经沧桑、风吹雨淋，却不生锈。这一现象引起了考古学家和科学家的兴趣。这根铁柱子是什么时间立在那里的？立在那里的意义是什么？为什么这根铁柱子不生锈？这些问题谁也解释不了，以致使考古学家和科学家伤透了脑筋。一位德国科学家哈罗·格鲁贝尔特博士最近公布了对这根铁柱进行调查研究的结果。据住在那里的人说，自从他们高祖时起，大家就认识这位"铁汉子"。

1500年不锈的印度铁柱

这根铁柱子高出地面只有1.24米，但是根据不同的估计和磁阻力测量法的计算，埋在地下的部分还有28米。高出地面的部分，表层有轻微风化，可是却非常奇怪，没有锈蚀的痕迹。这根铁柱14世纪时首次出现在一份证明文书中，它被作为村界标志。在铁柱附近有一个被拆卸下来的铁制机器的部件以及一条罗马水道的残留部分,但它并不是通常的艾弗尔——波恩或者艾弗尔——科隆的走向,而是呈直角伸向这根铁柱,这是为什么?人们更迷惑不解。

无独有偶,在印度的德里神庙中也发现了一根古老的铁柱子,它不含磷也不含硫,年代久远仍无锈斑。人们不禁要问,波恩的铁柱与德里神庙中的铁柱是什么关系?为什么它们都不生锈呢?然而,来自科学家的最新报道也许对我们解开这个历史之谜有所启发。

有消息说:苏联的月球探测器最早带回月球铁矿石的样品,其中微小的纯铁料毫无氧化的痕迹,在地球上长时间存放也不生锈。后来,美国从月球得到的铁料样品,在地球上存放几年也未发生锈蚀现象。纯铁不生锈,这在科学家看来是破天荒的第一次。从月球带回的铁为什么不生锈,科学家做了认真分析。他们模拟月球环境做实验,终于发现了其中的奥秘。原来月球没有地球外圈起防护作用的大气层,在受到太阳风直接冲击时,各种物质表层的氧均被掠走了,因此具有对氧的稳定"免疫力",以至月球上的铁被带回地球后也能抗拒腐蚀。

这样一来我们对波恩铁柱的来源是不是有了新的解释?中欧也可能是"天神造访"的一个目标,这神秘的铁柱会不会是天外来客从其他星球带给地球人的一个礼物?而那个星球没有大气层,所以这根铁柱也像从月球带到地球的铁料一样不会生锈。这只是对这个历史之谜的一种解释,也许在不久的将来,科学家会发现更惊人的结论。

22. 复活节岛石像

复活节岛位于太平洋东部的一个火山岛。地理位置为:南纬27°08′,西经109°23′,东离智利本土约3700千米。岛长23千米,宽11千米,略呈三角形,面积117平方千米。人口2000多人。主要是混血种人和波利尼西亚人。西班牙语较通行。岛上耸立多座火山丘,最高点海拔601米。地面崎岖不平,覆盖深厚凝灰岩。地表无溪流,以火口湖水为饮用水源,拉诺卡奥火口湖直径1.6千米。气候温湿,年平均气温22℃,年降水量1300毫米。植被以灌木、草丛为主。沿海竖立着近千座用凝灰岩雕刻成的巨型半身石像,高4~10米,重约20~90吨,并有大量未完工的石像和竖立石像的石台,以及刻有象形文字的木板。当地称

拉帕努伊岛，意即“石像的故乡”。石像建造年代和背景不详。荷兰航海家于1722年4月5日（复活节）到达，因而得名。1888年起归属智利。经济以旅游业和养羊业为主。主要城镇安加罗阿。

复活节岛石像

23. 美洲的神秘石像

美国北卡罗来纳州山谷发现神秘石像的消息传开后，考古学家们为之震惊。因为这些石像与远离美国8045千米的南太平洋复活节岛上的大型石雕像基本相同。奇怪的是这种在整块巨石上雕刻的雕像用的是松软火山岩材料，这在美国是罕见的。它意味着石像是在哥伦布1492年发现美洲新大陆前一世纪，就由人从复活节岛移到美国。这无疑是考古学上一项惊人的发现！

由理查德·克拉特博士所率领的考古小组于1994年10月28日首先发现这些“神秘石像”。鉴于两地石像十分相似，使考古小组相信它们出自同一批雕刻者之手。两地石像都以火山岩——泉华为材料，这种泉华在复活节岛俯拾皆是，而美国却没有。由此可得出有人把石像搬到美国的结论。然而，如此巨大石像怎样移至美国，这是一个谜。

这些石像大小不一，小的高3.05米，大的却高达12.19米，足有50吨重。克拉特博士及他的考古队在离公路31千米处一个封闭的山谷里发现了第一个石像，它面向北方。不久，考古队又发现了一个埋在土石下的石像。最后在特种扫描仪协助下，他们发现了山谷里埋藏着的23个石像，它们排列成半圆环形状。这种排列似乎与宗教有关，但却无法证实。复活节岛上的石像也排列成一种特殊队形，而人们无法考证为何要把石像排成如此队列？发现者不想向外界透露石像的确切位置，以免遭到记者和游客干扰。专家在研究印第安传说，看看此间是否有外来者

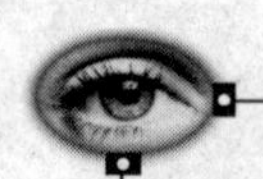

涉足这个山谷,以及美国石像与复活节岛上石像有何联系。时间在慢慢地流逝,人们期待着这项研究工作能有新的发现。

24. 大地巨画——纳斯卡地画

纳斯卡地画分布于今南美洲秘鲁南海岸一带。其名称源于纳斯卡谷地,在纳斯卡地区的荒野高地上有著名的地画,这是一些巨大的图案,为挖去地表砾石露出白沙而形成,有方形、螺旋形等几何图形和蜘蛛、蜂鸟等动物形象,面积往往宽达数十米,还有千米以上的纵横交错和平行线条。

纳斯卡地画之一

古代民族很多用图画当作语言,作为彼此的沟通方法。图画的面积可以很大,也可以很小,尤其在秘鲁纳卡斯的图画,面积更是大得惊人,所以有科学家认为,这些图画并非由人类所绘画。1939 年,纽约长岛大学博士保罗科孛克,在驾驶飞机飞越秘鲁的途中,当到达纳卡斯平原的上空,偶然观看地面的时候,突然发现荒芜的平原上,有一些类似图画的景象。这幅图画似是一条平直的飞行跑道,有起点和终点,令这位博士看得目瞪口呆。

纳斯卡地画之二

因为地画十分巨大,必须要在较高的位置才能一窥全貌,所以他驾驶飞机向上升,不断回旋观看,最后还发现另外一些巨型图画,包括类似动植物的图案及一些古怪的符号。自科孛克博士的惊人发现后,便引起很多科学家前往研究,结果发现在纳卡斯平原上,绘有众多的图案,千奇百怪,有数百个之多,很多图案画得非常精细。

所有到达纳卡斯的科学家,无不对巨画感到震惊,因为这样巨大的

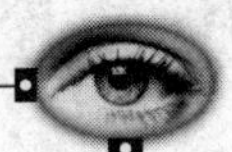

图画，制造者目的何在，是否只是一般的绘图？还是不知名巨大生物的一种语言表达？有些人大胆假设，巨画可能是由外星人所绘。

有人说巨画有宗教用途，用以祭祀之用，但这一揣测不攻自破，因为巨画所在附近，根本找不到任何祭祀用品的遗物。有些科学家则推断，类似动物的巨型图案，是一个星座图，而那些形状各异、长短不一的线条，则是星辰的运行轨道，但始终没有足够的证据说明巨画绘画的目的，到现时仍没有人知道。

纳斯卡地画之三

在距海岸不远处的帕尔柏山谷中，有一条长 50 多千米，宽 1 千米的狭长地带，地面上到处是像铁片似的小石块。虽然此地不长任何植物，但居民称此为草原地带。这里有一些像几何图形般的粗大线条，躺卧在那里，有些平行排列着，有些彼此交错，或者，有些套在梯形图形中。考古学家将其称为“印加路”。

1952 年，对这一地区进行了较慎重的挖掘工作。对挖掘出土的文物，目前还没有圆满的解释，直至 20 世纪 90 年代，才对这些线条和几何图案着手丈量测绘。

由于在纳卡斯出土的印第安陶器，亦有部分相似的图案，科学家便顺理成章认为巨画也是他们的作品，但在其中一幅三叉戟图案，则较为特别，因为当地的印第安人，从未见过三叉戟，所以根本不可能是纳卡斯居民所绘。

科学家亦怀疑巨画是印加人所绘，因为纳卡斯与印加帝国的发祥地，距离相当接近，不过这个说法已被否定，因为当时的印加人一样没有三叉戟，更没有这样精细的技术能够绘出巨大的图案。后来又发现，这些图画的历史，竟然超过 1500 年，以当时的技术而言，肯定非出自印加人，就算在现时，亦要有先进的技术，才能绘制如此巨大的图画，除非是巨人所画，否则很难解释。

三、历史之谜

1. 揭开远古历史的钥匙——古文字

文字是语言的书写符号,人与人之间交流信息的约定俗成的视觉信号系统。这些符号要能灵活地书写由声音构成的语言,使信息送到远方,传到后代。文字是人类文明史上最重要的遗产。文字起源于图画。当表示意义的图画发展到跟语言相结合,能够完整地书写语言,这才成为语言的有效记录,即成熟的文字。世界上许多民族都创造过原始文字,但是只有极少几个民族的文字发展到成熟程度并流传至今。

(1)埃及象形文字的破译

罗赛塔碑碑体为磨光玄武岩,一面镌刻着三段文字,经2000年的风沙侵蚀,已经变得有些模糊了。第一段是象形文字,共11行;第二段是通俗体文字,共32行;第三段是希腊文,共54行

约5000年前,古埃及人发明了一种图形文字,称为象形文字。这种字写起来既慢又很难看懂,因此大约在3400年前,埃及人又演化一种写得较快并且较易使用的字体。随着时光的流逝,最终连埃及人自己也忘记了如何释读早期的那种象形文字了。若不是因为拿破仑大军入侵埃及时,随军的法国古文字学家们的那次发现,极有可能至今考古学家们仍无法辨认这种文字。

古代作家中有几个人提到过象形文字。到了中世纪，就出现了关于象形文字的各种解释。希罗多德、斯特拉波和狄奥多鲁斯都到过埃及，他们认为象形文字是一种无法理解的以图示意的文字。公元前4世纪时，荷拉波隆对埃及文字作了详细的说明（亚历山大港的克雷芒以及波菲利关于埃及文字的说法是不能成立的）。荷拉波隆的意见往往被后人奉为圭臬，因为舍此尚无足以作为根据的材料，而荷拉波隆认为象形文字是以图示意的。因此在多少世纪以来，人们主要着力于探索这些图形的象征性的含义。在这样的传统影响之下，许多人就不顾科学地任意乱猜，而立意治学的人则束手无策。

1798年8月，一名驻埃及的法国军官在朱利安要塞的罗塞塔地区，发现了一块黑色石碑，碑上分别用象形文字、阿拉伯草书、希腊文刻有三段铭文，学者们大胆假设：这是同一篇文献的三种文字版本。由此，解开古埃及象形文字之谜似乎有了一线曙光。罗塞塔碑是约公元前195年底比斯祭司为颂扬埃及国王托勒密五世（公元前205～前180年）所献，是一座黑色玄武岩石碑，长114厘米，宽72厘米，在古代即已折断，于1798年发现于尼罗河三角洲的罗塞塔镇附近，现藏不列颠博物馆埃及厅的入口处。罗赛塔碑约有桌面大小，长110厘米，宽70厘米，厚28厘米。

《埃及信使报》曾经说过，罗赛塔碑上可以找到通往这个过去的王国的钥匙，通过它有可能“用埃及人之口来说明埃及”。在正确地译出那段希腊文以后，再设法找到希腊文字和那些象形文字之间的关系，这应该是并不十分困难的。参加这项工作的都是当时最有名的学者，翻译工作在英国（使用罗赛塔碑原物）、德国、意大利和法国同时进行，结果却毫无成绩。这些学者无一例外地犯了同样的错误，他们错就错在想从这些象形文字里找到希罗多德的框框里的东西。这是人类头脑里一直存

罗赛塔碑（局部）

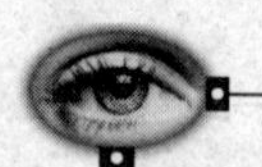

在的一种典型的错误观念。想要揭开埃及文字的奥秘需要像哥白尼那样彻底改变观点，要有打破传统束缚的气魄。

最初，拿破仑手下一位懂希腊文的将军立刻着手翻译这段希腊文字。这是公元前196年埃及教士写的一道教令，内容是赞颂托勒密·埃庇范努斯（古希腊天文学家）的功绩的。碑文的释读主要由英国物理学家T. 杨和法国埃及学家商博良完成。1821～1822年，商博良在杨的基础上继续努力，又有了重大的发现与突破。发表了关于释读僧侣体和象形文字的专题论文，并且编纂一整套与希腊字母相对应的符号表。由于石碑所刻铭文的解读成功，人们终于揭开古埃及象形文字之谜。

据传记记载，商博良刚刚5岁就开始翻译古文了。他先是凭记忆记住一批古文字，然后同原文对照，用这种方法自学辨认古文。将近7岁时，他第一次听说埃及这个神奇的国家，但只听了一次就像海市蜃楼一样销声匿迹了。无论道听途说还是亲眼目睹者都知道，商博良小时候在菲济克学校功课并不好。他的哥哥是一个很有才华的语言学家，同时喜欢考古学。因为商博良学习不好，就在1801年把他带到格兰诺勃尔去，亲自教育他。11岁的商博良很快在学习拉丁文和希腊文上表现了罕见的天资，接着就专心学习希伯来文，进步也是惊人的。

他13岁开始学习阿拉伯语、叙利亚语、迦勒底语和科普特语。凑巧的是，不论他学什么还是做什么，也不论他有哪些不期然的机遇，都无一例外地或多或少同埃及文化有关。每当他着手研究新课题，就无意地向着埃及问题靠近一步。他涉猎了中国古文，为的是考察中国古文和埃及古文之间有无联系。

1822年9月27日，商博良向"法国碑文与纯文学学院"提交了研究论文，并宣布了对埃及象形文字的解读发现。在今天看来，这篇论文正是埃及学诞生的标志。就这样，商博良根据拥有的资料编成了埃及法老王朝的第一部历史年表，那是1807年的夏季，商博良刚刚17岁。教育当局得知商博良希望到巴黎进行研究工作，就请他自己命题写一篇论文。他们以为他只会写出一篇普通的学生作文而已，哪里想到他竟写出整整一本书的构思，书名叫做《法老统治下的埃及》。

商博良在巴黎的花花世界中，他埋头在图书馆里，奔走于科研机构之间，学习了梵语、阿拉伯语和波斯语。总之商博良沉浸在各种东方语

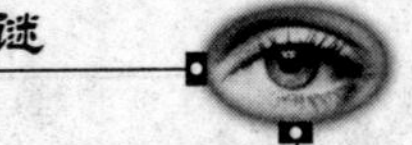

言的学习中,他打下了坚实的基础。他学阿拉伯语达到精通的程度,有一位阿拉伯人竟把他当作同乡,因而向他行了加额礼。商博良根据碑铭的希腊译文,辨认出碑上相应的象形文字。其中一段可以读成:"他说,安宁地来到这里并穿越天空的人,就是太阳神。"

之后他的《埃及语法》及《埃及和努比亚古文物》在巴黎出版,接着先后出版了后人编纂的第一部埃文词典和《注释》、《碑文》等书。这些加上继续研究的成果,使得后来的埃及学家们不仅能读,而且能写埃及古文了。

(2)"朗戈朗戈"的破译

太平洋的复活节岛因有巨石雕像而闻名于世。与巨石人像一起流向人世的还有许多不解之谜,比如朗戈朗戈木板之谜就是最神奇的谜团之一。它是一种"会说话的木头",当地人称做"科哈乌朗戈朗戈"。最先认识此木价值的,是法国修道士厄仁·艾依罗。厄仁在岛上生活了近1年,深知此木就是复活节岛的古老文字。

"朗戈朗戈"是一种深褐色的浑圆木板,有的像木桨,上面刻满了一行行图案和文字符号。有长翅两头人;有钩喙、大眼、头两侧长角的两足动物;有螺纹、小船、蜥蜴、蛙、鱼、龟等幻想之物和真实之物。厄仁在世时,这种木板几乎家家有收藏。厄仁不久染上了肺结核病,很快便去世了。他死后不久,由于宗教干涉,"朗戈朗戈"被一一烧毁,几乎绝迹。由于战乱等原因,岛上已找不到懂这种文字符号的人了。然而有识之士都认为,"朗戈朗戈"文字符号,是揭开复活节岛古文明之谜的钥匙。有人认为这是在太平洋诸岛所见到的第一种文字遗迹,其符号与古埃及文相似。从本质材料看,它源于小亚细亚半岛;从写法看,它属于南美安第斯山地区的左起一行右起一行的回转书写法系统。100多年来世界许多学者为破译它倾注了毕生精力,但一直没有人能破译。

捷克学者、文字鉴赏家洛乌柯物发现原始印度文与"朗戈朗戈"图案符号较为相像。两种文字符号中有175个完全吻合。复活节岛文字存在于19世纪中叶,而印度河谷文字则早在公元前2500年成熟,相距竟400多年。但看来这种吻合并不偶然。1915年英国女士凯特琳率考古队登岛。听说岛上有位老人懂"朗戈朗戈"语,她立即去拜访。老人叫托棉尼卡,已重病垂危。他不仅能读木板文,而且还会写,并写了一页给女士，符号果真与木板上的一模一样。但老人至死不肯说出其含意。

1954年，一名叫巴代利的人在罗马梵蒂冈档案馆发现了一本油渍斑斑的旧练习簿，那就是《佐山主教的笔记》。两年后，巴代利在一次国际会议上声称，已破译了“朗戈朗戈”文字符号。文字叙述了南太平洋诸岛是种族战争、宗教杀人仪式的舞台。但是，人们发现，巴氏对“朗戈朗戈”字符的诠释，只不过是托棉尼卡口述的翻版而已。

1956年以图尔·海尔达为首的挪威、美国考察团来到复活节岛，探知一名叫艾斯吉班的男子有一本祖父编写的复活节岛全部文字符号的书，并用拉丁语做了注释。但艾斯吉班不让图尔细阅。后来此书就再也没人见到了。托棉尼卡老人死后40年，智利学者霍赫·西利瓦在老人的孩子彼得罗·帕杰家见到了一本老人传下来的“朗戈朗戈”文字典。霍赫征得同意把讲稿拍了照，但后来胶卷和讲稿却莫名其妙地不知去向。

130年来有过探索、发现、希望、失望及轰动，但刻有鱼、星、鸟、龟等图案及符号的木头却始终保持沉默。目前世界收藏的木板只有20多块。分别保存在伦敦、柏林、维也纳、华盛顿、火奴鲁鲁、圣地亚哥、彼得堡的博物馆里。1996年俄罗斯彼得堡人类学及人种志学博物馆出版了一本小册子，印数仅200册。作者是历史学博士伊琳娜·费多罗娃。小册子是作者30多年苦心研究的成果。它终于揭开了复活节岛“会说话的木头”之谜。

伊琳娜于20世纪40年代就迷上了“朗戈朗戈”文字，经过30多年研究复活节岛和整个太平洋的历史、风土人情、岛民的生活习惯和方式，以及其他波利尼西亚语言，最后得出“朗戈朗戈”符号实际上是一种字形画的结论。伊琳娜是靠直觉和推理取胜的。她先弄清符号画的是什么，然后就深入思考，找出它所代表的意思，再寻找恰当的词语。她的公式是：直觉+波利尼西亚语知识+同义词和同义异音词的搜寻。最后又把结果放到另外的木板文中去检验。结果完全相符，于是她编出了字典。利用字典，她可以阅读任何一块木板文。实际上她已经阅读了现存20多块复活节岛木板文字符。尽管未找到起源，但“朗戈朗戈”不再是秘密。彼得堡博物馆珍藏的两块木板中的一块，伊琳娜译为：“收甘薯拿薯堆拿甘薯甘薯首领甘蔗首领砍白甘薯红甘薯薯块首领收……”

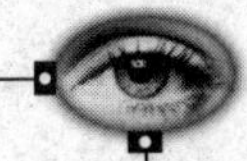

(3)甲骨文的破译

甲骨文是古汉字一种书体的名称，也是现存中国最古老的文字。殷代人用龟甲、兽骨占卜。占卜后把占卜时期、占卜者的名字、所占卜的事情用刀刻在卜兆的旁边，有的还把过若干日后的吉凶应验也刻上去。学者称这种记录为卜辞，这种文字为甲骨文。甲骨文发现于河南省安阳小屯村一带，是商王盘庚迁殷以后到纣王亡国时的遗物(公元前14世纪中期~前11世纪中期)，距今已3000多年。甲骨文开始是自然流露，无人注意。1899年王懿荣辨认为商代文字，从事收集。安阳殷墟考古发掘始于1928年，最大的收获是1936年夏发掘的第127号坑，得甲骨文1.7万多片。综合先后所得加以拼缀挑选，编印为《殷墟文字·甲编》和《殷墟文字·乙编》。

中华人民共和国建立后，中国社会科学院历史研究所汇集1899年以来80年间安阳殷墟出土的甲骨文，共41956片，由郭沫若主编，胡厚宣总编辑具体指导，编印为《甲骨文合集》。中国社会科学院考古研究所70年代在殷墟发掘所得甲骨4589片，由钟少林等五人编著《小屯南地甲骨》。甲骨文大约有4500个单字，可识者约1/3，它的基本词汇、基本语法、基本字形结构跟后代汉语言文字是一致的。用许慎的六书来检验，在字形结构方面指事、象形、形声、会意皆已齐备；在文义使用上转注(互训，即义近通用)、假借(音近通用)也都很清楚。甲骨文可以断代，早晚分明，从某些常用字的变化可以领会许多中国文字发展的知识。例如：简化，形体复杂的字，日趋简单，笔画减少；形声化，象形字增加声符，假借字增加形符，变成形声字。甲骨文原来专指安阳殷墟所出，经过许多学者研究，已取得很大成绩，在中国文字史上可以看作一个单元。中华人民共和国建立后，各地又发现了周人有文字的甲骨，其中以岐山、扶风所出比较重要，其字形与殷墟不尽相同。

刻于龟板上的甲骨文

(4)尚未破译的契丹文

契丹文是我国古代少数民族契丹族使用的文字,分大字和小字两种。大字创制于公元920年,脱胎于汉字,约有1000字以上。小字是迭刺受回鹘文启示而创制的。契丹文约使用了300多年,1191年后逐渐废弃,历元明清几百年来无人认识。直到20世纪20年代方被发现。

辽道宗哀册拓片契丹小字刻于辽乾统元年(1101),1930年出土

契丹文文献主要是石刻碑铭。由于研究契丹文的参照资料十分缺乏,几十年来,只解读出官职、年号、干支等少量的词汇,大多数内容尚未破译,故被称为"20世纪之谜"。

道宗皇帝哀册(局部)

契丹民族在耶律阿保机崛起统一各部之后势力渐强,于公元907年称帝建国,后来契丹曾改国号为"辽",领土位于五代和宋的北方。契丹曾陆续创造和使用了两种文字,在汉文文献上称为"契丹大字"和"契丹小字"。这两种文字造字方法并不相同,但其字形都是受汉字楷书影响而造。

目前对于契丹大字所知较少,一些契丹大字似乎是借用或修改汉字的字形和字义而成。至于契丹小字可见的资料较多,并且《辽史》提到回鹘使

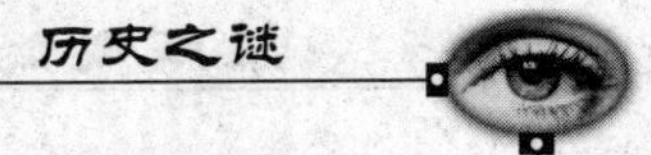

至，无能通其语者，太后谓太祖曰："迭刺聪敏可使。遣迓之。相从二旬，能习其言与书，因制契丹小字。"因此小字可能受回鹘文影响，大致上以拼音的方法来造字，后世可以借由语言间的比较来推测其发音。每个契丹小字是拿1~7个表音的部件来拼凑为一个方块字，由左至右每两个一排，这些部件是由汉字楷书式的笔画构成的，在组合之后一个方块字可以表示一个音节，或可以表示一个双音节甚至多音节的词。

除了楷书式的契丹字之外，亦存在着主要用于印章的篆书体契丹字。契丹字一直使用到金章宗时代，并曾影响12世纪创制的女真文字。不过比起女真文字，契丹文字资料较少，其语言系属不明，因此解读起来比较困难。

在陕西乾陵无字碑上有一篇记述大金皇帝之弟来乾陵游览，见乾陵残破，便加以整修的文章，是用少数民族文字刻在无字碑阳面正中的。这段文字经我国少数民族文字研究专家考证，被确认为是失传几百年、当今最难读的死文字，曾经被日本学者山路广明称为"20世纪之谜"的契丹小字。从而纠正了自明代以来金石学家误认为是女真文的谬论，印证了金代人除用女真文、汉文外，还沿用了契丹文这一历史事实。

那么，碑文中提到的这位"皇弟——都统经略郎君"是何人？碑文墨迹出自何人之手？据《乾州志》载，乾陵的所在地——乾州在宋时被金人统占。依据碑文内容和落款时间可知，这位郎君曾经于天会十一年(1134)之前两次来过乾陵。而天会年间正是大金皇帝完颜晟执政，因此，这位郎君必是完颜晟之弟无疑。

根据《金史·始祖以下诸子传》知，完颜晟之父金世祖劾里钵一生六妻十一子，加上收养的义子共十二子。又据《金史·杲传》、《宋史·吴玠传》、《建炎以来系年要录》、《大金国志校正·卷上》等史料记载的十二子中，有一位名叫撒离喝的儿子在攻打中原时到过陕西，且又是陕西的最高行政长官——都统经略。从天会九年到十四年间驻军于乾陵西南方向的凤翔府，在时间及职务上都与碑文记载相吻合，那么，他就是碑文中提到的无名无姓的大金国的皇弟撒离喝了。撒离喝因与宋人作战失败"惧而泣"被宋人称为"啼哭郎君"。

就是这位"啼哭郎君"却擅长契丹书法，在《金史·撒离喝传》及《金史·宗义传》中均有记载，如《金史·宗义传》："……撒离喝与其子宗安

乾陵无字碑上的契丹文

家书……其书契丹小字……上有撒离喝手署及某王印。”因此，郎君行记的墨迹当出自他的手无疑。这就突出显示了这篇出自大金皇弟之手作品的特殊地位。对于研究契丹文的书法艺术具有重要的参考价值。

不仅如此，对于乾陵的研究亦具有参考价值，是一篇难得的实物资料。第一，碑文记载证明了当时乾陵仍旧松柏成林，不然何以来此打猎，印证了文献中关于乾陵号为“柏城”称呼的记载。第二，证明了乾陵在后唐末李从珂(934～936)下诏修复以后，历经战火，至金太宗天会十二年以前地面建筑已倒塌无遗，而撒离喝受命鸠工，予以修复，这就成了乾陵历史上的第三次修复(第一次是在唐贞元十四年即公元798年，第二次在后唐李从珂清泰元年即公元934年)，也为最后一次修复，真实地记载了这次修复的时间。第三，它是金代文献中关于乾陵陵园的唯一记载。

(5)一种湮没的死文字——西夏文

西夏文是中国古代西夏党项羌族使用的文字。西夏景宗李元昊1036年颁行，命野利仁荣加以演绎。其间西夏文与汉文并用。形体仿汉文楷书，但无一字与汉文相同，共有6000余字。每字由一至数个方块字素构成。每字都有含义。除楷书外，还有篆、草书。会意字居多，有少量形声字、对转字。西夏王朝覆灭(1227)后，党项羌族后裔仍有使用西夏文的，明朝中叶以后湮没，

西夏文

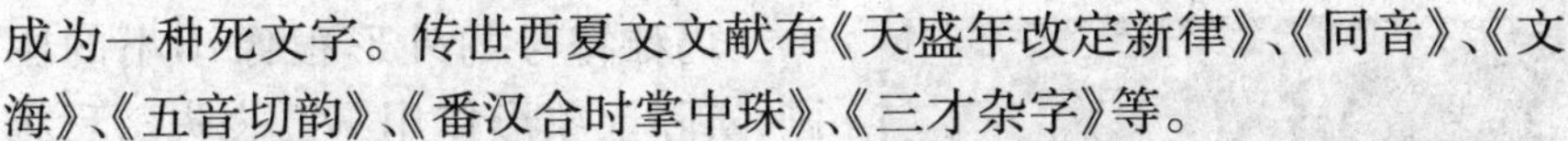

成为一种死文字。传世西夏文文献有《天盛年改定新律》、《同音》、《文海》、《五音切韵》、《番汉合时掌中珠》、《三才杂字》等。

(6)写在泥板上的楔形字

楔形字是西亚的古代文字，是公元前4～前2世纪美索不达米亚(今伊拉克)的苏美尔人所使用的文字。因笔画呈楔状，像钉头或箭头，故称。又称钉头文字或箭头字。这种文字有别致的书写方法：用硬笔在软泥板上压刻，形成一头粗、一头细的笔画。公元前3世纪逐渐演变成线形笔画文字，并将由上而下书写改为由左至右书写。楔形字传播到四周的民族，写成各种文字，其中最重要的是阿卡德文字，也就是巴比伦和亚述的文字，在历史上曾经是西亚的国际通用文字。楔形字在人们的使用中不断发生变化，由表形、表意演变为表音。直到19世纪后，人们才逐渐破译出了这种古文字。

泥板上的楔形字

(7)图画文字——玛雅文

玛雅文是中美洲玛雅民族的古文字。玛雅是美洲土著民族之一，居住在今墨西哥尤卡坦半岛和广大的四周地区。他们创造了美洲最古和最高的文化。大致形成于公元前最后几个世纪。遗留的铭文最早于公元328年，一直应用到16世纪，长达1500年以上，由于西班牙的入侵而毁灭遗忘。玛雅文约有270个符号，常用的170来个。其中有表示整个词义的“意符”，但是大多数符号是不表意义、只表声音的“音符”。

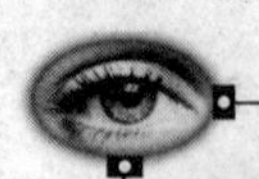

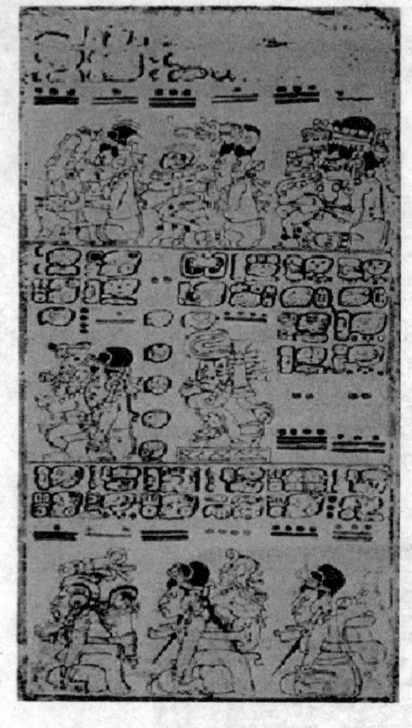

玛雅文

玛雅符号的外形很像小小的图画,实际上象形作用早已丧失。玛雅文是一种语词音节文字,有人把它列为音节文字,因为音节符号处于主要地位。现存的写本只有3种,以存储地点分别被命名为:①马德里写本;②巴黎写本;③德累斯顿写本。此外有不少石柱碑铭和古器物铭文。第二次世界大战后,释读玛雅文成功,使美洲自创的古文字重新在文化史上放出光明。在洪都拉斯西部临近危地马拉边界的科潘小镇附近的玛雅古城遗址,保存有金字塔祭坛、广场、庙宇、刻有象形文字的石阶和记录玛雅文明的石碑等文物。据考古学家考察,这里曾是古代玛雅王国的都城。石碑上雕琢着文字和图像,记载着玛雅王国所发生的重大事件。

(8)"红崖天书"的破译

"红崖天书"又称红崖碑、红岩石刻。被誉为"上侪禹碑,下陋秦石"。它位于贵州安顺地区关岭布依族苗族自治县东25千米红岩山悬崖上,距著名黄果树大瀑布仅8千米。这里山水之奇鬼斧神工,风物之妙天造地设,堪称"黔中第一奇迹"。沿着贵州省安顺关索岭南边的一条古驿道盘山而上,是古代人们由四川入云南的必经之路。那里有一块宽约百米的赤红壁石,在其北端有块一人多高的岩石上,隐约可见不知何年何月,也不知何人书写的至今仍无人能识的"文字"。被后人称为"陆离谲诡不可识"的古文字就在这片红岩上。

这片红岩有100多米长、30多米高,远远望去,好像一副悬挂在晒甲山顶的世界大横幅,那非锈非刻、非阴非阳的几十个形如古文的遗迹,更增添了这片红岩的神秘色彩。走近红岩仔细一看,文字大小不一,大者如人,小者如斗,非凿非刻,似篆非篆,神秘莫测。当地百姓称之为

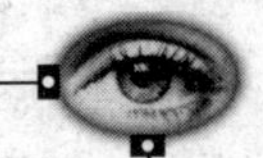

“红崖天书”。难得的是虽历经沧桑，风雨剥蚀，竟能保其颜色和风采。“红崖天书”以其神秘图谱已并列于古埃及金字塔、秘鲁纳斯卡地画、巴比伦空中花园、以弗所阿耳忒弥斯神殿、地中海罗德岛太阳神巨像等的世界奇迹之一。

早在明代，邵元善有诗云：

红崖削立一千丈，刻画盘回非一状。
参差时作钟鼎形，腾挪或成飞走象。
诸葛曾闻此驻兵，至今铜鼓有遗声。
即看壁上纷奇诡，图谱浑疑尚诅盟。

清代光绪年间，日本国领事德丸作藏到此山，将所获红岩摹本带回东洋引起轰动，参观者有如洪都观经。法国学者雷柏如与费南海尔数人前往实地考察，亦被此古朴、浑厚、雄奇的中国古迹所倾倒，无限感叹：“此碑含有绝对之神秘性，谁也无法窥破其中奥秘。”曾破译甲骨文的中国现代著名考古学家郭沫若也对“红崖天书”作过研究，未得结果，抱憾谢世。近10年来对天书研究更为广泛，特别是安顺地区行署悬赏百万破译天书以来，中外学者更是蜂拥而至。天书研究已分为十余流派；诸葛公碑说、大禹治水说、殷高宗伐鬼方说、古彝文说、道家符咒说、古夜郎遗迹说、古濮文说、南方丝绸之路遗迹说、天外文明遗迹说等。

红崖碑上的文字(局部)

红崖碑上的文字，书体独特，非篆非隶，似古籀又似钟鼎，多年来无人能识，因而被称“天书”。天书成于何年何月，没有文字记载，但与“天书”有关的故事，却在清末的一些文献中时有所见。如同古代玛雅文字一样,许多中外学者为解开这个谜不知耗尽了多少心血。有人说它是岩石风化的自然纹路,有人认为它是古夜郎文化的遗迹,还有的人把它说成是殷高宗伐鬼方的纪功刻石,明清时代的文人多把它看作是诸葛亮南征时留下的文字。光绪年间,日本学者德丸作藏和法国学者柏如、弗岚海尔曾亲行考释,但也是毫无所得。

自古以来,不知多少文人墨客为它写下了讴歌诗篇。清人杨茂材的诗句中写道:"晒甲晴霞共石壁,上有凤鸾漂泊迹,丹忱淋漓血凝碧。梯云拂拭重摩挲,疑骇篆隶惊蚪蝌,风雨不磨神灵呵!"

今山东刘乐一先生将其破译为:"丙戌之时,宦官乱政,有口难言,我自此隐居山林,以享天伦之乐。"贵州韩乐群先生,另有新说。韩乐群是国家一级编剧,精于诗联,擅长书法、博览群书、涉及文史,他将"天书"置于安顺特定的文化背景及当地历史事件中破译,在研究诸多民歌民谣,民间故事,山川名胜,地名变易后,结合"天书"文字辨识,确认:"天书"为吴三桂藏宝秘志,书定天顺治十四年(1675)以前,距今有340多年了。韩先生论证:1644年吴三桂乞师入关,一败李自成,再败张献忠,两次胜利,将农民起义军所有的皇家御用金玉重宝攫为已有。吴三桂进驻遵义时,便将这批稀世珍宝带入贵州,清兵分三路进攻云南时,基于特殊环境与条件,吴三桂不愿也不敢携此重宝入滇,便选择了黄果树瀑布与晒甲红崖这两大自然景观为标志,掩藏犯禁的重宝,书写了神秘"天书",作为以后取宝的标志。如果此说成立,必将对贵州历史文化、旅游事业产生重大社会影响。

北京任焕章先生宣称已将"红崖天书"破译。他认定"天书"为三国时期所刻。之后还发现图与图之间暗设机构,字与字之间采取添加省减、移位方法即可辨认。大意为"告知,大蜀智取孟获,安必回去擒孟藏秘,谁能判出,以重奖尖类人才,孔明书"。

继1995年3月18日贵州省安顺地区行署宣布"悬赏百万,破译红岩碑"后,1996年9月8日,贵州天书实业有限公司又向社会郑重承诺,悬赏百万,征寻智者破译天书。2000年,在一次学术研讨会上,江南造船集团公司的林国恩发布了对"红崖天书"的全新诠释。学术界人士普遍认为,林国恩对这一千古之谜所作的破译,与其历史背景、文字结构、图像寓意相吻合,具有可信度和说服力。1997年,林国恩认为已基本破

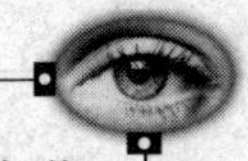

解"天书",并将研究结果写成10万字论文。经申请版权登记,很快获准通过。1999年底,他正式发表研究成果。这一成果包括考证要点和译文两方面。考证要点是:确认清代瞿鸿锡摹本为真迹摹本;文字为汉字系统;全书应自右至左直排阅读;全书图文并茂,一字一图,局部如此,整体亦如此。从内容分析,"红崖天书"成书约在1406年,是明初逊国建文皇帝所颁的一道讨伐燕王朱棣篡位的"伐燕诏檄"。全文直译为:"燕反之心,迫朕逊国。叛逆残忍,金川门破。杀戮尸横,罄竹难书,大明日月无光,成囚杀之地。须降伏燕魔,作阶下囚。丙戌(年)甲天下之凤皇(御制)。"

2."北京人"化石失踪之前前后后

1937年,正当周口店从一个辉煌走向另一个辉煌的时候,万恶的日本侵略者的铁蹄踏进了包括周口店在内的华北大地,周口店的发掘工作被迫停止了。周口店发现的所有人类化石以及一些灵长类化石一直都保存在美国人开办的北京协和医学院内。这家医学院位于北京市东单三条胡同内,由一系列宫殿式建筑组成。当时的解剖科设在B楼,B楼的底层有一间研究室,步达生和魏敦瑞在这里先后研究过北京人化石,北京人化石就收藏在这间办公室的保险柜里。

1941年,美日关系渐渐趋于破裂,居住在北京的美国侨民纷纷撤回美国。保存在协和医学院中的"北京人"化石面临着被日本人闯入掠走的危险。早在这一年的1月份,中国地质调查所所长翁文灏就和北京协和医学院行政委员会负责人胡恒德探讨应付危机的办法。他们设想了三个选择方案:①把化石运到当时国民党政府的陪都重庆;②留在北京,找一个安全的地方秘密地掩藏起来;③运到美国暂时保管起来。当时的中国地质调查所已经迁到了重庆,如果按第一方案运作,只要化石能够运到重庆,那当然是再好不过了。可是,在当时那种残酷的战争环境下,经过道道关卡从北京到重庆辗转几千里的运输是根本不可能做到的。如果按照第二方案将化石留在沦陷的北京,那么随时都难免会发生意外,所以这也不是妥善的办法。看来只有第三方案比较可行。但是,当初中国地质调查所与北京协和医学院订有协议,规定周口店发现的人类化石一律不准运出中国。由于这些原因,北京人化石的处理问题就拖了

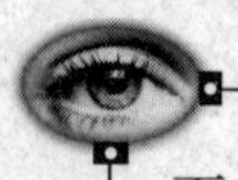

下来。

4 月份,魏敦瑞要随着撤退的美国侨民一起去美国,到美国纽约自然历史博物馆工作。出发前,他让他的得力助手之一胡承志把所有的北京人头骨化石都作成里、外面都有的脑壳模型,然后寄到美国纽约自然历史博物馆,以便于他能够在那里继续进行北京人的研究。胡承志对他说,做里、外面都有的模型很费时间,而且有些化石还需要重新作模具。魏敦瑞最后说,做到哪里算哪里,直到接到把化石装箱的通知后就停止模型制作工作。魏敦瑞还说,现在是非常时期,真标本留在沦陷区不安全,等他和翁文灏先生商量之后,就可以决定将它们运出沦陷区。魏敦瑞走后两三个月,因杨钟健南下而临时担任新生代研究室主任的裴文中告诉胡承志说:“北京人化石要全部装箱运走。”胡承志没有多问,只问了需要装箱的时间,裴文中说:“听讯。”就这样又过了两三个月。一天上午,留在北京的魏敦瑞的女秘书息式白通知胡承志说:“标本要装箱运走。”胡承志答应了一下,并没有马上动手。当天下午他找到裴文中把息式白让装箱的话告诉他,问他该怎么办。裴文中说:“立即就装。”

第二天,胡承志就和解剖科技术员吉延卿一起将所有“北京人”和“山顶洞人”的化石装进了两个没有上油漆的白木板箱子里,其中一个扁的箱子有写字台的桌面那么大,另一个略微小一点。装箱很考究。先将头骨化石用擦显微镜镜头的细绵纸包好,再用一般软纸包上;然后,用洁白的医用吸水棉花裹住,再用粉莲纸包上;再用医用细纱布一层层地在外面包好,然后装进小木盒里,木盒内周围六个面都垫着数层具有弹性的黄色瓦楞纸,最后,用吸水棉花将小盒塞满。小木盒一一装进大箱后,大箱内的空隙再用木丝填充。牙齿化石则全部装入首饰盒似的小纸盒内并用棉花填好。小纸盒上面有玻璃,有红边的标志号码卡片衬垫在玻璃下面,卡片上还详细注明牙齿所属部位。两个白木板箱子装好以后,较大的箱子上标明“CAD1”字样,较小的箱子上标明“CAD2”字样。两个装好的箱子送到协和医学院总务长博文的办公室,他们就交了差。珍珠港事件爆发后不久,胡承志就南下了。

两个装有“北京人”和“山顶洞人”化石的箱子送到博文的办公室的时间大约是在 12 月 8 日,日军占领协和医学院之前的 18 天到 21 天之间。当时任协和医学院院长的王锡炽曾告诉裴文中说,两个箱子在送到

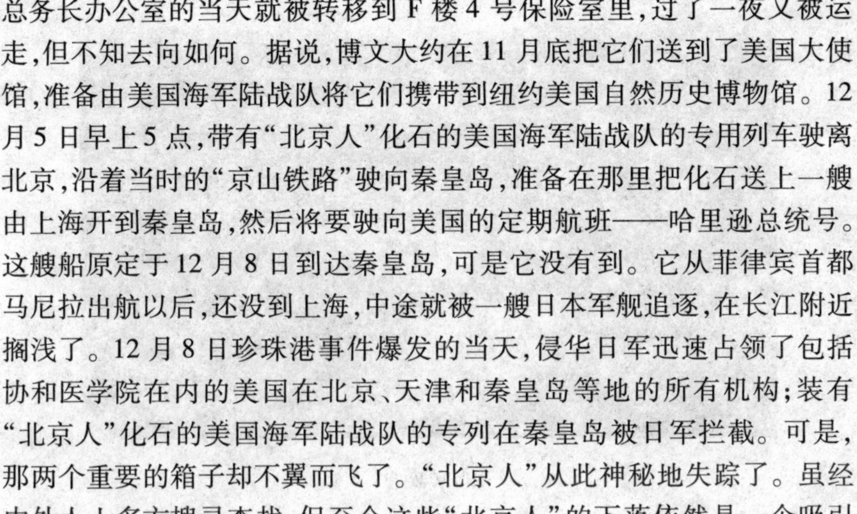

总务长办公室的当天就被转移到F楼4号保险室里，过了一夜又被运走，但不知去向如何。据说，博文大约在11月底把它们送到了美国大使馆，准备由美国海军陆战队将它们携带到纽约美国自然历史博物馆。12月5日早上5点，带有“北京人”化石的美国海军陆战队的专用列车驶离北京，沿着当时的“京山铁路”驶向秦皇岛，准备在那里把化石送上一艘由上海开到秦皇岛，然后将要驶向美国的定期航班——哈里逊总统号。这艘船原定于12月8日到达秦皇岛，可是它没有到。它从菲律宾首都马尼拉出航以后，还没到上海，中途就被一艘日本军舰追逐，在长江附近搁浅了。12月8日珍珠港事件爆发的当天，侵华日军迅速占领了包括协和医学院在内的美国在北京、天津和秦皇岛等地的所有机构；装有“北京人”化石的美国海军陆战队的专列在秦皇岛被日军拦截。可是，那两个重要的箱子却不翼而飞了。“北京人”从此神秘地失踪了。虽经中外人士多方搜寻查找，但至今这些“北京人”的下落依然是一个吸引了无数人的谜。

3. 北京故宫的某些疑团

故宫是明清两代的皇宫，迄今已历经560多年的沧桑岁月。这里曾居住过24个皇帝，既是皇帝举行大典和召见群臣、行使权力的场所，也是皇帝和后妃、皇子们居住的地方。3千米长、10米高的宫墙，俨然是一座森严壁垒的城堡，留下了一个个不解之谜。

故宫这样宏伟的建筑，如此浩大的工程，由谁负责设计？又是谁主持施工的？这的确是个历史谜团，难倒不少老北京人。因为故宫的建筑上没有如现代建筑那样明确地刻上此建筑物建于何年，由何人设计等字样。目前大多数人都认为故宫是明代一位杰出的匠师，姓蒯名祥，人称蒯鲁班的人设计的。

但是，故宫博物院古建部高级工程师于倬云先生提出了不同意见。他认为，曾经参加建造南京宫殿的蒯祥是故宫的设计者这个说法不确切，其实，蒯祥只是故宫的施工主持人，故宫真正的设计人应该是名不见经传的蔡信。永乐十五年紫禁城宫殿开始进入大规模施工高潮时，蒯祥才随朱棣从南京来到北京，开始主持宫殿的施工，而在此之前，蔡信已主持故宫和北京城的规划、设计和建造了。

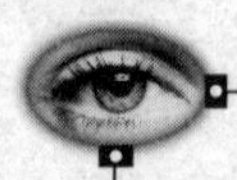

北京故宫

故宫又称为紫禁城。把皇宫称为紫禁城,有何解释呢?紫禁城的“紫”是指紫微星垣。我国古代天文学家将天上的星宿分为三垣、二十八宿和其他星座。三垣指太微垣、紫微垣和天市垣。紫微垣是中垣,又称紫微宫、紫宫。它在北斗星的东北方。“太平天子当中坐,清慎官员四海分”,古人认为那是天帝居住的地方。封建帝王以天帝之子自居,他办理朝政与日常居住的地方也就成了天下的中心。又因皇宫是等级森严的封建社会中最高级别的“禁区”,便用紫禁城的“禁”字来强调皇宫的无比尊严。太微垣南有三颗星被人视为三座门,即端门、左掖门、右掖门;与此相应,紫禁城前面设立端门、午门,东西两侧设立左、右掖门。午门和太和门之间,有金水河蜿蜒穿过,象征着天宫中的银河。皇帝及皇后居住的乾清宫与坤宁宫,“乾”、“坤”二字就意味着天地的意思。其东西两侧的日精门与月华门,则象征着日月争辉。东西六宫及其他诸宫殿也都分别象征着天上的十二星辰和各个星座。

故宫的房间究竟有多少?有人说,有9999间房;有人说,故宫的房间应该有9999间半。那么,又为何有9999间半呢?半间在哪儿?原来,半间是指文渊阁楼下西头的那一小间。实际上故宫所谓的半间房是根本不存在的。文渊阁西头这间,面积颇小,仅有一座上下用的楼梯,但仍是一整间。文渊阁是藏我国第一部《四库全书》的处所,为了取“天一生水,地六成之”,以水克火之意,文渊阁一反紫禁城房屋多以奇数为间的惯例,采用了对称的偶数——6 间。但又为了布局上的美观,西头一间建造得格外小,似乎是半间房。故宫房屋到底有多少呢?据实地测量有 8600 余间,说有 9999 间可能是取其“九”以示至高无上之意。

故宫三大殿

来故宫参观的人,看过皇帝过着“三宫六院七十二妃”的生活后,总要找找关押失宠妃子的“冷宫”在哪里。故宫中路乾清宫、交泰殿、坤宁宫称为“三宫”。六院分别指东路六宫:斋宫、景仁宫、承乾宫、钟粹宫、景阳宫及永和宫。皇帝的妻妾众多,说有“七十二妃”,或“粉黛三千”。据《礼记》记载,周朝的制度是“天子后六宫,三夫人,九嫔,二十七世妇,八十一御妻”,这说明,早在我国周代,天子的妻妾就有夫人、嫔、世妇、御妻等名号,数量也相当惊人。封建帝王有着“至高无上”的权力,可以随心所欲地挑选妃子。“宫中多怨女”,在封建社会里,多少青年女子被关进宫内,终生不得自由!至于选到宫中的女子,一旦失宠,便在宫中禁室里等死,更为悲惨。故宫的“冷宫”在哪里?并无定所,但历来有两种说法,一说即是乾清宫、长春宫;一说“冷宫”无固定地址,关禁王妃、皇子的地方,便俗称“冷宫”。

查遍所见明、清史料,紫禁城无“冷宫”匾额,冷宫并不是某一处宫室的正式命名。根据一些文献记载,明、清时代被作为“冷宫”的地方有好几处。明末天启皇帝时,成妃李氏得罪了权势赫赫的太监魏忠贤,被由长春宫赶到御花园西面的乾西,一住四年。先后被幽居乾西的,还有定妃、嫔、恪嫔三人。这个“冷宫”在紫禁城内之西。

光绪皇帝的珍妃被慈禧落井之前，据说关在景祺阁北边北三所(现坍毁)，这地方就在今天珍妃井西边的山门里。如果这一出自太监之口的传闻属实，则此地也算得一处“冷宫”。

故宫各门匾中“门”字末笔直下至底没有向上的勾脚。为什么故意写成这样呢？据说宋偏都临安后，玉牒殿失火，殿门烧光。宰臣奏说，宫殿匾额中的“门”字，末笔都有勾脚，带火笔，因此招火，将这些匾额全部烧掉方能免灾。从此以后，凡宫殿的匾额，书写时“门”字末笔都直下，不勾脚。有一个为写“门”字而丧生的故事，更能说明宫殿匾额“门”字无勾的原因：明太祖在南京命中书詹希原写太学集贤门匾，所写“门”字，末笔微微勾起，多疑的明太祖便大发雷霆说：我要招贤，你詹希原这厮要闭门，塞我贤路！遂下令斩之。真是伴君如伴虎！

人们留意的话会发现故宫内的树木栽种得较少，翻开故宫的兴衰史，就能查阅到紫禁城里少古树原来跟清代的一次农民起义有关。1813年9月15日，北京宛平宋家庄(今大兴县宋家庄)人林清率领义军冲向东、西华门。东路义军受阻失利，西路义军攻入西华门，杀到隆宗门，门已关闭，义军见宫墙两边树木参天，便爬上大树，奋勇翻墙，并砍折树枝，准备火攻隆宗门……

三大殿院内不植树，有人说是怕隐蔽于树丛中的敌人威胁皇帝的安全。这种说明乍听似乎有理，实不尽然——故宫养心殿、御花园中古松苍柏高大茂密，怎么解释？有人撰文提出三大殿院内不种树，主要是出自烘托意境的需要。太和殿、中和殿、保和殿并称外朝三大殿，是皇帝举行盛典的地方，从位置上说居整个外宫建筑的中心，也是整个北京城的中心。为了突出这组宫殿的威严气势，建筑上采取了许多手法，其一便是院内不植树，从皇城正门天安门起，经端门、午门、太和门，这之间的一系列庭院内都无树木(现在端门前后的树是辛亥革命以后种植的)。如果在这些庭院内都种上树，绿阴宜人，小鸟鸣叫，那将会破坏朝廷的威严氛围。

的确，宽阔的广场、蓝蓝的天空，把三大殿映衬得更加威严壮观，让人肃然起敬。三大殿院内不种树是否还有其他方面的原因呢？我们不妨再探索、再思考，彻底解开这一名胜之谜。

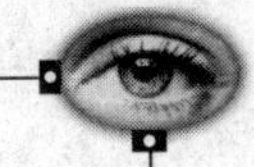

4. 丝绸之路的重镇——古楼兰

古楼兰位于今新疆巴音郭楞蒙古自治州若羌县罗布泊西岸,是新疆最荒凉的地区之一。这里悠久的历史、天方夜谭似的传说故事是多么令人神往;它那神秘地在地球上消失,又意外地出现,引起多少人的兴趣。许多中外游人和探险家都不辞辛劳地沿着丝绸之路向西进发,去目睹这座历史文化名城——古楼兰。1979 年 1 月,我国已故科学家彭加木就曾从孔雀河北岸出发,徒步穿过荒漠到达楼兰遗址考察。

楼兰遗址

楼兰在历史上是丝绸之路上的一个枢纽,中西方贸易的一个重要中心。司马迁在《史记》中曾记载:“楼兰,姑师邑有城郭,临盐泽。”这是文献上第一次记载楼兰城。西汉时,楼兰的人口总共有 14000 多人,商旅云集,市场热闹,还有整齐的街道,雄壮的佛寺、宝塔。然而当时匈奴势力强大,楼兰一度被他们所控制,他们攻杀汉朝使者,劫掠商人。汉武帝曾发兵破之,俘虏楼兰王,迫其附汉。但是楼兰又听从匈奴的反间之计,屡次拦杀汉朝官吏,汉昭帝元凤四年(公元前 77 年),大将军霍光派遣傅介子领几名勇士前往楼兰,设计杀死了楼兰王尝归,立尝归的弟弟为王,并改国名为鄯善,将都城南迁。但是汉朝并没有放松对楼兰的管理,“设都护、置军候、开井渠、屯田积谷”,楼兰仍很兴旺。

东晋后,中原群雄割据,混战不休,无暇顾西域,楼兰逐渐与中原失去联系。到了唐代,中原地区强盛,唐朝与吐蕃又在楼兰多次兵戎相见。“王月天山雪,天花只有寒。笛中闻折柳,春色未曾看。晓战随金鼓,宵眠抑玉鞍,原将腰下剑,直为较楼兰。”(李白《塞下曲》)。“清海长云暗雪山,孤城遥望玉门关。黄沙百战穿金甲,不破楼兰终不还。”(王昌龄《从军行》)可见,楼兰在唐朝还是边防重镇。然而,不知在什么年代,这个繁荣一时的城镇神秘地消失了。楼兰古城究竟在何方呢？成了人们猜了若干世纪的不解之谜。

楼兰古城的确切地理位置在东经89°55′22″，北纬40°29′55″。它占地面积为10.8万多平方米。城东、城西残留的城墙，高约4米，宽约8米。城墙用黄土夯筑；居民区院墙，是将芦苇扎成束或把柳条编织起来，抹上黏土。全是木造房屋，胡杨木的柱子，房屋的门、窗仍清晰可辨；城中心有唯一的土建筑，墙厚1.1米，墙高2米，坐北朝南，似为古楼兰统治者的住所；城东的土丘原是居民们拜佛的佛塔。

1900年3月，著名瑞典探险家斯文赫定(Sven Anders Hedin，1865～1952)带领一支探险队到新疆探险，他们在沙漠中艰难行进。我国维吾尔族人爱克迪在返回原路寻找丢失的铁斧，遇到了沙漠狂风，意外地发现沙子下面一座古代的城堡。他把这发现告诉了斯文赫定。第二年斯文赫定抵达这神秘城堡，发掘不少文物，经研究后断定，这座古城就是消失多时的古楼兰城。

楼兰城的再现，引得各国探险家争相前往探险觅宝。英籍匈牙利人斯坦因、美国人亨廷顿、日本人桔瑞超先后抵达这座“有高度文化的古城遗址”，掠走了一批重要文物。楼兰城从沙丘下被人发现了，但一个更大的谜困惑着探险家们：繁华多时的楼兰城为什么销声匿迹，绿洲变成沙漠、戈壁，埋进沙城呢？1878年，俄国探险家普尔热瓦尔斯基考察了罗布泊，发现中国地图上标出的罗布泊的位置是错误的，它不是在库鲁克塔格山南麓，而是在阿尔金山山麓。当年普尔热瓦尔斯基曾洗过澡的罗布泊湖水涟漪，野鸟成群，而今却成了一片荒漠、盐泽。也就是说，罗布泊是个移动性的湖泊，它实际的位置在地图位置以南纬度2°的地方。普尔热瓦尔斯基部分解开了这个谜。1979年和1980年，新疆科学工作者对它进行了几次详细考察，终于揭开了这个被风沙湮没1600多年的“沙中庞贝”之谜，使人看到了它的本来面目。

罗布泊怎会游移呢？科学家们认为，除了地壳活动的因素外，最大的原因是河床中堆积了大量的泥沙而造成的。塔里木河和孔雀河中的泥沙汇聚在罗布泊的河口，日久月长，泥沙越积越多，淤塞了河道，塔里木河和孔雀河便另觅新道，流向低洼处，形成新湖。而旧湖在炎热的气候中，逐渐蒸发，成为沙漠。水是楼兰城的万物生命之源，罗布泊湖水的

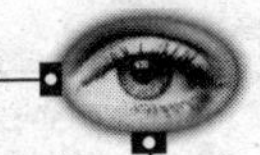

北移，使楼兰城水源枯竭，树木枯死，市民皆弃城出走，留下死城一座，在肆虐的沙漠风暴中，楼兰终于被沙丘湮没了。

5. 武则天的陵墓神秘多

武则天是唐高宗李治皇后，后为武则天皇帝，中国历史上唯一的女皇帝，并州文水（今山西文水东）人。武则天14岁时，唐太宗李世民召入宫为才人。太宗死后，则天入感业寺为尼。唐高宗即位，复召入宫，拜昭仪，进号宸妃，与王皇后、萧淑妃争宠，互相谗毁。永徽六年（655）高宗立武氏为皇后。王皇后被废不久，即与萧淑妃同被则天害死。则天素多智计，兼涉文史，自显庆末年起，乘高宗体弱多病之机，遂专国柄，威势日重。上元元年（674），高宗称"天皇"，武后称"天后"，宫中称为"二圣"。弘道元年（683）高宗去世，中宗李显即位，则天临朝称制。嗣圣元年（684）二月，则天废中宗为庐陵王，立睿宗李旦，继续临朝称制。则天于天授元年（690）称帝，国号周。废睿宗为皇嗣，改东都洛阳为神都。

武则天

武则天在夺取政权的过程中大肆剪除异己，打击政敌，并滥杀一些被她怀疑的大臣。唐初的元老重臣如长孙无忌、褚遂良、于志宁、裴炎及程务挺等人，少数被贬逐，多数遭诛杀；李氏皇室及宗室诸王相继杀戮殆尽。武则天以女主的身份号令天下，执政前又无自己的心腹，执政后多疑臣民不忠于己，遂任用索元礼、周兴及来俊臣等酷吏，广事罗织，严酷逼供，奖励告密，虽然消灭了一些政敌，但也滥杀无辜。到武周政权正式建立以后，斗争趋向缓和，此风才有所收敛。武则天为抬高武氏一族及宠臣李义府等人的社会地位，抑制旧门阀士族及李唐皇族，改《贞观氏族志》为《姓氏录》，把武家列入第一等，并规定凡五品以上官员皆入于谱。为了培植自己的政治力量，扩大其政权的社会基础，她举行殿试，创武举、自举、试官等制，员外置官，破格用人。这样做虽然选拔了一批才能之士，但也不免使官员倍增，流于冗滥。

高宗在位时，武则天曾上疏建言12事，其中有劝农桑、薄赋敛、息干戈、禁淫巧、省力役等进步的主张，高宗皆略施行之。在武则天执政的半个世纪中，由于隋末农民起义的作用及唐太宗贞观之治奠定的基础，也由于武则天沉重打击了旧士族和大贵族、大官僚集团，执行了一些具有进步性的政策，所以社会经济呈现出发展的趋势。武周政权建立后，她感到整个西域过于阔远，不易管辖，遂于长安二年（702）把天山以北地区从安西都护府划出来，另置北庭都护府，治庭州（今新疆吉木萨尔北破城子）。安西四镇（即碎叶、龟兹、于阗、疏勒）自垂拱二年（686）起为吐蕃所占。武则天不甘心失土，乃于长寿元年（692）遣王孝杰等大破吐蕃，恢复了四镇。武则天还非常重视著述，召学士先后撰成《玄览》、《古今内范》、《青宫纪要》、《少阳政范》、《维城典训》、《紫枢要录》、《凤楼新诫》、《孝子传》、《列女传》、《内范要略》、《乐书要录》、《百寮新诫》、《兆人本业》、《臣轨》等书。她另有《垂拱集》、《金轮集》等著述。

（1）乾陵地宫

乾陵地宫是武则天和李治的寝宫，是最令人神往、最迷人的地方。千百年来，不知有多少人梦寐以求，想弄清其中的奥秘，但是由于缺乏文字记载和考古资料，时至今日，人们对乾陵地宫仍然是不甚了解。毫无疑问，在进行科学发掘之前，要完全揭开乾陵地宫的神秘是不可能的。不过，我们可根据文献和考古资料所披露的蛛丝马迹，进行一些有益的探索。

乾陵（绘画）

从现存的文献资料记载中得知，乾陵外部有一条沟通地宫的“羡

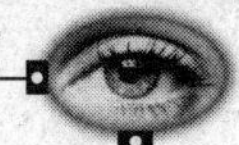

道”。就是我们通常所说的隧道。这条隧道是由堑壕(露天)与石洞两部分构成的。两段交接处便是地宫宫门的所在。1959～1960年,考古工作者曾两次对乾陵隧道进行了勘查与试掘。特别是1960年3月对隧道进行了大面积揭露。揭露的情况表明,乾陵的这条隧道露天部分全长63.10米,宽3.9米;位于梁山主峰南面中腰部脊梁偏东处。呈斜坡形状。内部结构是用1～2吨重的长方形石条叠彻。共叠砌了39层。表层约用410块石条。石条与石条上下、左右之间均以铁细腰挂板、铁棍拴拉,然后再在其缝隙之间浇灌铁浆,从而使石条之间不能移动,成为一体。通过隧道进入宫门。

根据文献记载,唐太宗昭陵的石门达五重之多。乾陵地宫石门有多少,不得而知,不过可以肯定,地宫的石门一定是坚固可靠的。进入宫门便可以到达墓室。墓室是地宫的主体,根据“号墓为陵”的懿德太子墓推测,乾陵地宫墓室至少是前、中、后三室。从唐人的宇宙观和已发掘的王公大臣、皇亲国戚陪葬墓分析,墓室的结构当是上圆下方,顶部为穹隆式,底部是四方形。至于墓室的大小,目前尚无具体材料可资说明。可以想象要比永泰公主、懿德太子墓室大得多。

地宫里有些什么东西,这是人们最关心的问题。从《唐六典·大唐元陵仪注》文献中,我们可获得一点信息。首先,地宫的中室或中部,有“棺床”,“棺床”上放着皇帝的棺椁。棺材的底部有防潮材料及珍宝之类。上加“七星板”,板上有席、褥,旁置衣物及硅、璋、壁、琥、璜等“六玉”。皇帝身穿12套大敛之衣,口含贝玉,仰卧于褥上,面对棺盖。棺盖内侧镶有黄帛,帛上画着日月星辰及龙鱼等物。其次,后室或后部设有石床,石床周围放置衣冠、剑佩、千味食及死者生前的玩好之物。再次,前室或前部则设有“宝帐”,帐内设有神座。神座之西,放着玉制的“宝绶”、“谥册”和“哀册”,之东放置一些“玉币”。

除此之外,地宫里还置有“白佩”、“素幡”和“明器”等。从武则天所撰写的《述圣纪碑》碑文中考证,地宫里还有不少珍贵书籍和名人字画。史载,五代时期耀州节度使温韬盗掘昭陵时,见“宫室制度宏丽,不异人间”,“前世图书,钟王纸墨,笔迹如新”。这说明昭陵地宫的封闭程度是很高的,那么乾陵作为两位皇帝寿终正寝之地,其中封闭的程度一定超过昭陵。从1960年发掘隧道时得知,乾陵至今未被盗掘。那么,可以想象，“待到幽宫重启”之日，将会出现世界第九大奇迹。展现在我们面前的将是一个金碧辉煌的世界。

(2)无字碑之谜

乾陵“无字碑”立于朱雀门外司马道东侧阙楼前，高大雄浑，闻名于世，但碑上没有刻一个字，引得历代无数的游人和学者抚碑遐思，不得其解。“无字碑”起源较早，史载东晋太元八年(383)。前秦苻坚率军70万南侵，淝水一战，晋太傅谢安以8万兵力击溃了苻坚，“淝水之战”遂成为中国军事史上以少胜多的著名战例之一。谢安死后，有人认为谢安功高莫名，应立碑而不刻文，意即功劳之大，非语言所能表达，“无字碑”之说，可能由此而来。

封建社会的帝王陵前本来是不树碑的，墓穴内也不放墓志铭。其用意是认为皇帝的功德太大，难以用文字去表达。但是乾陵却突破了这一惯例，在朱雀门外竖了两通高大壮观的石碑，一个是女皇武则天的“无字碑”，一个是唐高宗的金字“述圣纪碑”，堪称“历代群碑之冠”。历史上帝王陵墓前立“无字碑”者，以唐乾陵为最早。乾陵“无字碑”用一块完整的巨石雕成，通高7.53米，宽2.1米，厚1.49米，重98.8吨。圆首方砖，碑首刻有八条缠绕生动有力的螭龙。螭是古代传说中一种没有角的龙，螭首作为装饰，常见于古代青铜彝器、碑额、屋脊、殿柱及印章上。碑身两侧各刻有冉冉腾飞的《升龙图》一幅，高4.12米，宽1.19米，龙爪锋劲尖利，身躯矫健扭动，腾云驾雾，充满活力。龙头之上有一展翅翩跹的金凤凰，神态飘逸若仙，出神入化，绝前仅有，令人叹为观止。趺座阳面正中线刻《狮马相斗图》，长2.14米，宽0.66米。图中雄狮昂首怒目，威猛强健，而马却屈蹄俯首，伺机待逃。整个“无字碑”

乾陵“无字碑”

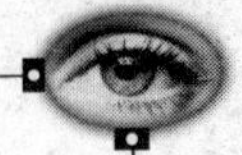

浑然一体，雕刻精美，不愧为我国历代群碑中的巨制。

乾陵“无字碑”盛唐时立，但却未刻唐人一字，个中缘由，后人纷纷猜测，如今留在“无字碑”上密密麻麻、模糊不清的字迹、宋金以来文人学士的诗文和近年来人们不停地议论，正说明人们对它的关注和解谜之迫切。据笔者搜集资料所知，到目前为止，对武则天“无字碑”大致有如下几种说法：

第一，德大说。有人说武则天以女子称帝，创前代未有之奇局，自认为功高德大，可与秦始皇相匹。秦始皇尝作无字碑以颂其德，武则天仿而效之，故有此碑；而另有人说武则天死时，自认为功高德大，非文字所能表达，故仅立白碑，不刻文字，取《论语》“民无德而称焉”之意。

这种说法，初看似乎不无根据。今泰山云海之中，确有一座被认为是秦代的“无字碑”。可是，仔细一想，《史记·秦始皇本纪》和《封禅书》载秦始皇刻石之事甚详，但没有提到在泰山立“无字碑”一事。假使武则天仿效秦始皇，那她应将“无字碑”立于泰山，而不应树在墓地。更何况武则天葬乾陵是她死后才决定的事，她怎么会将自己的功德之碑提前立于乾陵的观阙前？而《论语》所谓“民无德而称焉”是孔子针对泰伯三让天下而言的。意思是说，泰伯品德极高，老百姓简直找不到恰当的词来称赞他，泰伯不是“帝王”，故“民无德而称焉”，决无“帝王德高功夫”之意。说明《论语》所言与“无字碑”并无关系。

第二，自惭说。有人说，武则天喜欢自诩，临终大树碑石，以歌功颂德，但撰写碑文时，愧于自己的所作所为，因而留下了“无字碑”。这种说法忽视了一个基本事实，史书上有关武则天晚年的材料较多，但没有临终“自惭”的记录。再者，武则天生前曾为其父立了“大周无上孝明高皇后碑”，为自己立了“大周万国颂德天枢”，临终前怎么会一下子“惭愧”到这步田地？更何况武则天合葬于乾陵是她死后唐中宗决定的。如果说武则天确曾惭愧，那么她为什么还要留下这块白碑？为什么临终前不将它粉碎？舍此勿论，大家知道武则天曾给唐高宗树立了金字“述圣纪碑”，并且亲自撰文赞颂其功德，如“七曜”光照天下。而她临死时却要在“述圣纪碑”对面立“无字碑”来表示自己的功高德大，非文字所能表达，那就无疑等于贬低唐高宗这种背乎情理的事，她能做吗？武则天曾为自己立了“颂德天枢”，难道说那时候她自认为自己功不高，德不大，可以用文字表达，而在临终树墓碑时一下就变得非文字所能表达了吗？

第三，称谓说。有人说："无字碑"不是武则天自立的，而是唐中宗李显给武则天立的，白碑立好后，李显在武则天的称谓是书为皇帝还是镌为母后问题上举棋不定，从而形成了"无字碑"。这种说法表面上有些道理，实际上幼稚得很，《唐书》载：武则天临死前，曾宣布去帝号，死后亦被谥为"则天大圣皇后"，且终中宗之世，通称"则天大圣皇后"。因此，唐中宗真要给武则天立碑，称谓是不成问题的。纵或有些称帝后之纠纷，也在乎中宗一念之间，何至于举棋不定，以致留白碑一通！

第四，非碑说。有人说："无字碑"不是碑，而是"祖"。"祖"代表宗庙，当然不写文字。持此种说法者是见"无字碑"在左，"述圣纪碑"在右，便硬与古代的"左祖右社"相类比。殊不知"左祖右社"并非陵墓碑石。史载先秦时代，天子诸侯立"祖"于宫殿之左，以祀先祖，置"社"于宫殿之右，以奉土神，谓之"左祖右社"，此说有标新立异之嫌。

第五，遗言说。此说似近情理。武则天自显庆五年（660）参与朝政到神龙元年（705）归位中宗，内辅外临数十年，治宏贞观，政启开元。维护了唐王朝的强盛局面，确实算得上是风流人物，巾帼英雄。因此，遗言"己之功过，留待后人评价"是有可能的。孰不知，此说是郭沫若在"我怎样写《武则天》"一文中首先提出来的。此作原刊于《光明日报》1962年7月8日。该文略云："没字碑，是纪念武则天的碑，原无文字。据说是根据武后的遗言：自己的功过由后人评价，不刻文字。"郭老名气大，这一观点一提出，很快被人们接受。后来又有人按照自己的意思发展了郭老的观点，擅自去掉了原话中的"据说"二字，使语气变得十分肯定。当然，如果武则天果真留下了这样的遗言，那么无字碑的真相自然就大白于天下了。但问题在于，有关武则天的最主要的史籍如两《唐书》、《通鉴》、《唐会要》所载武则天遗制中并没有这样的词句。因此所谓的武则天"遗言"，纯系想当然而已。从目前情况看，这种观点比较流行。

武则天死后，李唐皇室争斗频繁激烈，先是韦皇后效法武则天事，继而李隆基杀韦皇后并其党羽，又与太平公主发生激烈冲突；直到先天元年（712），睿宗让位给太子李隆基后，争斗不安的局面才算稳定下来。在这7年左右的内争中，也有可能将撰写碑文、刻碑之事搁置一边而无暇顾及或因中宗的早死，睿宗的昏庸而未能为文之故。因此，武则天的“无字碑”恐怕也与动荡的局面，中宗、睿宗的修养、态度及别的一些个人因素有关。

近年来有关人士曾对“无字碑”作过仔细的考察和研究，发现在碑之阳面，从上到下，布满了4.5厘米见方的格子。这些格子绝对不是后人刻上去的，只有一种可能，这就是当初立“无字碑”时是准备往上面刻字的，而且已经写好了碑文。根据留在碑面上的格子计算，碑文约3300余字。因之推测：乾陵“无字碑”是武则天死后由嗣皇帝中宗立的。“无字碑”之所以无字或因嗣君中宗、睿宗对生母武则天的功过难于启齿：或继位人对违反祖制立的“述圣纪碑”不赞同；或是与当时朝廷内外的形势，当权者个人情况以及武则天“遗制祔庙、归陵、去帝号、称则天大圣皇后”等有关系。

(3)章怀太子墓为何有两合墓志

墓志是人们为纪念死者或他们的先祖，把其事迹、经历和德行、功勋铭刻于石，埋在墓中，借以留传久远的一种方式。其性质和碑刻相近。散文体的叫“志”，韵文体的叫“铭”。刻石上有志无铭称之为墓志，有铭无志称之为墓铭。大多数志铭二者兼而有之，就叫墓志铭。人们习惯统称“墓志”。

据文献记载和考古资料表明，墓志起源于南北朝，盛行于隋唐。因此，唐代墓志是中国古代历史文化的一部分，对于研究唐代政治、经济、文化以及社会生活等具有重要的参考价值。

纵观唐代墓志，大多数都是一墓放置一合墓志。但乾陵陪葬墓之一的章怀太子李贤墓内却放置了两合墓志，比较特殊。那么别的墓葬只有一合，为什么这里是两合，而且是不同的两合呢？这是因为墓主人有一段不平常的经历。两合墓志映射出了李贤太子身后的三次葬礼。

章怀太子李贤，是高宗李治与女皇武则天所生的第二个儿子。曾立为太子，在太子监国期间，协助父皇处理朝政，颇有声望。读过《后汉书》的人都知道有“章怀注”，注者正是这位章怀太子。在我国学术界知名度颇高。正是在《后汉书》的注解中，出现了抨击母后临朝，外戚专权的文字。他的母亲武则天，便以他私藏武器、阴谋政变的嫌疑，废为庶人，贬谪四川巴州(今四川巴中县)。在他31岁那年，被杀害，随后葬巴州城南化成山麓。这是李贤第一次埋葬。他的兄弟唐中宗李显复位后，于神龙二年(706)将其迁回京师，以雍王身份陪葬乾陵。这是李贤的第二次埋葬，这次埋葬就有了第一合墓志，即“故雍王墓志铭”。5年之后，他的二弟睿宗李旦在位，彻底为他平反昭雪，追封为章怀太子，与其妻房氏合葬。这是李贤的第三次埋葬，这次埋葬出现了第二合墓志，即“大唐故雍王赠章怀太子墓志”。三次葬礼，一次比一次隆重、荣耀。反映了当时宫廷政治形势的不断变化。然而故事却是苦涩的，一点儿也不叫人感到温暖、甜蜜。这亦是围绕武则天墓的一系列谜当中唯一探索得比较清楚的一桩事。

(4)乾陵六十一尊石像的真实身份

乾陵石像

乾陵前面立有61尊石像，他们究竟代表什么人？有的说那是当年参加高宗葬礼的61个国家的首领、大臣和客使。在唐代史籍里并没有这方面的记载。此说是现代人根据宋徽宗之第三子、郓王赵楷《乾陵记》中有关“乾陵安葬，各民族来奔丧助葬的人怎么这么多”的感叹推测得出的。这批石像初立时，可能是64尊。根据《大汉原陵秘葬经·碑碣基仪法》中天子山陵前设石像均左右对称排列如下：禁围前安左右侍人、左右皇门使、御马二匹、侍官四对的记载，结合陵前其他石刻对称式左右排列的方式，这批石人像应是东侧32、西侧亦应32。初立时，背部均刻有名衔，以标明其身份、姓名、官职和国家。随着日长月久，自然侵蚀和人为破坏，大部分文字已不复存在。史学家们根据《长安志图》、《金石录补》等文献，研究考证出了其中的36人。这些人名为今天研究全部石人的真实身份、来历和意义提供了极为珍贵的资料。

这36人当中，真正属于国王者只有6人，即龟兹国王、疏勒国王、于阗国王、朱俱半国王、康国王、波斯国王；王子2人，即吐火罗王子、石国

王子；客使 3 人，即东突阙使 2 名，吐蕃使 1 名；唐朝的十二卫大将军、将军，计 17 名；其余的则是本州的都督。由此可见，这批石人是由 5 种成分构成，即国王、王子、客使、大将军或将军、地方都督。

36 尊石像中，有些人的生平事迹和生卒年月在唐代史籍里可以找到，根据记载，他们有些在高宗入葬乾陵前几年就已去世，有些是武则天执政以后才册封的，因此，他们是武后当政时雕刻，武后合葬乾陵时才树立起来的。还有十余尊石人名衔冠有“故”字，表明他们在立像时，就已亡故。既然如此，这批石人是参加当年高宗葬礼的观点难以成立。

6. 虎丘剑池之下有没有吴王墓

虎丘，位于江苏省苏州市城西北，素有“吴中第一名胜”之誉。宋朝大文学家苏东坡说“到苏州而不游虎丘者，乃憾事也。”虎丘高 36 米，周围 630 米，面积约 20 万平方米。虎丘本名海涌山。公元前 550 年，吴王阖闾死后，夫差即位，在此修筑坟墓，葬后三日，有人见一白虎踞蹲其上，遂起名为虎丘。到唐朝，因避唐太祖李虎的讳，曾改名为武丘，宋朝以后才复称虎丘。

“虎丘剑池”四个大字。是我国唐代著名书法家颜真卿所书。颜体素有“蚕头燕尾”之称，造诣极深。当年他写这四个大字之后，经过很多年“虎丘”两个字逐渐断落湮没，到了明代苏州太守马之骏命令著名的石刻大师章仲玉将虎丘二字进行描摹补刻，但是后人看来总觉得“虎丘”二字没有“剑池”二字写得那么好，那么漂亮，所以有“假虎丘真剑池”之说。称为“假虎丘真剑池”还有另一种意思，这也暗示着阖闾墓的秘密，因为剑池的东西两壁悬崖陡立是天然形成的，而虎丘的后山则是人工用土垒建成的，目的就是为了掩盖吴王阖闾的墓。

据《越绝书》记载：“阖闾之葬，穿土为山，积壤为丘，发五都之士十万人，共治千里，使象运土凿池，四周广六十里，水深一丈，铜口三重，倾水银为池六尺，黄金、珍玉凫雁。”此外，还陪葬了 3000 柄鱼肠剑。

相传吴王阖闾——这位 2500 年前春秋时代吴国的国君就埋葬在虎丘剑池里。剑池两岸峭壁如削，藤萝斜挂，上跨正桥，下临深渊，是虎丘著名的一景。据《郡县志》记载，秦始皇时，为求珍异，曾在虎丘凿石寻找吴王墓，结果未知所在；三国孙权时，又穿石找寻，亦一无所获，其凿石

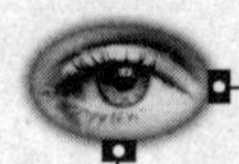

处，遂成深渊，变成了今天的剑池。

"虎丘剑池"石刻。"虎丘"为明章仲玉描摹补刻；"剑池"为颜真卿所书

吴王阖闾墓之谜，在阖闾下葬后即已产生。虎丘另一名胜"千人石"，相传就是吴王夫差葬父后，怕工匠们泄露坟墓的秘密，而杀死全部的筑墓匠人。如今"千人石"断面色泽略带有暗紫色斑驳的痕迹，据说是被害者的血迹，这给吴王墓又添一分传奇的色彩。

剑池下面究竟有没有吴王墓？公元 988 年和 1523 年，剑池曾两次水涸池空，游人竞下探之。据地方志记载，剑池上面东石壁洞处，折向朝南的山崖上石刻"蛟龙听法"四字之上，有明朝时苏州解元唐寅、宰相王鏊等人的石刻记事。内容说："在明正德七年(1512)剑池水涸，在池底发现了吴王墓，两千年神秘一旦显露可悼也。"当时由几个县令派人把墓穴的洞穴用泥土淹没了事。王鏊还写了一篇《吊阖闾赋》表示感慨之情。由于历史上常有人坠落剑池溺死，剑池便附会了不少神话传说，说什么深不可测，下藏飞刀等等，故一直无人敢下池探险。

"千人石"

1955 年，为了进一步弄清剑池下面的奥秘，苏州市文管会和园林部门曾将积水抽干，在地底北首斜坡下淤泥淹没的岩石中，发现一个上锐下广的三角形洞穴。洞中有一条 10 米长的古甬道，可容一人出入，举手可摸到顶，从上到下方正笔直，从而可知是开山劈石而凿成的。甬道尽头为一喇叭口，前有 1 米许隙地，可容四人并立，当面有石灰石凿成的长方形石板四块，一块平铺埋土脱榫，斜倚在第二块上；第三块上有凸出如饭碗口大的铁

锈疤一个。这三块大青石板,无疑就是墓门了。据形制分析这是一种洞室墓,剑池表示为竖穴,南北向,池底的石穴是洞室的通道,符合春秋战国时代墓制的形式。由此也可考证,虎丘剑池是由人工凿成,是为了掩护吴王墓而设计的。因此,所谓秦始皇、孙权穿凿成涧的说法是没有根据的。

由于所推测的吴王阖闾之墓的位置,正好在虎丘塔的基岩下面,所以发掘工作只得停止下来。正是"地圻重渊积,人亡宝剑藏,千年断崖月,何处照龙光",作为春秋末年五霸之一的吴王阖闾之墓到底是什么样的?在未经考古发掘之前,还是一个待解之谜。

7. 奇异的葬俗——悬棺

悬棺是我国古代一种奇特的葬俗,它曾分布于我国南方许多地区,已知有台湾、福建、江西、广东、广西、湖南、湖北、贵州、四川等13个省(自治区),在东南亚及太平洋南部岛屿上也有发现。神奇的悬棺现象,一直是我国名胜古迹之谜,历来为中外学者所关注。1981年我国曾在四川珙县召开全国悬棺葬制学术会议,与会代表一致认为,各地悬棺是祖国宝贵文化遗产的一部分,揭晓悬棺族属、时代之谜,有着重大的科学意义。

我国的悬棺葬制有着悠久的历史,远自我国商周时代便已出现。如福建武夷山上的船棺,经科学测定为3800年前的遗物,被认为古代越人先祖所为。其他还有江西贵溪的崖棺,被定为2000年前春秋战国的遗物,其民族被定为干越和瓯越人。贵州省松桃的悬棺是距今1600年前的晋代遗物,视为濮人所葬……

四川大宁河小三峡内的岩棺就是典型的悬棺遗迹。在"岭峭山奇险水多"的小三峡旅行,能看到陡峭如劈的褐色山崖的岩隙中,横搁着一具具漆灰色的棺木,当地人称其为"铁棺材"或"仙人棺"。泛舟大宁河,仰望铁棺材高悬云雾中,特感神秘莫测。

大宁河岩棺一共有多少?据有关单位查勘,已发现7处岩棺群,岩棺总数300多具,其中棺木保存完整的有70多具。岩棺距河面最低的有30米,最高者有500米以上;从岩顶下去也有300多米。如此"上不着天,下不着地"的悬棺是怎样安置进去的?实在让人百思不得其解。

大宁河小三峡内的悬棺

综合各地悬棺的现场观察，人们有这样三种解释：一为栈道说，即悬棺是通过平行的桩孔，联桩铺道而设置；二为下索说，人们曾在桩孔旁发现有踏脚窝，即用绳索从山顶悬着棺材向下放置的；三为上攀说，即指距地面较近的棺木，可能为人工攀登悬置而成。大宁河小三峡的悬棺重达500千克，要将它搁置在崖洞之中，的确不易。至于用何种办法，说法也挺多，但比较可信的是第二种说法，即下索说。

据巫山县志记载，古代人死之后，“于临江高山半助龛凿以葬之。自山上悬索下棺，弥高者以为至孝。”过去巫山一带民间有这样的说法，老人在未死时，自己选好一个岩洞作为葬地，命小辈营造，死后就能及时安葬。这些营造悬棺葬地的人，是用“放虹”（即用绳索自山顶悬荡而下）的办法，进岩洞做好地基。然后再将棺材化整为零，一块块吊下来，在岩洞里就地再安装成。待人死了，就将尸体和随葬品分别用同样的“放虹”方法，悬放下来，安置在棺中。巫山某些地方至今仍保留有生前预营墓地风俗，也许能说明这种解释有一些可信处。这种“放虹”，可放300～500米长。由于绳索是用葛麻加细篾、皮条搓就的，故不易磨损和被飞禽猛兽咬断。巫山一带的农民到岩壁上采药，大都用这种办法。过去有的人以为悬棺中有金银财宝，就“放虹”荡下去，见棺材里无非是一具尸骸加上一些竹木器皿，便一扔了之，破坏了不少悬棺。

悬棺是一种带有传奇色彩的葬俗，是我国重要的民族文化遗迹。古代人为何要将棺材悬置高山绝壁上，是众人猜疑而多年未获解答的历史之谜。目前，对古人实行悬棺也有数种解释：一说是借音“高棺（官）”，以使子孙后代显贵；一说是保护先人尸体，不让人兽侵犯；再一说是实行

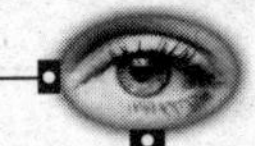

悬棺的民族过着游猎生活，随山而居，沿山而葬。总之，有关悬棺历史的研究刚刚开始，悬棺之谜有待全面揭开。

位于大宁河上游的巫溪县境内的荆竹坝，是悬棺最集中的地方，在一面明崖上，就有24具悬棺，站在崖下，用肉眼能看得清清楚楚的就有十几具之多。1980年8月，取下一口完整的悬棺，悬棺并非“铁棺”，而是地地道道的木质。棺木的底盖，都是整木刳成，内壁的刀斧痕很明显，棺材里面是两个孩子的骨骸，主葬者是一个部落首领的儿子，大约十二三岁；殉葬是一个十五六岁的女孩，女孩的两个犬齿全被敲断了，可能这是当时的习俗，女孩头盖骨左侧耳门附近有一个不规则的圆孔，很可能是被铜器打穿头颅致死，被放入棺中陪葬的。棺中还发现铜环、铜手镯。据专家考证，这悬棺最晚也在西汉末年。“铁棺材”之谜被初步揭开了。

珙县僰人悬棺

僰人悬棺是明代以前的古代崖葬墓群。主要集中在四川珙县麻塘坝和苏麻湾两地。麻塘坝悬棺是僰人悬棺的核心部分。位于珙县洛表镇西南麻塘坝，坝东西宽300～500米，南北长约1000米，螃蟹溪从坝中川流而过，溪岸东西对峙着21座连绵起伏的山崖，悬棺就分布在绝壁上。现存223具，以木桩悬棺为主。置棺高度一般在20～60米，高者达100多米。绝壁上还有密如蜂眼的桩孔遗迹和红色彩绘岩画200多幅。岩画内容丰富，有骑射、舞蹈、杂技和各种动物、武器、几何图形等，形象古朴生动。其余悬棺葬遗迹也有类似岩画。

麻塘坝悬棺相对集中在棺材铺、狮子岩、九盏灯、大洞口、邓家岩、三仙洞、珍珠伞和老鹰岩等处。以将死者的棺木放置在悬崖绝壁上为特征。目前共有保存的悬棺265具，是目前保存数量最多、最集中的地方。

置棺高度，一般距离地表10～50米，最高者达100米。置棺方式，一为木桩式，即在峭壁上凿孔2～3个，楔入木桩以支托棺木；二是凿穴式，即在岩壁上凿横穴或竖穴，以盛放棺木；三是利用岩壁间的天然洞穴、裂缝盛放棺木。

悬崖峭壁上的悬棺群

苏麻湾悬棺在曹营乡海棠村邓家河北岸。山峦重叠，上筑有不少古堡山寨，悬棺即位于与之对峙的苏麻湾岩壁。现存悬棺42具，其中7具置于天然洞穴和岩墩上，35具置放在木桩上。

最近，在湖北秭归县西南部的磨坪乡发现一悬棺群。该悬棺群位于磨坪乡杨林桥村二组的升坪河岸边，分布在长20米、高100米的峭壁上，木质棺材全部置于人工开凿的洞穴或山崖的石缝之中。洞穴直径约2.5米、高1.5米。经初步统计共有悬棺131副。悬棺所在地都是山水相连的地带，山多是悬崖峭壁，水多是激流湍急的源头或陡坡下游，封上敛下，人迹罕至。千百年前，古人是如何将笨重的棺木和尸骨置放到悬崖高处的？一直是世人关注的焦点。此次，秭归考古队员通过高倍望远镜观察悬棺群，竟发现悬棺群最高处的一个洞穴内有一捆绳索。如果进一步考证，证实这捆绳索与洞穴内的棺木同属一个时代，则将为揭开悬棺的神秘面纱提供有力的佐证。

8. 明十三陵地宫知多少

北京十三陵的地面建筑雄伟壮观，但它仅仅是陵墓上的装饰，真正的陵墓建筑，则是那埋葬在地下的宫殿。古代封建帝王为了长久保存自己的陵墓，防止被人挖掘，往往把坟墓封藏得极为严密，还编造了许多神话，做了不少的机关，因此要打开地宫之门，是件十分艰巨的工作。

1956 年 5 月,我国开始正式发掘十三陵中的定陵。定陵埋葬的是明代第十三代皇帝朱翊钧和他的两个皇后。这位万历皇帝 10 岁即位做皇帝,22 岁即修定陵,用了 6 年时间,役使军匠、工匠达 3 万余人,花费了 800 多万两银子,相当于那时全国两年的农田赋税收入。主要建筑有陵门、陵恩殿、明楼、宝城、宝顶和地下宫殿等部分。明末以后,除明楼、宝顶外,其他地面建筑均遭到多次破坏。

定陵前的神道

刚开始发掘时,找不到打开地宫门的标记,经过仔细观察,在坟茔围墙宝城的东南侧发现有几层砌砖塌陷下来,原来是一处券门。于是,考古工作者便决定在此试掘。工作将近两个月,发现一条 3 米多宽的隧道,两旁用砖砌墙,很可能这是下葬时运送棺椁的通道。按照它的走向,在前面又开了一条深沟。当挖到隧道尽头时,发现墙上嵌一小石碑,碑上刻着:"此石至金刚墙前面十六丈深三丈五尺。"为何要刻此石,这不是为盗墓者指明方向吗?原来,定陵建成后的 38 年,才迎来自己的主人。加之明代帝后丧葬习惯是先死的先葬,后死的后葬。这样,墓室封埋后还得重新打开。工匠们为了施工方便,便秘密留下这标志。

根据小石碑的指引,又发现了石隧道。艰苦挖了一年时间,终于看到顶饰黄色琉璃瓦,多层石条垫底的"金刚墙"。仔细看金刚墙面,有一个不显眼的呈山字形的痕迹,好像是一座门。的确如此,取掉里面的砖,便进入地宫的隧道券。一座洁白、神秘的石门出现在眼前,进了大门便到达地下宫殿了。

随着地宫大门在望,种种说法也随之而来,发掘队四周笼罩着紧张神秘的气氛。有的说,帝王陵里遍布机关,暗箭很多,箭头是用毒汁浸泡过的,一碰就丧命;有的说,墓门上搁有千斤石,下有滑动石板,稍有不慎,不是砸得粉身碎骨,就是跌落深渊陷阱;有的说,陵墓长期封闭,尸体什物腐烂形成的有毒气体,足以把人憋死等等。在郭沫若、邓拓、吴晗等专家、领导的关心支持下,发掘队做了详细的准备工作。他们从地宫石门的缝隙中观察,看到石门是用"自来石"封闭的。这种"自来石"上端顶住门内凸起部分,下端嵌入券门地面上的凹槽内,这样石门就推不开了。发掘人员用指头粗的钢条,弯成一定形状,伸进去卡着石条移门,用手轻轻一推,重量大约在 4 吨左右的偌大两扇石门竟徐徐打开了。积存了几百年的潮湿气味扑面而来,没有暗箭,没有陷阱,连防毒面具也没有使上。神秘的地宫之谜终于被揭开了,定陵里出土的 3000 多件殉葬品,既反映了古代人民的高超工艺,又揭示了明朝整个时期的历史面貌和统治者的穷奢极欲以及明王朝走向衰败的特点。

这是十三陵中第一个被发掘的帝王陵墓。在这里出土稀世珍品 3000 余件,其中尤以金冠、凤冠引人注目:金冠全部用金丝编成,不露任何接头痕迹,上有二龙戏珠,姿态生动,目前全国只此一顶,是一件价值极高的珍贵文物;凤冠定陵共出土 4 顶,每顶凤冠镶嵌珍珠 5000 余颗,宝石 100 余块,皆富丽堂皇。该陵地宫由前、中、后、左、右五个高大宽敞的殿堂联结而成,总面积约 1195 平方米,全部为石结构拱券式。

中殿安放着 3 个汉白玉石雕刻的石宝座,座前放供品和长明灯。左右配殿虽有棺床但未放置棺椁,后殿的棺床上放着 3 具复制的棺椁,中间是万历皇帝朱翊钧,两边是孝端、孝靖两个皇后。

定陵的地宫神秘历史已成过去,那么其他十二陵的地下究竟是什么样子呢?从定陵的地下宫殿建筑来看,它由前、中、后、左、右五个宽敞的石结构殿堂组成,内有石门相隔。这种建筑形制是宫殿的格局,汉唐以来的大型坟墓,皆采用此形制。故可以推断,明十三陵各陵的地宫的建筑格局基本相同。但是,明十三陵建于不同时期,从明朝鼎盛时期一直延续到衰落,各陵地宫肯定有其独特的奥秘,今后将十三陵各陵皆打开,

待发掘的第二座地宫——昭陵

那无疑成为世界上最大的地下博物馆！

9. 东方金字塔——西夏王陵

西夏陵位于银川市西郊、贺兰山东麓，现有 9 座帝陵、250 多座陪葬墓，陵域面积达 50 平方千米。西夏王陵坐落在贺兰山下一片奇绝的荒漠草原上，进入陵区，九座西夏帝王陵园和 200 多座王公贵戚的陪葬墓一览无余。这片博大雄浑的陵园建筑遗迹不仅被日本游客称为"东方金字塔"，而且给人留下许多难解的谜。

西夏王陵不仅吸收了秦汉以来，特别是唐宋王陵之所长，同时又受到佛教建筑的影响，使汉族文化、佛教文化与党项民族文化很好地结合在一起，构成了我国陵园建筑中别具一格的形式。西夏王陵规模宏伟，布局严整，每座帝陵占地都超过 10 万平方米，由阙台、神墙、碑亭、角楼、月城、内城、献殿、灵台等部分组成。

西夏王陵一带地势平坦，被山洪冲刷出的道道沟坎纵横交错。这些不太深也不很宽的山洪沟里，生长着北方特有的酸枣树，树冠不大，但厚实油亮的绿叶却十分浓密。它们像一条条绿色的丝带，疏密相间地交织在方圆 53 平方千米的陵区里，网着那一座座高大突兀的陵墓。

令人感到神奇的是，没有一条山洪沟从帝王陵园和陪葬墓园中穿过。西夏建陵近千年，贺兰山山洪暴发不计其数。但是，沿贺兰山一线，仅有西夏陵区这片土地没有遭受山洪袭击,原因何在?至今是谜。

西夏陵园内最为高大醒目的建筑,是一座残高23米的夯土堆,状如窝头。仔细观察,其为八角,上有层层残瓦堆砌,多为五层。于是有学者认定,它在未破坏前是一座八角五层的实心密檐塔,"陵塔"之说便屡见报端。但塔式建筑缘何立于陵园之内,其功能、作用若何则少有人说得清楚。至于这座"陵塔"又为什么建在陵园的西北端,学术界的说法至少有四种,各执一端,据理争辩了10多年不见分晓。

西夏王陵三号陵

在9座帝陵中,三号陵是保存现状最好的一座,一向被认为是西夏开国皇帝元昊的陵墓,也是目前对游人开放、游人必到之处。其陵园外有角台,内有鹊台、碑亭、献殿、陵塔、墓道等多种建筑遗迹。其月城与陵城呈"凸"字形连接。经国家文物局批准,宁夏文物考古研究所和西夏陵区管理处对三号陵进行了长时间、大规模的发掘。

自2000年5月至2001年10月底,他们分四个阶段对陵园进行全面发掘清理,共揭露面积3.2万多平方米,清理出大量建筑材料。其中仅瓦当就有14万件之多,不少建筑装饰构件具有很高的价值。这次清理发掘,时间之长、规模之大、收获之多在西夏考古史上都是无可比拟的。

西夏陵留下了许多历史之谜,罩在这"东方金字塔"上的,是层层神秘的面纱。如今,经过多年大规模的清理发掘,西夏陵神秘的面目正渐渐显露,考古专家终于可以大致描绘出西夏陵三号陵的原貌了。

在三号陵中,月城和陵城都是以神墙作为主要建筑标志的。如今,这些神墙虽然残高尚有2米左右,但都已变成残垣断壁。墙基堆满了瓦砾和泥土,令人难以窥测其原貌。这次清理,彻底揭开了神墙的秘密。原来,不论是月城还是陵城,墙体都直接筑在原有的沙砾碎石之上。这种土墙,是用长约3米的木板两面夹住,中间用黄土夯筑,每层夯土厚度

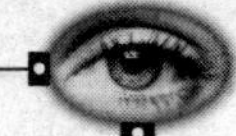

多在 10 厘米以内。墙体夯筑完成后，再在上面抹上 1 ~ 2 厘米厚的草秸泥皮，然后再涂上半厘米厚的赭红泥皮。这样，陵区神墙全是一片红色。尤其令人欣喜的是，专业人员竟在墙根两侧不足半米处发现了成排的小坑，原来那是滴水线。专业人员据此不仅推断出墙体的高度，而且断定神墙顶部有覆瓦出檐。而墙体两侧至今可见的凹槽，原是放置支撑上部建筑物的木柱的。之所以将木柱置于凹槽之内，是因为这样既能用墙体保护木柱，又使墙体保持一致、美观大方。

王陵区

长时期以来，西夏陵一带年均降雨只有 200 毫米左右。历史上，这一带降雨也很少。而两侧滴水线上的滴水坑窝径竟有 2 ~ 3 厘米。由此可见，墙体上部建筑在被毁前曾有相当长一段完好的历史。上部建筑对墙体不仅具有良好的保护作用，而且具有很好的装饰作用。在三号陵中，高达 20 多米、底部周长达 118 米、直径有 37. 5 米的陵塔是最引人注目的建筑。它用黄土夯筑成实心土台，外形酷似一个布满小孔的窝窝头。仔细观察，它好像又呈八角形，并且从下往上可分为七级。因此，有专家认为，它可能是八角、七级实心佛塔。

发掘中在角阙墙基均发现了包砖。于是有人推测，陵塔底部可能也有包砖。人们对此还有个期待：清理出了陵塔底部的包砖，就可以推测出陵塔的基本形制了。然而，在 2001 年 9 ~ 10 月份进行的第四阶段清理中，对陵塔四周进行了重点清理，竟未发现任何包砖的痕迹，而且底面呈相当规整的圆形，并不是有人想象的八角形。在基础部分还发现了残留的墙皮，这些墙皮厚达 2～4 厘米，是掺有白灰的草秸泥，而且其外面还有半厘米厚的赭红泥皮。这些发现，使人们不得不对陵塔有个重新认识。至少，八角形之说可能站不住脚了。

10. 古格人为何消失

巍峨的古格故城坐落于西藏阿里扎达县扎布让区境内托林镇西北的象泉河南岸，距县城 19 千米。为曾经拥有百万之众的金戈铁马的吐蕃王室后裔所建，偏居此地 700 余年，传承 20 余代国王，距今有 1300 年的历史，于 17 世纪灭亡，给后人留下了无数珍贵的文物和历史资料。

古格王朝的建立在西藏历史上具有重要意义，首先，它是吐蕃世系的延续；其次，佛教在吐蕃的瓦解后重新在古格找到立足点，并以此为根据地，逐渐达到全盛。古格王朝的时间大概从 9 世纪开始，到 17 世纪结束。作为一个地方王系，古格王朝在西藏历史中并不神秘，但近来，学术界、文艺界弥散着一种过分神秘古格的风气。其代表性的观点是，古格王朝留下大量遗迹，但古格人却神秘消失。在大量渲染下，古格王朝甚至成为一个神龙不见尾的历史传说中的国度。其实，古格是来有源、去有脉的。古格王朝的前身可以上溯到象雄国，王朝覆亡后，并入拉达克（今克什米尔）一段时间，后被以达赖喇嘛为首的西藏地方政府重新收回。

古格王朝是在统一过西藏高原的吐蕃王朝瓦解后，由吐蕃王室后裔在吐蕃西部阿里地方建立的地方政权，其统治范围最盛时遍及阿里全境。根据史料记载，843 年，吐蕃王郎达玛实行灭佛政策，引起了王室中的一系列动乱，吐蕃王朝终告崩溃，其中维护佛教的王室后人为躲避灾难，逃到了阿里地区，他的三个儿子又分别在阿里古代的三环地区建立了三个王国，其中三儿子德祖衮在 10 世纪前后建立了古格王朝，另外两个王朝遗址是否尚存，还有待发掘。

在高约 300 米的土山上，耸立着雄伟的城遗址现残存 879 孔洞窑、445 座房屋、58 座碉楼、28 座各类佛塔。这数百间房屋依山叠砌、层层相连，直至山顶，构成一座世上独特的王宫。王宫大都是穹窿顶的窑洞，分冬、夏宫，有暗道。现存较好的还有坛城殿、贡康、经堂、红庙白庙、结

古拉康、卓玛拉康、玛尼雕刻墙。故城的石刻宝库其实是古城的围墙，当年虽是作防御之用，但却是战争与艺术融为一体的结晶。墙上有4502件线刻造像石和藏梵文经咒的玛尼石刻，几百年的风霜雪雨，使得大部分已脱落于墙脚。多少年来斗转星移，大自然给它印上了五颜六色，更丰富了画面的艺术魅力，像是一个大型玛尼石刻展。

王室建筑主要集中在山顶，有房屋40余间，均为土木建筑结构，平顶。每间房屋的面积在12～18平方米之间，多数是一层建筑，但也有两层或三层的。这一部分的建筑物多已残破，但从格局看，仍透出当年颇具匠心的设计理念。王室成员居住的宫室在山顶南部的东面，面积虽然不太大，但却小巧别致。在王宫的西部，有一面积约200平方米的建筑残迹，是王室建筑中最大的建筑物，估计这是王室用来议事的大厅堂。厅内地面是石子和沙泥夯打处理过的，这也是藏族人常用于处理室内地面及屋顶的建筑工艺，目前在许多藏区依然保存着这一方式。

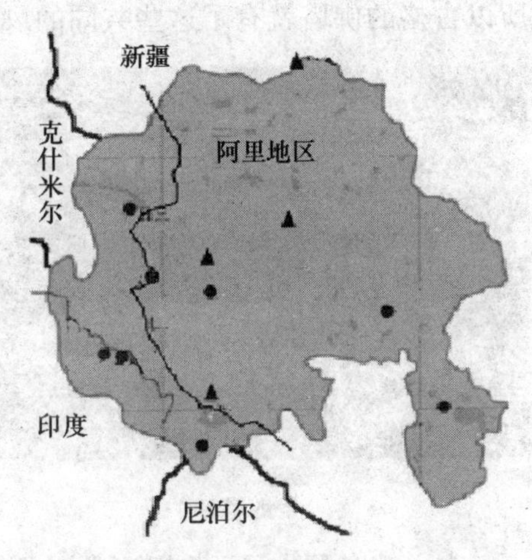

古格遗址地理位置图

由于几百年风沙雨水的侵蚀，地面及墙头已布满沟隙。在山顶的北部，尚存一洞口，深约20米，洞口狭小，但洞底开阔。一条坡度很陡的隧道向下延伸，这是山体中还没有完工的地下宫殿，很是令人惊叹。整个王室建筑都在山顶上，四周全部是悬崖峭壁，险不可攀，只有一条长约50米的曲折幽暗的登山隧道连接半山腰与山顶王室区。立于山顶，纵览全城，东西两侧的山沟、北部开阔地带以及象泉河谷地全都尽收眼底。

古格王国自建立之初就确定要弘扬佛法，以教辅政的政策一直贯穿在王国近800年的历史中，古格也就因此一直保持着西藏西部阿里佛教文化中心的地位。所以在都城的建筑中，佛殿也凸显其重要性。现存的佛教寺庙建筑共有6座，4座在山脚，2座在山顶的王室区。在佛教的初创时期，佛塔就成为了这一宗教的标志性建筑。遗址中本有许多佛塔，但现存的只有3座残破的佛塔，其中2座是圆形塔基、残高约为1米和5米；另一座是方形塔基，残高也有5米。佛塔的建筑形式在跟随佛教的传播过程中，受地理、民族文化的影响较大，因此在许多地方发生了不少变化，唯有印度、尼泊尔还保留着佛教初期的佛塔特征。西藏也是如此，所以古格的佛塔就有了这些共同的风格了。

古格遗址

从山顶的王室区向下望，可以看到在山下那布沟的缓坡上，有一种在西藏其他地方难得一见的佛塔墙。这是佛塔的一种比较特殊的形式，它由108座小塔紧密相连而成一排墙体，保存得基本完好。在扎达其他地方，也还比较完整地保存着这类古格时期的佛塔墙。

在一些窑洞中，还藏有盔甲、马甲、盾牌和箭杆。这些窑洞应该是当年的武器仓库。盾牌是藤制的。这藤是哪来的呢，扎达没有藤树，来源应该是喜马拉雅南麓山区。至于箭杆，多为竹制，一部分为木制。数量远远多于盾牌的箭杆，是不可能全依赖于外地运入的，如是，则说明当年的象泉河两岸，应该是植被相当丰富的。

每位到过古格的人，都会为古格王国遗址的规模庞大、气势恢弘、布局科学而感慨不已。虽然300年来屡遭自然及人为的破坏，却依然能让人感觉到这座古城的壮观与繁华。从建筑和保存下来的文物推断，当年的古格王国，已达到了一个相当文明的程度。

近十数年间于古格遗址周围不断发掘出的造像、雕刻及壁画等是这个神秘王朝留给今人的宝贵财富。古格雕塑多为金银佛教造像，其中被称为“古格银眼”的雕像代表其最高成就。遗存最为完整、数量最多的是它的壁画。古格壁画风格独特、气势宏大，较全面地反映了当时社会生活各层面。所绘人物用笔简练，性格突出，其丰满动感的女体人物尤具代表性。由于古格所处地理位置及受多种外来文化影响，在艺术表现

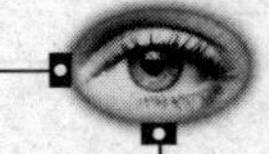

风格上带有明显的克什米尔及犍陀罗艺术痕迹。

11. 契丹民族为何消失

契丹是中国历史上一个一度兴盛的北方少数民族。907 年,契丹人耶律阿保机乘唐末的混乱局势在北方迅速崛起,建立了辽王朝,曾与北宋王朝长期对峙。1125 年,辽天祚帝延禧在西夏境内为金人所擒,辽王朝遂告灭亡。明以后,"契丹"一族便突然消失于史乘。其后裔在国破家亡之后何处安身立命去了? 这一直是中国民族史上的一个谜团。

契丹是我国古代北方民族之一。一些国家的语言例如俄语中至今犹称中国为"契丹"。哥伦布发现新大陆也是寻访契丹的副产品。从中足见契丹民族影响之巨。这么一个显赫的民族,肯定没有在改朝换代之际被斩尽杀绝。

利用 DNA 技术研究民族源流问题是新兴起的尖端科学。研究小组从有墓志为证的契丹人墓葬如耶律羽之家族墓出土的契丹人头骨、牙齿和契丹女尸的腕骨中提取 DNA。再去云南宝山地区取阿、莽、蒋姓"本人"和其他民族的血样,还去内蒙古莫力达瓦旗和其他旗、县取达斡尔、鄂温客、蒙古和汉族等人群的血样,从血样中提取 DNA。然后经过 DNA 测序等一系列研究程序,终于得出结论:契丹和达斡尔族有最近的遗传关系,为契丹人后裔。阿、莽、蒋氏"本人"与达斡尔族有相似的父系起源,也是契丹后裔。这一结论令相关族群尤其是"本人"甚为满意。

事实上,此前关于达斡尔族的族源问题学术界一直存在着争论,有说源于契丹大贺氏者,有说自古就独立发展于其他民族者,莫衷一是;而云南省保山地区约有十余万阿、莽、蒋姓的"本人"自称是契丹后裔,现在分属十来个民族,也一直极为迫切要求澄清他们的来历。

至此我们终于明白:元代蒙古人建立横跨欧亚大陆的蒙古大帝国时,连年征战,频繁征兵,能征善战的契丹族人被征召殆尽,他们被分散到各地,有的保持着较大的族群如达斡尔人作为民族存续了下来。有的好比扔在大海里的一块冰,被当地人同化了。云南"本人"犹如湖南桃源县的维吾尔族人均是元代不同民族的官兵落籍于当地而保存着原来民族的记忆。

其实,关于云南"本人"是契丹人后裔的说法,流传久矣。20 世纪

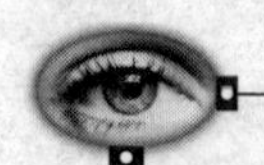

90 年代，记者到保山地区施甸县采访时，曾到县城东北约 6 千米的坟山上，参观了自称“本人”的蒋姓家族的一块墓碑“皇清待赠孝友和平一世祖讳阿苏鲁千秋之墓基”。碑在首行“甲山庚向”4 字之下，竟刻有两个典型的契丹小字！据查，这是在我国南疆发现的唯一一块刻有契丹文字的墓碑，其年代远远突破了所载契丹文字使用的下限，具有重大的考古价值。

另外，在施甸县发现的另一块墓碑上写道：“吾祖籍镇南京，姓耶律氏，名阿保机……明洪武十五年来到云南……”在昌宁县一块“本人”墓地上，至今仍有一块保存完好的《阿公碑文原序》，石刻首段就说：“公原籍乃辽东人氏，后遭逢变迁，保机后裔四散奔走，遑遑而迁，移民滇西顺宁而觅其食。”今天的云南“本人”散居在保山、大理、临沧等地州，分属汉、彝、布朗、佤等民族。

此后，又有内蒙古社会科学院民族研究所达斡尔族著名学者孟志东教授，先后于 1990～1997 年四下滇西，行程数万千米亲临实地考察，并从民族来源及史料、实物、语言、风俗等多方面作了艰苦细致而又系统全面的考证，写出了一部颇有见地的专著——《云南契丹后裔研究》。书中阐述了这样一种观点：辽亡后，契丹民族失去了原有的地位和特有的生存空间，只好顺应时势，除了流向女真、高丽、回鹘、蒙古、党项等北方民族外，还有相当一部分在辽皇室耶律秃花（官至太博，封濮国公）的统领下归附了成吉思汗。至蒙古宪宗四年（1254），其孙忙古带随忽必烈西征，灭大理国，并受命率所部留守云南。自此，便有大量契丹后裔落籍云南省。经过 740 多年的历史沧桑，而今尚有契丹后人在云南 15 万人，主要居住在保山一带，尤以滇西高黎贡山东侧的施甸景最多，约 7 万余人。而由于历史变迁及避祸等原因，落籍云南的契丹后裔们先后改姓氏为阿、莽、蒋、杨、李、赵等。当然，上述说法，尚不是定论，研究者亦未就此止步。相信随着研究的不断深入，“定论”迟早是会有的。

12. 青海史前灾难

青海齐家文化遗址位于青海省民和县南部黄河北岸二级阶地前端的喇家村，这里是西北少见的富庶之地。遗址因早年出土齐家文化大型玉璧和玉刀而被发现。青海省官亭古遗址群考古获得重要成果，在对青

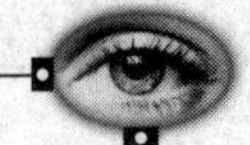

海省官亭古遗址群的发掘中,在一些房址内发现了不幸死者遗骸,有一座房址内三五成群地聚集着多达14位死者,母佑子、长护幼的情景给人带来强烈的心灵震撼。发掘揭示出前所未见的灾难现场遗迹,史前灾难现场摄人心魄,黄河慈母佑子情动天地。如此众多死者的死亡原因目前还不清楚,这一远古之谜等待破解。

遗址是掘有宽大环壕的大型聚落,面积在20万平方米以上。聚落内有分布密集的半地穴白灰面房址。这不像是通常发现的史前居室葬。两座房址内发现的这些死者,年龄不同,以未成年者居多。部分发掘者在现场推测可能是一场突如其来的意外灾难所造成,最有可能是一次特大洪水的侵袭夺去了这许多无辜的生命。

据推断,房址西南部集中死在一起的5人,其中有一年长者似用双手护卫着身下的4人,5人或坐或倚或侧或仆,头颅聚拢在一起。中心灶址处一人两手举过头顶,双腿为弓步,死亡时身体还未完全着地,为一成年人。东墙壁下的一对母子,母亲倚墙跪坐在地上,右手撑地,左手将一婴儿搂抱在怀中,脸颊紧贴在婴儿头顶上,婴儿双手紧搂着母亲的腰部。在相距不过2米的3号房址中,也发现了可能在同一时间因同样原因死去的母子,母亲仰面向天,似在乞求什么。

这些死者的生命突然丧失,不排除有宗教及其他等原因,遗址的挖掘正在继续,可能还会有更多的相关迹象发现,有望在不太长的时间内找到解开这一幕史前悲剧谜底的新线索。

齐家文化距今3500~4000年,相当于新石器时代向青铜器时代过渡的一种遗存。这种遗迹现象在我国前所未见,在世界同类遗址中也极其罕见,具有极大的学术价值和历史研究意义。

13. 在沙海里掩埋千年的故城——尼雅

尼雅是中国汉晋时期古代"精绝国"故地。汉书中以"精绝国"登场,被唐代高僧玄奘在《大唐西域记》称作"尼壤城",此后便消失于历史舞台,直到20世纪初英籍匈牙利人斯坦因初探遗迹,从此掳走700多件出土佉卢文、汉文简牍、精美木雕之后,这座在沙海里掩埋千年的故城才又重新为人所知。

遗址位于新疆维吾尔自治区民丰县尼雅河北端、塔克拉玛干沙漠之中。发现于20世纪初。斯坦因曾做过发掘。几乎同古罗马庞贝、南美洲玛雅的消亡一样，大约2000年前，曾经繁盛一时的古代西域三十六国之一的精绝国，悄然沉没在塔克拉玛干浩瀚无垠的沙海之中，由于难以逾越的天然屏障的遮掩，其宏伟的王都尼雅默默沉睡在大漠深处上千年，鲜有人能够扰乱它的平静。斯坦因还写出了《沙埋和阗废墟记》、《西域》等著述，伴随着他的一夜扬名，也由此揭开了一个划时代发现的序幕。

尼雅遗址

1959年，新疆博物馆考古队在那里发掘了东汉夫妇合葬墓。20世纪80年代末，中国的考古队员和日本的小岛康誉一起，再次走进尼雅遗址，全面细致地对那里进行了调查和发掘，第一次留给人们关于尼雅的完整的风貌。经此次调查证实，尼雅古城是西汉至晋代的遗址，它东西宽约7千米，南北长约26千米，以大佛塔为中心，聚集着70余处住宅遗迹和几处坟墓以及畜舍、庭院、城墙、古河道、湖塘、涝坝地、农田、渠道、枯树木林等自然和人文遗迹。

令考古队员惊奇不已的是，尼雅废墟见不到横尸遍野的战争痕迹，寂静的房屋整齐地摆放着没有开封的文书，捕鼠夹还留在地上，连储藏室内的米也没有带走，甚至在一处房屋旁还发现了一副完整的狗骨架，好像主人出走时，忘记了给拴在木柱上的看家狗解绳，而它则忠实地守候着家园直到饿死。

“王侯合昏（婚）千秋万代宜子孙”织锦

如果尼雅没有经历一场血雨腥风，那么人们为什么离去匆忙？在考古队标注的3

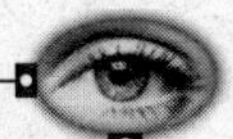

号墓、8 号墓，还出土了“王侯合昏(婚)千秋万代宜子孙”和“五星出东方利中国”织锦，墓中的主人究竟是谁？为什么如此豪华的随葬物品会出现在不毛之地？对于人们最感兴趣的“五星”、“中国”字样与以五星红旗为象征的中国的奇妙暗合，专家们已有解释。“中国”二字在文献上最早约出现在《诗经·民劳》中：“惠此中国，以绥四方。”此处的中国是指京师、城中的意思。西周时期，“中国”则较明确地指为黄河流域的中原地区。中国传统文化视天下为一家，夏商周时期，承认一个不确定的中心，并组成松散联盟式的“中国”，“中国”意为中部。到了战国时期，“中国”是指国家的中心地区。秦汉统一后，中原文化广泛传播，纳入“中国”地理、文化概念中的地域扩大，汉晋时期仍是指以中原地区为主的地区。

《汉书·天文志》记载：“五星分天之中。积于东方，中国大利。积于西方，夷狄用兵者利。”这似乎是占卜之语。古代“五星”分别指现代天文学中的水星、金星、火星、木星和土星，古人发现了它们在太阳系内相对位置不变，并用它们时隐时现的变化来占验人间的吉凶祸福。因此，“五星出东方利中国”主要表达汉晋时期天象占星术和乞求强盛吉利的思想意识。

尼雅王国的经济是以原始农业为主，当年碧绿蜿蜒的尼雅河两岸有大片可供耕作的土地，种植有麦子、糜谷、稗、稷等作物；他们也种植一些树来防风沙的袭击。也正是尼雅河水使两岸水草丰茂，尼雅居民有了原始畜牧业，饲养羊、牛、骆驼和马等。他们在尼雅河水系的孔雀河、且末河河畔的草地上放牧饲养牛、骆驼、羊和马。尼雅居民还兼营手工业，如木器加工、手工毛纺、陶器制作(同其他古代居民一样，尼雅居民也自己烧制陶器供日常生活之用。他们建造窑，烧制陶器，如罐和瓮等，主要用于储藏)、皮革制造和铁冶等。这些行业结合，基本能满足社会日常生活需要。

尼雅河发源于昆仑山(古称南山)，长约 210 千米，消失在卡巴克·阿尔斯汉村附近的沙漠里，在尼雅河的上游，发现过人类早期活动的遗迹，说明了人类很早就在尼雅河畔生活。尼雅河水的年流量约 2.6 亿立方米，自古至今没有多少改变。古书记载的“南河”是与塔里木河并行的一条大河，有人怀疑是尼雅河，至今尚无定论，更为这条曾给人类带来文明又摧毁文明的尼雅河平添了神秘色彩。

由于经过几代考古队员的挖掘整理，如今的尼雅就像是一座被认真清理过的庄园，尼雅民居布局结构、用材及建筑方式等方面基本上大同小异。房屋建筑一般都选址于河岸或湖塘边，足见人们的生存与水的密切关系。房屋的建筑为锁、榫卯结构，大多有地梁，地梁一般选用粗大的胡杨树粗砍为方木，或只将圆木一面砍平，平铺于地面上，作为房屋的基础。地梁向上的一面每隔 1.5 米至 2.5 米左右凿有方形榫孔，用来安装壁柱，壁柱上方再接横梁，如此构成一个完整的框架，再以红柳、芦苇等编成笆墙，固定于壁柱之上，就构成一座结实的木屋。

据说，许多建筑物都保持着当年废弃时的完好情景。大佛塔仿佛镀上了一层灵光，使人望而生敬。大佛塔高约十几米，共分三层，下面两层是方形，上层为圆桶状，塔身通高约 5.7 米，此塔与我国内地的众多佛塔大不相同，是倒钵式浮屠塔，与印度佛塔风格相近。大佛塔完全用土坯和泥砌成，外抹泥浆。

居住遗址分南北两部。南部范围较小，有数十幢房屋；北部范围较大，有房屋数百幢，其中包括宽敞的大房屋、寺院建筑及圆锥形塔和冶铸作坊遗迹等。有的宽敞大房屋内有彩色图案装饰。墓地位于北部居址以北，多以一段树干挖槽为葬具，上覆木板浅埋沙中。有的大墓有圹，用木板制的长方形箱为葬具，随葬有木质杯、案和弓箭以及奁具、木梳、铜镜等。遗址中发现有木质家具、木器、陶器、铁镰、五铢钱、铜镜以及染色的丝、毛织物及粮食等遗物。最为重要的是数以百计的汉文或佉卢文木简，内容有公文、指令、书信、契约等。有的写有晋朝纪年。一些简牍封泥上印有希腊化人物图像和"鄯善都尉"的印文。关于文化性质，大多认为属《汉书·西域传》中记载的精绝国的遗存。遗址的发现，对塔里木盆地南缘诸国之间以及诸国与汉晋王朝的关系的研究提供了宝贵资料。

遗址地处古丝绸之路要冲、伊斯兰教传入中国必经之路的尼雅，谜一样地显示着各种文化的交光互影，然而，当唐玄奘赴印度取经返回经过此地时发现，精绝国早已衰败而无人烟。但《汉书·西域传》却这样记载道："……王治精绝城，户四百八十，口三千三百六十，胜兵五百人……"寥寥几句却勾勒出尼雅当年的恢弘与气势。

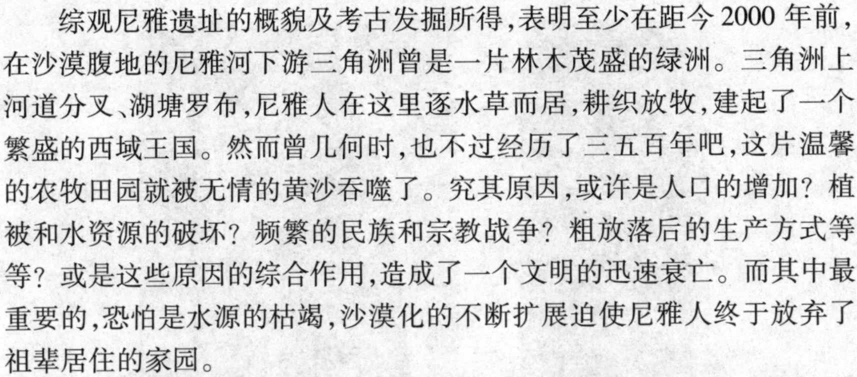

综观尼雅遗址的概貌及考古发掘所得，表明至少在距今2000年前，在沙漠腹地的尼雅河下游三角洲曾是一片林木茂盛的绿洲。三角洲上河道分叉、湖塘罗布，尼雅人在这里逐水草而居，耕织放牧，建起了一个繁盛的西域王国。然而曾几何时，也不过经历了三五百年吧，这片温馨的农牧田园就被无情的黄沙吞噬了。究其原因，或许是人口的增加？植被和水资源的破坏？频繁的民族和宗教战争？粗放落后的生产方式等等？或是这些原因的综合作用，造成了一个文明的迅速衰亡。而其中最重要的，恐怕是水源的枯竭，沙漠化的不断扩展迫使尼雅人终于放弃了祖辈居住的家园。

面对尼雅废墟，尼雅留给我们的再不是一种消亡文化所具有的悲壮美，它让人深深地反省自己的行为，思索人类的未来：我们如果不注意保护自己赖以生存的环境，即使再辉煌的文明，也将难免面临消亡的命运。

14. 古越王勾践剑

古代的剑一般由剑身和剑把两部分组成。剑身部分包括前端的尖“锋”，中央一条凸起的棱“背”，“背”两旁的“从”，“从”两面的刃“锷”。剑把部分包括把手“茎”，“茎”和剑身之间护手的“格”，“茎”末端的“首”。越王剑剑首向外翻卷作圆箍形，内铸十一道极细小的同心圆圈。剑柄为圆柱体，柄上缠着丝绳并刻有三道戒箍。剑格向外突出，正面用蓝色玻璃，背面用绿松石嵌出美丽的花纹。整个剑身满饰有菱形暗纹，在靠近剑格的地方刻有鸟篆体错金铭文“越王鸠潜（勾践），自乍（作）用剑”八字，字迹非常清楚。

1965年12月，一支考古队在挖掘湖北江陵春秋古墓时，却意外发现了一把沾满泥土的长剑，剑身上一行古篆——“越王勾践自用剑”跃入人们眼帘。这一重大的考古发现立即轰动了全国，但是，更加轰动的消息却来自对古剑的科学研究报告。最先引起研究人员注意的是：这柄古剑在地下埋藏了2000多年为什么没有生锈呢？为什么依然寒光四射、锋利无比呢？通过进一步的研究发现，“越王勾践剑”千年不锈的原因在于剑身上被镀上了一层含铬的金属。大家知道，铬是一种极耐腐蚀的稀有金属，地球岩石中含铬量很低，提取十分不易。再者，铬还是一种耐高温的金属，它的熔点大约在4000摄氏度。

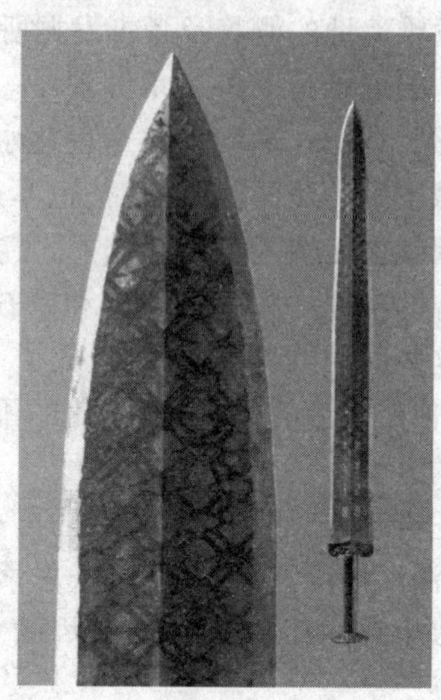

越王勾践剑(春秋)。通高55.7厘米,宽4.6厘米,柄长8.4厘米。1965年湖北省江陵县望山1号墓出土,现藏湖北省博物馆

1994年3月1日,举世闻名的“世界第八大奇迹”——秦始皇兵马俑2号俑坑正式开始挖掘。这是20世纪以来巨大的考古发现之一。在2号俑坑内已出土有铜矛、铜弩机、铜镞、残剑等,其中还发现了一批青铜剑,长度为86厘米,剑身上共有八个棱面。考古学家用游标卡尺测量,发现这八个棱面的误差不足一根头发丝,已经出土的19把青铜剑,剑剑如此。这批青铜剑内部组织致密,剑身光亮平滑,刃部磨纹细腻,纹理来去无交错,它们在黄土下沉睡了2000多年,出土时依然光亮如新,锋利无比。科研人员测试后发现,剑的表面有一层10微米厚的铬盐化合物。这一发现立刻轰动了世界,因为这种铬盐氧化处理方法,只是近代才出现的先进工艺,德国在1937年,美国在1950年先后发明并申请了专利。

在清理1号坑的第一过洞时,考古工作者发现一把青铜剑被一尊重达150千克的陶俑压弯了,其弯曲的程度超过45度,当人们移开陶俑之后,令人惊诧的奇迹出现了:那又窄又薄的青铜剑,竟在一瞬间反弹平直,自然恢复。当代冶金学家梦想的“形态记忆合金”,竟然出现在2000多年前的古代墓葬里。事实上,关于铬盐氧化处理的方法,绝不是秦始

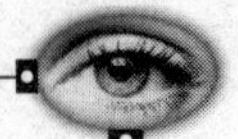

皇时代的发明，早在春秋战国时期，中国人就掌握了这一先进的工艺（见前越王勾践剑）。春秋五霸时期，越王勾践“卧薪尝胆”，一举击败了吴王夫差，演出了历史上春秋争霸的最后一幕。岁月的流逝，使这场惊心动魄的战争静静沉睡在历史的长卷里，忙忙碌碌的后人几乎把它遗忘了。

中华文明中曾有过太多的秘密，谁能想象20世纪50年代的科学发明，竟然会出现在公元前200多年以前？又有谁能想象，秦始皇的士兵手里挥舞的长剑，竟然是现代科学尚未发明的杰作？问题是在发现以后，我们用什么态度来解释这种超常规的科技早熟现象？他们的技术渊源是什么呢？

15. 雷斯古地图的疑团

18世纪初叶，土耳其海军司令雷斯（Admiral Piri Reis）收藏的一批古代地图，在托卡比宫（Topkapi Palace）中发现。现保存在柏林市立图书馆中的两卷地图集，其中包括正确的地中海及死海地区的地形，也是从雷斯的古代地图上复制的。

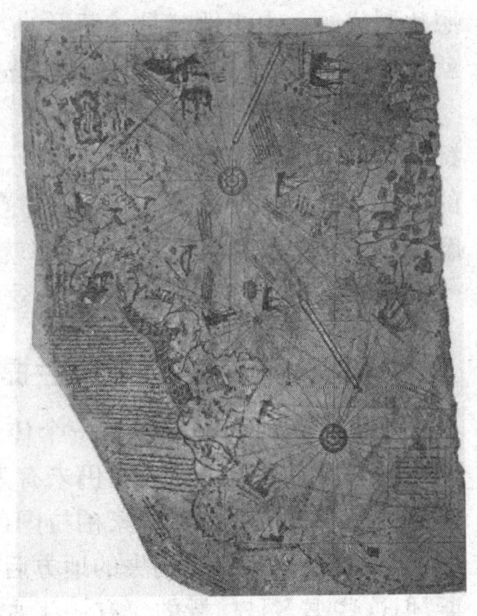

雷斯收藏的古地图

这批地图，曾交给美国绘图员墨乐雷（Arlington H. Mallerey）检验。墨乐雷发现了一个值得注意的事实，所有目前地理上的资料，上面几乎全部都有，只是位置稍有出入。他要求美国海军水文局绘图员瓦特斯（Mr. Waters）协助他检验。墨乐雷与瓦特斯两人合制了坐标，将地图转变成一座现代化的地球仪。他们获得了非常有意义的发现。这些地图绝对正确部分不仅仅只是地中海及死海而已！南、北美洲的海岸线，甚至是南极洲的轮廓，也都丝毫不差地描绘在

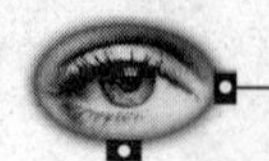

雷斯的地图中。这批地图不仅复制了大陆的轮廓,并且也显示出内陆的地形分布情形。山脉、岗峦、岛屿、河流和高原,也都非常正确地出现在地图上。

1957 年地球物理年时,这批地图转入耶稣会神父林尼汉(J. F. Lineham)手中,他是威斯顿天文台台长兼美国海军绘图员。经过细心地检验,林尼汉神父也不得不承认这批地图,竟是异乎寻常地精确——即使是今天极难勘察到的地区也是如此。

更令人惊奇的是,南极的山脉,数百年来,被冰雪覆盖着,我们今天是靠回声仪的帮助才于 1952 年被重新发现。而在雷斯的地图上,却已经端端正正地绘出来了。

据哈固特(P. C. H. Hapgood)教授和数学家史屈山(R. W. Strachan)最新的研究发现,雷斯的地图与现代从人造卫星上摄得的最新地球照片对照比较,可以看出雷斯地图一定是从一处非常高的地方,俯瞰摄得的照片制成的。由于地球是球面形的,镜像距中心点越远,越就向下倾斜。就拿南美来说,地形就变得非常古怪狭长,这正跟雷斯的地图相同。

可以肯定我们的祖先从来没有绘过这样的地图。而这批地图,毫无疑问的是借着最现代化的技术协助,从空中的观察而绘制的。这批发现的地图,虽是 18 世纪的东西,但对这些事实,当今却不能找出很适当的解释。但有一点是可以肯定的,那就是不管是谁制造了这批地图,他们一定能够飞行,也懂得摄影术。而这两种技术在 18 世纪还均未问世。

16. 真存在古大陆亚特兰提斯吗

亚特兰提斯(Atlantis)是一个传说中的高度文明城市,在很久之前突然沉入深海消失。到现在仍未有人证明或否定它的存在。最先提及亚特兰提斯的是希腊哲学家柏拉图(Plato)。2000 多年前柏拉图在“对话录”中提及这一片已消失的地方后,陆续有 1000 多本书提及亚特兰提斯,但这些书多是杜撰的。有一张古代的地图上方是南方,根据这张地图,亚特兰提斯位于美洲和直布罗陀之间。在对话录中,柏拉图曾在其中两节提及亚特兰提斯,其中一节称为“提玛友斯(Timaeus)”,书中提及在公元前 960 年,一支来自大西洋的军队准备进攻欧洲,甚至亚洲,而这支军队就是来自亚特兰提斯,这是一个强大帝国,后来亚特兰提斯发

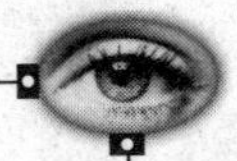

生严重的地震和水灾，一夜间整个国家就灭亡，陆地沉入水中。

“对话录”中的另一段“柯里西亚斯（Critias）”中，柏拉图再次提及亚特兰提斯沿岸地方多山，中央为一片广阔而肥沃的大平原，矿产量丰富而且动物、食用植物及木材众多，岛的中心为王宫及供奉海神波塞顿的神殿，镶满金、银、象牙等珍贵物品。主岛被一条宽200米的运河围绕，外围是一环宽570米的土地，再外面有570米的环形运河。在“对话录”中柏拉图曾提及亚特兰提斯的所在地是直布罗陀海峡对面的大西洋中部，因此大多数的亚特兰提斯专家都认为亚速尔群岛、威德角群岛、加那利群岛等就是这一片大陆唯一未沉入海中的地方，更可能就是环绕王城的山脉顶峰。

假想的亚特兰提斯位置图

但时至今日，仍旧未能有任何证据证明亚特兰提斯的存在，事实上要找到这一些证据极不可能。根据大陆漂移学说，大西洋根本没有沉没的大陆，即使有也不可能如柏拉图所描述的亚特兰提斯般大，亦不会有如此复杂的环形结构。

1968年，一支水底探测队在巴哈马群岛北彼密尼岛对面半里的海底发现一个由巨大长方形石头砌成的丁字形结构，每个石块最少有0.45立方米，整个结构长达630米，就像城墙和道路的一部分。一些地质学家以及亚特兰提斯学家都坚决相信这些是人工建筑物，而且仿如一个沉没多年的码头。因此又与亚特兰提斯拉上关系。但是大多数的学者只认为这些巨大岩石只是一些天然岩石结构。

亚特兰提斯灭亡的传说一直都归咎于火山爆发、洪水及地震。但这一些灾难真的能在一晚之间令这个拥有高度文明的大城市消失得无影无踪吗？现今的地球物理学家认为这类灾难并不足以在48小时内把一

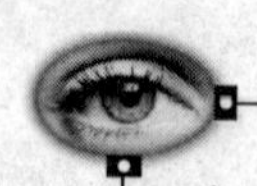

个大陆摧毁于无形。因此,有一些其他灾难的学说支持亚特兰提斯被毁,其中星球相撞说之中提出亚特兰提斯的灭亡可能与一场全球性的灾难有关。

其实曾有人对亚特兰提斯有这样一个想法,认为亚特兰提斯可能就是克里特岛上延续到公元前1400年的米诺斯文明。当时克里特帝国势力强大,控制古代地中海一带。公元前1470年左右发生了一次火山大爆发,专家想象的过程是火山先喷出大量致命的灰尘,然后发生惊天动地的爆发,继而发生海啸和地震。近年考古学家在圣多里火山遗址发现大量米诺斯人的文物,这一种说法就受到更多的支持了。

按柏拉图描述而绘制的亚特兰提斯假想图

米诺斯文化与亚特兰提斯的高度文明有很多相似的地方,例如,圣多里尼的形状与柏拉图所描述的亚特兰提斯都是环状的,而且都有高度文明,最后圣多里尼的火山猛烈爆发亦解释了它的灭亡原因。虽然米诺斯文化与亚特兰提斯有很多相同之处,但如果这一种说法要成立,最起码柏拉图的说法中有几个错误:包括这一个地方的位置,它的规模以及毁灭的年份。其实柏拉图所得到的资料先由埃及传出,辗转间来到柏拉图时已经自然地改变了不少,再加上翻译的错误,亚特兰提斯的资料已经有大量错误。但这种说法始终有些牵强,更有人怀疑米诺斯文明的存在。

至于另一种说法提出亚特兰提斯只是虚构出来的一个神话。根据"对话录"的记载,亚特兰提斯拥有高度文明,国家富强,后来人民的生活开始腐败,到处入侵其他国家,最后整个亚特兰提斯因大灾难消失。这一故事可能只是一种寓言,它所要说明的道理就是本来正直善良的人民和繁荣安定的社会,一旦开始腐败,触怒上帝就会有这样的后果。

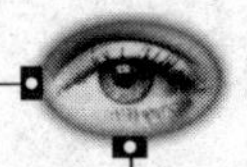

17. 埃及金字塔

散布在埃及境内尼罗河下游西岸的金字塔，大约有 80 座。它们是古代埃及法老的陵墓，埃及人叫它“庇里穆斯”（pyramids），意思是“高”。从四面望去，它都是上小下大的等腰三角形，很像中文“金”字，所以，在中国人们就形象地叫它“金字塔”。

最大的金字塔是第四王朝法老胡夫的陵墓。它大约建造于公元前 2700 多年。塔高 146.5 米（现高 137.18 米），相当于一座 40 层高的摩天大楼。塔基成正方形，每边长 230.38 米，占地约 56900 平方米。大金字塔由大约 230 万块大小不等的石块砌成。平均每块重约 2.5 吨，总重量约 684.8 万吨。如果用载重 7 吨的重型卡车来装载，也需要近百万辆，如果把这些卡车一辆接一辆连接起来，总长度是 6200 千米，相当于从我国海南岛的三亚到最北端的漠河。

胡夫金字塔

比大金字塔仅低 3 米的第二大金字塔是哈佛拉金字塔，塔旁还雄踞着一尊巨大的石雕——人面狮身像。据说：公元前 2610 年，埃及第四王朝的第三位法老哈佛拉，巡视了自己的快要竣工的陵墓，发现采石场还有一块弃置的巨石，就命令石匠，按照自己的脸型雕刻了这座石像。石像高 22 米，长 75 米，头戴“奈姆斯”皇冠，额刻“库伯拉”圣蛇浮雕，下巴还下垂着 5 米多长的胡须。威严而又神秘。1798 年，拿破仑占领埃及时，曾下令用重炮轰击人面狮身像，结果，狮身像岿然不动，只轰断了几根胡须，现在保存在英国博物馆里。拿破仑曾粗略估算，如果把胡夫、哈佛拉、孟考夫拉 3 座相邻的金字塔的石块集中，可以砌成一道 3 米高，1 米厚的石墙，把整个法国全圈围起来。

金字塔是古代世界七大奇迹唯一幸存的实体,联合国教科文组织已将其列为世界文化遗产之一。金字塔迄今仍存在许多未解之谜。

第二大金字塔是哈佛拉金字塔,塔旁还雄踞着一尊巨大的石雕——人面狮身像

• 首先,这么多的石块从哪里采掘的呢?据考证:一般石料,可能是就近取材。而用于外层的11.5万块上等白石灰石,则取之于尼罗河东岸的穆卡塔姆采石场;内部墓室的花岗岩,则采于800千米外的阿斯旺。采石、运输、下河、上岸,不仅需要大批的石匠、建筑工人、运输工人、水手,而且需要一批相当规模的工程师、施工员和管理人员,一支有足够的镇压能力的军队也是必不可少的。而且,他们要吃、要穿、要住、要消耗,这就又要有一支庞大的服务人员。据估计:支持这样的建筑工程需要5000万人口的国力,而一般认为,公元前3000年左右全世界的总人口也不会超过2000万人。何况,已经发现的金字塔有80座之多,即使像希罗多德在《历史》中所说的,30年完成一座,总计也需2400年,埃及承受得了这样浩繁,这样长久的消耗吗?

• 建造金字塔最紧迫而又最现实的问题是运输问题。即使有足够的人力,单凭人力也无法把这2.5吨到160吨的巨石运送到工地。用车载?用马拉?不行!那时的埃及还没有马,也没有车。车和马是公元前16世纪,也就是建筑胡夫大金字塔1000年以后,才从国外引进的。有人认为是用撬板圆木棍运法。但是这种方法需要消耗大量的木材,而当时埃及的主要树木是棕榈,无论是数量,生长速度,还是木质硬度,都远远不能满足运输的需要,而从其他国家进口木材也是难以想象的。所以,有人认为是采用水运法。1980年,埃及吉萨古迹督察长哈瓦斯进行岩心取样,挖到30多米深时,发现了一个至少50米深的岩壁,这可能是埃及第四王朝时开凿的港口。后来,又有人还发现了连通港口的水道,

但是,没有滑轮,没有绞车,没有足够先进的起重设备,让这样笨重的巨型石块,下坡、上船、离岸,比陆地撬运还难。何况,水面和沿岸至少有10米以上的落差!除了陆运、水运,难道他们空运不成?这真是一个谜。怎样把石块一层层垒上去,更是一个引人猜想的神秘课题。有人推测是运用一种木制船形工具,利用杠杆原理,将巨石逐步举高,一层一层垒砌而成。但是,能吊起几吨、几十吨,乃至100多吨的支架、绳索从何而来?有人说是运用填沙法,沿着塔基填沙。沙围随着塔基升高,充当脚手架,塔成之后,清除沙子。现在,让我们来做一道数学题:埃及金字塔是一个下方上尖的方锥体,高146米,塔基呈正方形,边长230米,它的体积是多少?如果在它的外围围上沙子,形成一个可以运送石块的斜坡,斜坡的角度为30或25度,那么,它的底边将各是多少米?如它们的高度也是146米,各需多少方沙子?这样多的沙子从哪里来?而且,先填后毁运输量还要增加一倍。

从空中府视开罗附近的金字塔

• 金字塔的设计者,据说是历史上第一个超越时代的天才伊姆霍特普(Imhotep)。但是,他的“天才”超越时代太远太远,引起了我们理所当然的惊讶和怀疑。把一块块巨大的凸形岩石平整成为52900平方米的塔基,是相当困难的,他们在没有水平仪,没有动力设备,没有现代化测量手段的情况下,完成了塔基的勘测和施工。它的四条底边相差不到20厘米,误差率不到千分之一;它的东南角和西北角的高度,相差仅1.27厘米,误差率不到万分之一;它的东西轴和南北轴的方位误差,也不超过5弧秒,那时还没有“尺”,仅会用胳臂做丈量单位,叫做腕尺(300腕尺约等于155米),怎么能把塔建得这样精确?真叫人大惑不解!为了确保金字塔万古长存,设计者还不用一根木料,不用一颗铁钉。

因为，木质易腐，铁质易锈，都是坚固的隐患。石块与石块之间没有任何粘接物，然而却拼合得天衣无缝，甚至连最薄最薄的刀片也插不进去，即使现代建筑工艺也难以达到这样的水平。

• 大金字塔塔北距地面 13 米处有一个入口，从 9 世纪开始，盗墓者、探险者、考察者接踵而来，然而，它的塔内结构仍然是个谜。塔内有迷宫一般的通道和墓室。墙壁光滑，饰有浮雕，通道有整齐的台阶，脉络一样地向墓室延伸，直到很深很深的地下，墓室另有通气孔通到塔外。据说死者的“灵魂”可以从这些小孔里自由出入。奇怪的是，这两条气孔，一条对准天龙座（永生），一条对准猎户座（复活）。大概是灵魂飞升的处所，这样的墓室已发现三个，而考古学家认为，至少还有 4 个未被发现，这样精巧的设计和构思，4000 年前的古人能完成吗？

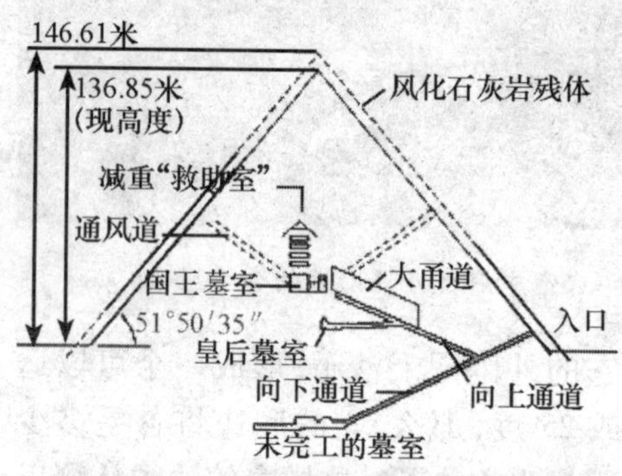

吉萨胡夫金字塔内部结构极为复杂和神奇

• 吉萨胡夫金字塔的内部结构极为复杂和神奇，并饰以雕刻、绘画等艺术品。由于墓室和甬道里十分黑暗，这些精致的艺术作品需要光亮才可能进行雕刻、绘画，应是在利用火炬照明或者是在油灯下才能完成。当时如果真的是使用火炬或油灯，就必然留下一些“用火”的痕迹。可是，现代科学家对墓室和甬道里积存了 4600 多年之久的灰尘进行了全面仔细的科学化验和分析，结果证明：灰尘里没有任何黑烟和烟油的微粒，没有发现一丝一毫使用过火炬或油灯的痕迹。由此可见，古埃及艺术家在胡夫金字塔地下墓室和甬道里雕刻、绘制壁画时，根本不是使用火炬或油灯来照明，而很可能是利用某种特殊的蓄电池或者其他能够发光亮的电气装置。令考古学家和历史学家们惊奇的是：距今 4600 多年前的古埃及人真的掌握了现代电灯照明的秘密吗？

• 科学家们发现古埃及 3000 多年前金字塔的壁画上面，竟然画了外星人的宇宙飞船模样。这个金字塔的发掘人指出，太空船的形状犹如一个倒转的碟,这是否意味3000多年前外星人已经跟古埃及人有了接触?一位著名的考古学家威夏劳·勒加博士曾宣布:他在埃及尼罗河畔一座从未有人发掘的古墓中竟然发现一台完好无损的类似彩色电视机的装置。这台装置与时下流行的彩电有较大区别,它只有一条线路,只能接收一个电视台的节目。它有4个三角形的荧光屏,屏的四周都镀了黄金,它的机件是金属钛制造的。质地极为坚固,该机已不能工作,虽然历经4200年,它的太阳能电池作为动力仍能正常操作。要知道金属钛和太阳能电池可都是20世纪才发明的。由于古埃及人既没有制作电视机的材料,也不可能具备高精度的工艺水平,因此,有人认为它极可能是“外星人”送来的礼物。

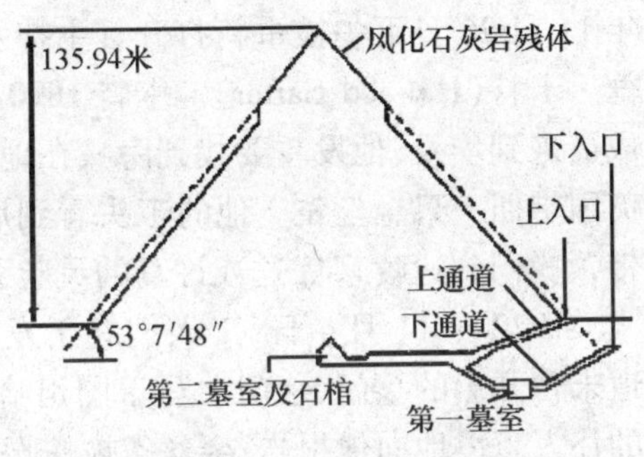

哈佛拉金字塔的内部结构

• 科学家还发现,金字塔似乎具有一种神秘的力量,它作用于人体或其他物体,会产生某些奇异的效应。最初发现金字塔具有一种神秘的力量的是法国人鲍比,他进入大金字塔里考察时,发现塔内温度较高,但残留于塔内的生物遗体却不腐烂,反而脱水变干,保存久远。因此,鲍比推测塔内可能有某种不可思议的力量在起作用。鲍比的发现引起许多学者的兴趣,美国派出科研人员前去考察。进入塔内之后,他们发现所携带的各种电子仪器几乎都失灵了。因此,他们推测塔内某处可能藏有巨大的磁石。意大利学者还发现长时间在塔内停留,会使人神经失调,意识模糊。

• 20世纪30年代,一群科学家发现在一座金字塔塔高1/3处有一只垃圾桶,桶内有一些死猫死狗之类的小动物尸体和一些水果。使科学家们惊奇的是:尽管桶内湿度相当大,可是这些尸体非但没有腐烂变质,反而脱水变为“动物木乃伊”。有人回国后,按照金字塔的比例,造了一座小金字塔,并把一只死猫放在位于塔高1/3的地方,结果,死猫不久也变成了“木乃伊”。接着,很多科学家都做了类似的试验,证明了这样的金字塔结构不单能够保存动物尸体,还能够使食物保持新鲜,使刀片变得更为锋利并延长使用年限,甚至可以提高植物种子的发芽率。人们因此称这种现象为“金字塔能”效应。然而,这其中的奥秘,科学上尚未得到合理地解释,还有待于进一步研究才能揭开谜底。

• “谁要是干扰法老的安宁,死亡就会飞到他的头上。”这是刻在法老图坦哈蒙墓中的一句诅咒。古埃及第十八王朝年轻的法老图坦哈蒙统治埃及 9 年。公元前 1350 年,他 18 岁的时候,神秘地死去,历史学家怀疑是他的政敌谋杀了他。图坦哈蒙的陵墓在地下沉睡了几千年,1922 年 11 月 26 日下午被重新打开。主持发掘工作的是英国考古学家霍华德·卡特(Howaed Carter)。卡特 1890 年就作为埃及调查基金委员会的成员来到埃及,他发誓要找到隐藏在地下的法老的陵墓。1922 年,他从英国带回一只金丝雀。他的工头看到后大叫:“这是黄金之鸟啊！它将带领我们到达陵墓!”这或许真的灵验了。

1922 年 11 月 4 日,工人们终于发现了凿在岩石上的石阶,通向一道未曾开启的墓门,墓门上写着图坦哈蒙的名字。就在那个晚上,卡特的仆人恐惧地向他报告:金丝雀被蛇吃了,他举着黄色的羽毛向卡特叫:“是法老的蛇吃了它！因为它带你到了陵墓！请千万别打开它!”卡特非但没有听,反而辞退了这名仆人。他立即给英国的卡纳·冯勋爵拍去电报,勋爵 26 日到达。卡特在墓门上开了一个洞,举着蜡烛率先进入,卡纳·冯勋爵紧随在后,他们被眼前的景象惊呆了。墓室保存完好,有大量的黄金珍宝,其中包括一个石棺,里面嵌套着三个黄金棺材,图坦哈蒙的木乃伊就在最里面,内棺由纯金造成,上面写着年轻法老的名言——“我看见了昨天;我知道明天。”躺在棺内的图坦哈蒙带着一副很大的金面具。这副面具和他本人的相貌几乎一模一样。X 光检查只发现面具上一块伤疤和法老本人脸上的伤疤,厚度稍微有点不同。这位年轻的法老看上去既悲伤又静穆。胸前陈放着由念珠和花形雕刻串成的领饰,矢车菊、百合、荷花等色彩虽已剥落,但仍依稀可见。专家们认为这个领饰是法老的年轻王后,在盖棺之前献上的。

法老的木乃伊由薄薄的布裹缠着,浑身布满了项圈、护身符、戒指、金银手镯以及各种宝石。其中还有两把短剑,一把是金的,另一把是金柄铁刃的。后一把极为罕见,因为埃及人那时候刚刚知道使用铁。

对所有参加考古的人员来说,这无疑是一个盛大的节日,谁也没有发生异常的迹象。但是几个月之后，悲剧开始。卡纳·冯勋爵得了病，被送回开罗，很快他就死了，死因据说是一只毒蚊子的叮咬，其部位正是图坦哈蒙脸上那块伤疤的位置。

卡纳·冯逝世的时候，他的儿子歇息在隔壁房间里，他回忆说："开罗全城的灯火一下子全熄灭了，我们不停地祷告。"死亡事件接踵而来。卡纳·冯的一位密友乔治古尔德听说勋爵的凶讯后便立即赶到埃及。他也去法老的陵墓走了一圈。第二天，他发起高烧，12 小时后便死去了。曾给法老木乃伊做过 X 光透视的放射学专家感到自己筋疲力尽，回到英国之后不久便去世了。

在考古队中为卡纳·冯做秘书的理查德·贝瑟尔死在自己卧室中的床上，显然是由于心脏病突然发作。英国工业家乔尔伍尔是法老陵墓的第一批参观者之一，不久他发起无名高热，很快就死去了。到 1930 年，最初参加发掘的考古队员只有两人活在世上。

吉萨金字塔群

但也有人自始至终不相信这一切，最主要的发掘人霍华德·卡特始终很平安，一直活到 1933 年。此时不得不出面辟谣了。他说，所谓图坦卡蒙复仇等"荒谬的报道"不过是一种文字游戏，这种危险根本就不存在。他强调指出，科学家已经证明墓中并不存在病菌，墓内做的感染测试的结果，也证明以上的报道是很不负责任和荒唐的。为了纠正视听，德国埃及学家乔治·斯丹道尔夫教授在探究了报纸消息和其他类似报道的消息来源后，于 1933 年就"法老的诅咒"问题发表了一篇文章。他

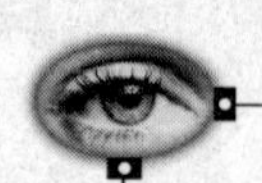

在列举大量事实以后做出明确的结论:“法老的诅咒”是根本不存在的。古代的铭文中也没有类似的东西。

然而,半个世纪后“法老的诅咒”之说又骤然兴起。1970 年,考古队最后的幸存者接受电视采访时谈及这个诅咒时说“我从来不相信这个神话”,结果在从电视台回家的路上遭遇车祸,几乎丧命;而这已经是他谈及诅咒后第三次付出代价了,前两次他的妻子暴病身亡、儿子残废;这次他再也不敢不信了。此外,1972 年之后的几次图坦哈蒙黄金面具展览的组织者及相关的人员也都丧命的丧命、遭灾的遭灾。

胡夫金字塔上也有一段可怕的铭文:“不论是谁骚扰了法老的安宁,死神之翼将在它的头上降临。”开罗大学伊瑟门·塔亚博士认为:木乃伊体内存在着一种曲霉细菌,感染者导致呼吸系统发炎,皮肤上出现红斑,最后因呼吸困难而死亡。

美国《医学月刊》曾刊登一篇调查报告:100 名曾经到过金字塔观光的英国游客,在其后 10 年内死于癌症的,竟达 40%,而且,年龄都不大。而那些胆大妄为,胆敢爬上金字塔顶的人,都很快出现昏睡现象,无一生还。

最近,迈阿密贝利大学的化学教授达维多凡从金字塔中检验出衰退的辐射线,很显然,这正是英国游客致癌的主要原因。但是,金字塔外却没有。可见,金字塔的结构可以防止放射线的外泄,因此,他提出了一个最为新颖的推断:金字塔是史前外星人的核废料储存所。

20 世纪末,加拿大及埃及研究人员调查后发现部分古埃及金字塔含有高浓度的氡气,这种放射性气体令接触者易患肺癌。这种致命的氡气是建筑金字塔石块及泥土内所含的放射性元素衰变后的产物。含氡气最高的三处古埃及建筑,依次序是开罗以南的沙喀姆喀特金字塔、阿比斯隧道及萨拉比尤姆陵墓。不过,还是难以解释发掘人员为何在短期内死亡的原因。

• 有关金字塔的几组数字所显示的精确度,使考古学家、建筑学家、地理学家、物理学家都迷惑不解。如延长在底面中央的纵平分线,就是地球的子平线,这条线正好把地球的大陆和海洋平分成相等的两半;金字塔的塔基正位于地球各大陆引力中心;大金字塔的尺寸与地球北半球的大小,在比例上极其相似。因此,有人推断埃及人在4000年前就已

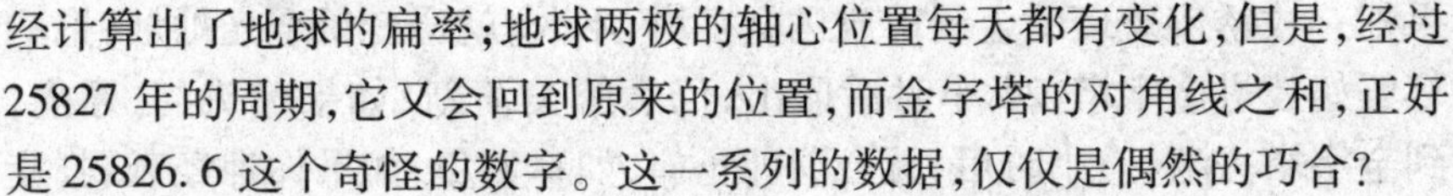

经计算出了地球的扁率；地球两极的轴心位置每天都有变化，但是，经过25827年的周期，它又会回到原来的位置，而金字塔的对角线之和，正好是25826.6这个奇怪的数字。这一系列的数据，仅仅是偶然的巧合？

人们知道：在金字塔建成1000年以后，才出现毕达哥斯拉定律；3000年后，祖冲之才把圆周率算到如此精确的程度，而西方直到16世纪，才有比较精确的计算；在金字塔建成4000年后，哥伦布才发现"美洲"，人们对世界的海陆分布才有初步的了解；在金字塔建成将近5000年后的今天，我们才能测算出地球的重量，地球和太阳的距离……然而，4500年前的古人，怎能有如此精确的计算呢？

• 用米、沙、碎石子或其他任何粒状体，自然堆积成圆锥体时，尽管它们质量不同，但形状却异常相似，它们的锥角都是52度。这种自然形成的角是最稳定的角，人们把它称为"自然塌落现象的极限角和稳定角"。奇怪的是金字塔正好是51度50分9秒。说明它就是按照这种"极限角和稳定角"来建造的。

沙漠的风是凌厉的，由于金字塔独特的造型，迫使凌厉的风势不得不沿着塔的斜面或棱角缓缓上升，塔的受风面由下而上，越来越小，在到达塔顶的时候，塔的受风面趋近于零。这种以逸待劳、以柔克刚的独特造型，把风的破坏力化解到最低程度。令现代建筑师惊叹！人们还知道，磁力线的偏向作用可以使地面建筑，甚至高山崩溃，而这座金字塔塔基正好处于磁力线中心，它随着磁力线的运动而运动，随着地球的运动而运动。因此，它所承受的振幅极其微弱，地震，对它的影响也就不大了。

52度"角"，方锥体的"形"与磁力线同步运动的"位"，是金字塔稳定之谜。但是，有谁能告诉我们：4500年前的古人，怎么知道52度角是稳定角？怎么知道用方锥体来化解沙漠风暴？又怎么知道把庞大的塔基奠定在磁力线中心？

• 人总是要死的，但是，为什么要花费这样多的劳力，消耗这样多的钱财，为自己建造一个尸体贮存所呢？除了国王们势所必然的豪华奢侈外，有没有其他的原因呢？

科学家们研究表明，金字塔的形状，使它贮存着一种奇异的"能"，能使尸体迅速脱水，加速"木乃伊化"，等待有朝一日的复活。据说，如果把一枚锈迹斑斑的金属币放进金字塔,不久,就会变得金光灿灿;把一杯鲜奶放进金字塔,24 小时后取出,仍然鲜美清新;如果你头痛、牙痛,到金字塔去吧,一小时后,就会消肿止痛,如释重负;如果你神经衰弱,疲惫不堪,到金字塔里去吧,几分钟或几小时后,你就会精神焕发,气力倍增。

对于这些奇异现象,有的科学家认为:金字塔的结构是一个较好的微波谐振腔体,微波能量的加热效应可以杀菌,并且使尸体脱水,而在这个腔体中,可以充分发挥微波的作用。可是,4000 年前的法老,怎么知道利用微波呢?

18. 图坦哈蒙法老的身份和死亡

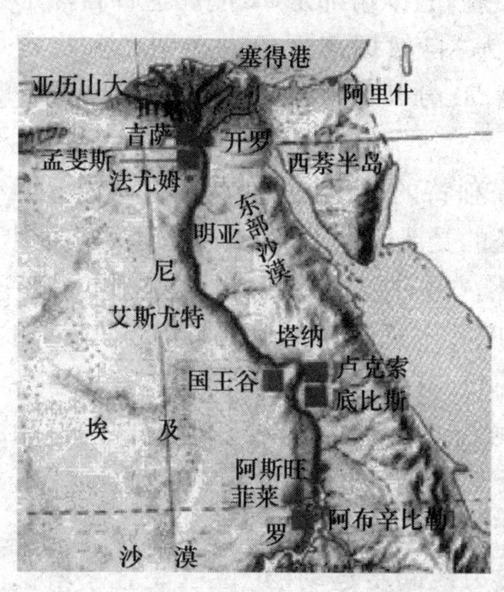

图坦哈蒙的墓位置图

几千年来,对古埃及第十八王朝末(约公元前 1361 ~ 前 1352 年在位)图坦哈蒙(Tutankhamen)年仅 18 岁的法老的可疑身份和神秘死因一直都搞不清楚。图坦哈蒙 9 岁登基,不满 20 岁即去世 。1922 年英国考古学家卡特(Howard Carter)发现并发掘图坦哈蒙的墓,至 1933 年发掘完毕。该墓曾以其丰富精美的随葬品轰动世界。葬品包括家具、雕像、武器、王杖、包金战车等,总数在千件以上。许多是古代工艺品杰作。文物中最精美的是棺室中存放国王木乃伊的棺椁。共有 4 层木制外椁,内为石英岩雕成的内椁。椁内有三重棺,包括两具人形贴金木棺,及一具重 60 千克的人形金棺,各棺皆以宝石镶嵌。在木乃伊身上还有一具形象逼真的金面罩。

DNA 检测技术被认为是有可能揭开图坦哈蒙的身世和死因之谜,但埃及学界担心历史改变,拒绝合作。埃及文物委员会曾透露,取自埃及法老图坦哈蒙木乃伊的 DNA 将与阿梅诺菲斯三世(也叫阿蒙霍特普

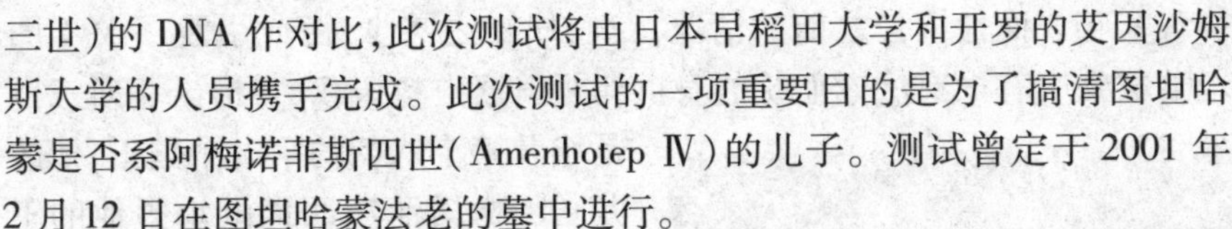

三世)的 DNA 作对比,此次测试将由日本早稻田大学和开罗的艾因沙姆斯大学的人员携手完成。此次测试的一项重要目的是为了搞清图坦哈蒙是否系阿梅诺菲斯四世(Amenhotep Ⅳ)的儿子。测试曾定于 2001 年 2 月 12 日在图坦哈蒙法老的墓中进行。

从两位法老的木乃伊提取 DNA,并作比较这一消息一经公布就在埃及考古界引起轩然大波。有人认为测试结果将改写埃及的历史。据媒体透露,埃及过去曾拒绝过外国人对金字塔建造者的木乃伊作同样的测试,因为怀疑有人想借此破坏埃及的历史。所以这次测试也中途夭折。

在尼罗河边,有一座现代化的城市叫卢克索。离卢克索不远有一片坐落在石灰石山深缝中的山谷,就建在断崖底下,千百年来一直安安静静地存在着,冷眼看时空流转,看红尘俗事,也看那高高的金字塔被入侵,被破坏,看曾经的统治者的亡灵被打扰。1922 年 11 月 4 日,一位名叫哈佛·卡特的英国人在这片山谷中发现了一个切割得十分粗糙的石台阶,从此山谷的宁静便一去不复返了。这片山谷现在以"国王谷"的名字蜚声于世,为埃及新王朝时期(公元前 1550 ~ 前 1070)王族和显贵们死后的葬身之所。国王谷里有 64 座帝王陵墓,埋葬着图特摩斯三世,阿蒙霍特普二世、塞提一世、拉美西斯二世等最著名的法老王。两座高 22 米、重 720 吨的"门农巨人"——其实是阿梅诺菲斯三世的坐像,雄视着尼罗河谷。而传奇的埃及法老图坦哈蒙墓也在其中。图坦哈蒙法老之所以出名,其墓地完好无损便是原因之一。另外,人们发现这位法老死时只有 18 岁。他的死因的种种疑问与未解之谜,使那张"死亡面具"之后的真面目变得扑朔迷离。

图坦哈蒙像

据记载,图坦哈蒙 9 岁登基,执政期为公元前 1361 ~ 前 1352 年,共执政9年。而他继位之前的情况,我们却知之甚少,由此引发了关于图坦哈蒙到底有没有法老血统的身世问题。据史料记载,阿梅诺菲斯三世是埃及第十八朝的第九个国王,他的儿子阿梅诺菲斯四世继承了他的王位。有人认为图坦哈蒙是阿梅诺菲斯三世与第二个妻子美利塔·奥古斯特所生。这一观点的证据是,在奥西里斯神庙有一块雕刻着图坦哈蒙母亲的名字美利塔(Merttra)。另外在图坦哈蒙向神庙呈献的花岗岩狮子上,有记载说"修整了他的父亲阿梅诺菲斯三世的纪念碑"。

戴着金面具的图坦哈蒙

另一个说法是图坦哈蒙是阿梅诺菲斯三世与第一个妻子泰娅所生,还有人说他是阿梅诺菲斯四世与第二个妻子所生。不管怎样,至少有一点是肯定的,即图坦哈蒙这位少年国王有着某种王室的血统。

也许在科技发达的今天,这一问题将得以解决,埃及考古最高委员会负责人贾拉巴说:"这个谜已经流传很久了,也许DNA检验是找到答案的最后方法了。"阿梅诺菲斯三世的木乃伊现在在埃及博物馆里展出。而图坦哈蒙木乃伊则一直安放在卢克索的墓室里。DNA检测还将解决另一悬案,围绕图坦哈蒙法老的所有谜中之谜最令人困惑的也最引人入胜的是图坦哈蒙法老的死因。

考虑到法老的地位与他的年龄,有一种说法认为法老可能是死于争夺王位继承权的斗争。让我们回到公元前12世纪阿梅诺菲斯三世统治的埃及。当时国王鼓励人们信奉太阳神阿吞神。埃及当时的宗教以多神教的信仰为中心,一切都由僧侣们控制。而阿梅诺菲斯四世继承了父亲的信仰,他禁止信仰其他神,向各地派人去除纪念碑或寺庙上其他神的名字,整个国家陷入了混乱的局面。要知道埃及的文化核心便是宗教,多神教信仰已深植于尼罗河两岸人民的生活和各个方面。阿梅诺菲斯四世的这些举动引起了内部的波动,受到了僧侣们的强烈反对,他的地位岌岌可危。改革失败了,阿梅诺菲斯四世死后,太阳神教信仰者与传统信仰者开始争夺王位。在这样的背景下图坦哈蒙被推上了王位。

关于图坦哈蒙之死,第一个必须回答的问题恐怕是其性质。1925年对木乃伊所做的第一次检验显示尸体左颊有一块深色的伤痕,比其他皮肤更深,看起来像疤痂。埃及法老的平均年龄为40岁左右,而图坦哈蒙只有18岁。1968年在当时的新技术X光的帮助下,人们发现木乃伊的脊柱X光片显示他并非死于当时人们普遍认为的肺炎。另外,X光检查的结果还显示,尸体脑内一块骨头与头部受重击的损伤一致。果真如此的话,是谁给他致命的一击,凶手又是谁呢?

图坦哈蒙墓中的金棺和壁画

最合理的解释便是凶手是他身边亲近的人,这个人有可能成为后来的埃及国王。有了这两个条件,人们将焦点聚焦在赫罗姆海伯身上。赫罗姆海伯将军是一个出身低微的野心家,他在阿梅诺菲斯四世及图坦哈蒙时期地位迅速攀升,成为两位国王的重臣。在图坦哈蒙统治时他是军队的总指挥,但图坦哈蒙一天天在长大,越来越像一位真正的法老,不再受他的控制。在埃及,法老们都是尚武的战士,总在前线带领军队征战。一旦国王强大,将军不仅将失去他在王宫中的地位,还会丧失对军队的统治。

有趣的是,在图坦哈蒙墓中,许多物件都刻有前国王的名字,其中许多是图坦哈蒙的大臣们在他死后献出来的。在当时有记载的所有大臣中唯独少了赫罗姆海伯将军的贡品。另外一个事实也被用来证明将军的罪行。赫罗姆海伯在当上埃及国王后,命令工匠将国土内祭祀太阳神的刻字毁掉,还下令凡是有图坦哈蒙的名字处,要么除掉,要么用自己的名字替代。他还将图坦哈蒙从法老的王室名单中去掉。消除太阳神崇拜影响的行为尚可理解,毁灭对图坦哈蒙的记忆的做法却令人怀疑,毕竟图坦哈蒙曾做过恢复多神教信仰的努力。

最后一件证据在于埃及王后给赫梯国王的一封信。图坦哈蒙死后,埃及王后成为寡妇,她曾派使者到赫梯,给那里的赫梯国王送信,信中这样写道:"我的丈夫去世了,没有留下子嗣。您有几个儿子?您能否令其中一个成为我的丈夫,我不愿让一个仆人做我的丈夫。"这封信说明了当时的政治环境,这里的仆人可能就是指赫罗姆海伯将军。赫罗姆海伯除掉图坦哈蒙,又有军队的支持,王位唾手可得。以上的证据都指向一个结论,即杀害法老的凶手有可能是赫罗姆海伯将军。

按当时埃及的风俗,如果王后再婚,她的丈夫将成为新的法老。但王后找到的法老候选人很快被人暗杀,很可能就是赫罗姆海伯暗杀的。最终王后只好任命自己的祖父艾依为新任法老。将军的希望落了空,但他仍通过种种手段保存了自己的地位。艾依年纪太大,三年后去世,转眼间,将军得到了王位,加冕成为埃及的法老。

更有传说,说艾依安排了孙女与图坦哈蒙的婚姻,成为摄政王。图坦哈蒙的死与他有关,同样是为了争夺王位。关于图坦哈蒙法老的死因,目前又有一种新的说法。从图坦哈蒙墓穴中挖掘出的衣服等物件共计400余件,一直未被研究。但是今天这些服装引起了大众的注意。他们发现,年仅18岁的法老穿着的服装与其他人有所不同。根据他们服装的测量,身穿这些服装的人臀部比胸部至少要宽30厘米,臀部出奇地肥大,身材呈梨形,因而得出结论他曾经遭受过一种怪异疾病的折磨,而且也可能正是这种不能确认的病让他过早地死去。

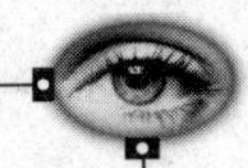

19. "百门之都"——底比斯

在公元前 14 世纪中叶的古埃及新王国时期,尼罗河中游,曾经雄踞着一座当时世界上无与伦比的都城。这就是被古希腊大诗人荷马称为"百门之都"的底比斯。底比斯是一座充满神奇色彩的古城,它的兴衰是整个古埃及兴衰的一个缩影。

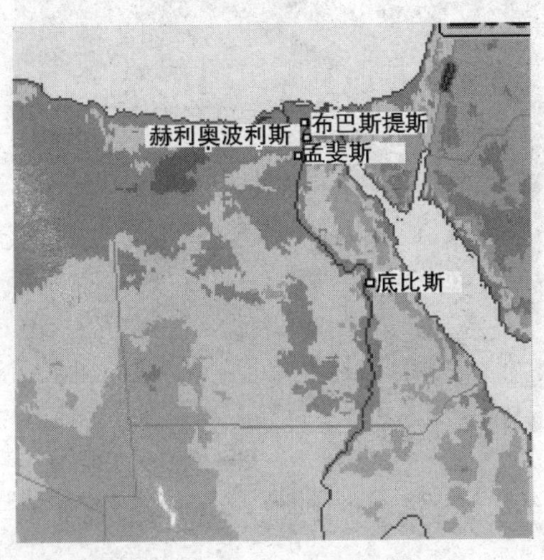

底比斯地理位置图

从公元前 2134 年左右,埃及第十一王朝法老孟苏好代布兴建底比斯作为都城,直到公元前 27 年,底比斯被一场大地震彻底摧毁时止,在 2000 多年的漫长岁月里,底比斯在古埃及的发展史上始终起着重要作用。但后世人对它感兴趣,不仅仅在于以上所述,还在于底比斯不仅是埃及法老们生前的都城,也是法老们死后的冥府。底比斯横跨尼罗河两岸,位于现今埃及首都开罗南面 700 多千米处,底比斯的右岸,也叫东岸,是当时古埃及的宗教、政治中心。底比斯的左岸,也叫西岸,是法老们死后的安息之地。

卢克索法老院外面的石雕

底比斯在埃及古王国

底比斯阿蒙神庙主殿，总面积达5千平方米，134根圆柱，中间最高的12根大圆柱高达21米，每根柱顶上可以容纳100来人，规模真是大极了，为世界所罕见

时期，是一个并不出名也不很大的商道中心。通往西奈半岛和彭特的水路，通往努比亚的陆路，都要经过底比斯。底比斯的兴盛是跟阿蒙神联系在一起的。法老孟苏好代布把首都定在底比斯后，又将阿蒙神奉为“诸神之王”，成了全埃及最高的神，从此开始在底比斯为阿蒙神大兴土木。底比斯在古埃及历史上的重要地位就这样被奠定了下来。

到了公元前2000年左右，虽然第十二王朝的开创者门内姆哈特一世曾把首都从底比斯迁到孟斐斯附近的李斯特，但在底比斯仍然为阿蒙神继续兴建纪念性建造物。从公元前1790年到公元前1600年左右，中王国遭到了外族喜克索斯人的入侵。喜克索斯人征服了大半个埃及，最后定都阿瓦利斯，建立了第十五王朝和第十六王朝。底比斯经历了第一次衰落。埃及人在阿赫摩斯一世的率领下，又在底比斯建立了第十七王朝，并在公元前1580年左右攻占了阿瓦利斯城，把喜克索斯人赶出了埃及，开创了古埃及新王国时代。

新王国时期的法老们再次选定底比斯作为埃及的宗教、政治中心。他们发动了一系列侵略战争，掠取了大量财富和战俘，并把底比斯建成为当时世界上最显赫宏伟的都城。他们在东底比斯为阿蒙神和他们自己建起了一座座壮观的神庙和宫殿。完成于拉美西斯二世的底比斯阿蒙神庙主殿，总面积达5千平方米，有134根圆柱，中间最高的12根大圆柱高达21米，每根柱顶上可以容纳100来人，规模真是大极了，为世界所罕见。

另外，像卢克索法老院、拉美西斯二世宫殿、阿蒙诺斐斯三世寺院等等，也都十分庄严宏伟。与此同时，他们又在西底比斯修建了一系列工程浩大的陵墓，其中尤以著名的拉美西斯二世墓和图坦哈蒙墓更为豪华。

但是，鉴于往昔兴建起来的金字塔陵墓太引人注目，虽然防范措施严密，还是未能逃脱盗墓者的侵袭。于是，法老们经过反复琢磨，决定不再建造巍然屹立的金字塔陵墓，而是把荒山作为天然金字塔，沿着山坡的侧面开凿地道，修建豪华的地下陵寝。在西底比斯一个不显眼却又盛产建筑材料石灰岩的山谷里，法老和权贵们为自己修造了一座座陵墓。这个山谷被后人称之为“国王之谷”。

在很长一个时期里，“国王之谷”没有被人发现。但是，随着岁月的推移，这里的陵墓还是神不知鬼不觉地被盗墓者一个个地洗劫一空。不过，有一座法老的陵墓却奇迹般地逃脱了厄运，静悄悄地沉睡了 3300 多年，直到 1922 年才被英国考古学家卡特博士发现。这就是我们在前边提到过的法老图坦哈蒙墓。图坦哈蒙墓之所以能在几千年里没有被人发现，是因为在这座墓的上层，又有许多其他法老的墓，而在地面上贫民们又盖上了许多茅舍。图坦哈蒙的三间墓室里还发现了数不胜数的金银财宝。如果把这些财宝折合成现在的货币至少也有数百亿美元！新王国时期埃及法老们的豪华由此也就可见一斑了。

第十八王朝法老阿蒙霍特普四世大概看到了阿蒙神庙祭司们不断增加的财富所构成的威胁，决定推行宗教改革，也就是埃赫那吞改革。底比斯从此又衰落了 20 来年。第二十一王朝以后，随着底比斯统治集团内部矛盾的不断加剧，加上爱琴海和小亚细亚一带的“海上民族”的不断入侵，新王国日益衰落，底比斯也开始了自己的厄运。公元前 663 年左右，入侵埃及的亚述军队再次火烧、洗劫了底比斯。公元前 27 年，一场地震又使底比斯城里仅存的一些纪念性建筑物瞬息之间倾塌无遗。到 19 世纪，只留下一堆废墟的底比斯，成了古墓盗劫者的乐园。在现今埃及的卢克索和卡纳克一带，人们还能见到底比斯遗址的一些断垣残壁。

20. 克里特岛的地下迷宫

传说在远古的时代，有位国王叫米诺斯，他统治着爱琴海的一个岛

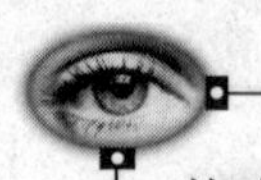

屿克里特岛。米诺斯的儿子在雅典的阿提刻被人阴谋杀害了。为了替儿子复仇,米诺斯向雅典的人民挑战。在神的惩罚下,雅典正充满灾荒和瘟疫。在米诺斯的挑战下,雅典人向米诺斯王求和。米诺斯要求他们每隔 9 年送 7 对童男童女到克里特岛。米诺斯在克里特岛建造一座有无数宫殿的迷宫,迷宫中道路曲折纵横,谁进去都别想出来。在迷宫的纵深处,米诺斯养了一只人身牛头的野兽米诺牛。雅典每次送来的 7 对童男童女都是供奉给米诺牛吃的。

长期以来,人们对神话传说中的米诺斯王宫的存在表示怀疑。直到 1900 年英国考古学家伊文思在克里特岛发现了它的遗迹,这才知道米诺斯王宫并非虚构,而是真实存在。一开始他在位于克诺索斯的凯法拉山冈挖掘时并没想到能取得考古学上的重大发现。直到看到由许多房间组成的建筑物残存结构时,他才想到这正是传说中的米诺斯王宫。而且随着挖掘的进行,发现这一建筑物结构复杂,加之出土的双斧标志,进一步证实希腊神话所说的米诺斯迷宫正是这个建筑物。

原来双斧(双刃的斧)是克里特岛的宗教标志,在克诺索斯宫殿就有双斧装饰的房间,而且宫殿本身也被称为"四双斧的殿堂"。由于克诺索斯宫中众多的房间被安排得错综复杂,给人留下了一旦进去无法出

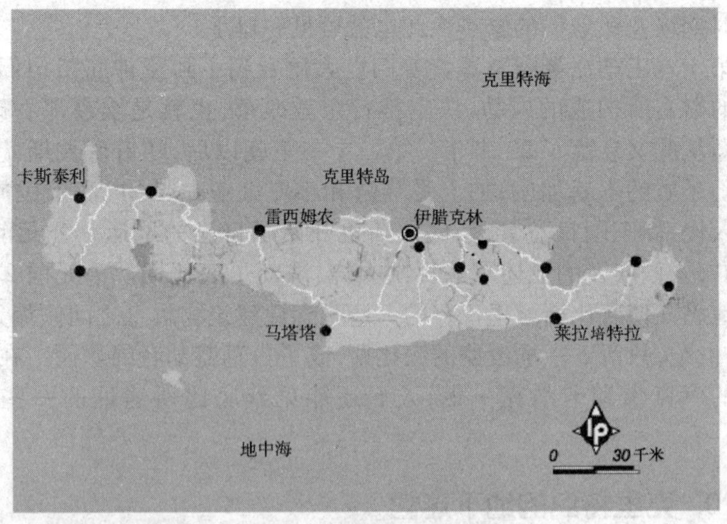

希腊克里特岛地图

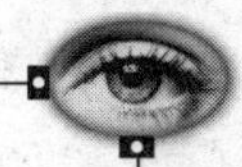

来的印象,因此在英语中"迷宫"一词是由"双斧"单词派生出来的。

克诺索斯宫

克诺索斯宫东西长 170 米、南北宽 180 米,是一座几乎呈正方形的、结构复杂的三层建筑。整个宫殿分为东西两翼,东翼主要是皇家的居住区和办公场所,西翼配置了仓库群和礼拜堂等宗教设施。特别是西翼正中的"御座间"被称为接见外国使节或臣民的房间,人们对此的争议最多。

东西两翼共有几百间房间,每一层还有像迷宫似的数十级乃至上百级的台阶,身在其中更觉得扑朔迷离、进退两难。宫殿所有房间装饰华丽,墙上画有自然界的鸟兽、王室宴乐和贵妇的彩绘。在宫殿的长廊中,有表现国王、贵族活动和集合的壁画。有一幅是塑造国王的,他戴的王冠是用百合花编成的,脖子上戴着项圈,手上套着镯子,正在百花丛中散步。有的壁画中,男子们拿着金银器皿,女子们穿着镶白边的黑裙,体态婀娜,神情栩栩如生。伊文思根据挖掘出来的遗迹,绘制了一幅克诺索斯王宫的平面图,并根据此图复原了部分宫殿建筑。

在迷宫中,还发现了 2000 多块泥板,上面刻着许多由线条构成的文字。在一些印章和器皿上也发现了同样的文字,后人学者称它为线形文字。一直到 1953 年,才有学者破译了这些线形文字的意思,原来它记载着王宫财物的账目,其中有国王向各地征收贡赋的情况,计算法是十进位。这些文字和古希腊使用的文字只有细微的不同，从中可以推算出克里特岛文化和希腊文化之间有密切的联系。根据古希腊诗人荷马写的诗《奥德赛》，当时的克里特岛有 90 个城镇，最大的城市在以克诺索斯为中心、由米诺斯王统治的岛上，当地居住各种民族，使用各种语言。

宫中的走廊和壁画墙

伊文思发现这个文明，无疑功劳很大，而且他将克诺索斯的遗址作为王宫的说法，也被许多学者继承发展，成为定论。但是，并非所有人对伊文思的说法都赞同，其中德国地质学家翁特里希就有异议。他否定了克诺索斯宫殿是王宫的说法，在学术界引起很大冲击。其论点有四个方面：第一，克诺索斯宫殿使用的建筑材料是容易磨损的雪花石膏，风化后荡然无存；第二，被视为皇家接见外宾的御座间在半地下，连风和光线都不能透入；第三，迷宫那样的走廊不实用；第四，浴室连排水口都没有。据此，他认为这个建筑物怎么也不可能是住很多人的王宫，应该是安葬死者的王陵。

翁特里希的观点犹如一石击水，引起了很大反响。特别是在德国，连业余爱好者都卷入其中。但是，支持伊文思“王宫说”的大部分学者，对翁特里希的说法不屑一顾。他们认为作为王陵的想法是很有魅力的，但是有点不现实。另外，对翁特里希本人不是考古学家也有微词。当然，近年来人们不是对伊文思没有责难。

国王居室

责难主要集中在他对克诺索斯宫殿进行的强制性复原。伊文思出于对文物的长期保存和经济上的原因,将宫殿的部分柱子和墙用水泥砌成。随着时间的推移,显然使珍贵的文物变得一文不值。其次,伊文思生前故意把对自己观点不利的出土文物隐藏起来,还将出土的大量黏土板书据为己有,直到死都没有公开,有损于他的形象。而且,翁特里希提出的疑问不无道理。如果说宫殿的御座间是接见外国使节或臣民的房间,何以建在连光线都透不进的半地下呢?

对此,日本女子艺术大学的腾又助教授认为不能全面否定翁特里希的假说,由此认为这个建筑物在作为国王居室的同时,又担负了神庙的功能。这样的设想能够说明许多问题,例如浴室的问题,显然那种结构不能作为浴室使用,如果考虑为进行宗教仪式前要求净身的房间,则不难理解浴室何以不设排水口的原因了。同理,可以考虑御座间不是谒见皇室的场所。如果看到忠实复原的克诺索斯宫殿的壁画以及出土的刻有女神显圣的石章,则不难推断御座间的具体功能,那就是该房间实际上是进行女神显圣仪式或举行女圣婚仪式的地方,穿裙子、敞开胸脯的女祭司结婚。这种男女结合具有祈祷自然力再生的宗教上的意思。事实上,希腊神话的怪物弥诺陶洛斯或在这种仪式上登场的戴公牛头的男祭司的样子不就是寻找生殖的起源吗?

另外,从克诺索斯出土的手抓蛇的女神像、公牛像、双斧标记也是出于这样的观点。与东方地区宫中壁画常显示帝王的荣耀或权威不同,这个宫殿的壁画大多是直率地表现自然景物,这也表现古人渴望丰收的心情。

在古代,神庙在宗教上是必要的。但是无论怎么搜索克诺索斯周边,也没发现神庙,这是迄今为止又一个很大的谜。如果说克诺索斯宫殿既是王宫,也是兼备宗教中心职能的神庙,那么,何以要这么多的房间,宛如迷宫那样的复杂结构,这难道是必要的吗?又是一个令人不解的谜。再者,就迷宫而言,从克诺索斯宫殿附近的地下室发现许多孩子的骨骼。令人战栗的是,许多骨头上留有用锋利的刀把人肉从骨头上剔下的痕迹。对此,有人解释是作为一项仪式吃人肉,或为了重新埋葬做这样的处理。究竟为什么这样做,至今还不得而知。但由此马上使人联想起进贡少男少女的弥诺陶洛斯的传说,看来它并非神话,也是现实。

不过传说中的弥诺陶洛斯只是托词，真正的人是统治弥诺陶洛斯的暴君。

迄今为止，对于产生迷宫传说的克里特文明到底是什么样的文明，构筑那样的人来自何方，尚无明确答案。一般认为克里特岛最早有人定居是在新石器时代中期的公元前6000年左右。至于他们来自何方，从早期出土的文物来看，推断最有可能是从地中海东岸或小亚细亚方面来的。到青铜器时代，克里特岛成为地中海文化的中心。由于它具备了无论是到埃及还是小亚细亚、美索不达米亚都很近的优越地理条件，无怪乎成为东方文明和希腊文明的中心。克里特岛充当地中海文化的中心是在公元前1900年左右。这时在克里特岛开始建造宫殿，除了克诺索斯外，还在附近的法斯特斯和马里亚发现大型宫殿遗迹。据迄今为止的发掘知道这些宫殿几乎全部倒塌。克里特岛的宫殿甚至曾二次倒塌，第一次是公元前1700年左右，由地震造成的；第二次是在公元前1450年左右，当时还伴随着火灾。

关于第二次倒塌的原因还有争议。一说是由于北邻的桑托林火山岛的爆发引起的地震所致，但那是在17世纪后半叶，显然这与克里特岛出土的陶器年代（公元前1450年左右）不符，有时间上的偏差。另据对树木年轮或冰雪层柱芯的测定结果表明有大约200年的偏差，据此，第二次倒塌的时间更倾向于公元前1450年左右。既然这次宫殿倒塌与桑托林岛的火山爆发无关，那么究竟是什么原因造成宫殿倒塌的呢？

另一方面，在克里特岛开始建筑宫殿的同时，在希腊本土也出现了巨大的变化。那就是希腊人的民族迁移，即亚该亚人（亦称达那俄斯人，古希腊人的一支）南下。南下的亚该亚人定居在伯罗奔尼撒，受先进的克里特文明的影响，不久开创了迈锡尼文明。对此，学者们开始考虑，克里特文明由于迈锡尼文明的崛起而遭破坏的可能性。其关键的一点是在克里特岛上发现的公元前1450年～前1200年用楔形文字B（在克里特岛还有另一类楔形文字A）书写的黏土板文书是该岛固有的未被译解的谜，后来在希腊本土也有大量发现。1953年经英国建筑学家温特利斯个人的研究，这才知道是用古希腊语的方言书写的，虽经努力，也未能解开这个谜。

如果是那样的话，考虑迈锡尼文明强大时已是克里特文明末期，因

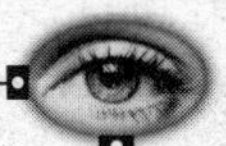

此,它有可能入侵或统治克里特岛。由此推测克诺索斯宫殿第二次倒塌(公元前1450年)是由入侵的迈锡尼人破坏的。但是,现在,学术界对迈锡尼人是否入侵还有分歧。尽管至今尚无定论,但是曾在地中海起主要作用的克里特文明,尽管克诺索斯宫殿倒塌后急速衰败,最终由迈锡尼文明取代,它曾有过的辉煌都是历史上光荣而真实的一页。

在迷宫的周围,还发现有豪华的住宅,里面居然有冷热水管俱全的浴室。在豪华住宅的旁边,有极为简陋的小屋和茅舍,这显然是穷人和奴隶居住的地方。由于地下迷宫的发现,人们发现了公元前15世纪曾有过的灿烂文明,这一文明被后人誉为"克里特文化"。

21."死人之丘"——摩亨佐·达罗古城

在巴基斯坦信德省的拉尔卡纳县南部,滚滚流淌的印度河右岸,有一座半圆形的佛塔废墟。没有人知道它是什么时代修建的。这里是信德沙漠的边缘,白日狂风沙尘呼叫,夜晚寒风习习。尽收眼底的只有一望无际的信德沙漠。多少年来,这里一片荒芜,满目凄凉,一直被当地人称为"死人之丘"。

1922年,几名印度勘察队员偶然来到这里,在佛塔的废墟里,找到了几块刻着动物图形和令人费解的文字的石制印章。在过去的60年里,几个考古工作队相继来到这里进行了发掘和整理。终于发现这里是一座重要的古代城市的废墟。这一考古发现,向世人证明了印度河文明与两河流域的苏美尔文明一样古老而灿烂。这座标志着"印度河文明"

"死人之丘"——摩亨佐·达罗古城

的古城,就是举世闻名的摩亨佐·达罗。

摩亨佐·达罗与在旁遮普的哈拉巴一起,被考古学家和历史学家称为“哈拉巴文化”。摩亨佐·达罗是公元前3000年到公元前1750年,青铜器时代的一座世界名城。这个城市的居民叫“达罗毗荼人”,是世界上最早种植棉花并用棉花织布的民族之一。他们创造了结构独特的文字,还发明了相当精密的度量衡方法,建立了高度发达的城市经济,而且广泛地和其他各文明民族进行着贸易往来。

摩亨佐·达罗古城遗址鸟瞰

但是,摩亨佐·达罗城是怎样衰落直至葬身黄沙之下?摩亨佐·达罗人是在什么时候遗弃这座城市的呢?他们后来又到哪里去了呢?世界各国的许多考古学家、历史学家、人种学家和古文字学家一直试图通过发掘出来的古城遗址和大批石制印章、陶器、青铜器皿等文物中,找到揭开古城的秘密。几十年过去了,古城的真实面貌已经渐渐显露出来。这座古城最早是一些小小的村庄。后来,各个村庄逐渐扩大,渐渐连在一起,形成了一个城市。摩亨佐·达罗古城有高大的城墙和宽阔的街道,居民大约有数万人。城里的街道十分的整齐,房屋排列得井井有条。

摩亨佐·达罗古城里街道大部分是东西向和南北向的直路,成平行排列,或直角相交。主要街道宽达10米,下面有排水道,用拱形砖砌成,形成了一个独特的排水系统。古城里的建筑物都用火砖砌成。在这里,人们能看到5000年前留下来的高达7.5米的断垣残墙。住宅大小不等。小住宅只有两间房,大住宅里有大厅和许多间房屋。凡是多房间的住宅,都有几间面向中央庭院,另有一扇侧门通向小巷。在这些住宅中

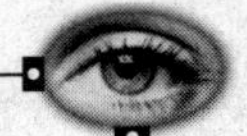

间,最突出的是一幢包括许多间大厅和一个储存库的建筑物。它可能就是当时摩亨佐·达罗古城的国王或首领居住的地方。

另外,还有不少两层楼房屋,下层是厨房、洗澡间,上层是卧室。这些显然是属于有钱有势人家的住宅。不过,迄今还没有发现,或者还无法证明,哪一座建筑是宫殿或神庙。古城里发现过一些带有很多装饰品的小型裸体人像。据推测,这也许就是一种吉祥的象征物。古城里的大多数住宅都有水井和整洁的浴室,而且有一条修得很好的排水沟,把废水引入公共排水渠中。大小住宅多半都在外墙里面装有专用的垃圾滑运道。居民们可以把废物倒进滑运道,滑到屋外街边小沟。小沟又连接下水道系统。这样复杂的污物和污水处理系统,不仅在上古时代是无与伦比的,就是当今世界上的许多城镇也望尘莫及。

古城的居民特别爱清洁。城里最突出的一个建筑物就是一个大澡堂。澡堂里的大浴池呈长方形,长 40 米,宽约 20 米。浴池南北两端有阶梯,有一条一人高的排水沟可以随时把废水排出浴池。澡堂和一个房间里有一口椭圆形水井,大概是给浴池供水的。浴池底部和四周的砖块都用石膏灰浆砌合,外面涂上一层沥青,然后再砌一层砖块,以防漏水。浴池北面有一连串小浴室。每个浴室里有一个放置水罐的高平台,看来是作热水浴之用的。此外,还有作为其他用途的一些房间。这座大澡堂是摩亨佐·达罗人高度重视清洁卫生的标志,也是首次见于历史的一种现象。

在摩亨佐·达罗古城遗址里发现的大量石制印章,不仅是一种雕刻技艺精湛的工艺品,更是人类古文明最珍贵的文献资料。因为,在这些印章上刻有牛、鱼和树木的图形文字,很像古埃及的象形文字和苏美尔人的楔形文字。遗憾的是,这些“天书”至今还没有被人们识读。曾经有一位捷克斯洛伐克学者说,他已读通了 125 个这种文字,并认为摩亨佐·达罗文字已由图画文字演进到了带有表音性质的文字。

摩亨佐·达罗古城遗址的发现证明:包括现在印度和巴基斯坦的古印度也和埃及、巴比伦、中国一样,是人类文明的摇篮。史学家认为,昔日摩亨佐·达罗郊外,也是郁郁葱葱,长满着茂盛的草木。和尼罗河一样宽阔古老的印度河,不仅灌溉着这里的千里沃野,也孕育了人间的文明。只是到了后来,由于过度的放牧和种植,破坏了生态平衡,使得植被稀疏，表土裸露，在强烈的阳光照射下，其水分迅速蒸发，然后随风吹蚀，最后终于使这里沦为一片沙洲。可见，环境的保护是多么的重要。

但是，摩亨佐·达罗人后来究竟跑到什么地方去了呢？摩亨佐·达罗古城和“印度河文明”究竟是怎样消失的呢？谜底可能还深藏在神秘的“死人之丘”底下。可是，由于岁月的消磨，洪水的冲刷和盐碱的腐蚀，解开这些历史悬案的希望就像眼前的摩亨佐·达罗遗址日见颓败一样，变得越来越渺茫了。

22. 唐代高僧玄奘取经地——那烂陀佛寺

那烂陀是著名的印度佛教圣地遗址，距比哈尔邦首府巴特那约 90 多千米。那烂陀意为“荷花”，象征着美、善、智慧和文化。那烂陀历史悠久。相传，在佛陀与耆那教创始人大雄的时代（公元前6～前5世纪），这里已经是一座十分繁华的大城，佛寺始建于笈多王朝鸠摩罗笈多一世（415～455）时，以后历代扩建增修，至7世纪达于全盛。建筑群占地 30 多平方千米，有世界上最大的佛教学院，大小 10 余座佛寺，1 万多名僧人、学者和 1500 多名教师，曾吸引了来自中国、日本、朝鲜、蒙古和斯里兰卡的高僧和学者。

根据中国西藏地区的史料，佛教哲学家尤树（2～3 世纪）曾在这里研习佛法。6 世纪，中国唐代高僧玄奘曾在那烂陀的佛教寺院中学习了 5 年，并在寺院中授课。在《大唐西域记》中，玄奘曾描述当时的那烂陀佛学院是“僧徒数千，并俊才高学也，德重当时，声驰异域者，数百余矣……”，“伽蓝四周，圣迹百数”。他提到有一大精舍“高三百余尺”。其后，唐代又一高僧义净，也曾在这里进修了 10 年。在 8～12 世纪，作为当时的佛教艺术中心，那烂陀仍很

那烂陀佛寺

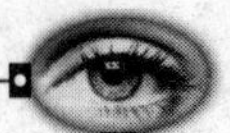

繁荣。1197～1203年间，穆斯林袭击比哈尔，那烂陀毁于兵灾。数百年后，直到19世纪初，考古学家们才根据玄奘的著作使古城那烂陀重见天日。

1861～1862年，经英国考古学家坎宁安发现，1871年由布罗德利、1916～1937年由斯普纳进行发掘，在方圆近3千米的废墟上发掘出4座佛殿、10座僧院和1座印度教殿堂遗迹，还有铜、石的佛像与浮雕等。原址现建有那烂陀博物馆。从发掘的遗迹推测，昔日的那烂陀佛寺建筑大都与鹿野苑相仿，一般采用砖石结构，呈方形，似一座古城堡。主庙大多建筑在一个小山丘旁，可沿多层石阶直达庙门。庙宇分4层，每层有许多巨大石柱，石柱间的石壁上雕刻着各种姿态的佛像。此外，还有经堂、僧房、石塔等。在那烂陀遗址博物馆内，陈列着小石像、铜像、石器时代的石斧和一盆烧焦了的稻谷等出土文物。

发掘所见的寺院建筑以僧院为主，僧院依次排列，形式简单一致，都是在方形庭院四周布置众多小间。在遗址东北角的佛殿遗迹旁边，有一座较完整的高约13米的石塔，属9～10世纪间的作品，较明显地反映了中世纪印度佛塔的特色，各层方形台基遍布神龛，内塑佛像。这种分层立龛的形制与菩提伽耶佛教遗迹中的塔基近似，对中世纪的尼泊尔和东南亚各国的佛塔建筑有较大影响。在那烂陀，还有一座仿照中国寺庙格局修建的中华佛寺以及中印两国合作修建的中国式的建筑——玄奘纪念堂。20世纪50年代，周恩来总理访问印度期间，曾专门来此地参观。

公元627年的一天，一位僧人离开了当时唐朝的首都长安。许多的僧徒和百姓来到城外为他送别，保佑他一路上顺利平安。有人仍担心地劝他回心转意，放弃旅行还来得及。他坚定地回答，虽然路途遥远，但他一定会克服艰难险阻，取回“真经”。这位僧人就是当时著名的高僧玄奘，也就是小说《西游记》中“唐僧”的原型。他此行是要到佛教的发祥地天竺国（今印度），去求取佛教的经典。

佛教创始人是公元前6世纪的乔达摩·悉达多。相传，他是喜马拉雅山南麓的小国释迦族的王子，29岁时出家修行，最后来到王舍城（今印度比哈尔邦巴特那之南）。他在城外尼莲河畔的菩提树下闭目沉思，静坐了6年。到第7年，他终于悟出了人生真谛，从此得道成佛。佛，就是大智大觉之人。他的弟子们称他为释迦牟尼，意思是“释迦族的圣人”。

到公元1世纪时，佛教受印度婆罗门教影响，开始主张佛有许多化身，造出各种菩萨。崇拜偶像，认为只要虔诚信仰，人人都能成佛。由于对佛祖释迦牟尼的教义持有不同的观点，佛教徒僧众教团分裂成两大派，“上座部”以佛教正统派自居，“大众部”则属于新兴教派。“大众部”鼓吹“普度众生”，创立了“大乘空宗”和“大乘有宗”的宗教理论体系，自称“大乘”，意即“大道”或“大业”，而把原始佛教贬称为“小乘”。

佛教传入中国后，最先翻译的大都是“小乘”经典。到东晋时，才有人译出“大乘空宗”的经论；到南北朝中、后期，才译出“大乘有宗”的经论。玄奘研究佛经是从“大乘有宗”入手。在长期的钻研探索中，他觉得自己所请教的大师各有师承，对教义的解释也不同，需要作进一步地探讨。但是，当时传入中国的佛教典籍并不多，译文也难以表达原意，尤其是他研究的“大乘有宗”的经论更加缺少。

正在这时，印度那烂陀寺戒贤法师的门徒波颇密多罗来到长安。玄奘向他请教后得知：戒贤法师通晓全部经论，学识渊博，在那烂陀寺主持讲经。于是，玄奘决定，西出长安前往那烂陀寺取经。他向唐朝的皇帝请求，并得到了恩准。位于印度古城王舍城外的那烂陀寺，是当时印度最大、最壮观的佛教寺院。收藏着浩繁的大乘、小乘佛教经典以及婆罗门教最古老的经典和天文、地理、技艺、医药、数学、音韵等书籍。寺院的主持人戒贤法师已年近百岁，对佛学理论有精湛的研究，是当时印度的佛学权威，被尊称为“正法藏”。

据说，在当时那烂陀寺主、客僧众1万多人中，通晓20部佛经理论的有1000多人，通晓30部的有500人，通晓50部的连玄奘在内也只有10个人，而通晓全部经论的只有戒贤法师一人。

玄奘在那烂陀寺早晚不辍地潜心钻研了5年佛教经论。最后，在公元645年时，他带着500多夹共650多部佛教“真经”，回到了唐朝长安城。在前后共18年的时间里，玄奘跋山涉水，克服了千难万险，行程25000多千米，游历了当时110个国家，受到了包括国王和僧侣在内的各界人士的欢迎。这位来自大唐王朝的“唐僧”，也被公认为去印度的外籍人中第一流学者。

玄奘还将自己的旅途见闻撰写成了《大唐西域记》。因为，当时去

往天竺(印度)就是要走出比唐朝西域更远的地方,人们都把它看成是遥远的西方世界。到公元16世纪,明朝小说家吴承恩根据玄奘取经的故事,创作了著名的神话小说《西游记》。从此,"唐僧"更成了中国老百姓家喻户晓的人物。实际上,"唐僧"所去的"西天",也就是天竺国王舍城外的那烂陀寺。

随着佛教从12世纪在印度逐渐衰落,那烂陀寺这座最古老的、全印度最宏伟的佛教寺院,也在公元1197年和1203年两次被战火夷为平地,失去了踪影,直到1915年,印度的历史学家和考古学家们,根据玄奘的《大唐西域记》译本,步步追踪,才发掘出了这座堙没已达千年之久的古代名刹遗迹。

23. 被火山灰埋没两千年的古城——庞贝

风景如画的意大利西南海岸,一座巍峨峻峭的高山,俯瞰着碧波荡漾的那不勒斯海湾,那就是著名的维苏威火山。距今大约260年前,一群意大利农民正在维苏威火山下挖掘水渠。突然,"当啷"一声铁锹似乎碰到了什么金属物,在翻开的泥土中,露出了金光闪闪的东西。"金币,是金币。"人们惊喜地叫起来。很快,这个消息就传开来。有更多的人来到这里寻找金银财宝。人们不断挖出更多的东西,陶器、经过雕琢的大理石碎块等等。不久,有人挖出一块石头,上面刻着"庞贝"的字样。人们这才明白,这里就是被维苏威火山爆发后的火浆掩埋了的罗马古城——庞贝城。

庞贝城地理位置图

庞贝位于意大利南部的维苏威火山脚下。约建于公元前7世纪,公元79年8月24日火山爆发,6米多厚的火山灰、泥石流将庞贝城全部湮没。1748 年开始挖掘工作，至今已清理出城的 3/4。古城占地 1.8 平方千米，有长达 4.8 千米的石砌城墙。城内 4 条主要街道交叉呈“井”字形。有雕刻塑像的街心喷泉、宏伟的奥古斯都庙宇、农牧之神殿等，显示当年的繁华，是一座古老的天然博物馆——庞贝城。

维苏威火山喷发

使庞贝城毁灭的那场灾难，发生在公元 79 年 8 月 24 日午后。生活在安定祥和中的庞贝居民没有料到，从古以来一直处于“休眠”状态的维苏威火山竟突然爆发了。震耳的爆炸声，伴着火山口喷出直冲云霄的滚滚浓烟和燃烧的岩浆，中间还挟着石块和灰尘。顷刻间，天昏地暗，地动山摇。那不勒斯海湾也激起汹涌的波涛，冲击着海岸。接着，又下起倾盆大雨，山洪挟带着石块、泥沙和火山灰，形成一股巨大的泥石流，向着山下的庞贝城冲去，慢慢地整座庞贝城被吞没了。城中 2 万多居民大部分逃到了别处，但仍有 2000 多人遇难。

时间过去了千百年，人们从古籍史册和民间传说中知道有这么一座庞贝古城存在，可它是什么样子，遗址在哪里，却始终是个谜。现在庞贝古城的遗址重新被发现，立刻引起整个世界的关注。不久，意大利政府开始对古城遗址进行发掘。经过 200 多年断断续续的挖掘，这座在地下沉睡了 1900 年的古城初步恢复了原貌，漫步在宽敞平坦的大街上，人们可以领略古城的风光。

庞贝城遗址

庞贝城面积大约 1.8

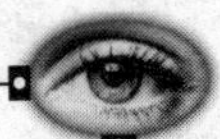

平方千米，四周环绕着4800多米长的石砌城墙。由南到北，由东到西各有两条笔直平坦的大街，把全城分成9个城区，每个城区又有许多小街小巷纵横相连，路面都用碎石铺成。大街两旁有人行道，街面宽达10米，铺着整块的大石板。街道的十字路口，有雕花石块砌成的水池，里面盛着清凉的泉水。泉水从城外山上通过高架渡槽引入城内水塔，分别流向各公用水池和富豪庭园的喷泉池。大街两边是商店、酒馆、水果铺和杂货摊。

城内最宏伟的建筑物，集中在城西南的一个长方形广场四周，这里是庞贝政治、经济和宗教中心。残存的雕花精致的大理石门框、祭坛和高出地面1米多的青石地基，让人可以想象出这座庙宇当年的雄伟壮丽。政府大厦的议会厅、办公室十分宽敞明亮。法院是一座长方形的两层建筑物，设有法庭和牢房。它的另一半楼房，分给了商人，作为进行交易和订立贸易协议场所，东方的香料、宝石、丝绸，非洲的象牙，都在这里议价成交。广场东北角是一个商品集散地，当时这里店铺鳞次栉比，商品琳琅满目，生意非常兴隆。一个水果铺的货架上，摆满了杏、栗子、无花果、胡桃、葡萄等果品，不过，它们早已干枯变质了。在一家药店的柜台上，还发现一盒药丸，已经碾成了细末，旁边有一根细小的圆药条。显然是，当药剂工正搓药丸时，灾难突然降临，他便弃之不顾，逃命去了。当时的店铺往往也是作坊，在一家面包店的烘炉里，还留下一块烤熟的面包，不仅保持着原来的形状，而且上面印着的面包商的名字还清晰可见。

庞贝城中有很多富豪的住宅。这些建筑的大门，往往有粗大的大理石圆柱和雕花门楼。走廊和庭园到处摆着天神和野兽的塑像。正厅、餐厅和卧室宽敞明亮，富丽堂皇，四周陈设着精美的白银和青铜制品。墙上绘有壁画，地板上饰有镶嵌画。在一家富户的客厅，发现了一幅镶嵌画：《马其顿王亚历山大与波斯大流士三世作

圆形的露天大角斗场

战图》,画宽6.5米,高3.8米,由150万块彩色玻璃大理石片镶嵌而成,生动地描绘了公元前333年希波战役的一个场景。

城的东南角是一座圆形的露天大角斗场,可容纳2万观众,也就是将近全城的居民人数。墙上还留着字迹"塞那杜斯是英雄和索命者","费利克斯将斗熊"。附近还有座体育场,是供人们竞技和习武的地方。

受难者的石膏像

古城里最吸引人的,是那些受难者的石膏像。原来在火山爆发的一刹那间,许多没有逃出的人,藏身在比较空旷的庭院里,虽然没有被倒塌的建筑物压死,但是却被喷出的火山灰包封起来,窒息而死。时间过去很久,人体在里面枯干了,消失了,只剩下一些空壳。考古学家就利用这些空壳作模子,把石膏浆灌进去,制成许多和真人一样形状的石膏像,再现出了受难者当时那种绝望和痛苦的表情:一个小女孩紧紧抱住母亲的膝盖,掩面大哭;一个拿着一袋硬币的乞丐茫然站在街口;有些人正在墙脚挖洞,寻找逃生之路;有一群被铁链锁住的角斗士痛苦地挣扎着,想要摆脱铁链。很多人双手掩面或屈着双臂抱着脑袋;也有的人手里还拿着一袋袋金币、银币和贵重首饰。但是,在灾难面前,财宝并没有给他们带来好运,这些有钱人也同奴隶一起同归于尽了……庞贝古城逐渐掀开了它神秘的面纱,向人们完整地展现出公元1世纪罗马帝国城市的真实面貌。

24. 印加帝国为何消亡

神秘的古印加帝国是由南美洲印第安人创建的,于1438年正式立国。在1533年被西班牙军队征服前,它是一个地域辽阔、文明发达的古帝国。版图包括现在的秘鲁全国,北至厄瓜多尔,西沿太平洋海岸,东达玻利维亚全境,南到智利北部和阿根廷的西北部,以现在秘鲁的库斯科

为中心创造了辉煌的文明。但由于没留下什么文字记载，而且突然消失，所以印加成为人类历史上最神秘莫测的古文明之一，给后人留下了许多未解之谜。

印加帝国文化发祥地在的的喀喀湖畔，虽然在海拔高达 4000 米的高原中，它具有丰富的水量，一片绿茵，阳光充足，是农业立国的最好地方。在这里，印加人胼手胝足，惨淡经营，以最进步的方法建筑了漂亮宏伟的宫殿，并且遵照日出而作，日落而息，男耕女织的习俗，这是多么安详的一个部落。印加人信奉太阳教，接受太阳神统治帝国的说法。他们还有进步的政治制度，能够推动完善的法律来治理百姓，绝不以严刑峻法苛难。

以农立国的印加人，早在公元前 4 世纪就知道集约栽培法，他们栽培玉米的技术高超而无人能与之比拟，此外印加人在纺织品的生产技术上，更有伟大的突破，各色各样的织法以及各种形态的精致图案，都具巧夺天工的技巧。由于发掘了金矿，在帝国庄严的宫殿建筑上，四处均镶着金饰品，灿烂耀目，光彩辉煌，但这也同时为其本身带来了不幸的灾难。

玻利维亚和秘鲁交界处的的喀喀湖东南 21 千米，层峦叠嶂的安第斯高原上，坐落着古代美洲最卓越、最著名的古迹之一——太阳门。这个前印加时期的庞然大物由重达百吨以上的整块巨石雕琢而成，高 3.048 米，宽 3.962 米。门两侧画着 48 幅方形图案，分列三排，簇拥着上方一个会飞的神。门上镂刻的许多象形文字被考古学家认为是一种天文历。按照这种历法，一年只有 290 天，一年的 12 个月中，有 10 个月只有 24 天，其余两个月为 25 天。没人知道这种与现在的太阳历大相径庭的历法究竟是如何运转的，只知道每年 9 月 21 日黎明的第一缕曙光总会准确无误地穿过太阳门的正中央。

在印加帝国到了多拿卡巴克王统治时，创造了印加无与伦比的盛世，多拿卡巴克王死后，把印加帝国分为两部分，传与瓦斯卡尔和阿达瓦尔巴两个儿子统治，于是 1532 年，兄弟反目，互不相让和战争种下了自取灭亡的祸因。西班牙征服者比萨罗和他率领的 180 名士兵来到这里。比萨罗深知必须擒获印加帝国的皇帝，方可掳获更多的金银财宝，于是比萨罗和同来的西班牙籍神父商量后，邀请阿达瓦尔巴——印加皇帝前

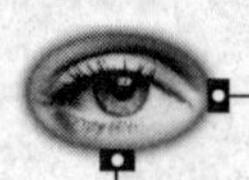

库斯科城绵延数百米的防御城郭

来卡萨玛尔卡镇，接受天使的蒙召，阿达瓦尔巴带着2000名壮士，手无寸铁地诚心接受召见，谁知竟然遭受监禁的命运。

比萨罗囚禁了皇帝，便将所有珍宝集中，并冷酷地杀死国王，以除后患。贪得无厌的比萨罗在杀死国王后，率兵前往印加首都库斯科，企图搜寻更多的宝藏，然而令人讶异的是，在库斯科城中，无论是宫殿、神庙都空无一物，连称为“太阳的尼姑庵”中百位美女亦不知去向，整个库斯科城成了一所死的世界。

究竟印加帝国的人们以及财富，何以霎时之间消失得无影无踪？至今仍令历史学家们费思难解。有一种说法是印加人民自知抵抗不过刀剑锐利、心思狠毒的西班牙人，于是用竹筏载满国王的木乃伊，和国内所有的金银财宝，经向上天祈祷过后，把这些昂贵的宝物沉到250米深的的的喀喀湖中。

然而仔细思考，印加人拥有7万骑精锐，难道不敢和180名西班牙人做殊死战，而任由比萨罗横行霸道？却私下做大迁移，逃向不为世人知晓的高山中，这似乎说不通。然而今日许多考古学家在绵延的安第斯山脉中，陆续发掘到许多印加帝国的遗迹，证明印加人确实曾经抛弃辛苦经营的帝国，而在蛮荒的山地中再建王国。在一个叫马丘比丘的地方，考古学家发现了一个洞穴，两边排着雕琢极工整的石块，可能为一陵墓，陵墓上是一座半圆形建筑物，外墙顺着岩石的天然形势建造，砌合的巨石间插不进一张纸，墙是用纹理精细的纯白花岗岩方石砌成，匠心独具，颇有艺术价值，在这山上的墓穴中的骨骸，女性占绝大多数，从其中贵重的明器也表示她们是重要的人物，是否当年“太阳的尼姑庵”中的美女被送到这里，继续为印加帝国祈祷呢？

由于印加人民没有发明文字记载，使得遗留下来的问题更具神秘性。又有一批学者根据印加人的记录，大胆推测当时印加帝国虽然拥有高度文明,但却被突袭而来的恐怖瘟疫,横扫全国。然而就算是发生瘟疫,难道当时的西班牙人具有免疫力?即使印加人认命了,纷纷向瘟疫低头,垂首等死,试想1100万的人口,如何能消灭殆尽?

马丘比丘遗迹处在700多米削平陡壁上

遗留下来的谜,疑云重重,仿佛替古代印加帝国的神秘灭亡增添点点色彩,有没有可能在西班牙人一入侵印加帝国,另一位国王瓦斯卡尔率领着数以百万的印加人深入蛮荒的安第斯山中,以无比坚毅的信念与勇气,在整座山上遍筑藏身的栖息之所,于是一座座宏伟的建筑物在隐秘的丛林中再现,当他们养精蓄锐,打算再度恢复当年的印加势力时,一场大瘟疫侵袭,残存的印加人无力再重振势力,只得继续逗留在丛林中,埋葬死者,消灭遗迹,为了避免再度引起纷争,他们销毁了高度的文明,企图掩饰当年印加帝国的强盛……然后以最简单的方式,聚集部落为生,形成今日印第安人的祖先呢?众说纷纭,这有待历史学家、考古学家们新的发掘,为它寻求一个正确的解释。

2002年4月17日,考古学家在秘鲁首都利马附近的一个穷人区发现了一座大型古代地下公墓,从中出土了2200余具木乃伊。据考古学家介绍,这批数量惊人的木乃伊大部分属于古印加帝国,而根据公墓的规模推算,最终出土的木乃伊将会达到1万具之多。

正因为神秘的印加帝国给后人留下了太多不解之谜,所以人们对此次的考古发现才寄予特别的厚望。这次出土的木乃伊不仅数量巨大,而且非常罕见:2000多具木乃伊都是被成捆埋葬的,每捆有几具木乃伊,成人也都像胎儿一样蜷缩着,最多的一捆有7具木乃伊,重达几百千克。每捆木乃伊的顶端有一个用棉花填充的假头作为公共的头,而这之前只出土过一个印加人木乃伊的假头。最难得的是,这次出土的木乃伊中,有成年男女,也有老人孩子,有富人也有穷人,简直就是印加社会结构、生活习俗和文明程度的大写真，为研究神秘的印加帝国提供了前所未有的科学根据。不过，目前这批木乃伊自身还有许多问题等待解答，考古学家们能否凭借这次的发现解开印加帝国的千古之谜还要拭目以待。

25. 中世纪叱咤一时，辉煌灿烂的玛雅文明因何消失

玛雅人居住的领域包括中美洲的心脏地带，横跨危地马拉、墨西哥、洪都拉斯和萨尔瓦多部分地区，分别以三个互相隔离的区域为中心——齐阿巴斯和危地马拉高原的南部高地、太平洋潮湿的沿海平原与萨尔瓦多西部、墨西哥湾伸展到贝利斯一带及洪都拉斯的热带森林区。主要人口则集中在今天危地马拉的佩登省和北犹加敦矮丛密布的低洼地区。

哥伦布在1492年远渡重洋，发现新大陆时，中美洲曾叱咤一时，辉煌灿烂的玛雅帝国早已不知所终。1502年哥伦布在他的第四次航海中，就曾碰到乘坐独木舟彬彬有礼的玛雅商人。1519年，西班牙人入侵了中南美洲。他们的目的是黄金和香料，然而他们看到的是一个巨大石头所造的都市。这座设计俨然的巨大都市，比他们所知的西班牙某个城市或是希腊、罗马等遗迹更壮大、雄伟。从洪都拉斯和危地马拉的密林中，发现阿斯地加王国的石造都市，这是玛雅族的文化。玛雅从前曾被认为有马德烈文明之称的爱尔美加人存在。总之，从中美的墨西哥和尤卡坦半岛的巨石文明，可看到爱尔美加—玛雅—阿斯地加的文化发展的脉络。

西班牙人攻占墨西哥时，玛雅人的后裔虽然仍然使用古老而特殊的玛雅文，却仅是山野间的贫困居民，再也寻不出昔日光芒万丈的雄风。但对玛雅人而言，与西班牙人接触却是一个不幸的开始。西班牙人不但将此当作殖民地，还带给玛雅人天花、结核等疾病，两位天主教神父也彻底破坏了玛雅文明。

（1）玛雅文明之发现

来自西班牙的兰达修士于1566年，见到丛林中如高塔般威风凛凛的神殿时，简直不敢相信自己的眼睛，徘徊流连数月之后，他做了如下的笔记："都是用雕琢得十分精细的石块砌成的，尽管当地没有任何金属器具可用。"

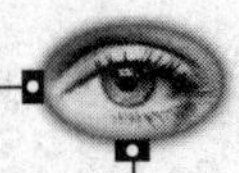

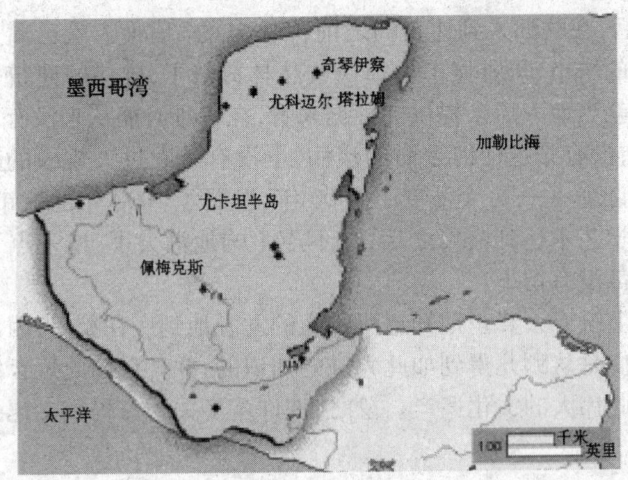

玛雅文明的分布地区

而这些玛雅文明重新为欧美所认识，是在迈入19世纪以后。1822年英国人陆续着手研究玛雅文化，并推论说，玛雅文明是由《旧约圣经》中的“失落的十部族”的后裔所建造的。在危地马拉东部有一大片广大的热带丛林。1849年，有两名白人来到此地，一个是美国人约翰·史蒂芬森，另一个则是英国画家佛莱迪力克·嘉乌德。但在两位白人探险家前来此地之前，玛雅的超古代文明遗迹早已封闭了。当时中美洲正发生巨大叛乱，所以两人一开始探险就被捕，数日后两人才被释放继续探险。二人雇了当地的向导，几天后终于发现一高约30米的石壁绽放出耀眼的光芒。渡河之后两人看到了比想象中更为壮丽的遗迹。巨大的雕刻、石柱、祭坛，表面都刻有人物、动物及象形文字。另外，还有一巨大金字塔形的建筑物耸立于林木之间。其次在东侧也有一高大的神殿，刻着2500个“神圣文字”及各种奇异又美丽的雕刻。史蒂芬森二人的探险工作持续了数年，新的遗迹不断被发现，而此文明遗迹之谜，也变得愈来愈难解了。

大约在公元前300年以后的1000年间，玛雅文化达到了鼎盛时期。随着王朝的力量不断强大，高贵的王室成员披戴上了精美的官服；牧师们走进王室为帝王出谋献策，当然还要主持神秘的宗教仪式。直到后来爆发了地方战争，太平盛世才随之湮灭，城市也顷刻间毁于一旦。公元

830 年前后，在欧洲人到达美洲之前，“古典的”玛雅人就已离开了那些宏伟壮观的城市，玛雅城市也很快被丛林覆盖了，雄伟的建筑也慢慢地荒废了。就当地人后来提供的证据来看，在玛雅时期从来没有发生过饥荒和洪水，没有染过任何致命的疾病，也没有爆发过大规模的战争。这的确是个奇迹—— 一个演变了 1000 年，发展了 1000 年的城市，在精神文化和科学艺术达到巅峰之后，却不声不响地消失了，连一点儿可供解释的东西都没有留下！

事实上没有人真正地知道玛雅人的发源地到底在哪里，因此也没有人知道他们是从哪儿得到如此先进的知识的，并且在如此短暂的时间里创造了如此伟大的文化遗产。总之，许许多多关于古玛雅文化的事情都是个谜。

(2)丛林中的神殿

众所周知的古玛雅文明是世界上最先进最成熟的文明之一。现在保存下来的有粗犷、宏大的城堡奇琴伊察(Chichen Itza)；有遍布尤科迈尔(Uxmal)刻满蛇和怪诞图像的建筑纪念物；有审美价值颇高的布兰科(Palenque)；有加勒比海对面的塔拉姆(Tulum)；还有曾经盛极一时的提卡尔遗址，据说当时曾经拥有 5 万多居住人口。

遗址的大广场是在一处灌木林的空地上建起来的，充满了无限神秘而恐怖的色彩。它的北面是北阿科罗普利斯(North Acropolis)神庙的废墟，南面是中央阿科罗普利斯(Central Acropolis)宫殿，东面和西面各耸立着两座大金字塔，分别被称为“美洲虎”(Jaguar)神庙和“面具”(Masks)神庙。这些金字塔每一座都十分陡峭。形状看上去和人人皆知的埃及金字塔十分相似。但没有著名的吉萨金字塔大，侧面也没有它光滑，但比它要陡峭得多。这些金字塔是一大层一大层建起来的，或者说建有巨大的台阶，每座金字塔顶部都有一座寺庙。

“美洲虎”神庙

玛雅文化所展开的地区极为宽广，面积约为30万平方千米。在此区域全是热带雨林，由于湿热，几乎成了流行病最盛行的地方，而且到处充满了可怕的野兽。一般文化的发展皆选择河岸边的土壤肥沃地带，而玛雅文化则是在如地狱般的环境中建造出都市。第一个谜是为何玛雅族要隐藏起自己，并在黑暗之地建造壮丽的石造都市群呢？《旧约圣经》中所言"失落的十部族"后裔之说，在此似乎颇具说服力，因此部落就是要隐藏自己，但此种说法并不为科学界的学者所认同。第二个谜是建造巨大都市的技术何来呢？在玛雅中最古老的都市是提卡尔，其面积为16平方千米，此地有许多宫殿、神殿与僧院等石造建筑群。在提卡尔遗迹中所挖出的"时间石碑"上刻有最古老的日期二九二年和最新的日期八七九年。可想而知，这期间的600年应是提卡尔文明的最盛期。

饰有人像的柱顶石为古典期晚期(700~900)制作。尺寸：高180厘米、宽75厘米、厚21厘米。出土地点：恰帕斯州的亚斯奇兰。这类雕刻有华丽图案的石板是安装在玛雅城市主要建筑物的外墙上的。浮雕画面中的两个人身着盛装，正在举行某种庄重的仪式，他们的姓名分别刻在各自的腿旁，头顶上方的文字记载了事件的内容

当玛雅文明发展到巅峰期时，玛雅区的艺术已经发展出一致的格式来。这时的人口也增加很多，以提卡尔来说，便多了两倍以上。随着人口的增加，神殿和宫殿等大型建筑也如雨后春笋般四处冒起。提卡尔出土的神殿基坛，一半以上的下方都是墓室，因而学者认为神殿基坛是为纪念死者而建造的。死者多半是皇族或贵族，平民没有权力，也没有能力为自己营造如此宏伟的墓室。奇琴伊察、柯巴·帕

兰开等都市,由于久为密林所掩盖,几世纪前已不见人迹。隐藏在古古鲁汗金字塔内部的密室和这些玛雅大都市,到底因什么目的而建呢?

奇琴伊察在地理上,即为观测天文的最佳场所。古古鲁汗金字塔的主要寺院,从4时半至18时半止,可以观测太阳,特别是3月21日及9月23日的春分、秋分,同时也可记录其轨道情形。这两天,(或者前后二到三日)金字塔上出现了不可思议的光和影所构成的图形。夕暮的太阳光线照在9段的金字塔上,出现了7个等腰三角形的光带,光带的一端,正好通到金字塔土台上巨蛇的头部。瞬间产生的等腰三角形,属偶然之说,已遭否定,光与影已证明是数学上的计算及设计而得。每年观光者从世界各地涌集至此,只为了一睹奇迹。

至于金字塔是依天文学目的而建,可由下列数字看出:金字塔四面各有52个四角浮雕,表示玛雅的一世纪52年(365天的太阳历和260天的玛雅独有的卓金历,再次回到始点的期间)。13个角代表一年13个月(卓金历20天×13个月=260天),又91阶布于四面,91×4=364,加上最上一阶共计365天,表示太阳历的一年。金字塔内部和埃及金字塔的内部相同,设有通道及房间,那里是精通深奥教义的祭司们受教之地。形成光带的阶梯的右侧,有通往内部寺院的内部阶梯。再往上,即可到达金字塔的顶端出口,奇琴伊察的景色,马上展现在眼前。

碑铭神殿内石棺的浮雕

奇琴伊察东侧,称为千条柱的建筑物群中,其中最醒目的是战士神殿(原为骑士神殿)建筑物。这个较低的金字塔,在阶梯顶端的两侧有旗手之像,中央深处是祭坛,支撑祭坛的则是阿特兰登欧尔(力鼎苍天者)之像。神殿外侧的壁上,有战士头部镶入蛇口的雕刻。其下是通往

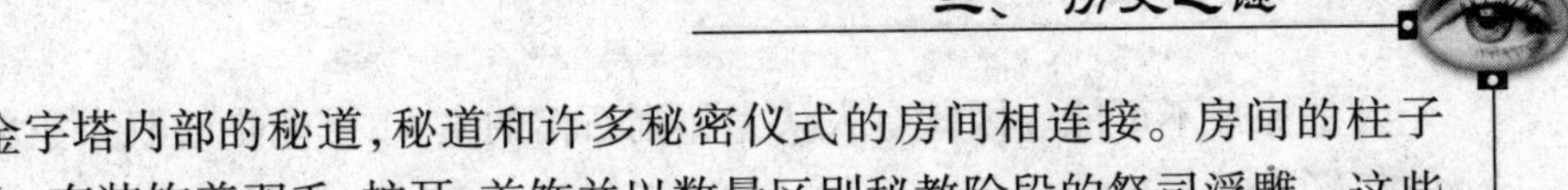

金字塔内部的秘道,秘道和许多秘密仪式的房间相连接。房间的柱子上,有装饰着羽毛、护耳、首饰并以数量区别秘教阶段的祭司浮雕。这些房间都非常美观,好像充满另一个世界的气氛。“战士神殿”正面是有名的球技场。这里的球技,是仪式性的,和数学、天文学等教育目的有关。参加者使用一种橡皮球,不用手,而以臀部及腿部进行。用臀部及腿部运球,意味着必须十分注意生殖器及性器的部分,也表示操作到达无限智慧的能源的方法。球必须画出和天空的星座平行的轨道,最后通过高挂在墙壁中央的石轮(◎=∞,无限之意)而结束。球技场是一种由独特的两个T所合成的形状(工),站在中央,可以听到球撞击时的回音共17次。壁两侧,有宗教的浮雕,其中央位置有一战士被象征性地切首,被切下来的头部出现7条蛇,最后一条则代表永远生命之木。浮雕的下部分,有象征死亡的头盖骨,即不断地出现在祭坛或雕刻中关于武的意念是自然现象,而且和肉体的死亡没有任何关系,显示出玛雅秘教教义中,向内性的秘教之死。通过这阶段的教育及试练后使精通奥义的人,便移往奇琴伊察以南的地区,即呈圆螺旋状称为蜗牛的天文观测所所在位置,继续接受教育。观测所位于平坦的台座上,可由4个入口处计算测定夏至、冬至的太阳轨道以及月球由北往南倾斜的情形。上面的观测室,一般认为有8个窗口,从这些窗口,可以观测卫星、卫星与卫星间的关联以及无限的宇宙情形。

如同金字塔一样,玛雅文化也被视为是外星人所建立。在“碑铭神殿”玛雅文明最初的金字塔坟墓,在墓室里放置了一副石棺,1952年11月,石棺被考古学家开启,棺木内盖满一整面的蓝光宝石碎片,里头是一具男性遗体,胸前是玉制串珠的护胸,脸上戴着翡翠面具,10跟手指套上翠玉戒指,装饰在遗体上的翡翠饰品,共计有967个之多。此尸骨有175厘米之高,年龄在20岁,但古代玛雅人士属于娇小身材的种族,平均身高最多150厘米左右。更不可思议的是石棺上的雕刻,石棺周边满是雕刻着包括太阳、月亮、星星等的天体图。这位研究者把石棺图拓印本拿给NASA人员,NASA人员肯定地表示“这是将太空船内部的状态加以图样化的东西”,“这图是模拟NASA的发射画面照片作画”。NASA人员甚至怀疑是否是NASA内部太空船图样流传出去,当研究员告诉他们,那是一张由至少几千年前的远古遗迹中发现的石棺拓本,每个人都惊呼不可能。因此有人认为那副石棺的主人,可能是驾驭太空船的年轻人。

(3)玛雅文明的发展过程

羽蛇神像为后古典期晚期(1450~1521)制作。高25厘米、直径40厘米。墨西哥城出土。由奎特查尔凤鸟和响尾蛇合体而成的羽毛蛇是美索亚美利加许多民族崇拜的重要神灵,也是传说中文明的缔造者。这位神灵在阿兹特克文化中称作"奎扎尔科特尔",玛雅文化中称为"库库尔坎",两个名字都是"凤鸟蛇"的意思。蛇头的后部刻着这位羽蛇神历法名的象形文字:"乌诺卡尼亚"

这个文明是如何兴起的?为何在繁盛期突然灭亡呢?公元前1150年,正是奥美加文化以圣罗伦索为中心的繁盛期,其中包括了玛雅文明。公元前500年左右,由恰巴斯至危地马拉热带丛林中开垦,建立了壮大的都市,成立了玛雅文化。早在奥美加时代,玛雅地区已出现许多新兴市镇,同时出现使用陶器和过着农耕生活的形态。不过,当时玛雅文明处于低地平原带,直到公元前1000年玛雅文明的巅峰时期才出现陶工。所以在此之前的陶器,可能是从奥美加人手上传递过来的。公元前600年,有"玛雅之珠"的提卡尔开始自热带密林中发展起来,当时还没有出现造型繁复的装饰和公共建筑。300年以后,这颗珍珠散发出璀璨的光芒,不但出现了代表文明的祭坛,而且以翠玉和贝壳当货币从事交易,陪葬品也出现代表阶级高低的差异,这都证实了提卡尔已经出现社会组织的形态。有些学者认为玛雅复杂而规模庞大的神殿,不可能突然在热带丛林中冒出,很可能是来自中南半岛的古文明,越过太平

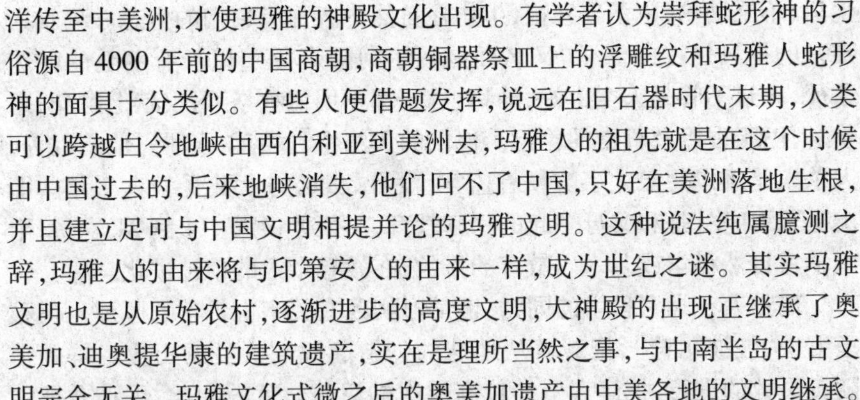

洋传至中美洲,才使玛雅的神殿文化出现。有学者认为崇拜蛇形神的习俗源自4000年前的中国商朝,商朝铜器祭皿上的浮雕纹和玛雅人蛇形神的面具十分类似。有些人便借题发挥,说远在旧石器时代末期,人类可以跨越白令地峡由西伯利亚到美洲去,玛雅人的祖先就是在这个时候由中国过去的,后来地峡消失,他们回不了中国,只好在美洲落地生根,并且建立足可与中国文明相提并论的玛雅文明。这种说法纯属臆测之辞,玛雅人的由来将与印第安人的由来一样,成为世纪之谜。其实玛雅文明也是从原始农村,逐渐进步的高度文明,大神殿的出现正继承了奥美加、迪奥提华康的建筑遗产,实在是理所当然之事,与中南半岛的古文明完全无关。玛雅文化式微之后的奥美加遗产由中美各地的文明继承。

(4)高度精神文明的玛雅人

以中美的犹加坦半岛为中心,周围15.6万平方千米的丛林与山地里散布玛雅金字塔。这些金字塔,在20世纪人类的面前,展现出我们曾自以为是且长期探求的秘教教义。至今,在密林中还不断发现玛雅遗迹群,其规模超过了现代人表面的判断能力。例如,最近才开始挖掘的柯巴大都市遗迹,已发现有6500座建筑物。而且,由此都市伸延出名叫沙库贝的道路有42条,这些道路通往其他四面八方的玛雅城市如奇琴伊察及德鲁姆等。住在这个区域的玛雅人,据推测,约有数百万。由于土地十分贫瘠,不适合农业,故而本地只有木瓜、香蕉、柑橘、椰子等的栽培。因不产稻米,所以马铃薯是主食,又位于热带雨林性气候区,雨量特多,终年潮湿,这种不适于生活的地区,却有遗迹遗留,其本身就构成一谜了。

尤卡坦半岛的东边,是黑珊瑚及色彩鲜明的热带鱼回游的墨绿色的加勒比海。16世纪初,西班牙人渡加勒比海来此。初踏入新大陆的欧洲人,眼见这难以置信的建筑物,立即怀疑,是谁留下这种建筑物。对于这个问题,当地的土著回答说是现今已经绝迹的巨人曾居住于此,并拿出妥善保存的人骨做证据。人骨属于大腿骨部分,又粗又长。吃惊之余的西班牙人,还把它运回西班牙呈献给国王。

1521年征服此地后,天主教的传教士来到此地,开始研究玛雅的历史、哲学、宗教,发现他们大多数的部族,拥有共同的祖先。据土著口述:祖先是大贤者,金字塔大多是祖先的遗物,祖先们过着和大自然和谐的

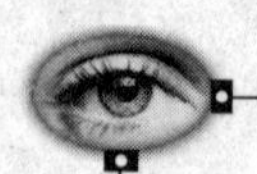

生活，不杀动物，也不养家畜，生物在自然中各保有它们的生态。玛雅人唯一的神只是古古鲁汗（又名闻兹阿尔柯阿多鲁），以长有羽毛的蛇为象征，并且不管是人类也好，动物也好，都不用牺牲祭拜，仅献上鲜花、果物、柯巴脂香以及日常的善行。他们的民法中，没有杀人罪。他们以为，人杀人是难以想象之事。没有监牢，没有奴隶，男女共受教育 7 年。即出生至 10 岁，是和父母一起的家庭教育，7 岁到 14 岁，14 到 21 岁，每个人学习自然科学或艺术。教育的目的，在教导个人的精神进化。

玛雅人在学习科学的同时，也学习实践有关宇宙哲学的原理。玛雅圣书中"波波尔符"，记载着从地球的创造起源到人类的历史。是一本随着页数的进行，把读者引往较高层次的读物。就因为此，玛雅人把大部分的时间投在精神的进化，而把物质置于次要地位。他们认为，"随着这条道路，地球是净化灵魂的初步程序，其目的在不断地向上再向上进化"。

（5）寓意深远的玛雅文字

玛雅文字最早出现于公元前后，但出土的第一块记载着日期的石碑却是公元 292 年的产物，发现于提卡尔。从此以后，玛雅文字只流传于以贝登和提卡尔为中心的小范围地区。5 世纪中叶，玛雅文字才普及到整个玛雅地区，当时的商业交易路线已经确立，玛雅文字就是循着这条路线传播到各地。玛雅人所使用的 800 个象形文字，已有 1/4 左右为语言学家解译出来。这些文字主要代表一周各天和月份的名称、数目字、方位、颜色以及神的名称。大多记载在石碑、木板、陶器和书籍上。书籍的纸张以植物纤维制造，先以石灰水浸泡，再置于阳光下晒干，因而纸上留下一层石灰。虽然现代还有 200 万人在说玛雅话，而且其文字中一部分象形和谐音字很像古埃及文字和日本文字，可能可以比较探讨出其中的异同来，但我们对整个玛雅文字的解译，依然力不从心。

玛雅文自 1970 年开始进行解读的工作，但迄今都未被完全解读。玛雅文主要刻在神殿的石碑及墙上，主要记录着国王的诞生、上任、战争等重要事件。可惜这些文字经多年来的侵蚀，墙上或碑上的文字已经磨损，解读工作并不容易，再加上西班牙入侵玛雅时烧毁了大量书籍，以致玛雅文的原文非常少，而且字形奇特，解读工作难以有所进展。玛雅文的文字与中国的汉字一样有表音与表意的功用。

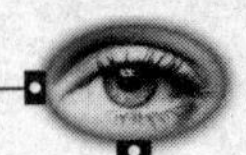

1963 年,苏联语言学家瑞·克洛鲁夫,成功地将碑文分门别类,以统计学的方式来处理和分析,从这些不同的类别中,归纳出相同的象形文字。玛雅文字不像英文那样用 26 个罗马字组成,而是每个字都有四个音节。克洛鲁夫终于成功地看懂了几个文字。接着,俄罗斯数学研究所的斯尔·索伯夫和巴基·由斯基洛夫,使用电脑,利用庞大的资料文字(约 10 万字)成功的解读了一些文章。它们是:德勒斯基的古文书有月食、星星的运行、结婚等记载;马德里的古文书中有农耕、狩猎和雕刻等记录;巴黎的古文书则记载历史的真相。总之,基本的内容有宗教仪式、气象现象和农作物等。

(6)令人惊讶的玛雅数学和历法

在公元前 1000 年,由简朴的农渔社区发展出辉煌的文化,玛雅人以几近零误差和令人惊异的正确度来设计,建设太阳和月亮等神殿。古代玛雅人的数学和天文学的优越令人非常惊讶,世界上最早发明“零”的民族是玛雅人,比阿拉伯商队横越中东的沙漠把这个概念从印度带到欧洲的时候早 1000 年。希腊人擅长发明,但他们必须用字母来写数目;罗马人虽然会使用数字,但只能用笨拙的图解方式以四个数字来代表(Ⅷ);而玛雅人却能够发明一种仅使用三个符号:一点、一横、一个代表零的贝形符号来表示任何数字的计算法,实在是不可思议!

现代算术发展于印度和中东,以“十进位”法求出所需之数目,而玛雅人在那时已知相对值(Relative Value)的用处及 20 进位法,他们把大数目以纵行表示,从最下面起朝上念,垂直进位,由 1 而 20,由 20 而 400,由 400 而 8000,由 8000 而 160000……20 以下的数目用一个象形图来表示,每一个象形图都由点和横线组成,每一点代表一,每一横线代表 5,贝形图案则代表零。玛雅人已经知道 0,以 20 进位法,并利用类似算盘的方法,用二个记号“点和线”。二个记号,正是今天电脑的基础。这种方法,可能极易使用天文学的数字,在危地马拉的吉里瓜所发现称为石标的雕刻石柱中,记载着 9000 万年、4 亿年的数字。

医学上,已掌握开颅技术、制作木乃伊的技术以及草药、香的治疗法等。这种使用草药、香等的传统自然医学,迄今墨西哥人还沿用着。

玛雅人的历法是世界上最正确的一个,他们的编年史,据许多研究玛雅文明的历史专家考证后,认为公元前 3114 年 8 月 11 日开始,这一天代表什么意义？至今仍是一个谜。玛雅人有一套复杂的方法是用来记录重要事件的日期，它是以三种不同的计时法——阳历年、金星历年和卓金历年——为基础。260 天的卓金历年与阳历年连在一起，二者都包括在历时 584 天的金星历年之内。玛雅人建筑的金字塔、庙宇并不是为了需要，而是因为历法上的指示，每隔 52 年要建造一座有一定数目阶梯的大建筑物，一天为一阶，一道平台表示一月，直到顶端共计 365 天，每一块石块都与历法有关，每一座完成的建筑物都需符合天文上一定的要求。似乎他们除了宗教热忱的冲动外，并未有建造大型庙宇的意念，只因历法赋予这项义务，他们就按部就班地履行着。

玛雅历

玛雅人建筑的金字塔与埃及著名金字塔有所不同，埃及金字塔是空心，内部为帝王陵寝；而玛雅金字塔为实心，塔前广场是民众参加祭典的场所，塔顶则供教士们办公、居住或观察天象之用。在奇琴伊察的一座圆顶天文台，玛雅的天文学家可计算月球的轨迹至小数点以后 4 位，甚至可计算出金星上的一年至小数以后 3 位！玛雅的天文学家在长期观测太阳和星辰的运行，发明了精准的历法。玛雅人称年为“哈布”（haab），一年有 18 个月，每个月 20 天，每年另加 5 天称为“华吉”（vazeh）。又以 360 天为一“吞”（tun），20 吞为一“卡吞”（katun）计 7200 天，20 卡吞为一“巴克吞”（baktun）有 144000 天，这便是计算历法的单位，最大的称为“阿劳吞”（alautun），共有 230. 4 亿天，即 6300 多万年。如此庞大复杂的历法，在世界其他古文明的历法中，有如鹤立鸡群，卓然生辉。

我们现在所使用的月历，一年以 365. 2425 日计算，玛雅当时的天文学家则以 365. 2420 日计算，根据日前最前端的天文学家计算，一年应该是 365. 2422 日。由此看来，古代玛雅人所使用的月历，比我们现在所使用的月历更正确，其误差只不过是0. 0002天，换算成秒，一年只差 17. 28

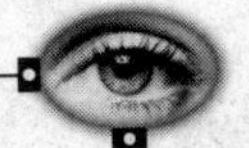

秒。谁也不知道,古代玛雅人为何有如此正确的天文学计算?一个天文学家若想得到这样的数值,至少必须花上一万年以上的时间来做天体观测才有可能。玛雅文献之一的托兰斯汀古书,记载着日食、金星会合周期等。

玛雅人高超的数学概念,深令世人津津乐道。其数学平均数的准确程度,也深令人咋舌。据说古玛雅人曾以 32 又 3/4 年的时间,观察 405 次月圆,计算出 32 又 3/4 年等于 11960 天。今天天文学家以精密仪器计算的结果是 11959. 888 天,比较之下,依玛雅人的算法,每 292 年才出现 1 天误差,即每年误差不到 5 分钟。他们的天文知识在高超的数学技巧的帮助之下,也有惊人的成就。以金星历来说,著名的金星公式是由玛雅人运算出来:

(月球)$20 \times 13 \times 2 \times 73 = 37960$

(太阳)$8 \times 13 \times 5 \times 73 = 37960$

(金星)$5 \times 13 \times 8 \times 73 = 37960$

换句话说,每一种周期经过 37960 天后,便会相遇在一条直线上,而根据玛雅人的神话传说,那时“神只”就会到一处宁静的休息处所,这是否象征着玛雅人由哪儿来便回到哪儿去?

所谓的金星历年,就是指金星环绕太阳一周所需要的时间,玛雅人费了 384 年的观察期,算出 584 天的金星历年(他们发现金星在 8 个地球年中恰恰走了 5 圈,然后再重复循环,便用 5 除 8 个地球年的天数——2920,得出 584 天),而今日计算则为 583. 92 天,误差率每天不到 12 秒,每月只有 6 分钟。当时绝对没有沙漏等计时仪,也没有任何天文望远镜或光学仪器,竟然能准确无比地计算出金星历来,实在是件不可思议之事。除此之外,玛雅人还有一个令我们毛骨悚然的历法,那就是卓金历。这是根据一年等于 260 日周期所计算出的历法,但在太阳系中,并没有适用此历的行星,那玛雅人究竟是为了什么才编卓金历?究竟有什么谜存在?

(7)高深莫测的玛雅的数字

数字,是人类生活中必然会发展出来的计数工具。但是发展为辉煌文明的古罗马人、巴比伦人、波斯人、埃及人等所用的数字体系,却比不上深居丛林的玛雅人。在纪元前 3、4 世纪之间,玛雅人已发展出含有

“零”的定位法，这是所有古文明所没有的现象，因此玛雅人为何要使用这个数字？就成为考古学家研究的课题。

美国人艾立克乌姆兰德和克雷格乌姆兰德这两位考古学家曾用很多时间研究玛雅文明，他们的结论认为：玛雅人是远古时期来地球采矿的外太空人的后裔，当时不知发生什么事故，使他们有家归不得，其后裔在缺乏物资的情况下，就沦落到被后世地球人视为原始民族的地步，后来来自故乡星球的救难太空船终于到达了，他们便放下久居的地球，全体回到故乡星球。这种旷世的说法当然在学术界产生极大的批判，但是，相信的人也很多，因为只有这种说法才能将玛雅人的一切不能解之谜圆满解决。以此说法，数字“零”本来就是外星高科技玛雅人的数学单位，流落在地球的玛雅人后裔当然也保有了。

另外，玛雅的天文和历法也比全世界的天文历法先进，且更具特色，数千年前的玛雅天文成就，实在不是现代天文学家所能理解的，例如，我们用现代仪器知道一年是365. 2422天，而玛雅人在数千年前已测出一年是365. 2420 天，如果“纯种”地球人，能做得到吗？现代天文学知道一个月有 29. 53059 天，但位于墨西哥科潘的玛雅人早就知道一个月有29. 53020 天，另一族位于墨西哥帕连科的玛雅人也知道一个月有29. 53086 天。如此精确的数字，古玛雅人是用什么方法测出来的？若是原始民族，能用石器时代的原始工具做得如此精准吗？玛雅的计日单位更是出奇的大，考古学家已经知道的数值为：

20 日为 1 维纳尔；

18 维纳尔为 1 吞，等于 360 日；

20 吞为 1 卡吞，等于 7200 日；

20 卡吞为 1 巴克吞，等于 144000 日；

20 巴克吞为 1 匹克吞，等于 288 万日；

20 匹克吞为 1 卡拉布吞，等于 5760 万日；

20 卡拉布吞为 1 金奇耳吞，等于 11. 52 亿日；

20 金奇耳吞为 1 阿劳吞，等于 230. 4 亿日。

请问一个原始的农耕民族为何要发展出这么大的数字？地球上所有的民族都用不到的，现代人也用不到，这么大的数字只有一种人会用到，那就是从事宇宙航行的人才会用到。由此有的人认为，这些数学体系不是玛雅人发明的,而是他们的祖先“外星人”已知的数学,在地球上已失去使用价值,只不过经由一代一代的祭司或僧侣(更确切地说应是玛雅天文学家)维护保存下来,因此,玛雅人是外星人后裔的说法更得到了数字上的旁证。

(8)玛雅文明的崩溃

玛雅文明最大的谜是为何从热带雨林的丛林深处消失?在公元600年,整个玛雅民族离开了辛苦建筑的城池,舍弃了富丽堂皇的庙宇、庄严巍峨的金字塔、整齐排列雕像的广场和宽阔的运动场。玛雅文明开始衰败,征兆是不再雕刻石碑;以提卡尔而言,当地最后一块石碑完成于公元869年,整个玛雅区最后一块石碑则完成于公元909年。不但如此,神殿、宫殿等最足以代表玛雅文明的建筑也不再兴建,彩陶也不再制作,一般民众也很少兴建新房舍,城市四周的人口急遽减少,考古学家估计当时的提卡尔人口,至少减少了25%。

8世纪后,任由枯草蔓藤侵入住宅和市街,使那里变成了一片废园残景,究竟发生了什么重大变故,使得玛雅人抛弃了美丽的江山故国?虽然历史上也常见民族因战争而灭亡,但玛雅人的城市既不是毁于战火,也不是毁于天然灾难,这已经由历史学家证实了。据说玛雅人在公元909年的某一天,80%的人口突然明显地消失了,仅留下未建好的寺院。然后,自当天起,祖先的睿智也急速消失,残留下来的玛雅人开始变得无知与颓废。残留下来的人,一方面“啊咿啊咿”地叹息,一方面为传授大自然的神秘及发现玛雅人的消失而悲伤。

刻有玛雅文字的石碑

从10世纪初期开始至1492年发现美洲大陆,约600年间,中美洲的居民,深陷于因无知而起的战争,以及性与颓废的深渊中。16世纪西班牙人进入尤卡坦半岛之前,原来只有一种的玛雅语,已经分化成27种方言。在提卡尔遗址上，考古学家发现许多覆盖于岩石及崩坏的拱形屋顶之下的坟墓，却未发现任何修复的迹象。附近神殿和宫殿的壁画也受到严重的破坏，石雕人像的脸部多半被削掉，石碑也被移作其他建筑的建材。这些现象证实有外族入侵，玛雅人根本来不及抵抗便溃退了。在尤卡坦半岛，玛雅人于西班牙人入侵之前，就因流行病与内乱衰亡了，可是有关9世纪时丛林玛雅人的消失，却至今都毫无线索可追寻。

当时的陶器不是突然放弃不再制作，而是放弃原来的制作方式，改制比较薄而质地更为精细的陶器。但是，这种陶器在使用不久之后，玛雅人也放弃了，原因可能与传统支配阶层崩溃，对陶器的需求性消失有关，有一派学者认为是因为城内粮食不继。建于丛林中的玛雅帝国，在发觉此地无以维持生计后，便做了一次种族大迁徙，来到奇琴伊察定居，又绵延两个世纪才灭亡。也有学者认为，玛雅帝国外受游牧民族的袭击，内部则因发生内乱，整个帝国在遭受巨变后，溃退逃散，然而何以胜败两方面都走得无影无踪？没有人能够找到合理的答案。

玛雅文明消失的原因众说纷纭，大多数人相信当时遭受地震、飓风的侵袭，加上人口爆炸、粮食不足、农民暴动和异族侵入等原因，造成玛雅文明的衰亡。但是答案还未出现，这个秘密的解开，有如拼图游戏一般，目前不过刚刚开始。

当多姿的玛雅文化呈现面前时，学者们都不禁为之茫然。20世纪初开始，学者们深入尤卡坦半岛的强格洛进行调查，相继地发现了玛雅遗迹，但令他们感到苦恼的却是玛雅奇怪的文字。古代玛雅人的性格似乎很规律，建筑物中必有神殿、国王以及写有建造年代和施政王（国王）名字的碑文，这些奇怪的碑文是在强格洛附近找到的。可惜并没有找到解读的方法。因为根据狄埃可·兰达所著之《历史上最愚蠢的暴行》得知，西班牙教士来到玛雅首都玛尼时，将神殿内巨大图书馆所保存的贵重古文书全烧毁。仅仅是因为玛雅是个不属于基督教的邪教，以信奉太阳、月亮和美洲豹为神的一种宗教。狂热的传教士将珍贵的古文书全化成灰烬。因此对于谜一样的玛雅文化必须另找资料。就像寻找埃及的象形文字那样努力。因为玛雅文化并没有其他可相比较的文字，所以兰达更是格外地惋惜那些被烧毁的古文书。

但是奇迹似的，竟然还有些古文书并未被烧毁，而被保存在德勒斯

登、马德里和巴黎的图书馆中。这些书大概写于13至15世纪,但每一本都不完整。虽然许多语言学者都被这些古文明吸引来了,但没有一人能有全部释懂这些古书。甚至无法断定玛雅文字到底是表意文字、表音文字或是音节文字。

26.《圣经·创世纪》中传说的挪亚方舟

在《圣经·创世纪》中有一段传说:"上帝对挪亚说:你要用歌斐木(柏木)造一只方舟,分一间一间的造,里外抹上松香。方舟的造法乃是这样:要长300肘(古代长度单位,1肘 =0.44米),宽50肘,高30肘……你和你的全家都要进入方舟,凡洁净的畜类,你要带七公七母;不洁净的畜类,你要带一公一母;空中的飞鸟,也要带七公七母;可以留种,活在全地上。因为再过7天,我要在地上降雨40昼夜,把我所造的各种活物,都从地上除灭。挪亚就遵着上帝所吩咐的执行了。过了7天,洪水泛滥在地上。大渊的泉源都裂开了,天上的窗户也敞开了。水势在地上极其浩大,天下的高山都淹没了。7月17日,方舟停在亚拉腊山上。"(《圣经·创世纪》)。

据《圣经》记载,150天后,水势渐退,挪亚方舟停搁在亚拉腊山巅(今土耳其东部)。又过了40天,挪亚放出鸽子,鸽子叼回一枝橄榄叶,表明洪水已退。至今我们还把鸽子含橄榄叶的形象作为和平的象征。

挪亚方舟化成了石头,矗立在《圣经》中所说的停泊地点,即土耳其亚拉腊山将近5000米高的冰山上。它的全部内容不仅是一个神话,而且还是对专业地质学家、考古学家和众多热衷于从宗教角度进行"方舟考古"的爱好者的一个挑战。因为要寻找挪亚方舟,除了需要科学和文化方面的知识外,还要冒着攀登亚拉腊山的巨大风险。

不仅仅是《圣经》,世界各地也都流传着关于大洪水和方舟的类似神话。亚拉腊山在土耳其语中被称为"惩罚之山",因为它经常发生雪崩和山崩,有终年隐匿在烟雾中的大裂缝,以及地震和火山爆发(亚拉腊山是一座活火山,它最后一次爆发是在1965年),大量的二氧化碳等有害气体(也是由于火山活动产生的),还有雷击的危险(构成这座山的花岗岩会吸引闪电),最后就是土耳其政府下达的禁令和被库尔德游击队员擒获的危险(亚拉腊山位于临近亚美尼亚共和国和伊朗的敏感地区)。这就使得人们几十次的探险终以失败告终。但是寻找仍在继续。

人们总想知道有关挪亚方舟的一切,比如它的大小,建造所用的材料,航行日期和停泊地点。为了寻找这只神秘之舟,几个世纪以来人类进行了上百次探险,但至今仍然没有找到它存在的证据。

现代第一个有据可查的登上亚拉腊山的探险者是德国医生弗里德里希·帕罗特,他于1829年登上了那座山但并未找到挪亚方舟留下的明显遗迹。不过,他欣赏到了埃奇米阿津修道院中(它在亚拉腊火山1840年的一次爆发时被毁)东正教神们顶礼膜拜的一个十字架,这个十字架很像是用《圣经》里记载的那艘船上的木材制成的。到1955年为止的历次探险同样未能获得成功,但随后,法国工业家弗尔南·纳瓦拉在到亚拉腊山进行第三次探险后,带回一根橡木梁,他断言隐约看见了冰川下有一只船,这根梁便是从船上掉下来的。

最初的一些分析好像证实了这位业余考古学家的叙述:利用碳-14所做的检验,证明这件发现物的年代可以追溯到5000年前。不过,有人反驳说,如果它在如此长的时间里都被深埋在海拔4000米的冰川之下,那么释放的碳-14与分析中所显示的结果会完全不同。纳瓦拉用4个实验室的数据进行反击,但是持怀疑态度的人暗示,这块木头可能是亚拉腊山斜坡上古代伊提人的建筑材料。

1919年,公众终于见到了第一张挪亚方舟的照片:这张照片是由俄国飞行员罗斯科维斯基拍摄的,上面可以隐约看出冰川下一个模糊的暗色斑点。而这以后利用雷达和深层探测器进行的地质考察,却显示这个斑点只是亚拉腊地区岩石共有的一种异常结构。

土耳其飞行员拍了一张"方舟"照片

第二次世界大战后,一位土耳其飞行员拍了一张"方舟"照片。从此,"方舟"不再是人们口头的传闻,而是有了照片的实物。更令人吃惊的是:照片放大处理后,测出船身为150米长,50米宽,和传说中的方舟近似。

如果说《旧约全书》上的文字引发的几次探险显然是失败的，但我们还是从基于《古兰经》关于大洪水的传说而进行的探险中得到了更多的线索，即使它们尚未有明显的科学依据。事实上，据这本穆斯林的圣书记载，挪亚方舟可能停泊在土耳其一座被当地人称为古迪·达哥的山上。这座山被西方人称之为朱迪山、哥尔迪雅娜山或尼布尔山，但现代的地图上对这座山几乎从未提及。它位于亚拉腊山以南300千米。重要的是，这座山与尼尼微这个考古地点非常近。在那里找到了一些刻有楔形文字的泥版，上面记载着《吉尔伽美什史诗》。尼尼微距底格里斯河只有40千米，那个地区经常发洪水。这块土地在《圣经》中被称为"亚拉腊地区"。

最令人震动的消息发生在20世纪80年代的事。美国纽约大学的大卫·德索尔德在亚拉腊山以南穆萨山顶上发现了一艘大船，这个村庄与史书上所说尼塞村位于同一地点。该船船头呈洋葱状，船身长164米，长度基本上和记载的挪亚方舟相符。

对挪亚方舟的寻找在20世纪80年代末90年代初又重新开始。由于军事档案的解密，美国政府公布了由埃罗斯卫星和U-2间谍飞机拍摄的照片。1973年美国利用人造卫星侦察苏联在南翼高加索边界地区部署导弹的情报时，"极其偶然"地拍摄到终年冰封的亚拉腊峰上，有一块庞大及呈现明显长方形的"异物"。由于《圣经》记载挪亚方舟正是停泊在亚拉腊峰附近的地方，所以传出那件"异物"就是挪亚方舟。这些照片显示在3000米高空可隐约看到亚拉腊山亚美尼亚共和国一侧山坡终年冰层下的"异物"。

在同一地区，德索尔德还找到了11块古代航海者使用的巨大"压舱石"

在这一地区附近采集的其他一些实物似乎证明了挪亚方舟的存在：这些实物首先显示它有一个不寻常的氧化铁层，它们可能是用来加固船体的铁制条带。其次便

在《古兰经》指引下，德索尔德（右立者）称，在海拔2300米高的朱迪山辨认出石化了的挪亚方舟残骸

亚拉腊山以南的穆萨山

是可能是“压舱石”的巨石，古代的船只都拖着这些东西，以便行驶更加平稳。德索尔德肯定地说：这就是挪亚方舟。然而，由加利福尼亚大学的劳伦斯·柯林斯领导的一个地质学家小组却给他泼了一盆凉水：这可能是一种天然的岩石结构。

土耳其亚拉腊峰上的“异物”是不是《圣经》记载的挪亚方舟，至今仍然是一个谜。由于美国政府最近修改政策，开放租用高解像度人造卫星作商业用途，《新闻透视》杂志于是特地租用卫星拍摄了数张图片，让专家作全面分析。7名专家分别在美国海军、波士顿大学、《国家地理杂志》等机构服务，他们仔细研究卫星图片后，除了其中两人认为那是一块巨石及一人不作出评论外，其余四人均赞同亚拉腊峰上的“异物”是人工制造的物件，原因之一是它的线条十分直，不像是天然的物件。由于卫星图片显示“异物”的长度与《圣经》记载的方舟长度相似，这些证据令探险家进一步查证的意欲大大增加。如果《圣经》记载4000年前的“洪水灭世”是个真实故事，那么挪亚方舟至今仍然存在便是一个奇迹。

27. 世界七大奇观的演变

“世界七大奇观”（Seven Wonder）一词语源出自拉丁语，原意是“七个值得眺望的景观”。后来英语转译为“七个不可思议的奇迹”。“不可

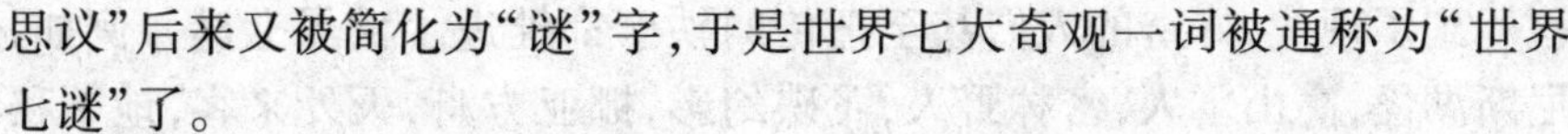

思议"后来又被简化为"谜"字，于是世界七大奇观一词被通称为"世界七谜"了。

最初的"世界七谜"起源于观光胜地的选景。公元前3世纪，马其顿国王亚历山大即位后，率军东征，先后入侵小亚细亚和中亚细亚，转战埃及，南下印度，建立了亚历山大帝国。国王所到之处，有许多名胜古迹。他选择了七处景点，吸引游客前来观光。观光客一致公认这七景为"世界七大奇观"。

这七大奇观分别是：①埃及的金字塔。古埃及国王墓地，最大的塔高146米，建于公元前27世纪。②巴比伦的空中花园。公元前6世纪巴比伦国王为其王妃所建。采用立体造园手法，将花园建于高台上，也叫"悬苑"。③以弗所的阿苔密斯神殿，是世界上最大的神殿。公元前4世纪毁于战火。④奥林匹亚的宙斯神像。公元前5世纪古希腊雕刻家弗迪亚斯用黄金和象牙塑造。⑤哈利卡纳苏的摩索拉斯陵墓。建于公元前4世纪，墓顶有加里亚国王与王妃乘四马战车的像。⑥地中海罗得岛上的太阳神巨像。高45米，用青铜塑造。⑦亚历山大城法罗岛上的灯塔，高160米，公元前3世纪建造。

随着时光的推移，人的视野不断开阔，新发现层出不穷。到了公元5世纪后，人们更新了七谜的内容，旧瓶装新酒，又排出第二批世界七谜。这七谜是：①罗马大斗兽场。建于公元70～82年，平面椭圆形，直径188米，有3层券廊，可容观众5万人，今存残迹。②亚历山大城的地下坑道式墓室。此类墓室在罗马和拿波利等地也有。③中国的万里长城。战国时相继兴建，秦始皇连贯为一，总长约6700千米，气魄雄伟，巍峨壮观。④英国的巨石阵。是新石器时代晚期古人类文化遗址。⑤意大利的比萨斜塔。8层建筑，塔身倾斜。⑥中国南京的陶塔。公元3世纪用陶瓷制造，塔身12层，1850年被毁。⑦伊斯坦布尔的圣索菲亚大教堂。建于公元532～537年，是世界上最大的教堂。

第二批世界七谜与首批相比较，选点虽依然不出名胜古迹，但选景范围已由中亚扩展到欧、亚、非三大洲。到了近代，人们好奇的对象逐渐由人造奇迹移向了自然奥秘。于是又排出了第三批世界七谜。这七谜是：约旦的死海；夏威夷的火山；百慕大的魔海；西藏的冰川；挪威的夜；撒哈拉的赤砂；通古斯的陨石坑。

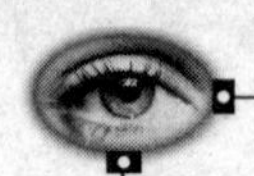

到了现代,好奇的人们甚至把传闻轶事都扯进了世界七谜。例如,尼斯湖怪,高山雪人,密林野人,飞碟幻影,挪亚方舟,天外来客,地下秘宝等,不一而足。

1991年,日本科普期刊《科学朝日》在纪念创刊50周年之际,从当代科学重大课题中筛选出七大课题,推出现代科学的世界七谜。这七谜是:①宇宙的形成。近代关于宇宙发生发展有几种科学说。如爱因斯坦广义相对论的宇宙学,威尔逊的背景辐射宇宙学,伽莫夫的大爆炸宇宙论,邦迪的稳恒态宇宙论和霍琴柯的量子宇宙论。目前正处于诸说争鸣状态。②太阳系第10大行星。已知太阳系有9大行星,到底有没有第10大行星,天文学家们还在寻找。1972年美国天文学家普迪拉预言,在冥王星轨道外侧可能有第10大行星存在。1987年美国航天局安德森根据行星探测器的探测,重提第10大行星存在的可能性,并计算出它的质量和公转周期。1988年美国天文学家哈林顿、鲍威尔和巴西天文学家哥麦斯分别测算出第10大行星的理论轨道,但迄今天文观测未得证实。③生命的起源。科学家认为生命起源于海洋,距今4亿年前登陆。生命是从简单的无机化合物逐渐发展为复杂的有机化合物,随着自然条件的演变,这些化合物互相作用,最后产生出有生命的物质。生命诞生之谜尚未最后揭开。④生物形态的构成。20世纪80年代前半期,美国生物学家霍格尼斯博士和瑞士的盖林格博士,根据自己的试验,成功地分离出生物遗传变异基因,找到了某些只长着一对翅膀的昆虫却生出了两对翅膀、在本来长着触角的部位却生出了两只足的原因:生物形态的构成是由自身基因与环境因素决定的。⑤恐龙的灭绝。有两种学说在争鸣:一是灾变说,认为小行星撞地球或气候突变,使恐龙灭绝。另一学说是渐变说,认为恐龙灭绝经历了漫长的历史过程,并非一朝一夕所致。⑥人类的起源。有两种理论在争论。一种理论认为人祖诞生于非洲,然后向世界各地扩散繁衍。另一种理论认为,各大洲的人类是从各自的当地原始人进化而来的。从化石发掘证实,前一理论颇占上风。⑦厄尔尼诺现象(Elnino)。影响全球大气环流和气候异常的现象,每隔2~7年出现一次,每次可持续一年,非周期变化。从20世纪50年代到90年代已出现10次。专家们仍在探索它的成因和发展情况。

1993年底,日本的18位科学家从各自研究的领域里,共同提出七

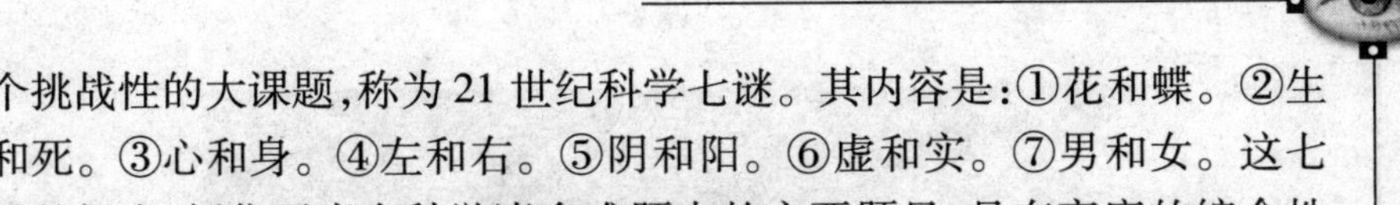

个挑战性的大课题，称为21世纪科学七谜。其内容是：①花和蝶。②生和死。③心和身。④左和右。⑤阴和阳。⑥虚和实。⑦男和女。这七谜的提出，抓住了当今科学诸多难题中的主要题目，具有高度的综合性和概括性。每个谜都涉及多学科的广泛领域。如花和蝶之谜，探索的是生物共同进化规律，涉及生物化学、化学生态等学科。这七谜的提出，带有浓厚的哲学气味，充满了辩证法，与以往七谜都不相同。

世界上的谜团甚多，奇观也不少，为什么每次都提出七谜呢？为什么不提八谜或六谜呢？这是不是也可以算为一个谜呢？

28.《圣经》中的又一传说——巴别通天塔

在伊拉克首都巴格达城以南约100千米幼发拉底河岸边的巴比伦，5000多年前曾矗立着一座无比壮丽的"巴别(babel)"的通天塔。它堪与埃及著名的金字塔媲美，形状也有几分相似。塔基的长度和宽度各约91米，用巨大石头筑砌成7层台阶，一层垒叠一层，阶高出一阶，高度近百米，足与当今的电视塔争相伯仲。在高耸入云的顶上，还建有宏伟的庙宇。据说，它是天上诸神前往凡间住所途中的踏脚处，称得上是天路的"驿站"。

5000多年以前，人类还处于是茹毛饮血的蒙昧时代，在此底格里斯和幼发拉底河之间一隅，古希腊人称为"美索不达米亚"，意即两河之间的地方，竟然立起如此气势磅礴、巍峨雄伟的通天塔，不能不令人叹为观止。

一个叫狄亚哥的修道士在1585年造访了墨西哥卓鲁拉城。其时，墨西哥社会正经历一场史无前例的剧变。在卓鲁拉城，狄亚哥修士访问一位据说年纪超过100岁的老者，听他诉说当初兴建宝塔的故事："起初，太阳的光还没被创造出来，卓鲁拉这个地方一片黑暗混沌。大地平坦辽阔，没有山丘；整个平原被水环绕，没有树，也没有生灵。太阳和光从东方升起之后，世界上立刻出现一群畸形巨人，占据所有土地。他们爱上美丽的太阳和光，决定建造一座塔；这座塔非常高，塔顶碰触到天堂。他们搜集建筑材料，接着又找到一种黏性很强的泥巴和沥青，立刻开始动手建造高塔……这座塔终于建到最大的高度，塔顶碰触到天堂。天堂之主非常生气，就对天上的居民说：'你们有没有看到，地上的巨人

巴别通天塔(油画)

被太阳的光和美色迷住,建造一座狂傲的高塔,直通到我们这儿来。你们去教训他们,不要让这些凡夫俗子混进天堂,跟我们生活在一块儿。'于是,天上的居民纷纷出击,有如闪电一般;他们摧毁了高塔,把造塔的人驱散到世界各地。"

中美洲的这个传说,跟基督教《圣经》讲述的巴别塔(Tower of Babel)故事有七八分雷同,而《圣经》的故事是从更古老的美索不达米亚传说演变而来的。

《圣经·创世纪》讲述的"通天之塔"故事是这样的:

"那时,天下人的口音言语都是一样。他们往东边迁移的时候,在迦南地遇见一片平原,就住在那里。他们彼此商量说:'来吧,我们要做砖,把砖烧透了。'他们就拿砖当石头,又拿石漆当灰泥。他们说:'来吧,我们要建造一座城和一座塔,塔顶通天,为要传扬我们的名,免得我们分散在全地上。'耶和华降临,要看看世人所建造的城和塔。耶和华说:'看哪,他们成为一样的人民,都是一样的言语,如今做起这事来,以后他们所要做的事,就没有不成就的了。我们下去,在那里变乱他们的口音,使他们的言语彼此不通。'于是,耶和华使他们从那里分散到全地上。他们就停工,不造那城了;因为耶和华在那里变乱天下人的言语,使众人分散在全地上,所以那城名叫巴别(babel 变乱的意思)。"

这段经文最让我们感兴趣的一节是:巴别塔的建造者声称,他们所以要建造一座永恒的建筑物,为的是让他们的名字永垂不朽——即使他们的文明和语言被遗忘。

中美洲的高塔传说和中东地区的巴别塔故事之间关系显然非常密切。两者的共同点显而易见,但是,我们也不能忽视其间的重大差异。当然,东、西方两个故事之所以有这些共同点,形成现在的样子。到底有没有这种可能呢?通过有关的零星记载和片言只字以及神话传说,人们依稀知道,昔日的"巴别"通天塔,可与列为世界古代七大奇迹之一的"空中花园"齐名,它一起被视作5000年前美索不达米亚城鼎盛时代的标志。但是,像空中花园现已荡然无存的厄运一样,巴别通天塔经历过历次的洗劫,也只留下一片废墟。那巨大的方形地基上长满野草,巴比伦昔日的灿烂文明已"难认前朝"了。

尼尼微建国都以后开始在美索不达米亚历史上占有显著地位,而那时巴比伦城作为首都已有1300年的历史了,巴比伦在法律创始人汉穆拉比的领导下达到极盛时期,那时大约比这早1000年。尼尼微覆灭时遭到极为彻底的破坏,但巴比伦则不然,它被毁以后又得到重建了。那波勃莱撒将军创建了巴比伦帝国并定都巴比伦城,他的嗣子尼布甲尼撒二世继之领导巴比伦达到繁荣昌盛。尼尼微覆灭以后过了73年,巴比伦城才被波斯王居鲁士攻陷。

德国建筑学家和考古学家科尔德威(Robert Koldewey,1855~1925)于1899年在巴比伦的卡色尔堡遗址的土丘开始挖掘。他在未曾开挖之前已经对这片古迹的历史有所了解。关于两河流域的古民族及其统治者,科尔萨巴德、宁录和库云吉克出土的文物,特别是亚述巴尼帕尔的文库已经提供了大量的资料。

科尔德威发掘生涯中最有价值的三个成就,即巴比伦空中花园、巴别塔和巴比伦城大街。巴别通天塔既是世界上著名的古代奇迹,也是一个长期不解的谜团。称得上有价值的记载,是在通天塔旁边玛都克神庙内发现的一块珍贵的古碑。它上面镌刻有古代希腊历史地理学家希罗多德在公元前460年浏览巴比伦城时,对已经荒弃的巴别通天塔的赞词:"它有一座实的主塔,上面又有一层,再上是第3层。一共有8层。外缘有条螺旋形通道,绕塔而上,直达塔顶。约在半途设有座位,可供歇

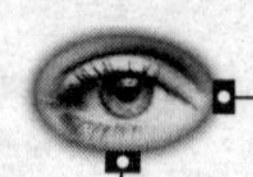

脚。”他说8层，想必是把塔基的土台或塔顶的圣所也计算在内了。他记下的塔基，每边长有90米，高度也约90米。据考古学家查考，塔基边长的确切数为90多米，可见碑文所载相当准确。希罗多德还记述，巴别通天塔顶上“建有一座神庙，里面有张精致的大睡椅，铺陈华丽，旁边有一张金桌子。神殿内并无偶像，神亲自进入庙里，躺在睡椅上休息。”

科尔德威实际上只挖出了通天塔的塔基，照《圣经》所说，通天塔确实有过，原来的通天塔大约在汉穆拉比在位时被拆毁，后来另建了一座“塔”以纪念原物，那波勃莱撒留下的一段话可供参考：“那时巴别塔年久失修，因此马尔杜克（公元前19世纪巴比伦之神）命我重建。他要我把塔基牢固地建在下界的胸膛上，而它的尖顶要直插云霄。”那波勃莱撒的儿子尼布甲尼撒对这段话加以补充说：“我竭尽全力把埃特门南基的顶子造得高与天齐。”

原来的通天塔建在许多层巨大的高台之上。据希罗多德记载，这些高台共八层，愈高愈小，最上层的高台上建庙，可以俯视全境。通天塔建在一块洼地上，这块地方叫做“撒琴”，意思是“盘子”。圣地四周建有围墙，还有奉祀马尔杜克神的各种建筑。塔基每边87.8米，塔和庙总高度也是87.8米，第一层高32.2米，第二层高17.6米，第三至第六层各高5.9米，马尔杜克庙高14.6米，庙里供奉的是巴比伦众神之首。庙墙以黄金包裹，饰以蓝色彩釉砖，阳光之下熠熠闪光，游人从远处可以看得清清楚楚。

巴别塔是奴隶建造的。像埃及建造金字塔一样，这里也不断听到监工的鞭声。两者之间的重要区别在于，一座金字塔的修建时间不超过国王的一生，因为它是为国王一个人的干尸和“卡”（灵魂）安身之用；巴比伦的阶梯塔的建造可以世代连续，有的工程从祖父传到孙子。埃及的金字塔一旦毁损，绝没有谁再去修复，金字塔里的珍宝被人盗走也绝没有谁再去补上它们；然而巴比伦的阶梯塔却不断得到修复和修饰。

那些“竭尽全力”建造阶梯塔的国王是为大众建造的，而不是单单为了自己，那些阶梯塔是公共场所，是成千上万的人前往向大神马尔杜克顶礼膜拜的地方，人们穿过全城鱼贯前往阶梯塔的浩大场面是可以想象的。顶端下面的庙里供着半人半兽的神像，用纯金铸成，坐在宝座上，旁边有一张纯金的大桌子，神像脚下踩的足踏也是纯金的。据希罗多德

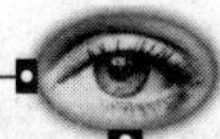

记载，神像和附属物品一共用去黄金 800 泰仑，约值现在的 2400 万美元。在一所僧侣的住房里发现了一只石鸭上有铭文“准秤一泰仑”，石鸭重 29.68 千克，如希罗多德的记载可靠，则照此推算结果是，马尔杜克神像连同附件一共应是 23700 千克，都是纯金！当年浩浩荡荡的虔诚的队伍登上巨大的石级，直达 32.2 米高的塔顶，景象是十分壮观的。朝拜的队伍以僧侣为先导，僧侣们到达第三层以后，循着特备的秘密阶梯登上塔顶，塔顶是马尔杜克庙。

塔顶庙墙是深蓝色琉璃砖建成的，希罗多德看到的这座庙是在公元前 458 年，即阶梯塔建成后 150 年左右，那时的塔是完好的，“上庙”和“下庙”不同，里面没有神像，只有一张大床，床上“铺设十分豪华”，床旁有一张金漆桌子。这种超级神圣的东西是同老百姓无缘的，因为马尔杜克神近在咫尺，如果被他看上一眼，任何普通人都经受不起，这座庙里只住着一个人，是一名特意选送来陪着大神作乐的女子。希罗多德谨慎地写道：“他们还告诉我说，大神不时来到庙里并且躺在这张床上，但我觉得不十分可信。”

阶梯塔周围有围墙，墙内有些房屋，供远道香客朝拜时住宿。另外还有供马尔杜克的僧侣专用的屋宇。巴比伦王的王位是马尔杜克授予的，僧侣是马尔杜克的仆人，当然很有权势。埃特门南基的大院可以看作巴比伦的梵蒂冈，只是色调暗一些，并且主要是用巨石建造的。

图库尔蒂—尼土尔塔、萨尔贡、赛纳克里布和亚述巴尼帕尔都进攻过巴比伦，并毁掉马尔杜克庙和巴别塔——埃特门南基。那波勃莱撒和尼布甲尼撒重建巴别塔。尼布甲尼撒死后，公元前 539 年波斯王居鲁士攻下巴比伦后，一反过去征服者的先例，把阶梯塔保留下来了。居鲁士的思想在当时属于年轻一代，他对巴别塔的雄伟非常折服，不仅没有毁掉它，而且命人在他自己身后按照巴别塔的样子，在墓上建造一座小型的埃特门南基。然而，后来巴别塔终于毁掉了，波斯王薛西斯把它变成一片瓦砾。后来亚历山大大帝远征印度时巡视了巴别塔，他像居鲁士一样喜爱它的雄姿，于是拨了 1 万人用了两个月的时间清除废土，接着下令全军一起劳动，据记载，亚历山大为这项工程竟投入了 60 万个工。

巴别通天塔和美索不达米亚其他庙塔一样，都用砖构筑，原因是当地缺乏岩石。为使庙塔的巨墙外观不至于显得单调，工匠们聪明地建造了高大的斜桥和斜形阶梯，再用支磡作装饰，把巨大平面的墙巧妙地分成了有变化的几段。从现代的建筑技术的角度来看，这种巨大立面的处理手法是十分高明的，很合乎建筑艺术的法度。

随着巴比伦的覆灭，美索不达米亚的伟大文明很快就毁灭了。而那些庙塔原来的用途也仿佛被当时敬畏的主神玛都克带回到天国里去了。人们费尽猜测，结果仍像遗址上的浮土那样，纷纷攘攘而已。

29. 世界末日会到来吗

影片《2012》讲述了一个关于世界末日的故事。

预言中的太阳耀斑会毁灭地球

玛雅人的预言根据是从哪里来的呢？

根据玛雅文明的记载，2012 年 12 月 21 日是世界末日，当这一天黑暗降临后，第二天的黎明永不到来。影片中更是援引了 NASA 的种种“科学说法”证实末日说。一些观众相信影片中的故事，他们纷纷登录各大网站留言，谴责 NASA 隐瞒第十大行星 Nibiru 即将与地球相撞的真相。

11 月 9 日，美国宇航局在官方网站上公开声明：2012 年 12 月 21 日不是世界末日。科学家针对神秘的玛雅预言为普通大众一一进行了科学的解读：这只是影片的虚构剧情，根本不会有此类事情发生。“2012 年不会发生任何毁灭性的灾难。到目前为止我们的星球已经安稳度过了 40 亿年，而且全世界有威信的科学家都知道 2012 年地球没有任何威胁。”科学家这样说。而且，这件事引起许多玛雅人后裔的愤怒，谴责末日论，声称根本没有这事。

多年来,世界一直盛传数千年前玛雅人曾预言,2012 年的 12 月 21 日将是地球文明消失的大限。很多人因此担心世界末日快到了,好莱坞甚至还以此为题材拍出大片。据台湾东森新闻网报道称,面对西方好事者的传说与一般民众的恐慌,玛雅长老皮克顿似乎有些不堪其扰,赶忙澄清届时仅是旧纪年的结束、新纪年的开始罢了。

还记得 1999 年、2000 年的世界末日传闻吗? 西方世界每隔一段时间,就会传出世界末日即将降临的说法,其中最让民众觉得恐慌的就是 2012 年的玛雅预言了。对此,危地马拉籍的玛雅长老皮克顿终于忍不住跳出来说:“根本没这回事!”他甚至表示,末日理论源自于西方,玛雅人从来没有这类想法。

源自于中美洲的玛雅古文明,最早分布于南墨西哥、危地马拉、洪都拉斯及萨尔瓦多等地,虽然公元前 2000 多年形成的玛雅文明早已被各种天灾人祸给湮灭,但却辗转留存了让人惊艳的玛雅历法以及精准预言。报道称,至于玛雅人所说的 2012 年,指的应该是人类在精神与意识方面的觉醒及转变,从而进入新的文明。

(1)神秘预言:世界末日

科学家们首先利用玛雅历法来揭穿所谓的“世界末日”预言。玛雅历法并没有结束于 2012 年,因此玛雅人自己也没有把这一年当作是世界的末日。不过,2012 年 12 月 21 日(冬至)肯定是玛雅人的一个重要日子。美国科尔盖特大学考古天文学家安东尼 - 阿维尼是一名玛雅文化研究专家。阿维尼表示,“在玛雅历法中,1872000 天算是一个轮回,即 5125. 37 年。”

玛雅人对于时间的计算比其他许多文化都要精细。阿维尼介绍说,玛雅人曾经发明了所谓的“长历法”,这种历法把最初的计算时间一直追溯到玛雅文化的起源时间,即公元前 3114 年 8 月 11 日。根据“长历法”,到 2012 年冬至时,就意味着当前时代的时间结束,即完成了 5125. 37 年的一个轮回。长历法于是重新开始从“零天”计算,又开始一个新的轮回。阿维尼认为“这仅仅是一个重新计时的思想,与我们每年元旦或周一早上重新开始一年或一周生活完全一样。”

在阿维尼看来,玛雅预言中关于 2012 年 12 月 21 日是世界末日的说法是一种被误解的说法。那一天是玛雅历法中重新计时的“零天”,

表示一个轮回结束,一个新的时代的开始,而并非指世界末日。

(2)神秘预言:两极倒转

某些关于世界末日的预言声称,到2012年,地球将会两极倒转,地球外壳和表面将会突然分离,地心内部的岩浆将会喷涌而出。分离的大陆会将整个人类填入大海,地震、海啸、火山以及其他灾难一起出现。

科学家对于这些所谓的预言进行了批驳。美国普林斯顿大学地质学家亚当姆–马尔卢夫对“两极互转”和玛雅预言都有深入的研究。马尔卢夫认为,岩石中的某些磁性迹象表明,地球可能发生过这样剧烈的磁场变化,但是这一过程是一个持续数百万年的缓慢过程,如此缓慢以至于人类根本感觉不到这种变化。

(3)神秘预言:天体重叠

一些星象学家认为,2012年将可能会出现“天体重叠”。这种“天体重叠”现象每2.6万年出现一次。根据“天体重叠”的预言,太阳在天空中的线路将会穿过银河系的最中央。许多人担心这种天体错位将会让地球处于更为强大的未知宇宙力量的牵引之下,会加速地球的毁灭。要么可能是引起地球两极互换,要么是在银河系中心形成一个巨大的黑洞。

莫里森坚决否认了这种说法。他解释说:“2012年绝对不会出现这种可怕的‘天体重叠’现象,或者说只会出现一些正常的天体现象。比如每年冬至时,从地球上看太阳,太阳看起来就像是处于银河系的中央。一些星象学家或许会对这种现象很兴奋,但对于科学家来说,这种现象毫无特别之处。它不会造成地球引力、太阳辐射、行星轨道等事物的变化,也不会对地球上的生命造成任何影响。没有任何奇怪之处。只有认为世界即将面临末日的人才会把这些普通的天文现象看作是一种威胁。”

关于“天体重叠”问题,德克萨斯大学玛雅专家大卫–斯图亚特介绍说,“没有任何玛雅古书或艺术品提到过这个问题。”阿维尼也认为,玛雅长历法将2012年冬至作为一个轮回的终点正是体现了玛雅文化的天文成就。许多人通过观测天象学会了如何精确预测日食以及其他天文现象,同时也掌握了农业季节轮回与某些天文现象的关系,而玛雅历法又与农业季节轮回存在着紧密联系。

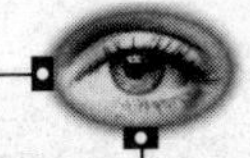

(4)神秘预言:未知行星撞地球

有些人预测,一颗神秘的X行星正在向地球的方向飞来。据说,如果行星正面撞上地球,地球将会因此而消失。即使两者只是轻轻擦过,也会造成地球引力的变化,从而引起大量小行星撞击地球。这种未知行星真的会在2012年出现吗?

对于这个问题,莫里森给予了否定的回答。"不可能。可以最直接地讲,本来就没有这个天体存在。"

这个关于未知行星撞击地球的预言最早出现于2003年,一位妇女声称她收到了来自宇宙某行星的信息。莫里森强调,"从2003年到现在已经好几年了。如果在太阳系内确实存在这样一颗行星的话,那么天文学家肯定在过去十年中就已经开始研究它了。我们肉眼应该是可以看到了。所以说,这颗所谓的未知行星是不存在的。"

(5)神秘预言:太阳风暴袭击地球

在许多关于2012年的灾难预言中,太阳是地球最重要的一个敌人。传说,它将会于2012年产生致命的太阳耀斑,将地球上的人类烤焦。

事实上,太阳耀斑是有规律可循的,其爆发周期大约为11年。剧烈的太阳耀斑可能会破坏地球上的通讯设施以及其他一些地面事物,但是科学家们从来没有说过太阳会释放出强大的太阳风暴足以烤焦整个地球,除非是太阳已明显不遵循其活跃周期。(太阳风暴持续时间比较短,除非违反其周期,持续长时间。但这不太可能。)

而且科学家预计,下个太阳耀斑周期的最顶峰也并不是2012年,而在之后的一两年。

(6)神秘预言:玛雅人究竟预言过吗

玛雅人预言过2012年世界末日吗?玛雅人究竟有没有预言过2012年是世界末日?如果有,那么他们确切是预言哪一年?许多学者对玛雅文化一些证据进行了深入研究后发现,其实玛雅人并没有留下任何关于2012年会发生什么事情的明确记录。

不过,玛雅人确实遗传下来了一本手卷,也就是著名的"德雷斯顿抄本"。在"德雷斯顿抄本"的最后一页,有关于世界末日场景的描述。该场景设想一场洪水将毁灭整个世界。不过,这种世界末日的假想在许多文化中都有存在，并不仅仅是玛雅人才有的预言。阿维尼认为，这种设想并不能当作证据来看待，更不能看作是一种预言。

相反，阿维尼认为玛雅人事实上并不擅长预言。他解释说："他们对时间的认识大多是针对过去的，而不是未来。当你了解关于长历法的记载后，你就会发现里面讲的大多是玛雅统治者和他们祖先的关系。统治者把自己的渊源说得越久远，越能说明统治者地位的合法性和正统性。我认为，这就是玛雅统治者为什么使用长历法的原因。因此，长历法并不是为了预言未来，而是为了证明过去。"

(7)玛雅文明的终极猜想

玛雅人的历法，与现实的历法年轮大事几乎没有太大偏差，至于预言毁灭说是不可能的，只不过像一年的结束，又重新开始新的一年一样，或许我们在经过重生之后，能够超越我们现有的智慧，使人类走向和平，没有纷争。或许这是一种期盼吧，让我们以平静的心情期盼这一日的到来。

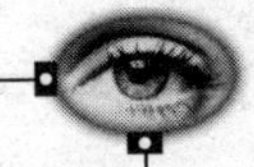

四、海洋之谜

1. 厄尔尼诺现象

在秘鲁南北狭长、宽度仅为30～130千米的滨海区，地面广泛分布着流动的沙丘，该地属于热带沙漠气候。该地区年平均气温超过25摄氏度，年降水量不足50毫米，南部低于25毫米，气候炎热干旱。但有的年份降水量突然成倍增长，沙漠中会长出较茂盛的植物，并能开花结果。这种现象被称为“沙漠开花”。那么，沙漠为什么会开花呢？海洋气象学家认为，这与“厄尔尼诺”现象的出现密切相关。

“厄尔尼诺”是怎么产生的呢？原来在赤道南北两侧，由于常年受到东南信风和东北信风的吹拂，形成了两股自东向西的洋流。从太平洋东部流出的海水，靠下层海水上涌补充。由于下层海水较冷，因此太平洋海面的水温呈现出西部高东部低的“跷板”，太平洋东部秘鲁沿海的鱼类和海鸟多年来乐居在这一较冷的海域之中。从东向西流去的两股赤道洋流在到达大洋彼岸后，有一部分形成反向的逆流，再横越太平洋复向东流去，这股暖性的逆流叫赤道逆流。但是，有的年份由于南半球的东南信风

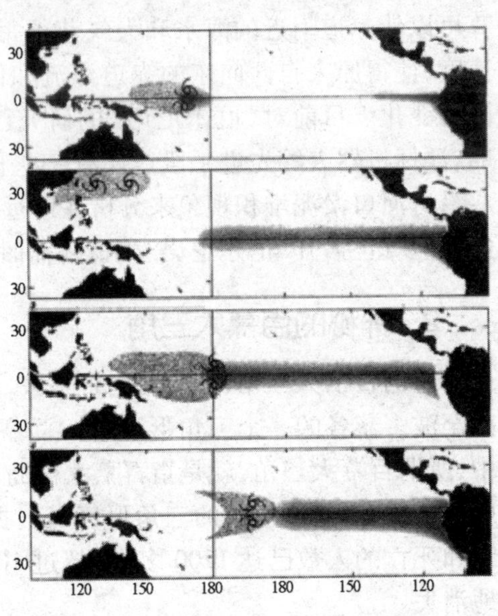

“厄尔尼诺”年东太平洋海水温度变化

突然变弱，使得南赤道洋流也变弱，太平洋东部上升的冷水减少，而更多的暖水随着赤道逆流涌向太平洋东部。这样，太平洋洋面的水温的“跷板”就变成东部高西部低了。

然而，这仅揭示了“厄尔尼诺”的表面现象，对于发生机制还是一个谜，产生这种现象的原因还不清楚。最近，夏威夷大学的地震学家霍克指出：自1964年以来5次“厄尔尼诺”的发生时间都与地球的两个移动板块之间的边界上发生地震这一周期现象密切吻合。但它们之间有没有因果关系，还有待进一步探讨。还有的科学家提出“厄尔尼诺”与一种叫“南部振荡”的全球性气候变化体系有关，从而影响了南半球的信风强弱，一个名叫70GA（热带海洋和大气层）的国际性研究计划正在探索“厄尔尼诺”之谜。

我国科学家提出了一种假设，认为“厄尔尼诺”可能与地球自转速度变化有关。他们对照了50年代以后地球自转速度变化的资料发现，只要地球自转年变量迅速减慢持续两年，而且数量较大，就发生“厄尔尼诺”现象。由于地球自转慢，跟随地球一起运动的海水和大气在惯性力作用下，会产生一个向东的相对速度，这个速度在赤道附近最大，据计算可以使赤道附近的海水和大气获得每秒0.5厘米和每秒1米的相对速度，使得原来自西向东的赤道洋流和信风减弱，导致太平洋东西岸水温的变化。目前对“厄尔尼诺”的研究已广泛使用气象卫星、海洋调查船、浮标机器人等先进手段。还有一些科学家已转向地质研究，即从一些沿海河口淤泥堆积现象来分析在遥远的过去所发生的“厄尔尼诺”遗迹。但真正揭开“厄尔尼诺”之谜还需时日。

2. 神秘的百慕大三角

所谓百慕大三角，即指北起百慕大，西至美国佛罗里达州的迈阿密，南至波多黎各的一个三角形海域。百慕大群岛位于美国东岸的大西洋中，所谓百慕大三角，就是指百慕大群岛，美国佛罗里达州的尖端和西印度群岛的东端，所形成的三角形区域。据统计，自1945年以来，在此失踪和死亡的人数已达1200多人，超过100艘船只及飞机在此空间离奇地消失。

根据记载，原来早在400多年前航海家哥伦布也曾涉足百慕大三角

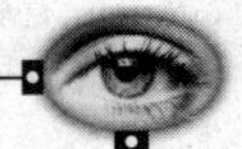

这神秘空间。1520年，哥伦布的船队第四次驶向非洲，在那次航海旅程中，船队驶入了百慕大三角地区，在船队驶入百慕大三角初时，天气晴朗，风平浪静。但是突然狂风巨浪卷起，波涛汹涌。船只卷在风浪之中，惊险万分。船上所有航行器均失灵，经过几日几夜的搏斗，四周突然又平静下来，又恢复了正常状态，海面一片风平浪静。船上的仪表又恢复正常。但奇怪的是，指北针（罗盘）此时不再指北，而是向东北方向偏了6度。这一可怕的经历，在船的航海日记上也有所记录。在哥伦布给西班牙国王的信中写到："一连八九天，我双眼看不见太阳和月亮星辰——我这辈子的航海经验中见过各种风暴，可是从来没遇到过时间这么长——这么狂烈的风暴。"

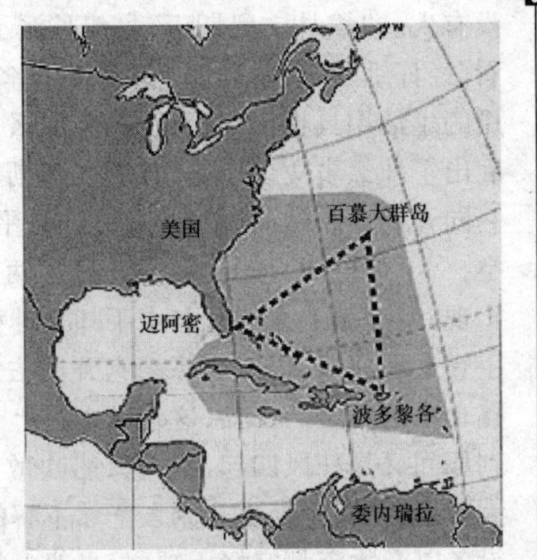

百慕大三角的地理位置

哥伦布对在百慕大的险遇是目前所见关于百慕大三角神秘事件最早的资料。哥伦布从这里第一次发现了磁差现象。除此之外，他还第一次发现这个地区的气象方面的异常现象，如气候变化十分迅速和有狂烈的热带风暴。

最早的失踪报告见于1840年，一艘法国帆船"洛查理"号从法国出发航向古巴。这艘船是当时性能最优秀的远洋船。但在离开法国数星期后，船在百慕大三角的海面出现，英国海军发现船只在海上漂浮，于是上船查看。结果发现，船上空无一人，但货舱装着的绸缎等货物完整无损，水果仍很新鲜，也没有碰过。船上还剩下一只饿得半死的金丝雀。此后类似失踪事件频传。

其他失踪报告有：①1881年，一艘美国的四桅船"埃林·奥斯丁"号在百慕大三角航区航行时，发现了一艘停在海面的四桅帆船，旗手向这只船发出问讯信号后，却没有任何反应，于是"埃林·奥斯丁"号的船长指令靠上这只无信息的船，想看个究竟。船靠近后，发觉这只船上可能

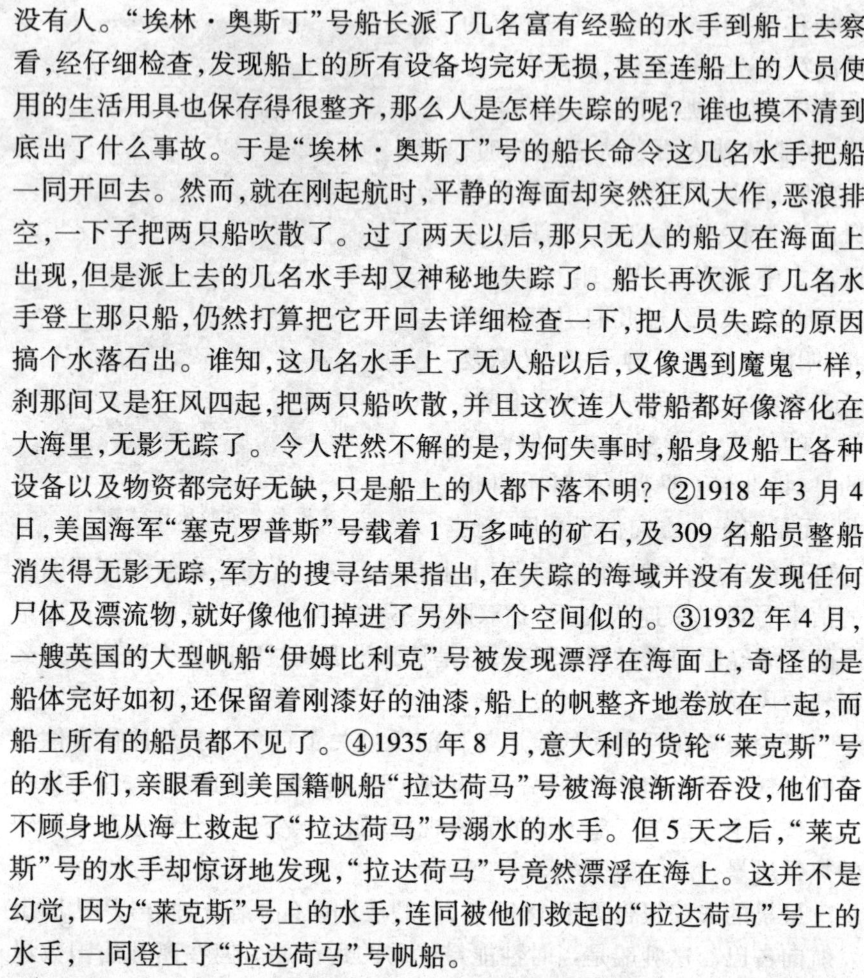

没有人。“埃林·奥斯丁”号船长派了几名富有经验的水手到船上去察看，经仔细检查，发现船上的所有设备均完好无损，甚至连船上的人员使用的生活用具也保存得很整齐，那么人是怎样失踪的呢？谁也摸不清到底出了什么事故。于是“埃林·奥斯丁”号的船长命令这几名水手把船一同开回去。然而，就在刚起航时，平静的海面却突然狂风大作，恶浪排空，一下子把两只船吹散了。过了两天以后，那只无人的船又在海面上出现，但是派上去的几名水手却又神秘地失踪了。船长再次派了几名水手登上那只船，仍然打算把它开回去详细检查一下，把人员失踪的原因搞个水落石出。谁知，这几名水手上了无人船以后，又像遇到魔鬼一样，刹那间又是狂风四起，把两只船吹散，并且这次连人带船都好像溶化在大海里，无影无踪了。令人茫然不解的是，为何失事时，船身及船上各种设备以及物资都完好无缺，只是船上的人都下落不明？②1918 年 3 月 4 日，美国海军“塞克罗普斯”号载着 1 万多吨的矿石，及 309 名船员整船消失得无影无踪，军方的搜寻结果指出，在失踪的海域并没有发现任何尸体及漂流物，就好像他们掉进了另外一个空间似的。③1932 年 4 月，一艘英国的大型帆船“伊姆比利克”号被发现漂浮在海面上，奇怪的是船体完好如初，还保留着刚漆好的油漆，船上的帆整齐地卷放在一起，而船上所有的船员都不见了。④1935 年 8 月，意大利的货轮“莱克斯”号的水手们，亲眼看到美国籍帆船“拉达荷马”号被海浪渐渐吞没，他们奋不顾身地从海上救起了“拉达荷马”号溺水的水手。但 5 天之后，“莱克斯”号的水手却惊讶地发现，“拉达荷马”号竟然漂浮在海上。这并不是幻觉，因为“莱克斯”号上的水手，连同被他们救起的“拉达荷马”号上的水手，一同登上了“拉达荷马”号帆船。

除了船只之外，飞机也难逃一劫。据统计，自 1840 ~ 1945 年，这片海域上空就有 100 余架飞机失踪；而这里消失的船只则更多。这片被世人称做“海上墓地”的地方，就是引起全世界许多科学家关注的百慕大三角区。

在这片面积达 104 万平方千米的海面上，从 1945 年以后，又有数以百计的飞机和船只在这里神秘地失踪。

- 1945 年 12 月 5 日，5 架海军战斗巡逻机从佛罗里达州起飞，当时天气晴朗。经过 1 小时 20 分钟后，机群进入百慕大三角洲海域。突

然基地的无线电台收到不可思议的通话："看不见了……方向不明，无法测知方位……我们身在何处……我有天旋地转的感觉……四周都是一片空白……我也不知道是怎么回事……情况很糟，失去方向了，连海也不见了……"随后 5 架飞机便消失了音讯。

• 1948 年 1 月 29 日，一架载客 21 人的英航四引擎飞机，在飞往百慕大的途中与塔台失去联络，雷达屏上也失去了踪影。而且连一点油污残骸都没有发现。

• 1960 年，一架美军战斗机在众目睽睽之下，被云雾吞噬。根据目击者描述，当天天气晴空万里，5 架战斗机升空作例行训练飞行。就在距离海岸约 800 米左右的上空，机群进入天空唯一的云堆当中。就在此刻怪异的事件发生了，当机队穿出云层时居然只剩下四架飞机了，基地一阵骚动，连管制塔台上的雷达屏也找不到失踪的那一架飞机。当然，派出的搜索队也无法在海上找到任何飞机的残骸或碎片。

• 1971 年 10 月 21 日，一架满载着冻牛肉的运输机"超星座"号，从一艘正在海面工作的探测船上空飞过。船员们眼看它飞了 1 分钟左右，突然，飞机好像被海水吸住似的一头坠进海里。以后，船员们什么也未看见，既没有发现油迹，也没有找到尸体和飞机残骸。唯一能证实飞机失踪的，只是海面上漂浮的一大块带血的牛肉。"超星座"号飞机的失踪，只是这片神秘海域许许多多起失踪事件之一。

"超星座"号的失踪，与难以计数的其他失踪事件一样，可以归结为一句话——没有线索。任何船只、飞机和人员，只要是在百慕大三角区失踪的，就甭想再找到幸存者和任何残骸，所谓神秘就在这里。当然，这些失踪事件不包括那些机械故障、政治绑架和海匪打劫等，因为这些本不属于那种神秘失踪的范畴。由于事件迭出，人们赋予这片海域以"魔鬼三角"、"噩运海"、"魔海"、"海轮的墓地"等诨号。这些诨号反过来又烘托出这里特有的神秘而恐怖的气氛。现在，百慕大三角已经成为那些神秘的、不可理解的各种失踪事件的代名词。在我们熟悉的地球上，怎么独独有这么一个神奇而无法解释的角落？怎么会发生一连串不可思议的事情？究竟是什么在百慕大三角作祟？

多年以来，科学家就百慕大三角之谜有很多解说，以下是部分较可信的说法。

亚特兰大陆说:百慕大三角洲所涵盖的区域居然包含了北比米尼壁,科学家认为是亚特兰大遗址的区域就是于此。于是有人推测,由于亚特兰大有极高度的文明,且据记载是湮灭于自己的文明,所以极有可能亚特兰大人有不为现代人所知的武器系统,或是特殊能源,所发现的巨大海底金字塔也许正是亚特兰大人的建筑物,或许它就是一座能量生产厂。而在亚特兰大陆沉湮以后,这些具有磁场或放射能的遗址在海水中仍然能产生足以影响现今交通工具上电子设备的能量,于是造成仪表失灵,罗盘乱转等不正常现象。但此说却无法解释那些人员失踪而船舶却完好的案件。

四度空间说:这些失踪的船舶和飞机是在一瞬间掉进了时间隧道的洞,而到了另一个时空之中,所以没有办法找到一丝残骸。而产生时间隧道的原因正是磁场。事实上美国在 1943 年曾经秘密做过一次实验,就是著名的费城实验。美军在一军事港口上装置了强力的磁场产生机,而船则停靠在港湾中。当试验开始,磁力机运转,大家都注意到一轮光芒开始包覆着整艘船。渐渐地船在众目睽睽之下开始消失,广播器中传来舰上人员的凄厉的叫声。指挥官下令立刻终止实验。多年后,凡是当时在舰上的船员都陆续死亡,即使存活的人也是痛苦不堪。有的人甚至会在众人面前突然消失,然后又突然出现。强大的磁场会造成空间的交错,产生奇妙的光芒,这正符合一些百慕大三角洲的神秘特色。但果真如此,能量的真正来源又是什么呢?难道又是那神秘的海底金字塔吗?

外太空生物说:由于 UFO 的目击报告接连不断,乃有人主张是外星人掠走了那些失踪的人。外星人为了研究地球的生命及科技,掳掠人畜的情形曾有过报道,最有名的要算是家畜虐杀事件。所以依据这种说法,外星人利用时空转移法连人带机或整艘船,传送出地球,到达另一个星球,自然不会留下任何线索及痕迹,似乎解释了所有的疑团,但外星人为何要那么固执持续在这块区域从事这个活动,而不到其他偏远一点的海域呢?

海底世界说:人类对于大海的了解其实是十分有限的,海深超过 2000 米的深海区域就已经是人类科技难以到达的深处,而地球平均海深约 3700 米,马里亚那海沟用声呐探测就已超过 1 万米。20 世纪 60 年

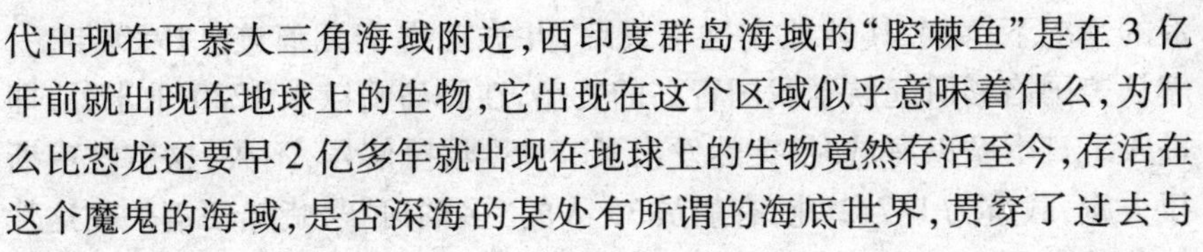

代出现在百慕大三角海域附近，西印度群岛海域的“腔棘鱼”是在3亿年前就出现在地球上的生物，它出现在这个区域似乎意味着什么，为什么比恐龙还要早2亿多年就出现在地球上的生物竟然存活至今，存活在这个魔鬼的海域，是否深海的某处有所谓的海底世界，贯穿了过去与未来？

然而，所有试图对百慕大三角区失踪事件做出合乎逻辑解释的人都遇到了无法摆脱的矛盾。于是就有人提出“超自然”理论，试图揭开这世纪之谜。更有一部分研究者，把百慕大三角区发生的灾难与外星人和飞碟联系起来进行推断。他们的论点是：这里存在一个外星人的海底飞碟基地。因为多年来人们曾在这里观察到数不清的不明飞行物现象。这些失踪的飞机和船只正是被飞碟的乘员掠走的。在波恩举行的一次科学会议上，著名宇宙学家雅佛烈·史杜鲁宾博士透露了他们用航天时代的科技配合古代记录进行研究的情况。他认为现在百慕大三角区发生的飞机和船只失踪的真相已经大白，是一个400年前的陨石在作怪。以上所举的种种解释，都很难说清百慕大三角区失踪灾难的根源。但尽管如此，人们还是信心百倍，随着世界科学技术的日新月异，那横行于百慕大三角区海域和上空的“魔鬼”，终归要被破解。

3. 海洋中的神秘地带

海洋的神秘地带并不止百慕大三角区一个，“神秘地区”至少有7个：百慕大三角区、日本海域三角区、沉没在大西洋岛附近海域、太平洋夏威夷至美国大陆间的海域、葡萄牙沿海和非洲东南部海域、哈特勒斯角。

到底是什么力量在起作用，使三角区如此神秘？迄今为止，任何一位科学家都无法解释。飞机、船只的失踪事件在年复一年神秘地发生着。

日本海域三角区在日本本州的南部和夏威夷之间，日本人叫它“魔鬼海”。这个魔鬼海三角区，是从日本千叶县南端的野岛崎冲及向东1000余千米再与南部关岛的3点连线之间的区域，在这里很多船舶和飞机也是无影无踪地消失了。最奇怪的事件是1976年1月16日，一艘载有2200吨矿石的挪威运输船“贝尔基·伊斯特拉”号在毫无飓风骇

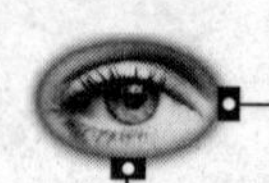

浪的情况下，莫名其妙地在这里失踪，并失踪得毫无痕迹。1980 年，一艘从美国洛杉矶起航至我国青岛的货船，在野岛崎以东 1220 千米处，即进入了日本魔鬼海域时，突然发出了“SOS”救援信号，不久，这艘挂南斯拉夫旗，载重为 14712 吨，有船员 35 人的“多瑙河”号货船便消失在这片神秘的海区。

而仅仅在前一天夜里，与这艘货船失踪时间相隔不到 9 个小时，另一艘巨轮也在日本魔鬼海宣告失踪，这是一艘从智利驶往日本名古屋的利比亚货船。它是航行在野岛崎以南 570 千米处遇难的。这艘名叫“阿迪尼斯”号，载重 29700 吨，有船员 32 人的货轮，也是在发出“SOS”信号后很快沉没的。“阿迪尼斯”号和“多瑙河”号分别失踪的 5 天和 6 天之后，即 1981 年 1 月 2 日下午 5 点 47 分，一艘希腊货轮也在野岛崎以东 1300 千米处，连续发出呼救后，莫名其妙地失踪了，船上的 35 名船员也无一生还。短短一个星期中，3 艘巨轮连续被魔鬼海吞没，不能不使人感叹：这片海域到底怎么了？

同样奇怪的是，失事后，对该海域进行搜索的飞机和舰船均找不到失踪船只的痕迹，更不见失踪船员的尸体，仿佛被大海吸进去了一样，其他一些舰船、飞机的失踪也是在罗盘、仪表莫名其妙地失灵后，就再也没有消息。所以人们也把它叫做魔鬼三角区，日本人甚至叫它“天龙三角区”，这是日本人选用西方神话故事里的天龙命名的。“天龙”是个长着翅膀和利爪、口中吐火的巨大怪兽，象征着暴力和邪恶。在此可见人们对这一海域的恐惧。有人猜测是因为此海域海洋极其复杂，给操纵带来了困难而使船只、飞机失事；也有的猜测海底一定有巨大的磁铁矿，所以罗盘飞快地旋转而找不到方位，但这并没有可靠的根据。不管怎样，此地船只失踪事件多发生在冬季，而每年冬季这里的水温和气温相差 20 摄氏度，因此海上常产生上升的强气流，从而激起海面上的三角波。据说，此海域可能有高达 20 多米的巨浪，这对船只来说当然太可怕了。

地中海三角区被陆地环绕的地中海，一直被人们视作风平浪静的内海。谁知在这里居然也有个魔鬼三角区，这个三角区位于意大利本土的南端与西西里岛和科西嘉岛 3 座岛屿之间，这里叫泰伦尼亚海。这个三角区域里，有几十艘船只和飞机被不明不白地吞没。1980 年 6 月某日上午 8 时，一架意大利班机准时从布朗起飞，目的地是西西里岛的巴拉

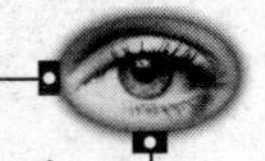

莫城，预计航程所需时间为 1 小时 45 分钟。当该机飞行了 37 分钟时，机长向塔台报告了自己的位置在庞沙岛上空之后，就再也没有消息了，谁也不知道这架飞机是怎么失踪的。机上 81 名乘客和机组人员踪迹全无，飞机自然也无影无踪。

更奇怪的是在风平浪静的海上，一些船只会突然失踪，甚至大船也不例外。最近一次失踪事件颇为蹊跷，两艘渔船在相互看得见的海上捕鱼，地点在庞沙岛西南偏西大约 46 海里处，一艘名叫“沙娜”号的渔船上有 8 名船员在紧张作业，而另一艘名叫“加萨奥比亚”号的渔船则有 11 名船员，当时两艘渔船不仅通话、联系，而且灯光也相互看得见。但是拂晓时分，“加萨奥比亚”号发现“沙娜”号不见了。起初他们以为它开走了。但鱼情如此之好，没有作业完毕的“沙娜”号为什么要开走？为此，“加萨奥比亚”号船长向基地做了报告。3 小时后一架意大利海岸巡逻直升机到了这一海域。令人惊奇的是，这时不仅看不见“沙娜”号，就连不久前刚刚汇报“沙娜”号失踪的“加萨奥比亚”号也不见踪影，深感奇怪的直升机仔细搜索了每一片海域，直到飞机油箱里的油料只够返回基地时，该直升机才在通知了在附近海域的一艘 19000 吨的大型捕鱼船协助搜索，留意情况之后离开。这艘名叫“伊安尼亚”号的捕鱼船的船长说，他们的船 3 小时以内即可抵达该海域，将会注意那里失踪船只的求救信号。并在那里过夜。第二天清晨，3 架直升机再次来到这一区域搜索，奇怪的是，不要说前两艘失踪的船只找不到，就连“伊安尼亚”号也不见了。从此，这 3 艘船只连同船上的 51 名乘员，就这么不明不白地在风平浪静的海上失踪了，而且事后也是一点痕迹没有留下。

4. 玛迪亚罗马沉船

1907 年，一位希腊的海绵打捞工人，在北非的突尼斯东部的玛迪亚海水深 40 米的海底，看到了像军舰大炮样子的文物。从此开始，潜水工人们又在附近海底发现了许多双耳陶瓶和青铜制品的碎片。打捞上来的文物向当时法属突尼斯的海军司令官杰·拜姆海军大将做了报告，并将文物移交给官方。拜姆动员潜水员进行调查。其结果证明，被看成海底大炮的文物并不是大炮，而是希腊浮雕的大理石伊奥尼亚式圆柱。这一发现，在欧洲的学术界引起了极大的轰动。

最早报告说沉船中有像大炮的东西，实际上是大理石圆柱，共6排约60根，还凌乱地散布着柱头、柱基以及其他大理石的建筑材料和雕像等。虽然打捞上来了双耳陶瓶等部分文物，但大部分遗物仍然留在了海底，调查没有最后完成。负责直接指挥海底作业的塔拜拉大尉出于希望今后能继续进行调查的考虑，向突尼斯档案提交了报告。

玛迪亚的沉船调查，由于调查负责人迈尔兰认真地准备和计划才顺利进行。在甲板下的船舱里装满了大量的细小贵重品，在更下面的船舱中贮藏着很多的大理石艺术品，其中主要有希腊雕刻家加尔凯顿（约生活在公元前2世纪）的刻有"波埃特斯"铭文的"海尔梅斯"青铜像和同样大小的"奔跑的萨尔丘斯洛斯"青铜像、大理石"阿弗洛迪忒"半身像、牧神"波恩"的头像等。此外，还有烛台等日用品和希腊阿提加式精美的酒杯。其中有铭文的"海尔梅斯"像被认为是希腊时代著名的珍品。

这艘沉船据推测，是满载罗马从希腊掠夺的艺术品及其他货物的大型运输船，船从雅典的皮莱乌斯港出航，在驶往罗马的途中，向南漂流而沉没。这一推测如果正确的话，与安提基西拉的沉船有许多相似之处。该船长36米多，宽10米多，恐怕是无桨的椭圆形帆船。从当时的造船技术看，似乎是为了运送想象不到的沉重货物而设计的。其年代根据遗物的研究，推定在公元前2世纪末到公元前1世纪初。

为世人所熟知的《阿拉罗》的作者、美术史学家萨罗门·雷那克根据对发现文物的考证，搞清了遗物中的灯为罗马时代的作品，考证出前面所说的该船的年代。据他考证，该船是公元前86年征服掠夺雅典的罗马执政官鲁希阿斯·斯鲁拉有组织地将掠夺品满载运回罗马，而在途中遇到暴风、飘流到玛迪亚海域沉没的货船。

当然，斯鲁拉是罗马共和时代的猛将，深得人民的拥护，具有卓越的指挥才能。他在凯旋罗马时经常带回众多的俘虏和战利品向民众夸耀，以求得狂热的欢迎。他征战生涯中最大的功绩是征讨小亚细亚的蓬兹斯。据说，他在当时已获得很多的战利品，但为掠夺，他又率领罗马军队进一步侵入了古希腊象征的雅典。他在那里下令拆毁奥林匹亚的一座神殿，将大理石建材和雕塑装上运输船队送往罗马。有的史学家说，船队绕行到意大利半岛与西西里岛之间的墨西拿海峡时，突然遇到风暴，其中一艘向西南方向漂流至北非近海沉没，在以后的20世纪的时间里

安眠在海底厚厚的淤泥之下。这就意味着,满载希腊艺术作品的玛迪亚罗马沉船仍然是一个谜。

玛迪亚调查虽然尚未结束,但其成果已使考古学家、历史学家、美术史学家受到了极大的冲击和震动。考古学家们再一次注意到玛迪亚海底,计划重新进行长时间中断的古代沉船的调查。

法国潜水小组的库斯特在 1948 年和法国海军中尉,潜水考古学家 F. 迪玛一起率领着水下呼吸潜水小组乘坐"艾利 · 毛尼艾"来到玛迪亚海域。由于发现了一段长约 90 厘米由黎巴嫩杉木做成的船的肋骨,了解到这只船具有能够运输当时难以置信的沉重货物的构造,还了解到该船的 2/3 完整地被覆盖在淤泥之下,并发现了迈尔兰没发现的其他大理石伊奥尼亚式圆柱柱头,以及为增加锚的水平的铅制横棍和其他零散船构件。在打捞每一个大理石材的过程都遇到了很大的困难,起吊用的一根根钢缆,必须由潜水员徒手把遗物周围厚厚的淤泥清除掉,再通过下面把遗物捆住。

突尼斯海中研究调查团于 1954 年再次对该遗址进行了调查。虽然没有打捞出什么艺术品,但使用了两台淤泥清除机清除海底沙土,成功地制作了准确的船体实测图。结果了解到原来推定的甲板是船底。估计货物的总重量恐怕有 250 吨。如此沉重的货物堆积在长 30 余米的船的甲板上是绝对不可能的。1955 年的调查重点放在龙骨部分,令人吃惊的发现其结构极为复杂,需要极为高超的技术。这次调查在船头附近确认了残存的锚,这一发现说明该船沉时不是在停泊中,而是在航行中遇难的。

玛迪亚沉船的调查经历了 40 多年的时间,由各调查团进行了 3 次尝试,工作中引入了声呐、淤泥清除机等新设备,到 20 世纪中叶才取得了最终成果,特别是,迈尔兰和库斯特都没有辜负各自调查中的各种发现,希望在将来的调查中最后搞清,并时刻不忘为这一天做好各种准备,力争突破世界水下考古史上的这一难题。

5. 深海沉船觅宝忙

在 20 世纪初,"泰坦尼克号"沉没后,为了找寻那颗"海洋之心",沉船打捞者利用当代的先进技术,刻苦奋战……不过,最终他们没能如愿

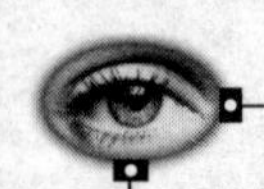

以偿，但是有一点可以相信：在现实生活中，茫茫无际的大海深处，的确藏匿着无尽的宝藏。

对现代人来说，大海的宝藏不仅仅来自于海水中和海床之下，还来自于以往随沉船而沉入海底的无数珍宝。前些时候，英国牛津大学的一个海洋考古小组在马来西亚巴生港附近沿海发现并打捞起16世纪的荷兰商船“拿骚号”的残骸。据史料记载，这艘船是1606年在葡萄牙与荷兰的一次海战中，连同其他西班牙大帆船一起被击沉的。

这次发现收获颇丰，打捞上来的珍品包括数千枚银币，按现在的行情每枚价值都在155美元以上；还有大量的中国瓷器，据推测这些瓷器是当时荷兰船队从路过的中国商船上抢来的。另外使这些探险者们兴奋的是，他们还打捞上来一门当时制造的重达3吨的铜炮，炮身上制造日期清晰可见，炮膛里还有一发尚未发射的炮弹。如今这门古炮价值连城。

“拿骚号”的发现，只不过是众多海底探宝行动中一个成功的例子。第二次世界大战期间，英国战舰“爱丁堡号”在前往大西洋的途中，遭到德国潜艇的伏击而沉没，同时葬身鱼腹的除了57名水手之外还有价值8000万美元的俄罗斯黄金。在事隔40年之后，一支英国探险队前往“爱丁堡号”沉没的海域搜寻这只战舰。他们先后27次潜入深海，终于发现了“爱丁堡号”锈迹斑斑的船体，并捞起了一大批沉睡海底的财富。

当时寻找“爱丁堡号”的测量船如今又增添了新设备，现在船上有最先进的自动装置：如水下摄影机、遥感器和小型潜水艇。新发明的高科技装备，可以使潜水员更快、更安全地到达更远更深的海底去探寻宝藏。

对一些人来说，海底寻宝探险，追求的不仅仅是海底宝藏和财富，而是冒险和揭开谜底的刺激。“爱丁堡号”探险策划人英国人理克·华尔顿就是此类人物之一。华尔顿以策划过许多海底探险活动而知名，他所策划的探险还包括一艘1890年失事的一艘荷兰游船。

当年这艘名为“费德里克王子”号的游船上载着价值1800万美元的银币前往印度，在西班牙附近海域遇台风而沉没。华尔顿估计这些银币可能是被作为压仓货放在船首的一个密封舱里，于是，他冒险潜到150米的深水中，对船体进行了详细的探测，功夫不负有心人，华尔顿找

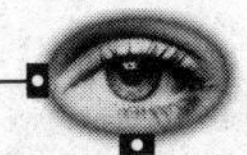

到了这一大笔财富。令人意外的是，华尔顿只从沉船上带回了一些纪念品，却将40多万枚银币留在海底，虽然他可以轻而易举地把银币拿上岸来卖掉，发一大笔财，但他认为把这些财宝留在海底会更有意义。应该说，华尔顿已超出一般意义上的探险者。

当然还有使用另外的方法进行海底寻宝的。另一个英国探险队搜寻的目标是1622年在美国东南海域沉没的著名西班牙商船"亚托加号"。据记载，船上的宝藏举世无双。这支探险队的寻宝方法也与众不同。他们首先利用小型飞机、定位摄影机、摄像机对预定海域进行拉网式探测。使用各种仪器反复对海床进行扫描，并立即用计算机对这些照片进行分析。他们根据初步结果预测，在这片海域中大约有40吨黄金和银器。随后他们经过数据处理，把图像输入计算机，进一步详细分析观察。计算机把一张放大过的图像显现得非同寻常：海床上显示出一些黑黑的阴影，这些阴影可能就是"亚托加号"的残骸。

根据所掌握的资料，潜水员只需要几分钟时间，就可以接近在计算机上看到的神秘阴影。但是很可惜，潜水员发现，他们找到的只是一些已经腐烂的木头。尽管如此，他们相信，这些木头很可能就是3个世纪以前在这里沉没的"亚托加号"的遗物。计算机标明了沉船所在的位置，珍宝应该就在附近。

几百年来，海潮将这艘沉船冲得支离破碎，散布在120平方千米的海床上。潜水员根据坐标图，用金属探测器搜索海床，并做上标记。由于海潮不断把泥沙覆盖在散落的宝藏上，他们必须清理海底寻找金币。潜水员循序渐进地对每一寸海床进行仔细搜索。在大海深处，他们很难看出所找的东西到底是什么，因为大部分物品不是长满了锈，就是被一层厚厚的泥沙包裹着，所以潜水员必须把一件件难以辨认的物品带上岸来处理。上岸后，工作人员在水中通电，用电解的方法，把长年累月在金属表面上形成的硬壳打开，只有这样世纪珍宝才能露出真面孔。如果这层壳非常坚硬，电解清洗的过程有时要花费一年的时间。不过，长时间的研究、准备、冒险，为的就是打开珍宝时惊喜的一刻。

6. 中国领海下的宝藏

西沙群岛的海域发现了众多古代沉船。中国水下考古者认为，目前中国水下考古的主要任务是重现久已消失的海上丝绸之路,而寻觅西沙群岛的水下遗物尤其是沉船遗址,是再现海上丝绸之路的一个重要途径。

1975 年,在西沙北礁调查时发现了为数不少的唐代青釉罐和青釉碗,便是当时沉船遗留下的物证。宋、元、明时期,西沙群岛的暗礁仍是阻碍频繁往返的中外船只一道天然屏障。根据明朝郑和七下西洋的示意图,每次都由南京出发经福建、台湾海峡、南海至越南南部,西沙群岛正是这条主航路的必经之地。这里曾经挡住了多少航船的去路,无人知晓。

西沙出土文物一

南海是中国的边缘海之一,位于西太平洋的北端,它北临中国的广东、广西和东海,东临菲律宾,南接印度尼西亚和马来西亚,西临越南和马来半岛。由30 多个岛屿组成的西沙群岛是南海诸岛中四大群岛之一,距离它最近的海南岛也有 180 多海里。据中国史书记载早在 2000 多年前,南海作为中国古代航海贸易的海上丝绸之路,是中国通向东南亚、中东、非洲、欧洲等地的航道要冲。南海一带的海域不好,甚至有的地方被称为“死亡之海”,水下暗礁很多,当时海船的设备没法和后来的铁船相比,所以碰上大风大浪、恶劣天气,或者不慎触礁,总会有沉船的可能的,所以沉船并不是偶然的,有大量沉船的发生毕竟是历史的事实。1996 年,水下考古队在西沙水域调查时,曾发现距潭门码头 180 海里处北礁礁盘上有古代沉船遗址,曾有渔民在这一带打捞出大量水下文物,考古队决定将北礁作为此次抢救性发掘的重点。

1996 年 4 ~ 5 月,中国水下考古队在对中国南海的西沙水域进行调查时,发现了大量中国宋、元、明、清时期的铜钱、瓷器及铜器等珍贵文物。消息传出后,一批盗宝者立即将目光转向西沙群岛,开始对这一水

域的古代文物进行大肆偷掘和倒卖，多处水下古代遗存遭到严重破坏。对西沙群岛水下文物遗存进行抢救发掘已迫在眉睫。

1999年由中国文物考古部门的23名水下考古专业人员组成的西沙水下考古工作队，在中国南海的西沙群岛对部分水下文物遗存进行了调查及抢救性发掘。1999年1月19日考古队在泊船点北侧约1千米、水深1米处的礁盘上发现一支象牙。这支象牙长度为0.55米，直径约为0.15米。下午，在同一区域又找到另一支较完整的象牙，长度为1.20米，直径约0.2米，周围除发现少量陶瓷残片外，未见其他遗物。根据共存的小量瓷片初步分析，此处遗存年代大致为宋、元时期，象牙有可能产自非洲。三天后，考古队在北礁三号沉船遗址调查时，发现大量青花瓷器，初步断定为明代产品。在这个遗址同时发现的还有4块碇石，这4块碇石大致为明代。有专家认为这类碇石是中国古代木锚的一部分。1月23日考古队将4块石锚当中最长的一块石锚发掘出水。这块石锚长3.2米，重达500多千克，是迄今为止国内发现的最大一块石锚。

1999年1月24日，西沙水下考古队结束了在北礁的考古发掘工作后起程返航。此次西沙水下考古队在海上作业39天，共发现五代、宋、元、明、清各个年代的水下文物遗存13处，近代遗存1处。这些遗存均分布在水下最深35米、最浅1～2米的珊瑚环礁的礁盘之上。采集发掘珍贵文物及标本1500余件，多以瓷器为主，还有少量铁器、铅罐、锡壶、象牙、船板等。

辽宁省绥中县三道岗海域元代沉船遗址属于第二条航线。1991年7月，绥中县大南铺村的渔民在捕鱼时打捞出一批古代瓷器，初步鉴定为元代磁州窑的产品。中国历史博物馆水下考古研究室接到消息后随即赶赴打捞出瓷器的地点进行第一次水下考古调查，初步断定为一沉船遗址，并拉开了绥中三

西沙出土文物之二

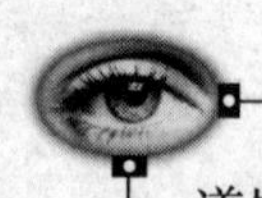

道岗元代沉船水下考古调查的序幕。

寻找辽宁绥中水下沉船遗址时，检测到一号点水深 11 米，水下有大致呈南北向条形物，长约 25 米，宽约 5 米，类似于船体结构。遗址中的沉船是一艘满载元代磁州窑瓷器和铁器的商船。船长约 21 米，宽约 6 米，船体已被小虫吃掉，只剩下船体中和散落在周围的大量元代铁器和瓷器。从残存情况观察，原来船舱内是将铁器置于下层，瓷器覆盖在上面，故散落在周围的主要是瓷器。瓷器大部分是磁州窑的典型器物，并不乏龙凤罐婴戏罐一类的精品；也有纯白釉的梅瓶，仿建窑的黑釉瓷器和绿釉瓷。现在散落的瓷器已大都打捞出水，仅完整的磁州窑瓷器就有 1000 余件。根据资料对比，可推断装运的瓷器产于磁县观台窑。同船铁器很可能与瓷器产自同一地区，因磁县在宋元时期也是全国主要的冶铁地点之一，但经过 700 余年的海水浸泡，铁器已被锈蚀结成大块。根据沉船现存主体的体积推测，这条船的载重量应在 100 吨左右，而沉船的确切年代应是元代晚期。

在海上丝路这条上下千年、连贯亚非欧大陆的古老航道下，隐藏着不同文化相互交流的见证。1972 年，在珠海市三灶岛草堂湾发现一条古沉船，当地村民多次潜入沉船探摸，发现舱内有香果和槟榔，香果药味很浓，估计是唐代阿拉伯国家的商船。船木经碳 14 测定，结论为稍早于唐代。1987 年 8 月，交通部广州海难救捞局与英国海洋探测公司合作在广东省台山县川山岛附近海面进行探测作业时，发现了一艘南宋到元代的沉船，并打捞出了 200 多件宋元瓷器，还有银锭、铜钱、锡壶和镀金腰带等物，进而推测沉船是一艘来自南亚或西亚的外国船，来到中国的东南沿海地区进行贸易活动。在满载一船中国货物返航时，在此遇海难而覆没。欧洲人的地理大发现，带来了东西贸易的新时代，同时也增加了中国海域的西方沉船数量。法国 CMAX 公司和瑞典东印度公司基金会等机构都掌握了不少有关沉没于中国海域的西方商船的背景资料，并提出与中国共同进行水下考古发掘。据中国专家估计，在数以千计的沉船中，外国沉船大约占 30%。

20 世纪 60 年代，曾在山东长山列岛南五岛与北五岛之间的砣矶岛附近的海域中，打捞出完整的岳石文化时期的陶罐，陶器表面布满沉积在上面的细小海生生物遗骸，可以肯定曾长久淹没在海水中。由于器物

完整,可推测它们是当时随沉船而落入海底的。岳石文化距今4000年左右,如果这里有岳石文化的沉船,那将是现今世界最古老的沉船。1979年,在山东庙岛群岛黑山岛附近的海域找到了汉代遗物,又在庙岛西海塘近岸处的海底,发现了数片龙山文化和岳石文化的陶片,当然还有一些明清时期的青花瓷器。这些零星的发现,虽然不属于沉船遗迹的范畴,但至少提高了这一带海域中存在岳石文化乃至龙山文化沉船的可能性。

从1278年至1279年,宋元军队在海上先后进行了甲子门海战、十字门(今珠海横琴岛与澳门三岛间的狭窄海道)海战,最后对崖门海战中宋军被元军包围,2000多战船只逃脱800艘,其余全部覆没。南宋宰相陆秀夫背负幼帝在临海的奇石上跳海自尽,南宁王朝遂告灭亡。

1991~1992年,中国水下考古队员曾先后三次在银洲湖进行水下调查。在第二次调查时使用旁侧声纳对奇石周围的海域进行寻找,确定了几个沉船点。第三次调查时,则在这些地点潜水取了一块船板,经碳14测定,年代为距今690年,正和史书所载的宋元海战年代基本相符。

台风、暗礁等自然灾害曾使那些漂泊的商船沉睡海底,战争等人为因素又增添了无数水下遗迹。据专家估计,在中国沿海有不少于3000艘的古代沉船。然限于人手和财力,目前已着手挖掘的古船遗址尚不足沉船总数的1%。

中国领海疆域辽阔,5000年华夏民族创造了无比灿烂的人类文明。由于中国所处的地理位置及其辉煌无比的古代文化艺术与外交活动,各种原因而消失在领海内的宝藏,简直让人无法评估!

南澳1号古船,简称“南澳1号”,是2009年9月26日在中国广东汕头市南澳岛县举行水下考古抢救发掘启动仪式上宣布对此前被名为“南海Ⅱ号”的明代古沉船进行正式更名,理由是根据考古精确命名惯例,以其发现地为名,也是结合当地政府和公众的意见和报请国家文物局同意的。

南澳为“海上丝路”要冲,汕头南澳岛地处闽、粤、台三省海面交叉点,辽阔的海域是东亚古航线的重要通道,海上交通十分方便,向北航行可到日本、朝鲜各国,向东可抵达菲律宾群岛,向南越过南海,直达爪哇、印度尼西亚等南洋各国。优越的地理位置和交通条件,使南澳海域不单

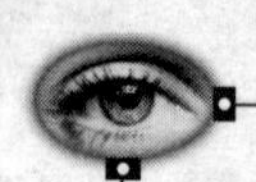

为国人南船北上或北船南下必经之中转站，更为外国船舶来华于粤海入闽海，或闽海入粤海之门户，“为诸夷贡道所必经”。史载：“郑和七下西洋，五经南澳”。南澳在明朝有“海上互市之地”之美誉。唐宋以来，中国海上贸易日益兴盛，输出物资以丝绸、陶瓷为主，所以这条海上“丝绸之路”，又被称作“陶瓷之路”。南澳Ⅰ号的发现证明了汕头南澳海域在明代已是中外舶商进行贸易的重要场所，也是当时“海上丝绸之路”（或叫陶瓷之路）的重要通道之一，是国际贸易货物的转运、集散中继站与必经之路。

南澳县是一个海岛。在南澳岛东南三点金海域的乌屿和半潮礁之间，2007 年，有渔民潜入海底作业时无意发现了一艘载满瓷器的古沉船。2007 年 5 月 25 日、26 日，南澳县云澳边防派出所根据线报，两次抓获非法打捞水下文物嫌疑人 10 名，查扣文物 138 件，其中 10 件是国家三级文物。经广东省文物鉴定站鉴定，这批文物主要为明代瓷器。

这片海域立即被监控起来，广东省文化厅紧急调集 10 名水下考古人员组成南澳沉船水下考古队，委派海洋救捞作业船舶赶赴现场，控制沉船点，并向国家文物局、广东省政府作了报告。

在交通部广州打捞局的协助下，南澳沉船水下考古队对沉船进行了详细的调查、勘探，完成了水下摸探、采集和测绘工作，绘制出外围文物分布图、沉船平面总图和沉船纵、横剖面图，获取了大量的影像资料，采集外围文物近 800 件，加上渔民上交的 200 多件，总数超过 1000 件，并将此沉船命名为“南海Ⅱ号”。

结合考古勘探资料分析，初步判定该沉船的年代为明万历年间，船载文物主要为明代粤东或者闽南及江西一带民间瓷窑生产的青花瓷器。

由于这是南海海域继“南海Ⅰ号”之后，发现的又一艘保存较完好，满载珍贵瓷器的古代沉船，为便于区分，2007 年 6 月 9 日广东省文化厅主持召开的“沉船抢救保护工作汇报会”上，被正式定名为“南澳Ⅰ号”。

根据之前专家的鉴定，这次“南澳Ⅰ号”出水打捞的瓷器大都是克拉克瓷，产自福建漳州，有专家已鉴定出不少瓷器来自漳州的平和窑。广东省水下考古研究所专家张松表示，从收藏角度上来说，“克拉克瓷”的价值不高，相对而言比较粗糙，做工不够精细。这些年考古人员已在东南亚等地发现了较大规模的克拉克瓷器，一件的价格在几百元到几万

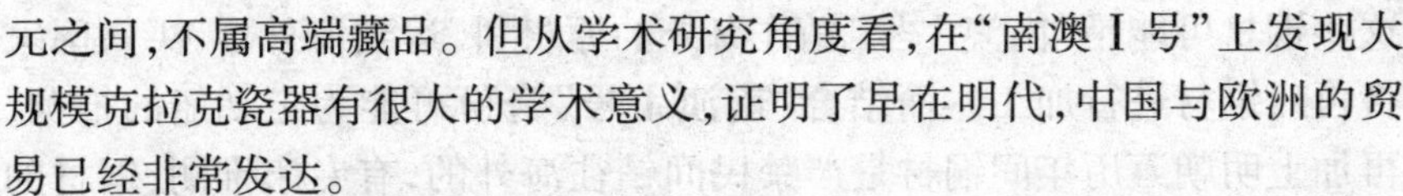

元之间,不属高端藏品。但从学术研究角度看,在“南澳Ⅰ号”上发现大规模克拉克瓷器有很大的学术意义,证明了早在明代,中国与欧洲的贸易已经非常发达。

对此,业界也有不同观点。这次新打捞出水的文物有很多令人意想不到的谜团。

谜团一:又现疑似元朝的瓷器?

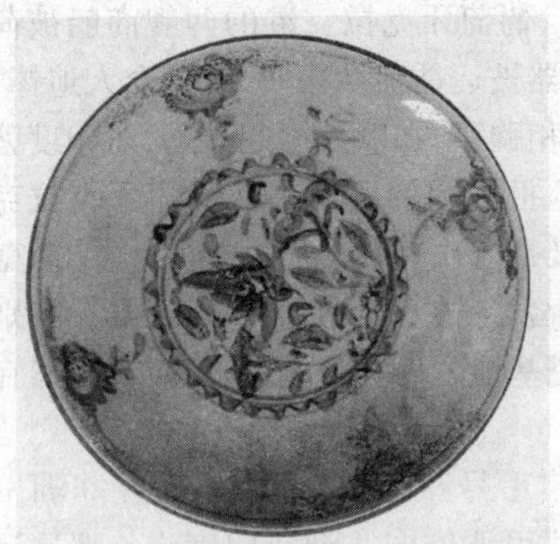

出土的文物保存完好

令人诧异的是,之前南澳派出所的边防官兵们曾经缴获过盗捞渔民捞取的一些元朝瓷器,但有专家曾推断这可能是“南澳Ⅰ号”沉没的周边海域还有不少古沉船的遗物,如元代的沉船等遗留下的。但此次打捞,在“南澳Ⅰ号”沉没点,水下考古队员又捞取出来了与之前发现的元朝瓷器外形、颜色极其相同的器皿。这使得元朝瓷器来自其他古沉船的推断又出现了谜团。

有考古专家表示:“如果元朝瓷器来自‘南澳Ⅰ号’,那这艘明代的外贸船只为何会出现元朝的器皿,是用作外销还是有其他作用?这些都是今后值得研究的课题。”目前的一种推测是,要么“南澳Ⅰ号”上本来就存有元朝瓷器,要么就是三点金海域沉船众多,元朝船只沉没时可能有瓷器漂散至“南澳Ⅰ号”沉没位置。

谜团二:南澳Ⅰ号走私铜材?

在之前的一个月打捞中,还出水了较为稀有的铜材。目前在南澳博物馆里还有之前出水的“南澳Ⅰ号”铜材。该博物馆馆长黄迎涛推测,这些铜材可能是“南澳Ⅰ号”销往海外的原材料，运到海外后，买入国家将再对铜材进行加工。而结合“南澳Ⅰ号”身份可能为走私船的推测，再加上明朝万历年间铜材是严禁民间销往海外的，有专家推测，铜材的发现为“南澳Ⅰ号”是一艘走私船的猜想在一定程度上提供了佐证。

谜团三：船上多是克拉克瓷？

克拉克瓷器是一种外销瓷器，主要是青花瓷。据了解，之所以得名为“克拉克瓷”，是因为万历年间，葡萄牙克拉克港的两艘商船被荷兰的东印度公司截获，船上的中国瓷器被运往荷兰拍卖，受到众人追捧，法王亨利四世、英王詹姆斯一世也争相购买，在欧洲引起轰动，东印度公司轻易赚到300多万荷兰盾。由于这批中国的瓷器是从葡萄牙克拉克号商船上得到的，产地不明，在荷兰又是首次亮相，所以被称为“克拉克瓷”。此后，凡有着“克拉克瓷”标签的瓷器，在海外拍卖市场上都有特别好的行情。漳州平和窑克拉克瓷研究基地主任林俊表示，克拉克瓷器在欧洲享有盛名，大量销往欧洲。

但目前存在的谜团是，“南澳Ⅰ号”出水瓷器中也有在非洲发现的相同文物，按此推理，“南澳Ⅰ号”可能航向非洲或印度洋。那这运往非洲的瓷器是否真的为克拉克瓷呢？

7. 海洋深处的特殊生命

按传统的论断，深海底部热泉中不大可能存在生命现象，但近十几年科学家却在那里发现了大量微生物。英国和挪威科学家最近作出解释，认为它们是靠死亡的海洋生物生存的。英国布里斯托尔大学和挪威卑尔根大学的科学家组成的国际研究小组在英国《自然》杂志上发表文章说，他们发现海洋生物死亡后会沉向海底，在海底形成富含有机物的沉积物，这些有机物会分解形成乙酸盐，而乙酸盐能为微生物提供碳等必要元素，以供细菌维持生存。

科学家解释说，生物生存需要形成生命的物质和维持其生存的能量。对于深海微生物来说，其物质基础是由死亡的海洋生物残骸提供的，其能量来源则是热泉等提供的热量和蕴含在海洋生物残骸中的能量。研究人员说：这种生存形式与通常的生命现象迥异，生命现象远比人们原先想象的顽强，生存方式也丰富得多，因而他们推测火星等星球

上的环境可能会产生生命现象。热液从海底的喷口喷出,形成热泉,它在海水中如滚滚“黑烟”,蔚为奇观。海底热泉位于海洋脊轴附近。这里的岩浆层接近地表,渗透性好,海水能下渗至岩浆层处,被加热至300~400摄氏度,而溶解了岩层中的许多物质,组成明显改变。这种热液升腾至海底的喷口,形成海底热泉。由氦-3示踪图可知,从南纬15°、东太平洋南部海底脊轴处喷出的热液中,含有大量的氦-3,并在中层水中向西扩散。

1965年在红海首次发现热泉,但更重要的是,1977年伍兹霍尔海洋研究所巴拉德等乘“阿尔文”号潜水器在加拉帕戈斯裂谷发现的热泉及1979年在北纬21°观察到的热泉,热液刚喷出时为清澈透明的均匀溶液,在与冷海水相混时便激起混浊的碱性水柱,并产生很细的铁、铜、锌等硫化物颗粒。金属硫化物堆积在热泉口旁,成为海底热液金属矿床。例如,在北纬21°发现的东太平洋海隆的矿床及加拉帕戈斯海岭的矿床,前者含锌50%,铜0.75%,铅0.35%,银0.04%,金痕量;后者含锌0.1%,铜10%,铅0.1%,银0.03%。这些海底热液金属矿床,大多分布在太平洋和南美洲附近。热液化学的深入研究,将会不断揭开海洋的奥秘。

(1)海底的微生物

海洋是迷人的,辽阔的海洋鱼跃鸥翔,海天一色,景象万千。海底活跃着色彩斑斓的鱼类,使深邃的海洋世界充满了活力。当然,海底的板块活动、火山爆发,又给海底世界蒙上了神秘恐怖的阴影。虽然当今人类已经登上了月球,但对身边的海洋却还知之甚少。海洋特别是海底世界同样有待人们深入研究认识。

科学家们曾经认为,在海洋的最深处没有阳光,不可能有生命。然而,近些年来随着科学技术的发展,特别是现代深海观测手段的提高,科学家却发现“生命禁区”有生命,在几千米深的海洋底部寻找到了“第三大生命系统”。美国科学家乘“阿基米德”号潜艇,在离美国奥列根海岸160千米的海域水下,发现了一个热泉,喷涌出来的水流温度高达380摄氏度,在如此高温的热泉周围奇迹般地生活着大量微生物、海绵、珊瑚、乌贼、螃蟹和鱼类,生命奇特而丰富多彩。

美国还有一艘袖珍考察潜艇载着3名探险家,在太平洋潜入到

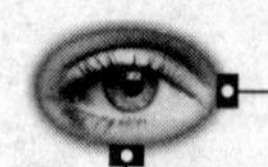

4000 米深度时发现了一个长满海葵植物的“绿洲”。法国科学家则在太平洋加拉帕弋斯群岛周围洋底考察时，在 2600 米深的洋底热泉口附近，发现了 5 个海洋生物群落。这些发现轰动了科学界，证实即使在没有阳光的大洋深处，在超过沸点的水里，在高压的环境条件下，也存在着一个充满生命活力的区域。这个“第三大生命系统”被发现后，曾经一度成为生命形成和演化的“无法解答的复杂谜题”。

1991 年 4 月，3 名科研人员率“阿尔文”号潜水艇深入水下 2400 米沿阿卡普尔科东南 805 千米处的火山脊——东太平洋海丘调查时突然发现，在一片温度高达 400 摄氏度的水域中布满了烧焦的蠕虫和贝壳的尸体。这是一个独特的海底生态系统的残迹。在以后长达 6 年的时间里，他们发现，这一生态系统是随着海底火山活动而枯荣的。同地球上几乎所有其他生命不同的是，这些生活在海底热液喷出口的生物并不依赖阳光和光合作用维持生命。作为喷出口食物链基始链的微生物是依靠海底缝隙渗出的富含矿物质的水维持着生命的。尤其让科研人员惊讶的是，海底热液喷出口生物还依赖溶解于从海底缝隙中冒出的热水中的硫化氢维持生命。硫化氢对大多数生物来说都是剧毒物质，但少数微生物已经适应其毒性，能够利用它完成新陈代谢过程。微生物为蠕虫提供维持生命的能量，同时也在蠕虫身上找到寄生的地方。

到 1993 年 12 月，又发现小蠕虫已经被巨大的管生蠕虫替代。人们的分析是，较小的蠕虫之所以首先出现，是因为它们的幼体能更好地适应高浓度的硫化氢。一旦硫化氢的浓度下降，大个的蠕虫就会过来。这些大蠕虫可长达 2 米。它们每天增长 1 ~ 2 毫米，是地球上生长最快的海洋无脊椎动物。但是，海底的地质生长速度更快。18 个月之前还是海底平台，现在却成了近 10 米高的“高塔”。人们以前认为，形成这么高的海底形态需要几十年的时间。这些高塔里所含有的硫化金属是含有矿物质的热水遇到海底的冷水冷凝而成的。在两次观察之间，喷出口的生物物种增加了两倍多，从 12 种增加到 29 种。物种的这种增加速度在陆地上还是闻所未闻的。

海洋学家和生物学家通力合作，经过多年的潜心研究证明：“生命禁区”的生命有着特殊的生命机制。他们研究的一种采自太平洋深处地热孔的“太古单胞有机体”，排列出它的染色体组合，竟然发现染色体组合中有 2/3 的基因,与迄今科学上已知的基因不同,从而可断定太古单胞有机体具有独特的生命形式,是地球上新发现的"第三大生命系统"。

研究还表明,大洋深处的微生物不是以直接或间接的方式通过阳光获得食物和能量的,它们开辟了一条新的渠道——从地球内部获取能量维持生命。当海水受到高温、高压的作用时,其硫酸盐成分会转化为硫化氢,微生物利用这些"养料"进行新陈代谢,吸收着地热的能量。科学家的研究还发现,海洋深处的动物为了适应洋底高压的生活,形成了特殊的肌体组织结构,使自身不至变为"肉酱",它们的表皮多孔且具有渗透性,海水能够直接渗入到细胞内,使体内外的压力保持相对平衡,即使在 1 万米深处,巨大的压力也不会对它们造成伤害。科学家在高温、高压、无光的海洋深处发现生命,将对生命科学的发展,有着无可估量的现实意义。人类若能研究清楚"第三大生命系统"及其生命所处的极端状况,以及了解这些生命有机体的演化过程,就有可能使人类找到宇宙别处的生命。

(2)海底生物——"冰虫"

美国宾夕法尼亚州立大学的海洋生物学家菲舍尔等,曾于 20 世纪 90 年代驾驶潜艇对墨西哥湾海底进行探测,他们在离新奥尔良南 150 海里、600 米深的海底处发现了这种生物。由于这种生物寄生在冻结的天然气积冰丘上,他们称之为"冰虫"。"冰虫"呈扁平状,粉红色,长 2.5 厘米到 5 厘米,身体两边有 12 条长 1 毫米左右的腿,腿上长满了细须。经法国科学家的进一步研究,它们应当是 *Hesicoeca* 属中的一个新种。

天然气积冰丘表面与冰差不多,是由水和天然气在海底高压和低温的环境下形成的透明固体,主要由甲烷组成。这种透明固体易燃、易爆、毒性很大。科学家们早就认为积冰丘上可能有人类尚未发现的微生物,但并没有想到,这种剧毒的环境中竟然还生存着"冰虫"这种动物。"冰虫"的发现对于研究海底水合物的形成和开发利用将产生一定影响。

(3)海底温泉里的生命

地球上的生命是怎样开始的?它是一下子从洋流中波浪起伏的浅潮中产生的还是由沸腾的深海火山喷泉带来的?这个大问题一直使科学家们困惑不解。

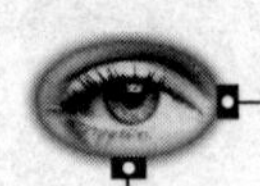

最近,在一艘名为"朱的斯的抉择"的钻探船上进行考察的来自9个国家的25位科学家已经偶然发现了能够揭开这一大谜团的重要线索。这次活动对加拿大温哥华岛以西240千米处的海底进行了探测,他们在海底通过钻探取出岩心,对矿物和生物资源的贮藏进行了分析。但这次钻探重新碰开了地下热液的裂口。高达290摄氏度的热水一下子就从里面喷了出来。

海底的天然温泉引起了科学家们的兴趣,因为通过这个渠道可以研究在新的洋底表面层发现的铁、铜、锌、锰等金属矿藏的形成。更为重要的是,这些矿藏似乎与地质构造的形成甚至可能与生命本身的起源有关。在地质构造形成的过程中,大陆板块在极长的时期内漂移碰撞。

这些板块的运动使地壳产生了裂缝。如果这些裂缝出现在海底,海水就会渗透进去。当海水遇到炙热的火山岩石后,它会变得非常热,然后再携带一些矿物质通过热液口返回到海洋中。经过亿万年的地质构造和沉积的过程,这些矿藏最终被埋在了下面。如果是这样的话,新发现的裂口就可以为揭开那一古老的谜团提供一些线索。由于热液存在的时间有限,那么生物有机体如何能有足够的时间在这种热量中进行演变呢?如果没有足够的时间,它们会从一个裂口换到另一个裂口吗?

一些科学小组利用一部水下机器人对裂口处的地质、化学和生物情况进行研究,他们还在附近安装了一些设备对温度和压力的变化进行监测。这些数据存在水下计算机里,等几年之后进行下一次探索时再把它打开。

8. 神秘的海底建筑

1958年,美国动物学家范伦坦博士来到大西洋进行观测研究。范伦坦是一位深海潜水好手,在水下考察时,他意外地在巴哈马群岛附近的海底发现了一些奇特的建筑。这些建筑是一些古怪的几何图形——正多边形、圆形、三角形、长方形,还有连绵好几海里的笔直的线条。

10年之后的1968年,范伦坦博士宣布了新的惊人发现:在巴哈马群岛所属的北彼密尼岛附近的海底,发现了长达450米的巨大丁字形结构石墙,这道巨大的石墙是由每块超过1立方米的巨大石块砌成的。石墙还有两个分支，与主墙成直角。范伦坦博士兴奋不已，他继续探测，并很快发现了更加复杂的建筑结构——平台、道路，还有几个码头和一道栈桥。整个建筑遗址好像是一座年代久远的被淹没的港口。“飞玛”鱼雷的发明者，法国工程师兼潜水家海比考夫来到现场，他是水下摄影的高手，用当时最新的技术勘察了这一片海域，并拍下了几张照片。这些照片发表后，在世界上引起了很大轰动。1974 年，一艘苏联考察船也来过这里，并进行了水下摄影和考察，再次证明了这些水下建筑遗址的存在。

很快，巴哈马群岛一带便挤满了世界各地赶来的科学家、潜水家、新闻记者和探险者。而围绕着这些水下石墙的争论也越来越多。有些地质学家指出，这些石墙不过是较为特别的天然结构，并非人工筑成。但更多的学者认为是人造的。对这些建筑究竟是谁造的这一点上，他们的看法也很不一致。有人认为，巴哈马与玛雅人的故乡尤卡坦半岛相距不远，因此这可能是史前玛雅人的古建筑，由于地壳变动而沉入水下。有人则从巴哈马海域陆地下沉的时间上推算，认为这些水下建筑建成于公元前 7000～8000 年间，因此应该出自南美古城蒂瓦纳科的建造者之手，但蒂瓦纳科的建造者是谁本身就是一个谜。

还有一些人说，1945 年已故的美国预言家凯斯，在生前曾作过一个预言，宣称亚特兰蒂斯将会于 1968 年或 1969 年在北彼密尼岛海域重现。如今范伦坦这个发现，正好印证了凯斯的预言，可能就是那个在公元之前沉没了的著名的亚特兰蒂斯。当然更多严肃的科学家们拒绝按预言来判断，但人们又无法作出较为圆满的解释。而只能笼统地回答，这些水下建筑“大概是人造的”，年代“相当久远”。至于到底是谁造的？造于什么时候？至今仍没有人能够回答。

9. 玛尔莫水柱

1961 年的《海洋观察家》杂志上，曾经刊出“玛尔莫号”船长厄万斯的一篇观察报告。报告中报道了 1960 年 12 月 4 日格林尼治时间 8 点 30 分，“玛尔莫号”以每小时 12 海里的速度驶入接近利比亚班加西港的邻近海域。船位是北纬 32°08′，东经 19°32′。这是一段狭窄的平静海面。当时，船上的二副、三副和水手同时发现在驶往班加西 124°的航向上，有一个奇异的、好像白色的积云的柱状体从海面垂直升起，位置大约在右舷船头45°，但几秒钟后就消失了。几秒钟后，他们又看到了它的再次出现。于是他们用望远镜进行观察，原来这是一个有着很规则的周期间隔的升入空中的水柱。每次喷射的时间约持续7秒钟左右，然后消失，大约2分20秒后又重新出现。用六分仪观测，测得水柱高度为150.6米。

后来，因船驶远，水柱从视线中逐渐消失。这股奇怪的水柱是怎样形成的呢？科学界争论不休。有人认为它是“海龙卷”。威力巨大的龙卷风经过海面上空时，会从海洋中吸起一股水柱，形成所谓的“海龙卷”。但“海龙卷”应成漏斗状，这与报告提到的水柱情况不符，而且从有关的气象资料看，当时似乎无形成“海龙卷”的条件。于是有人提出，这是火山喷气作用的结果。理由是，地中海是一个有着众多的现代活火山的地区，如1831年，人们在西西里岛南边航行时，就曾突然看到海底火山的爆发（由它形成的岛叫“格雷海姆”，但不久就被海水吞没）。但是在班加西邻近海域还没有发现火山活动的记录。而且“玛尔莫号”船长在看到水柱时也没有听到任何爆炸的声音。再说，如果确是水下火山喷发，周围的海域绝不应如此平静。故此有人设想这是一次人为的水下爆炸。但水柱周期性间歇喷发的特征和当时没有爆炸声，也似乎排斥了这种可能。因此，“玛尔莫号”的这个报告，便给人们留下了一个难解的海洋之谜。

10. 远古的海洋甲烷泄漏事件

科学家不久前宣布，1.83亿年前大批生活在海洋中的生物突然灭绝，其原因是由于史前全球气候变暖，导致海底巨大的“甲烷库”持续释放出大量的甲烷，这些甲烷把海水中的氧消耗殆尽，从而生成大量的二氧化碳。这一理论发现不仅揭示了当时80%的深海物种突然灭绝的真相，还为解释史前其他物种神秘消失的原因提供了一条新的线索。甲烷水合物是由海洋表面的藻类死后沉没于海底而形成的，在高压、低温的情况下，甲烷气体是以冰态存在的，但极易受到压力和温度的影响。

根据英国牛津大学的教授们对海底朽木沉积物的最新研究发现，有清楚的证据表明在地球历史上曾有一段时间大气温度出现反常，氢碳含

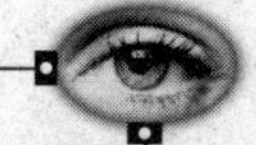

量处于非正常水平。研究小组负责人称很难确定这些氢碳的来源,对此最好的解释就是——它们来源于海底沉积物产生的甲烷。研究人员认为,侏罗纪时期猛烈的火山喷发使大气中充满了二氧化碳及其他能够引起温室效应的气体,这导致了全球气候的变暖,深海环境也因此受到影响。海底的甲烷因水温升高而被释放出来,与水中或大气中的氧气结合产生二氧化碳,反过来又加速了全球气候变暖的进程,一大批生物正是在那个时期灭绝了,人们都认为这是由于氧气的减少造成的,但谁都没有把甲烷的释放和物种的灭绝联系起来。受害最大的当属像双壳类动物一样在海底觅食的有机体——据估计大约有 80% 的此类物种在那个时期永远从这个星球上消失了。受到影响的还有其他一些海底植物。科学家们认为这一灾难性的释放持续了 5000 年——从地质学角度讲“只是一转眼”的时间。据估计那次大释放的总量是今天海底甲烷水合物总量(14 万亿吨)的 20% 。

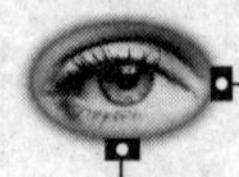

五、生物之谜

1. 人类究竟诞生于何年代

毛泽东在《关于重庆谈判》一文中提及人类诞生已有 50 万年了，中国史学家们根据“北京猿人”的考古也认为人类已有 50 万岁了。国外史学家们根据“爪哇猿人”的化石及坦桑尼亚“东非人”化石资料推断，人类的诞生已有 300 万年至 500 万年的历史了。那么人类到底有多少岁了呢？

由 1973 年开始，在埃塞俄比亚的阿法一带距今 330 万到 290 万年地层里，出土了大批人类化石，学者们认为，其中一部分“没有问题可以作为‘类人’的祖先”；同时同地所出土的“露西少女”，其生存年代，也在 350 万年前后；1974 年，在距奥杜威峡谷 40 余千米的莱托里尔，出土了 13 块属于人的系统或人科的化石。其中一块下颌骨，被定为人属，用钾氩法测定为距今 335 万年到 375 万年；1965 年，布・帕特森在肯尼亚的图尔卡纳湖西南的卡纳坡发现一块肱骨化石，定年为 400 万年之前。此化石与现代人肱骨相似。以“功能鉴别分析法”测定其功能特点接近人类。

1932 年到 1967 年，国际科学考察队在埃塞俄比亚的奥莫盆地发现 70 个地点都有人类化石，年代最古的也在 400 万年前；1982 年美国加利福尼亚大学的学者们，在埃塞俄比亚的阿瓦什河谷发现了十分完整的“原始人类化石”（“露西人”），定年也在 400 万年之前；1984 年，肯尼亚与美国的专家们，在肯尼亚发现了一块 500 万年前的古人类颚骨化石。参加发掘的美国哈佛大学人类学专家 D. 匹尔比姆说，以往的发掘表明东非一带三四百万年前就有人类，这次出土的颚骨，把人类在地球上的出现又向前推进了 100 万年。

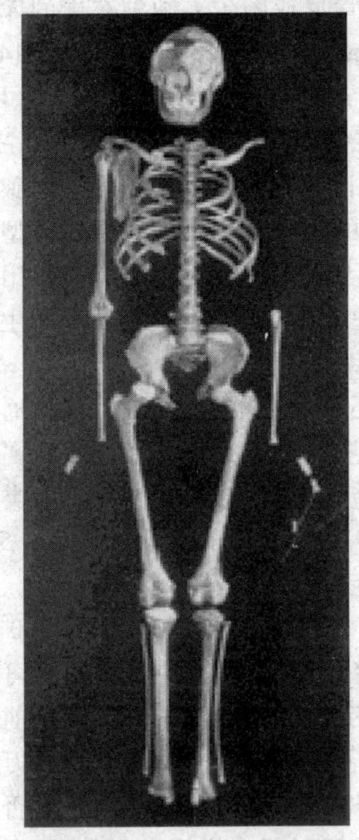

1985 年在肯尼亚图尔卡纳湖西北发现的年约 9 岁的“匠人”男童骨架，距今约 160 万年左右，与我国元谋人同期。但元谋人只发现两颗牙齿化石，“巫山人”下颌与肯尼亚的“匠人”下颌相比较，形态明显不同

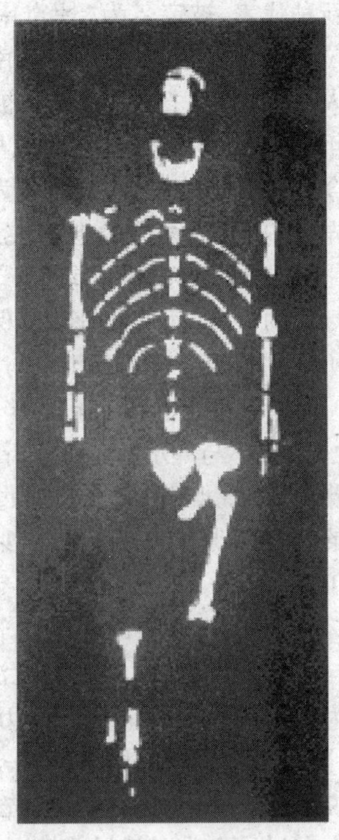

1974 年在埃塞俄比亚阿法地区发现了一副保存 40% 的阿法南猿骨架化石，该南猿年龄 16 岁，为女性，被称为“露西少女”。这副骨架提供了距今 300 多万年前阿法南猿的体质特点

20 世纪 90 年代，非洲的古人类化石重要发现接连不断。1992 年，在埃塞俄比亚的阿拉米斯发现距今 440 万年的南猿化石，最初被命名为“始祖南猿”，经过进一步发掘与研究，更名为“始祖地栖猿”。1996 年，来自 13 个国家 40 多位科学家组成的考察队在阿法盆地的中阿瓦什地区，找到了距今 250 万年的南猿化石。由于它在形态上混杂着接近人和许多不同类型南猿的特点，被认为是连接阿法南猿和早期人属之间的一

个新种代表，被定名为“惊奇南猿”。在肯尼亚图尔卡纳湖东岸的库比福拉地点，则相继发现了阿法南猿，鲍氏南猿、能人，以及曾被叫做“1470号人”的头骨化石，后者最后被定名为“卢道尔夫人”，距今年代为190万年，并被认为是人属中的最早成员；在湖西岸，1985年曾发现有一具距今250万年的头骨，被命名为“埃塞俄比亚南猿”，他是粗壮型南猿的祖先；1995年在西岸的卡那坡地点发现的距今410万年的原始类型南猿化石，被命名为“湖滨南猿”。令人注目的是，它们的下肢骨显示出直立行走的特点，而上肢骨却仍保留着树上攀援的特点。这表明分子生物学所推测的距今500万年人与猿分道扬镳可能是对的。

尽管这些遗骨没有石器伴存，有的还在争论，但从总的情况看，通过“化石形态”与“功能鉴别分析法”判定它们已归“人属”；如果按照“先木器论”的观点，它们就是通过木器制造而转变成人的。因此，人类的年龄已经不是200万年，最少也是300万年之前，甚至400万～500万年。

综前所述，人类的年龄尽管有50万年、100万年、200万年、300万年与400万年(先木器论的说法)之前等论断，但没有一种说法是可以作为定论的。因为，尽管50万年、100万年，200万年与300万年前之说，随着考古资料的增多，一一地被否定了，而300万年之前与400万年之说证据尚嫌不足，就是连“先木器论”与“先木器时代论”本身能否成立也在讨论之中。就目前情况来看，“300万年”之说属于多数，但世界上已发现的最古的石器也不过只有250万年；尽管“先木器论”与“先木器时代论”的说法还有疑义，但随着考古学与人类学资料的不断丰富，300万年与400万年前之说的根据必将日益增多，前途如何，尚难预料。如果依据东非地区现有资料来说，人类的年龄为300万年之前，或者更长。至于能提前多少，长多少，尚难定论。

2. 恶作剧引起的“世界之谜”——尼斯湖“水怪”

尼斯湖水怪的目击事件，最早出现在公元7世纪一位僧侣圣科伦巴(St. Columba)的手稿中。传说中他不但目击水怪，还喝令它不得伤害人类。此后千多年不断有人声称见到水怪，一些人还拍下了据称是“水怪”的照片，但大多被证实为伪造。

人们一定还记得前几年英国出了个轰动世界的麦田怪圈现象，后来证明是一场人为的恶作剧。无独有偶，证明英国尼斯湖水怪存在的最有名的一幅照片后来也被确认是假的。英国报纸和电视台都曾说，这是“20 世纪最大的骗局之一”。那幅照片的画面是：在尼斯湖的水面上，露出一个像海蛇似的怪物的细而长的脖子，好像在游动和觅食。

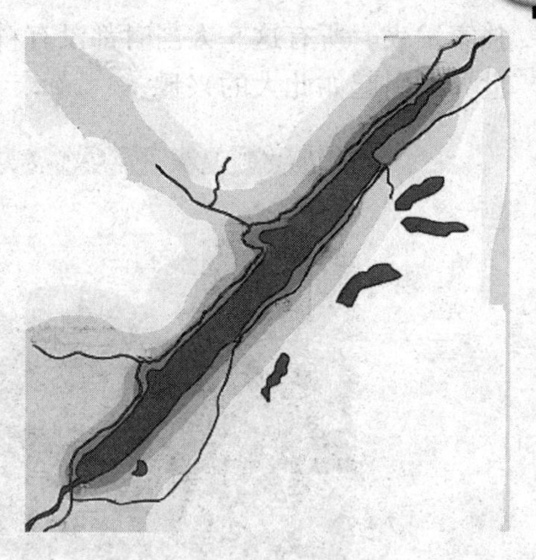
尼斯湖地图

原来，照片中的这个“怪物”只不过是人们花了几先令从伦敦的一个商店里买来的玩具潜水艇，经过改装后再在上面安装了用胶木制作的海蛇头和海蛇脖。照片中的“怪物”看上去虽然模糊，却栩栩如生。

这张照片拍于 1934 年 4 月。60 多年来，人们一直认为这幅照片是一名叫罗伯特·威尔逊上校的杰作。其实，他不过是前台人物，一共有 5 个人参与了这起人造“水怪”的事件，其中包括 1933 年前往尼斯湖跟踪“水怪”的《每日邮报》的玛尔玛杜克·韦特雷尔。其他 4 人早已去世，最后一位是玛尔玛杜克的继子克里斯蒂安·斯堡林。他在 1998 年临终前把炮制水怪照片的经过告诉了两位尼斯湖研究人员。

尼斯湖“水怪”照片

事情的经过是这样的：玛尔玛杜克的儿子伊安和继子克里斯蒂安买来材料仿照海蛇的模样，在 8 天之内完成了对玩具潜水艇的改装。他们制作的怪物高 30 厘米，长 46 厘米。为了保持船体稳定，在船底安装了一个铅制的龙骨。然后把它带到尼斯湖，放进湖里拍照。照片最后卖给了《每日邮报》

独家发表。所有这5人当时都没有料到，他们开的这个小小的玩笑会在世界上引起如此大的兴趣。

尼斯湖边的小镇

1934年4月，拍下的"水怪"的照片，虽不十分清晰，但还是明确的显出了水怪的特征：长长的脖子和扁小的头部，看上去完全不像任何一种的水生动物，而很像早7000万年前灭绝的巨大爬行动物蛇颈龙。

蛇颈龙（*Plesiosaurus*），是生活在1亿多年前到7000多万年前的一种巨大的水生爬行动物，也是恐龙的远亲。它有一个细长的脖子、椭圆形的身体和长长的尾巴，嘴里长着利齿，以鱼类为食，是中生代海上的霸王。如果尼斯湖水怪真是蛇颈龙的话，那它无疑是极为珍贵的残存下来的史前动物，这一发现也将在动物学上占有重要地位。

因此这张照片刊出后，很快就引起了举世轰动，伴随着20世纪的"恐龙热"，人们开始把水怪与蛇颈龙可能仍然生存着联系起来，对此给予极大关注。然而在骗局揭露之前，尼斯湖水怪可算是世界上最出名的怪物，60多年来自称目睹尼斯湖水怪的人不计其数，而且不少是专家及较知名人士，更有不少人把所谓的尼斯湖"水怪"拍摄下来。

1960年4月3日，英国航空工程师丁斯德在尼斯湖拍了150多米长的影片，影片虽较粗糙，但放映时仍可明显地看出是个黑色长颈的巨型生物游过尼斯湖。有些原来对此持否定态度的科学家，看了影片后改变了看法。皇家空军联合空中侦察情报中心分析了丁斯德的影片，结论是"那东西大概是生物"。

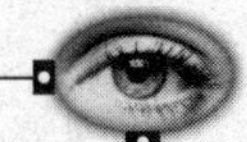

1972年，一支调查队所利用的先进精密的仪器包括最新式的声呐仪及水底频闪摄影器材，声呐仪断断续续发现了两个大物体移动，同时间摄影机把移动物体拍了下来，但由于水底非常混浊，所以相片模糊不清。据专家称很像一巨型鳍状肢。自1975年6月起的一连数个月，更连续有多宗尼斯湖水怪出现的报告。因为尼斯湖"水怪"受到大家注意，所以有不少调查队在尼斯湖进行过搜索，虽然调查队有完善的设备，亦找不到尼斯湖水怪，其中一支英美联合调查队发现尼斯湖有一些大型的不明移动物体，体积比一般鱼类大10～50倍左右，但始终未能证明尼斯湖水怪确实存在。到了1977年6月，美国波士顿的调查队带着更先进的摄影器材再次到尼斯湖进行研究。这次声呐仪多次录得主摄影机附近有巨大物体经过，但主摄影机却拍不到清楚的照片。因为水底的泥被搅起来，引致湖水非常混浊。经过这几次的研究后，还未能确定尼斯湖水怪的存在。

意大利地质学家皮卡尔迪在伦敦及美国地质学会合办的会议发表其理论。他表示，近年数千宗所谓的目击水怪事件，内容只有几点是相同的，包括"水怪"在湖面造成水花四溅和水流乱湍，这些跟地震造成的很相似。他指出，尼斯湖正位于一个断层之上，只要轻微的地震，都会在湖面造成各种的效果，如水流乱湍和产生大水泡等。尼斯湖形状狭长，宽度平均1600米，深度有200多米，水温低而湍急。尼斯湖根本没有水怪。至此，这件欺骗人们几十年的怪兽骗局终于接近尾声……

即使骗局已揭露，权威专家也认为不可能存在"水怪"，但仍然有人对寻找"水怪"之举锲而不舍。2001年3月20日，由4名瑞典专家组成的"全球水下"勘探队，用两周时间在苏格兰捕捉"尼斯湖水怪"。他们使用了两种设备。一个新型声波定位仪用于传递尼斯湖的3维图像，另一个是潜水摄像机，用于拍摄湖底的一切较大规模的运动。尽管谁也不知道那水怪现在躲在哪里，但苏格兰环保局发言人已有话在先："如果捕捉到水怪，我们希望他们立即把它放了。不管怎样，它属于尼斯湖，属于苏格兰。"而一支国际科学研究小组人员在2001年4月，从挪威军方借到曾经用来侦测苏联核潜艇的水下侦听器，安装在一艘经过改造的潜艇上，在尼斯湖水中加紧搜寻传闻已久的尼斯湖"水怪"，誓将把水怪的传说彻底搞清。

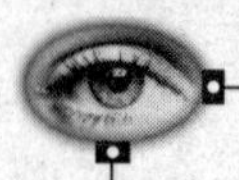

3. 远古之象——猛犸

猛犸(*Mammuthus*)是鞑靼语"地下居住者"的意思。猛犸,也叫毛象,长鼻目真象科已绝灭的一属。它身高体壮,有粗壮的腿,脚生四趾,头特别大,在其嘴部长出一对弯曲的大门牙。一头成熟的猛犸,身长达5米,体高约3米,门齿长1.5米左右,体重可达4~5吨。猛犸乃沿用日本人的译名。广义的猛犸一度曾包括平额象、南方象等许许多多早期原始的真象,其中有一些类型与现生的印度象和非洲象系统关系非常近。狭义的猛犸象又名毛象,是一种适应于寒冷气候的动物,在更新世,它广泛分布于包括中国东北部在内的北半球寒带地区。它的头骨短,顶脊非常高,上下额和齿槽深。臼齿齿板排列紧密,数目很多,第三臼齿最多可以有30片齿板。

猛犸曾是石器时代人类的重要狩猎对象,在欧洲的许多洞穴遗址的洞壁上,常常可以看到早期人类绘制的它的图像,这种动物一直活到几千年以前,在阿拉斯加和西伯利亚的冻土和冰层里,曾不止一次发现这种动物冷冻的尸体。它身上披着黑色的细密长毛,皮很厚,具有极厚的脂肪层,厚可达9厘米。从猛犸的身体结构看,它具有极强的御寒能力。猛犸生活在数万年以前的北冰洋冻土地带。在西伯利亚、加拿大等地区都发现过猛犸的化石。寒冷的气候给喜爱在冰天雪地中生活的猛犸家族带来了繁荣。可能在距今1.2万~3万年间,那时,今天的黄海完全裸露,东海大部分裸露,新露出的大陆成了猛犸活动的新天地,因为这里有肥沃的草原,星罗棋布的湖沼,是食草动物理想的生活场所。因此,大批猛犸从世袭的领地向南迁移,辽阔的黄海大平原经常出现猛犸的足迹。在西伯利亚天然冷库里,有些猛犸的

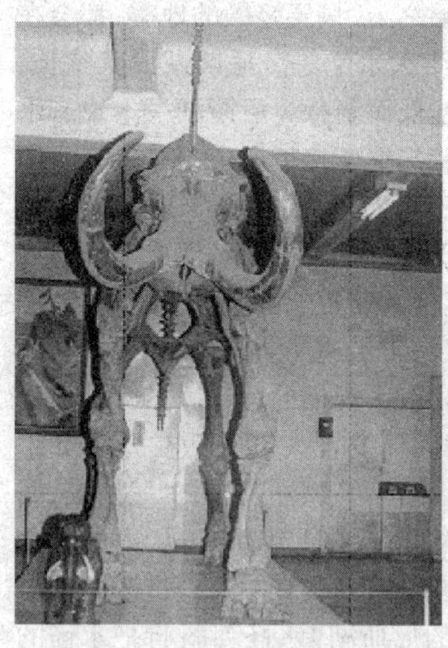

猛犸骨骼化石

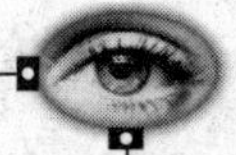

遗体保存得十分完好。

1977 年,人们在东西伯利亚发现了一只雄性猛犸婴儿遗体。它身上的皮肉和长毛都十分完好地保存了下来,这是世界上迄今为止发现的最为完整的猛犸遗体,人们给它起了个名字,叫"小迪玛"。小迪玛身高 1 米,体长 0.75 米,遗体仅重 70 千克。据推算它活着时体重可达 90 ~ 100 千克。小迪玛身上披着透明的栗色长毛,脚部毛长 12.5 厘米,胸腹部毛长 21 厘米。小迪玛是大自然给我们留下的最为完整、具体、清晰的猛犸标本,为我们认识那个世界提供了生动的资料。

然而,它也给人们提供了更具体的疑问,例如,在地球上生活了约 50 万年的猛犸为什么会在 1 万年前突然灭绝?是由于某种灾变引起的,还是由于猛犸自己缺少适应生存的条件而灭绝的呢?猛犸的灭绝和恐龙的灭绝一样,都是生物进化史中的未解之谜。

4. 关于"雪人"的探察

"雪人"是对处于高寒地带的"野人"的一种通常称呼,它们不仅出没于欧洲东南部的高加索山脉,而且还活动于喜马拉雅山、喀喇昆仑山、帕米尔高原以及蒙古高原的群山之中冰天雪地的广阔空间。它们在当地居民的记忆里至少存在有 300 年以上的历史,至今还被描绘得活灵活现,以致成百上千的科学家、探险家为之耗尽心力,苦苦探寻。

(1)关于"雪人"的历史记载

• 在藏语中常用来描述似猿或像熊的"人"的词叫"midre(d)",这个词最早记在西藏著名的神学家和诗人米拉日巴(Milarepa,1038 ~ 1122)的第二十六首诗中。这首诗谈到作者的"三个游戏的伙伴",一只长尾猴、一只猴子、还有一个就是 midre(d)。

• 对于这种"长毛野蛮人"的最早的详细描述之一,可追溯到 15 世纪。作者约翰·希尔特伯格为巴伐利亚雇佣兵,被土耳其人俘虏后,先被押送到泰默兰法庭受审,而后又被流放到蒙古境内。他一回到自己的祖国,便在 1427 年写了有关发现的报道。下面就是摘自他报道中几行引人入胜的叙述:"在东部边缘的天山省境内阿尔布斯山上有野蛮人生存。他们除了脸、手掌和脚掌无毛以外,全身长满厚厚的一层毛。他们没有固定的栖身地或洞穴,而是漫游在荒山野岭,靠树叶、杂草为生。"

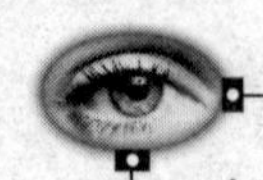

希尔特伯格报道的全文,后来于1879年发表在敦伦哈勒若亚特学会的会刊上。题目是《约翰·希尔特伯格1396~1427年欧亚非奴役流浪记》。虽然他的报道并未提及喜马拉雅"雪人",也没有明确的证据认定这些"野人"就是雪人的同胞兄弟或堂表兄弟。

• 在中亚和东亚的雪山间,雪人被称为"夜帝"(或"耶泰"、"朱泰"等),意思为"怪物"。据看见过夜帝的山民讲,它们高1.5~4.6米不等,头颅尖耸,红发披顶,周身长满灰黄色的毛,步履快捷。其硕大的双脚可以在不转身的情况下迅速调向180度,以便爬升和逃跑。夜帝生性羞怯,却"好色":雄性夜帝遇见女人便会穷追不舍;反之,男人倘遇见雌性夜帝,也难逃厄运。所以,高加索山民揣测1920年初一连红军战士的神秘失踪事件,极有可能是雌性夜帝群体(它们有时是几十至上百的聚集成群)所为。

女作家吉尔宁曾经在一群尼泊尔少女的陪同下深入喜马拉雅山南麓寻觅雪人。在一个阳光明媚的日子里,这群少女在雪山间的一条山涧里裸泳嬉戏,不幸被十几头夜帝发现。它们呼啸着一拥而上,将这群可怜的少女尽情掳走。吉尔宁幸而未下水——在一处山崖旁观赏雪景,因此得以脱逃。她劫后余生,将这事写进了后来引起轰动的那部著名的探险记《雪人和它的伴侣们》里。

另有一个故事讲,一位克什米尔部落的头人的独生女被雪人掳走,头人气急败坏,亲自率领大队猎人循迹追踪,终于在一个洞穴里发现一群夜帝。猎人射杀了夜帝,夺回了头人的女儿。可怜她已经气息奄奄,下身流血不止,回家后不久便告别了人世。为了保护妇女的安全,据说以后这一带的村落往往都将敞开的酒坛置于户外,让夜帝痛饮。因为夜帝爱饮烈酒,醉后便会摇摇摆摆地回山脊睡,再不思女色了。

夜帝也会演出"英雄救美女"的话剧。1975年,一名尼泊尔舍尔巴族姑娘上山砍柴,突然遭遇一只凶猛的雪花豹。正当她惊恐地闭上双眼,束手待毙之际,却猛然地受到重重一击。她摔倒了。待到她爬起身时,看见一头灰白色毛发的雪人正勇敢地同雪花豹翻滚在一起。姑娘不敢多作停留,乘机逃跑回村。雪人后来的命运到底如何,她不知晓;但是她永远忘不了它。因为没有雪人挺身而出"见义勇为",姑娘恐怕再也难见到父母姐妹们了。所以尽管周围的人们对雪人十分恐惧与厌恶,姑

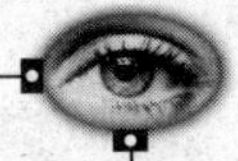

娘却从不诋毁它们。

• 据英国人类学者伯·斯·皮格尔的报告,有些舍尔巴族猎人曾在雪人醉倒之后捕获过它们。猎人向皮格尔描绘说,其中的一头高约3.5米,浑身披毛,头发垂至眼睛,但脸部无毛,露出浅色的皮肤,同猿猴的相貌差不多。它宽肩驼背,长着一双很长的手臂。身体前倾,用两脚走路,但有时也用四肢并行。猎人们说,这大约是一头雌性雪人,因为它有着一对硕大而下垂的乳房。雪人基本上为肉食,体味很重,既有狗熊的气味,又带有强烈的狐臭。它们喜好夜间活动,能发出各种叫声,最典型的是尖叫,足以撕裂人们的耳膜。

• 1907年至1911年,年轻的俄国动物学家维·哈·卡克卡在高加索山脉搜集到当地称为"吉西·吉依克"的雪人的材料。1914年,他在圣彼得堡皇家科学院公之于众,不过当时并未引起人们注意。直到1958年,苏联人类学家波尔恰洛夫才重新研读了这些材料。后者发现,当年卡克卡为"吉西·吉依克"勾勒出一个相当完满的复原像:像小骆驼那样高大,全身长满棕褐色或淡灰色的毛,长臂短腿,爬山和奔跑都极敏捷,脸阔,颧骨凸出,嘴唇极薄甚至很难看出,但嘴巴宽阔。脸上皮肤色深而且无毛,既食鸟蛋、蜥蜴、乌龟和一些小动物,也吃树枝、树叶和浆果。它们像骆驼那样睡觉,用肘和膝支持身体,前额对地,双手放在后脖颈上。

• 蒙古高原的雪人称为"阿尔玛斯"或"阿尔玛斯蒂"。蒙古科学院院士赖斯恩认为,雪人的存在不容怀疑。由于现代人类的活动,以至雪人的生存空间越来越小。因此,应该像保护珍稀动物一样保护雪人——尽管对于它究竟是一般动物还是野人,至今众说纷纭。

1941年,一位苏联军医在今塔吉克斯坦的帕米尔地区的一个小山村里捕捉到一个浑身披毛的怪物,它不会讲话,只会咆哮。后来边防哨所的卫兵将它当作间谍枪杀了,这令军医很伤心。这位军医的名字叫维·斯·长捷斯蒂夫。他将这件事情写成通讯,发表在一份医学杂志上。继他以后不久,一个叫维·克·莱翁第亚的狩猎检察官报告说,他曾追踪过一个全身毛茸茸、扁脸孔的两脚怪物,并在距它五六十米处进行了观察。

• 不论从高加索、帕米尔还是从蒙古高原、喜马拉雅山传来的信

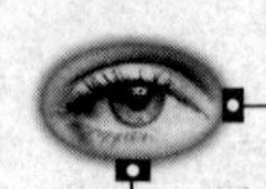

息,都说存在真实的雪人的活动,而且大多数信息都证明雪人属于人科动物。那么,雪人真的就是人科类野人吗?对此,英国女人类学家玛拉·谢克雷博士认为,雪人是尼安德特人的后代。这就是说,雪人介乎于人、猿之间。谢克雷博士研究了雪人留在雪地里的大脚印,指出它的大足趾很短,略向外翻。苏联人类学家切尔涅茨基也认为雪人是尼人的后代,说尼人在与智人(现代人的直接祖先)的搏斗中,节节败退。其中的一支逃入高山雪峰,发展成雪人。

中国人类学家周国兴认为,雪人是巨猿(它不是人类的祖先,但同人类祖先有"亲戚"关系)的后代。他比较了雪人脚印和猿类脚印,认为雪人更像猿。传说中的雪人直立行走,受惊时也匍匐疾跑——这很像古猿类。他推测,古代的巨猿并没有真正灭绝,它的后代潜伏生长在欧洲东南部及亚洲的雪山冰峰之间,成为神秘的雪人。但它们并没有语言的功能,只会发出模糊的叫声。因此,它们似乎没有走进人类的门槛。

• 法国政府办的"国家科学研究中心"于1969年主编的《尼泊尔图书目录》中透露有关这方面的书籍达6册之多,总共有1753页,作者为美、英、德、意等国的科学家。另外,还有67篇文章用欧洲的各种文字写成刊登在报刊、杂志上。而用亚洲的文字写成的论文尚未编入目录。此外,尼泊尔皇家学会也出版了《图书目录》,在1975年的目录中至少有53篇参考资料涉及雪人问题。这仅仅表明不可思议的"雪人"已经被人们严肃对待了,至少可以说引起了世界上部分科学家注意。

(2)接踵而至的"雪人"考察队

就尼泊尔本身来说,从1950年尼泊尔外宾开放以来,关于专门寻找雪人考察队就足够说明问题了!不言而喻,这些考察队均由那些颇具名望又真正诚实可靠的人所组成,他们都尽力观察过、乃至拍摄和测量过那些神秘的脚印,同时还常常对这些"迷人"的足迹用熟石膏铸成模型。这些考察队,由下述最为赫赫有名的人士所率领(按年代顺序排列):1951年11月:埃里克.希普顿,尔后是W.H.默里和布迪隆;1954年2月:M.M.吉夫斯、杰克逊和斯托纳;1954年3月:R.伊泽德;1955年5月:R.P.博丹脱;1958年4月:N.迪伦福斯;1964年10月:P.泰勒;1970年3月:唐·威廉姆斯;1972年11月:J.普里查德;1972年12月:J.A.麦克尼利;1974年4月:H.艾什卡瓦;1974年11月:A.扎瓦达。

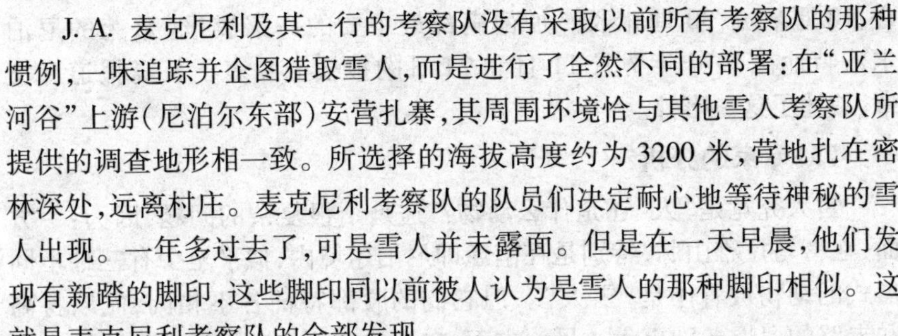

J. A. 麦克尼利及其一行的考察队没有采取以前所有考察队的那种惯例，一味追踪并企图猎取雪人，而是进行了全然不同的部署：在“亚兰河谷”上游（尼泊尔东部）安营扎寨，其周围环境恰与其他雪人考察队所提供的调查地形相一致。所选择的海拔高度约为3200米，营地扎在密林深处，远离村庄。麦克尼利考察队的队员们决定耐心地等待神秘的雪人出现。一年多过去了，可是雪人并未露面。但是在一天早晨，他们发现有新踏的脚印，这些脚印同以前被人认为是雪人的那种脚印相似。这就是麦克尼利考察队的全部发现。

1974年11月波兰LHOTSE探险队队长A. 扎瓦达拍摄的这种脚印更多，并进行了测量和石膏模型的制作。他们在离珠穆朗玛峰的大本营不远处（海拔5300米）跟踪了似乎并肩而行的雪人的脚印。这些脚印非常匀称，尽管积雪冻结如坚石，但脚印起码有5厘米深！

在这三四个月以前，即当年7月，有一个行为有点异常的雪人，戏剧性地出现在人前。这就是著名的7月11日麦克贺玛事件。当时，一位年方18岁，名叫拉克巴·杜梅尼的夏尔巴族姑娘（夏尔巴人部分居住在尼泊尔境内的喜马拉雅山麓）声称在离一个叫福尔茨的夏尔巴小村寨不远处，遭到了一个雪人的袭击。这个小村寨离夏尔巴地区的首府纳姆巴加尔有步行两天的路程。5天之后，她向警官报告说：在麦克贺玛牧场（夏天放牧牦牛的地方）我静静地坐在一块大石头上，忽然听得身后传来了奇怪的声响，宛若有人在大声咳嗽，深深的太阳穴、凹陷的眼睛、紧皱的前额、全身布满红褐色的粗毛，下半身比上半身的毛色要深些。那畜生猛然抓牢我不放，把我掮到附近的一条河旁，又把我丢在地上。它在离我不远的地方逗留了一会儿，就又前去向那些正在啃草的牦牛进行袭击了。

曾经公布过的一份警方报告还说：在麦克贺玛确实发现有三具牦牛死尸，其中两具似乎因头部遭到大石头或粗木棒重击而死，而第三具的脖子则被打折了！夏尔巴民间广泛传信着这样的话说：雪人力大之极，想要杀死一头公牦牛，它便抓其角、扭其头，宛若卸螺丝般轻而易举。警方报告还进一步谈到他们发现并测量过的“雪人”脚印。最重要的事实是，这些脚印不光印在雪上，而且在沙地或松软的地面上也有发现，这在尼泊尔还是第一次。不过，这些脚印的大小都与量度的平均尺寸相吻合:10 厘米宽,30 厘米长。加德满都最主要的一家晨报《繁荣的尼泊尔》,特地在 1974 年 7 月 11 日和 24 日的报纸上发表了长篇报道和文章,叙述了这一事件。

(3)专家的分析

雪人究竟是“人”还是什么动物?这是个很复杂的问题,因为:一方面,在喜马拉雅山脉,特别是在南麓即尼泊尔境内,似乎至少有三种不同形式的动物被看作是“雪人”。但它们的脸部特征各不相同,尤以身高和走路的习惯差别更大。另一方面,在尼泊尔境内白雪皑皑的陡峭山坡上行走的动物,还不止雪人一种。要鉴别雪人并进行区分是很不容易的。事实上我们应该称之为“雪人类”。这是因为从目击者那里得知的详细描述“雪人”的第一手资料很少。还必须承认,在尼泊尔境内“雪人类”的数量并不很多。况且,它们似乎生活在远离人烟的地方。然而,专家们的争论范围现已缩小,认为“雪人”属于下面的三种人猿的一种:①幸存下来的尼安德特人。与其说它像猿,不如说它更像现代人,只是额头有点倾斜而已。可它除了攀登崖石外,一般都是直立行走。②有可能是属于长尾猴类的类人猿,只是长有长尾巴,似乎与雪人的情况不尽相同。③猩猩科,即一种体格高大的猿,如黑猩猩、大猩猩长臂猿和猩猩等,其中一些同雪人一样,颅骨也有点突出。如果说这后一种证明是正确的话,那么科学家们势必会把它看作是多毛巨人(*gigantopithecus*)。在中国和印度都曾发现过它的化石。还有种假设是伯纳德·休弗曼斯博士在 1952 年首次提出来的。他是秘密动物学即未知动物科学的创始人。从那时起,伯纳德·休弗曼斯博士的假设被越来越多的人类学者和其他科学家们奉为最有权威性理论而加以推崇。

(4)反对存在“雪人”者的理由

也有学者否认雪人的存在,他们认为传说中的雪人的脚印可能是熊的脚印,也可能是山上的落石在雪融化后造成的。锡金政府曾组织过专门的考察队考察据说是雪人频繁出没的世界第三高峰干城嘉峰山麓,可是一无所获。1959 年,一支美国雪人考察队也在尼泊尔境内考察了一个半月,也没有发现雪人的任何蛛丝马迹。那么,前述各国各地区有关雪人的报告甚或科学调查都是在撒谎吗?显然又不像。总之,雪人之谜和大脚怪之谜一样,令人难以置信。他们所持的理由是:

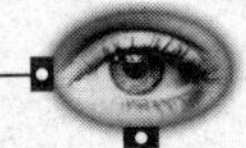

迄今为止,还没有一个站出来说,他亲眼看见过雪人,哪怕是远距离目击的也好!尽管夏尔巴人长期定居在这一雪人活动区,也从未听说有谁相信雪人存在。夏尔巴人顶多会这样说:“我曾经认识某某人,那是很久以前的事了,不过如今他已去世。他曾亲口对我讲,他确实见过一个怎样、怎样的怪人。”

谁也不会对那位疯疯癫癫的“麦克贺玛”少女的荒诞故事信以为真。一旦开始讲她曾受到雪人袭击的虚构故事,她便陷进了自己设的陷阱而不能自拔。

在夏尔巴人中有一个根深蒂固的信念:谁要是面对面地见着了雪人,那就注定会即刻生病或死亡。他们同样坚信,甚至听到了据说是雪人的哭声“kee－hiii”也同样要遭受灾难。这些必须被看作是“简单的借口”。诚然,这有助于解释为何不能并且不应该看到或接近雪人的问题。同时,也非常合理地阐明了为何如今的夏尔巴人没有一个能站出来证实他确实见过雪人的问题。

尽管旅行者和登山运动员的数量日益增多(每年仅珠穆朗玛峰地区就有3500多人进行旅行),尽管每个旅行者至少携带着一部通常有望远镜头的适用的照相机,但难以置信的是,若有雪人存在,那么为什么到目前为止未拍到一张雪人的照片呢!哪怕只要有一张照片,不管它清楚不清楚也是可贵的,可是一张也没有啊!

昆布、昆荣及旁博切、贡巴斯地方寺院保存的如同圣物一样的“头皮”被证明完全是假的:那蛋形的、长有微红色头发的头皮只不过是一块“Serow”皮仿制的模型。它是喜马拉雅山的一种野羊,毛皮生来带微红色。可以染成棕红色或类似的颜色。

至此,雪人足迹也很难说是不是发育成熟后狗熊、雪豹或西藏大熊猫留下的。这种大熊猫和狗熊一样大小,它成年后“在前脚有个像大拇指似的结构”(参看《英国大百科全书》)。

5. 众说纷纭的“野人”

关于野人的传说,许多地方都有,但都没有捕获过真正的标本,人们将信将疑,成为世界之谜。对于野人是否存在,科学工作者之间存在严重分歧。持否定意见者认为,文献记载年代久远,是虚是实,无从查考;

一些传说，人云亦云，不足为训。

(1)来自“野人之谜”展览会上的信息

1986年10月底，中国“野人”考察研究会、上海应用人类学会、上海电视台《科学之窗》、上海野生动物保护协会、南昌青云谱科委在上海中山公园一馆联合举办“野人之谜”展览。这是上海首次野人专题展。在展览会展厅里，数百幅照片悬挂在两侧。其中中国的“野人”部分很吸引参观者，一幅1976年在湖北省房县汉墓群中发现的“野人”图像的拓片照片，安放在突出的位置，它揭开了介绍中国记载和探索“野人”历史的帷幕。据介绍，世界上最早的“野人”画，出现在3000年前的商代甲骨文中。“野人”在中国古籍上称其为山鬼、山大人、毛人等。举办这次展览的有关人员曾访问过居住在上海万航渡路的王和林老人，据老人回忆20世纪30年代上海“大世界”游乐场曾举办过“野人”展览。他说：“我记得十分清楚，当时看野人的人是里三层外三层。野人站在笼子里，有时在里面走动，2米多高，雄性，生殖器很长。头不是尖的，嘴巴很大。浑身长毛，头发很长，脸上也有，但不多，毛是黑色的。脚很大，用链条锁着。野人力气很大，能把蛇撕成两段。”为了证实这段历史，根据老人提供的大致时间，他们在图书馆查阅了大量报刊，希望能找到当年有关此事的报道，历史的痕迹在《申报》中找到了。在《申报》的广告栏中，一则广告：“轰动全球，震惊上海，天下奇兽，今日展览。”（见插图）广告中还

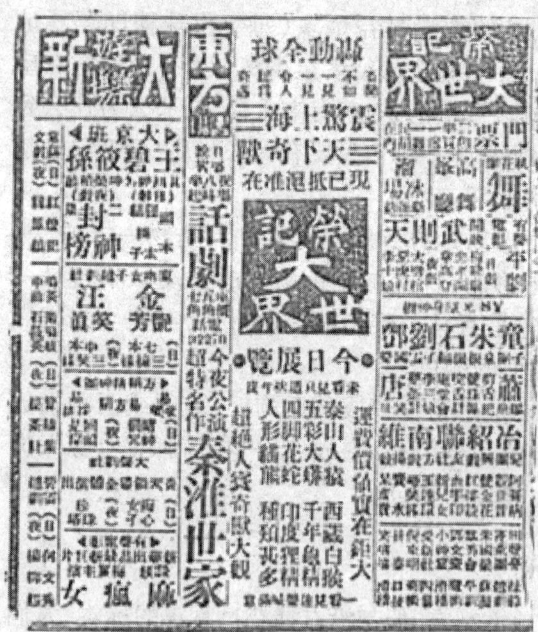

20世纪30年代《申报》刊登“野人”展览的广告

有这样几行字：泰山人猿，五彩大蟒，四脚花蛇，人形猫熊，西藏白猴，千年龟精，印度狸精。种类甚多。百闻不如一见，一见令人认为奇遇。“大世界”坐落在上海市中心，1917 年由商人黄楚九创办。1931 年底，黄楚九猝死，青帮大亨黄金荣接办，改名荣记大世界。此处集百戏、诸艺，是市民休息消遣的大众化娱乐场所。这里的“泰山人猿”无疑就是王和林老人所说的野人。老人提供的大致时间是正确的。

(2)来自雪域高原西藏的见闻

世人都在关注野人之谜。并把眼睛投注中国的喜马拉雅山区，因为那里独特的地理环境和谜人的自然景观很可能就是野人的故乡。

1991 年，一个生活在西藏多年的人曾 26 次翻越喜马拉雅山，徒步走高原“孤岛”墨脱，对喜马拉雅山区野人之谜进行了专项考察。他在 20 世纪五六十年代得知在墨脱辖区 1 万余平方千米的土地上，曾在 20 余处活动着 11 个野人；1988 年考察时，了解到在 20 年间有两个野人销声匿迹了。27 个当地猎人除认定还有 9 个野人生存外，又发现 5 处有两个野人活动。新发现的一具野人是在距县委 3 天路程的巴日山沟，有多人看到过这个野人的尊容，相貌和其他野人没多大区别，棕色，满身长毛，腹部棕毛有一榈柞，鬃毛也长，腿粗且短，个头比其他野人矮得多，身高约 120 厘米左右，头特别大，额部突兀，不相称的是一对无神的眼睛和塌鼻梁，嘴大牙白，距人远时发出叫声，近时龇牙咧嘴，会怒会笑，仿佛是头雄性，乳房不大。还有许多猎人在此处同样看到数百野人脚印，双脚直立行走，脚步不大，同人的步伐相等，脚趾是分开的，脚窝很深。拉的粪便中有青冈籽的过江龙果渣，还有许多草根和树皮，它的粪便酸臭，令人作呕。多位猎人估计这

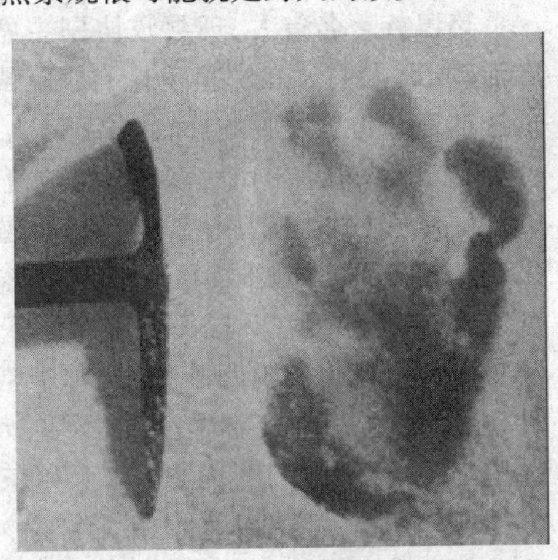

1951 年 11 月英国登山家埃莱库·希普顿拍摄的“野人”脚印：长 45 厘米、宽 32 厘米

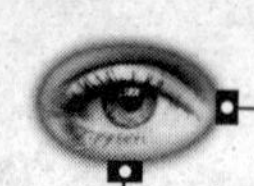

个野人很年轻,大概不足15岁,因为面部皱纹并不太多。新发现的另一个野人是靠近非法的“麦克玛洪线”北侧我方控制的边远山沟里。这个野人个头高大,身高在170厘米以上,是个雌性,乳房有近两匝长,垂吊胸前,毛发棕黑色,不爱吼叫,性格孤僻,爱静不爱动,它面部全是皱纹,纹沟很深,眼睛深陷,整日没精打采,猎人观察三天,它仅出洞一次,并且时间不长又折回洞内。崖洞里铺了厚厚一层树枝和软草,还有不少兽骨,洞口外5米处有一大堆粪便,紫黑色,粪便形似马粪,一坨一坨的,比牛拉的粪便多,内有树枝、果皮,还有红、白色树籽。洞内外臭气熏天,距洞口5米远都能闻到腥臭味。

珞巴族著名猎人、现县政协副主席白嘎说:“我们家乡有不少野人在活动,而人们还在那里争论有没有野人存在,世界真怪,无奇不有。”他透彻地分析了墨脱的自然概貌,认为喜马拉雅山区野人存在客观可能性和科学性。墨脱的原始森林,植被覆盖率占全县总面积的80%以上,6个人抱不住的大树比比皆是,树洞、崖洞遍布每个角落,野人栖身没有困难。其次,喜马拉雅山区属热带和亚热带气候,年平均温度在20摄氏度以上,最低温度在7摄氏度左右,也只不过一个月的时间,适宜的气温利于野人生存。墨脱四季如春,林中常年鲜花怒放,野果、浆果不下千种,食用菌、竹笋取之不尽、用之不竭,大自然赐予野人美味佳肴。最后,墨脱本身1万平方千米面积,加上和东南北毗邻的结合部,不下5万平方千米的面积。珞渝人均住在沿江沿河的低海拔处,人口不足1万人,猎人也只在有限的地域活动,大部分原始森林中从来没有进去过一个人,那个天然王国里到底是个啥样子、有些动植物对土生土长的珞渝人也是一个谜,世界之大,无奇不有。可以这样说,珞渝地广人稀,加上珞渝人善良,从来不去干扰野人朋友的宁静祥和的生活,大家互不侵犯,各自生活,世代友好,和平共处。

曾任过西藏自治区人大常委会副主任、科协主席雪康·土登尼玛讲过这样一个故事:他在14岁时,父亲是则拉岗宗的宗本(相当县长),因病回到拉萨。一个叫土敦的当他父亲的代理人。不久,土敦给他父亲送来一张虎皮。这张皮周身没有一点伤痕或枪眼,非常完整,但也不是自然死去的老虎的皮,因为那样死了的全掉毛。那是怎么得到的呢?原来,有一个康巴人在则拉岗定居下来,与当地一位妇女结了婚。他每年

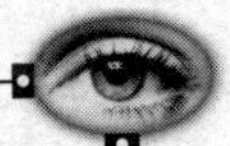

买一些薄氆氇、首饰等经过现在的来林县，翻过大山到卡路去做买卖，把东西卖给珞巴人。那一年，这个康巴人赶了一头犏牛，单身在原始森林里走了 3 天，傍晚支起三石灶熬土巴（藏族的糌粑稀饭）。一会儿，听到一种“嘘、嘘、嘘”的声音。犏牛惊叫起来，同时听见远处有攀断树枝的声音。他害怕了，就不断地加干柴，把火烧旺，抽出长刀放在身边。

在火光的照耀下，他突然看见一个野人在不远处盯着他。他吓得只是猛加干柴。野人越走越近，甚至就在两三米近的地方坐下来看着他。过了快一个钟头，他见野人并无加害之意，就镇定下来，盛起土巴吃。突然，远处出现了虎啸声，叫声越来越逼近。他正在不知所措时，野人突然把他抓来藏在背后，匍匐到地面上，这时已可看见老虎在黑暗中闪烁的眼睛。只见野人从腋下取出一个像鹅蛋大小的东西，一边盯着老虎，一边用舌头不断地舔着。野人的身臭难闻，但他只有掩鼻忍住，动弹不得。当老虎距离他们有 20 米远近时，野人猛然将手中的东西扔过去，只听见老虎惨叫一声就跑了。野人也随后跑去，再没回来。他想，野人扔过去什么东西，把老虎吓跑了？天亮后就顺着那个方向找一下，只见在 50 米外，躺着老虎，已经僵死了，两只眼睛都掉了出来。原来是野人扔出的东西正击中老虎两眉的中间！于是，他用刀把虎皮剥了下来，拿回宗里卖给了土敦。这就是那张虎皮的来历。

在西藏的某些传说中，野人富有人情味。它们被描述得喜爱和人亲近，具有某些人的心理。在墨脱靠近非法的“麦克玛洪线”的深山密林里，老百姓广为流传着这样一件事：一次，在墨脱德兴区，有个身材不高的女野人走进苞米地的窝棚，含情凝睇地朝人打量。看苞米的一个是区县的干部，一个是小伙子。他们用绳子把她绑在窝棚的木柱上，她竟顺从地任人摆布，颇显温柔。那两个人捆好她，就又睡下了，准备天亮拴回村里。野人等了半宿，还不见有动静，大约是失望或恼怒了，奋力挣断绳索，连木桩都被拉倒了。塌下的窝棚把正在酣睡的两个男人压住，她却径自扬长而去。有的野人，还索性把人俘去，结为夫妇。据说西藏解放前夕，那里的一个雌性野人就抓住了一个男人。她把他珍藏在山冈上的岩洞里，每天为他摘采果实，捕获山禽，只是在出去寻食时把一块大石头堵在洞口。他根本推不动这块沉重的石头，只有等野人回来才能出洞晒晒太阳。在山洞里幽居的日子里，野人还生了一个孩子。她以为那人已回心转意，有时就疏忽了。一天，他乘机丢下孩子，朝有人烟的方向逃跑，野人发觉后抱着孩子紧追不舍。他飞身滑过江上的溜索，急中生智，把藤子溜索砸断，那野人只能隔着滔滔江水，站在对岸指天画地哇哇大叫。一怒之下，她抓住孩子的两腿一撕两半，一半扔过江来，悻悻而去。

(3)来自一位教师的述说

云南沧源县勐角小学教师李明智自述多次与“野人”相遇，下面是他的一段回忆：那是1967年9月的一天，我由沧源县城——勐角返回翁丁乡。当时不通公路，只是一条穿越原始森林边缘的山间小道。来到翁丁垭口已是下午6点多钟。由于几个小时的长途跋涉，我就在一棵大树下停下来准备休息。我把挎包挂在一棵小树杈上，走到路下边解小手。这时，突然听到左侧地上的落叶唏唰唏唰地响。我转过头一看，见一个披头散发的女人笑嘻嘻地从树林里走出来。但仔细一看，却不是人。它全身长毛，不穿衣服，袒胸露乳，奶头较大，约有手指头粗，乳房有小碗大，长着银灰色的短毛，不很密。脸有点狭长消瘦，脸色白皙，嘴、眼、鼻跟人一模一样，蓬乱而灰黑色的头发从两颊披齐奶部，站立的姿态也跟人一样。它的背是平的，臀部圆而大，没长尾巴；大腿、小腿比较粗壮，长着3厘米长灰黑色的毛。

声称多次目击“野人”的澳大利亚古生物学家K. 布留瓦于1980年8月拍摄的“野人”头皮

(4)来自西班牙的绿孩子传说

1887年8月的一天，对西班牙班贺斯附近的居民来说，是终生难忘的。这天人们突然看见从山洞里走出两个绿孩子。人们简直不敢相信自己的眼睛，就十分小心翼翼地走到跟前仔细观看。没错，这两个孩子的皮肤真是绿色的，身上穿的衣服面料也从来没有见过。他们不会说西班牙语，只是惊恐得不知所措地站着。好奇和同情心使人们很快给这两

个孩子送来了食物，可惜起初他们不肯进食，那个男孩也就很快地死去了。而那绿女孩还比较乖巧，她居然学会了一些西班牙语，并能和人们交谈。据她后来自己解释自己的来历时说，她们是来自一个没有太阳的地方，有一天，被旋风卷起，后来就被抛落在那个山洞里。这个绿女孩后来又活了5年，于1892年死去。至于她到底从哪里来，为什么皮肤是绿色，人们始终无法找到答案。

传说中西班牙的这两个绿孩子(绘画)

但是这两个奇怪的绿孩子的事件并不是在地球上独一无二的。早在11世纪，传说从英国的乌尔毕特的一个山洞里也曾走出来两个绿孩子。他们的长相、皮肤和西班牙的这两个绿孩子极为相似。令人惊异的是当时的那个绿女孩也说，她们也是来自一个没有太阳的地方。

这两次奇怪的事件，始终使人们困惑不解。因为人们都知道地球上的人只有白、黄、黑三种肤色，而有些自称见过外星人的人在说到外星人时，总是把他们描绘成身材矮小，发出绿色的类人生物，也被称为“小绿人”。这不禁使人们想到，在西班牙发现的绿孩子是不是有与被称为“小绿人”的外星人有关。而绿孩子自称的“没有太阳的地方”，到底是哪儿？也没有人能够解释。

科学家们指出，在浩瀚的宇宙中，类人生物肯定不是唯独我们人类，有1亿颗星球完全有指望能有生命存在，仅仅在银河系，依然还有1.8万颗行星适合类人生物居住，这里面至少有10颗行星的文明能得到发展并很可能超过我们地球，所以即使真的有小绿孩子来光顾我们的地球，我们也将不足为怪地欢迎他们。

(5)来自湖北神农架的消息

神农架“野人”是近年媒体报道最多的。位于湖北省西部的神农架林区境内层峦叠嶂，沟壑纵横，山势雄伟，从恐龙时代起，这里的地质运动和气候变化都比较小，是举世罕见的天然物种基因库。神农架拥有世界同纬度地区最完整的森林生态系统，这里有50种植物和70种动物受国家重点保护，包括银杏、珙桐、金丝猴、金雕等著名濒危物种。“野人”的传说使这里一直具有浓郁的神秘色彩。

传说“野人”经常出没的湖北神农架地区

在神农架与竹山，四川巫溪交界的枪刀山，人们发现了一长串与常人截然不同的相当清楚的大脚印，最大的达48厘米。在渺无人烟的高山密林，人们发现每七八根竹子扭成一把，然后叉搭编织而成，可坐可躺的“睡窝”。这也是常人力气无法完成的。神农架林区范围至今已有300多人看到过野人，其中有工程师、教师、医生、林业工人、农民，也有解放军战士。还有神农架林区党委领导，中央人民广播电台高级记者陈连生，原湖北省军区副司令员南海以及生物学家王泽林等。但迄今为止一直没有捕获

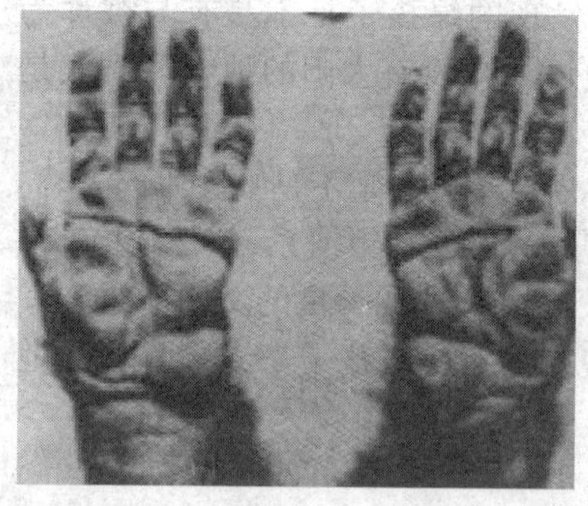

1957年被神农架猎人射杀的“野人”双手标本

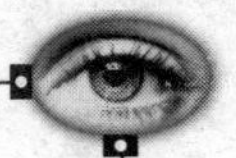

"野人"活体或标本。但科学界并不排除"野人"存在的可能。

《湖北日报》2000 年 9 月 8 日报道:8 名十堰市电信局人员,6 日清晨,在神农架国家自然保护区内的凉风垭,遇见两个直立行走,高约 150～160 厘米,弯腰驼背,身色棕黑的疑为"野人"的怪物。神农架管理部门对此进行跟踪。6 日清晨,8 人乘坐汽车行到白水漂至凉风垭一左转弯处时,看到前面 50 多米远的公路上有两个棕黑色的"人",每人背了一个背篓向来车的方向走。车还没完全转过弯,2"人"一前一后突然往公路下跳。他们赶紧停车,发现两"野人"从约 2 米高的地方分头跳下,在离公路 20 多米远的一块大石包下汇合后逃走,留下的脚印十分清晰。他们对脚印进行了拍摄和丈量,这几十个脚印都是 32 厘米长,左右脚印清晰,趾印明显,特别是从 2 米多高的坎上跳下处的后跟印深约 5 厘米,步幅均在 150 厘米以上。神农架保护区负责人袁裕豪在事后对脚印再次进行丈量后表示,他们将对"野人"进行跟踪,期望能发现新的有价值的东西。

在这次发现后的一个月,中国野人考察研究会、湖北野考文化中心举办的中国野人探奇大型图片展,在湖北省房县举行。此次展览首次向世界公开了 300 余幅对野人考察的照片。

野人之谜是世界性的自然之谜,因为它蕴藏着人类起源奥秘。中国野考研究会执行主席说,当代国外学者认为:中国正成为人类起源研究的新中心。20 世纪 70 年代发源于中国房县的神农架野人探险考察已走在世界前列,在目击者、脚印、毛发、睡窝等科学鉴定方面均取得重大突破,成为全球野人探险瞩目的焦点。

至于野人是"直立古猿的后代"或者是"巨猿的后代",或者是猩猩,科学需要严肃的态度,更需要探索的精神。我们完全有理由相信,在一大批具有锲而不舍精神的科学工作者的努力,野人之谜一定会大白于天下。

(6)来自最近一次专家座谈会的声音

2001 年 1 月 12 日,在我国第一个"生态旅游年"来临之际,中国野生动物保护协会科技委员会邀请了我国知名动物学、古生物学、生命学、生态学和历史学的科技专家,召开的"生态旅游与生态环境保护专家座谈会"上却传出截然不同的声音。

会上有关专家回顾了20世纪70年代以来有关“野人”的科学考察情况,对“野人”存在的可能性进行客观的讨论研究。结论是神农架林区传说中的“野人”并不存在。从70年代以来,我国组织了数次有关神农架“野人”的系统科学考察活动,对有关“野人”的目击者、发生地、毛发、脚印等进行实地考察,对毛发还进行了化验分析,但都不能作为科学证据表明神农架林区存在“野人”。有些所谓“证据”是人为伪造出来的。当地自然保护区工作人员在多年深入细致的野生动植物自然资源调查的实际工作中,也没有发现过“野人”。从科学的角度讲,一是若有“野人”存在,需有“野人”生存的环境。传说中的神农架“野人”分布区基本上都在针叶密林中,那里没有“野人”生存所必需的食物条件。二是“野人”要繁殖后代,必须有一定数量的种群,如果种群数量太小,近亲繁殖,就很难延续生存下去。三是地球上近万年来,任何人类以外的动物不可能演化为人类,任何人类的群体也不会退化为兽类。从对所谓目击者的访问情况看,被访问者所描述的“野人”的行为、嗅觉、视觉、听觉等都是不可信的;而且有越靠近城市,目击“野人”者越多的违反常规的现象。

既然神农架的“野人”并不存在,建议今后不要再组织所谓的神农架“野人”调查,考察“野人”没有实际意义。我们国家经济还不发达,需要用钱的地方还很多,应该把钱用到最需要保护的野生动物上。也有的专家认为,政府可以再组织一些专家,对神农架所谓“野人”的生存条件做一些综合调查并作出总结,以后就再不要提“野人”的事了。

6. 只有两趾的鸵鸟人

长期以来,在非洲就有关于“鸵鸟人”的传说:“这种人像鸵鸟一样,只有两个脚趾。”可是这是真的吗？最近,有两个旅行者在津巴布韦和博茨瓦纳交界的深山密林里,亲眼见到了只长两个脚趾的“鸵鸟人”。这种人皮肤黝黑,身体结实,长期过着与外人隔绝的游牧生活。旅行者在一个茅屋里访问了一个家庭,这家有5个孩子,两个是五趾的,三个是两趾的。这家的主人左手多一个指头,而右手却只有三个手指头,他说他母亲是两趾。

原来,在很早的时候,这个部落并没有两趾人,有个妇女嫁到这里

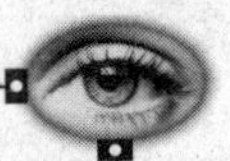

后，生下了一个两趾人，被当作妖怪杀掉了，第二个又是两趾，又被杀掉了，当这个妇女生下第三个两趾孩子时，人们说这是神的意旨。按照正常情况，这个地区的人如与其他部落通婚，可能经过一两代，这种两趾人就会绝迹，但由于别的部落发现这个部落出现了两趾人，便不敢与这里的人通婚，因此只能与本部落的人通婚便成了一种风俗。越来越多的两趾人在这块土地上出生了，便形成了这个两趾人部落。如果这个部落能够杜绝近亲通婚，同外界接触，也许会使两趾人最终绝迹，从而结束"鸵鸟人"部落。

7. 阿尔卑斯山的冰川人

不久前，意大利有关部门决定对在阿尔卑斯山发现的5000多年前的雪人干尸做一次综合性化验检测。经过充分的准备工作之后，意大利的科学家联合英国、瑞士、奥地利等国的同行，组成了一个多学科的研究小组，于2000年9月25日首次对干尸木乃伊进行了一次多方面的"体检"。

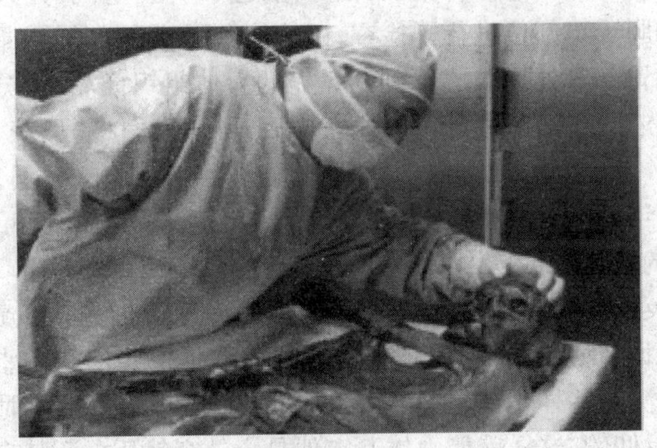

意大利科学家在博尔萨诺市处理雪人干尸

1991年9月，一对德国夫妇在意大利和奥地利边境地区的多罗米蒂山上海拔3000米的一片冰川中发现了一具被冰凌包裹的男尸，他们立即报告了奥地利警察。警方来到现场时发现，尸体头戴草帽，腿上裹着羊皮护腿，身旁放着一把斧头和一张弓箭。这些现象引起了警方的注意，再仔细检查时发现，尸体的颜色呈褐色，形状干瘪。这些异样特征令警方不敢大意，他们请来了专家。经过一番化验分析后，专家们宣布了一个令世界震惊的消息：这具尸体的年龄已有5300年，约为石器时代的古代人，是一具在低温下形成的木乃伊。

1998年1月，这具干尸被移放到意大利博尔萨诺市博物馆的一个零下6摄氏度的恒温冰房内。因为尸体是在奥茨山谷发现的，意大利人将这一冰川人起名叫“奥茨人”。

从对干尸初步的检测结果表明，“奥茨人”为男性，身高165厘米，体重40千克，死时大约45岁，一根肋骨被折断。人们推断：“奥茨人”可能是一位猎人或牧羊人，死于夏末秋初时节，当时山上已进入寒冬，他在一场暴风雪中迷了路，最后被冻死在雪地里。山上的常年低温使得尸体没有腐烂，天长日久又慢慢地蒸发了尸体的水分，最后终于成为木乃伊。“奥茨人”是目前地球上已发现的最古老和保存最好的古尸。

这具古尸深深地吸引着科学家们，要解开这个谜就必须对其进行更深入的研究。2000年9月24日晚，存放“奥茨人”的冰房的温度被调高了两摄氏度。12小时后，“奥茨人”被推进了实验室，研究人员对其腿部、腹腔和肠子等部位进行了检查，还给他做了膀胱镜检查，最后从其牙齿、骨头和胃部等处提取了不到0.5克的人体组织样品，以分析和确定他的人种族系、生活习性等。取样完毕后，科学家们将“奥茨人”重新放回冰房，再冷冻回原来的温度。据称，此次给“奥茨人”升温之后，要再过20～30年，等人类的科技水平发展到可以完全不损害干尸时再对其进行彻底的研究。

来自英国苏格兰格拉斯哥大学的法医专家万内齐斯负责查明“奥茨人”的死因，他从干尸的前胸和后背处各取了一些皮肤和脂肪组织样本，通过检测这些样本中的铁沉淀的含量确定“奥茨人”死时是向前扑倒还是向后仰倒，这样就能大体断定他是意外突然死亡还是自然地慢慢死亡；来自罗马天主教大学的几位专家负责测定“奥茨人”的DNA工作，他们将把结果与在阿尔卑斯山地区发现的其他史前生物的DNA相比较，组建该地区的基因库；意大利卡美里诺大学的罗洛教授负责测定和分析“奥茨人”肠胃等消化系统组织的DNA工作，从而确定当时人们的食性，并通过消化系统内食物残留的变化情况研究动物尸体木乃伊化的过程；瑞士苏黎世联邦技术学院的穆勒教授负责研究“奥茨人”的牙

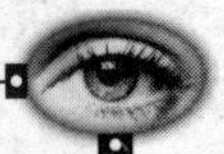

齿,他将通过对“奥茨人”牙齿珐琅质的测定和分析,确定其生长的地点……为了弄清死因,科学家给“奥茨人”进行了全身CT扫描,结果发现,“奥茨”的左肩内部深处有一个石制箭头,这只箭击碎了他的肩胛骨,损伤了主要神经和几根大血管导致不断出血,最后死亡。

谁是“奥茨人”?研究工作的不断进行肯定会越来越丰富已知的一些零星信息,并最终给人们一个满意的答案。

8. 被速冻而保存下来的古代巨象

在西伯利亚的毕莱苏伏加河畔,1979年在冻土里曾发现了一头半跪半立的古代长毛象。这头长毛象显然是被“速冻”的,因为它不但身上的肉新鲜如初,最奇异的是它的毛发里藏着鲜花。在西伯利亚的冻土带,有许多这样的巨象。经专家测定,它们和前面提到的那头长毛象一样,至少生活于距今2万年以前。毕莱苏伏加河流域的很多人见过那头象的肉,既鲜嫩又富有弹性。而以往或其他地方发现的被深埋冰藏的古动物,都是骨肉难分,粘成一团。那么,古长毛象的鲜肉是怎样保存下来的,它的死因是什么呢?有人说,这是古长毛象在觅食时失足坠下冰川而死,最后被天然冰箱冻藏起来,所以能历经万年而保持新鲜。

事实是不是这样的呢?发现古长毛象的地区并没有冰层或冰川,只有冻土苔原地带,而冻土是由土壤、沙或者淤泥构成的,也就是说长毛象是在冰土里保持新鲜的。而且,西伯利亚在1万年或者更久以前并没有冰川。据此,又有人说,这些长毛象是由它们生存的上游冰川失足坠入河中,顺流冲至下游河边并被埋在淤泥里。而这又是说不通的,因为古巨象并不是在河边找到的,而是在离河很远的苔原上找到的,最重要的是,它们都保持站立或半跪的姿态,应该是瞬间死亡。

食物冷冻专家则说,像西伯利亚这样的气候,绝不可能速冻古象。谜团越来越多……在一般情况下,要速冻400千克左右的肉,需要零下45摄氏度以下的低温,而要速冻体积达23吨并有厚毛皮保暖的活生生的长毛象,估计需要零下100摄氏度以下的低温,而我们居住的地球,从未有过这样的低温!更何况,这头发掘自毕莱苏伏加河畔的长毛象,毛发里还藏有金凤花。金凤花是在温暖湿润的环境下生长的,在阳光下悠闲地啃着金凤花的长毛象,突然被严寒当场冻死,这是现代科学无法解

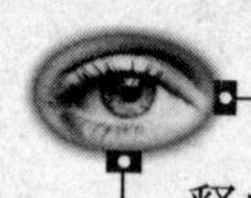

释的。

有人推测,这头古代长毛象正在西伯利亚的冻土带上吃草时,寒冷的狂风突袭了它,这种温度极低的狂风,像电冰箱里循环的冷气,瞬间包围住长毛象的全身,使它的内脏立刻冻结,血液也全部冻成冰。几秒钟之内,它就死亡,几小时之内,它变成了坚硬的塑像,年复一年地沉入地下。然而,很多人并不同意上述推断,因为如果真有那样的狂风的话,所有的动物甚至整个地球都被毁灭了。这头古长毛象的肉为何万年新鲜不变,可能是一个永远的谜了。

9. 南极冰湖底的生命

英国、美国和俄罗斯等国正对南极洲最大的冰下湖泊——“东湖”进行联合探测。科学家计划用两年时间凿透“东湖”表面原达4000米的冰层,以研究冰封数百万年的湖水中是否有不为人知的生命形式存在。目前,考察小组在覆盖“东湖”表面的巨大冰层上进行了几十米的试钻探,结果发现了一些未曾见过的微生物。科学家们指出,“东湖”湖底是地球上最为封闭的水生环境,形成时间至少在200万年之前,其中可能存在的原始生命形式与地球上其他生命的演化是完全割裂的,这将为研究地球生命的起源提供新线索。

另外,如果能够在“东湖”中找到生物,就证明了生命可能在完全封闭的环境中历经数百万年而不灭,这也将成为科学家们判断木卫二等其他星球的冰层下是否可能有生命存在的重要依据。

10. 地球生物曾几度灭绝

人们知道恐龙在6500万年前因为小行星撞击地球而灭绝,美国数位科学家在2001年出版的一期《科学》杂志上撰文指出,小行星撞击地球导致物种灭绝的灾难在地球的历史上并非只发生过一次:早在2.5亿年前,还有一颗小行星曾经撞击地球,破坏性比令恐龙灭绝的那一次更加严重。有关的证据来源于一种球状碳分子。研究人员认为这些碳分子不是地球上的,因为它们内部包裹着的气体的同位素比例不同一般,表明它们是在地球和太阳诞生前一颗恒星爆炸的环境下生成的。这些提供线索的碳分子是从日本、中国和匈牙利的不同地区采集的。那些地区有二叠纪和三叠纪交替时期的沉积岩层。研究人员说，在交替期岩层上方和下方的岩层中，这种碳分子密度都很低，只有在物种灭绝时期的岩层中密度异常高。科学家推算，这颗小行星或彗星直径在 6 ~ 12 千米，体积和导致 6500 万年前恐龙灭绝的那颗冲击地球的小行星相仿。这颗小行星或彗星撞击地球释放的能量相当于 20 世纪最大一次地震的 100 万倍。科学家们认为，这一冲击和地球物种的迅速灭绝几乎同时发生，其间还发生了地球上最大的火山运动：在不到 100 万年时间里，从现在的西伯利亚地区地下喷出的火山岩浆足够为整个地球表面铺上 3 米厚的岩浆。这些变化使 90% 的海洋生物和 70% 的陆地脊椎动物绝种。这是目前人类已知最大规模的一次物种灭绝。

(1)恐龙时代

巴基斯坦在俾路支省首府奎塔西北 500 千米处发现了 1500 多块恐龙化石。这些化石是在巴尔坎地区的维达格里的 16 个不同地点被发掘的，距今约 6500 万年。一些古生物学家特意将这些化石与史前巨鲸和远古大型爬行动物的化石做了比较，断定这是不同种类的恐龙化石，其中大部分为恐龙的椎骨和腿骨。这是一次重大的科学发现，对研究史前恐龙活动及灭绝过程提供了良好的契机。首先，恐龙化石在巴基斯坦的出现，表明其接近史前恐龙灭绝的地理范围。这将使人们从一个全新的角度，探索恐龙古时在地球上的迁移路线，研究目前中亚和东南亚地区在白垩纪时的陆地联结状况。其次，由于此次恐龙化石多在地质上层被发现，科学家们普遍相信在该地区还能发现更多的恐龙化石。

科学家们为我们描绘 6500 万年前那壮烈的一幕

最后，研究表明这批化石均属远古食草类的恐龙，这使人们意识到，巴基斯坦信德省和俾路支省的大部分地区是一块丰美的草场，而非当前一派贫瘠和荒芜的景象。这为科学家们研究地球的气候和地理变化，提供了又一条通道。此外，尽管一些科学家认为古时陨星撞击地球，引发大规模火山运动从而改变地球的气候和地理环境，是造成恐龙灭绝的原因，但恐龙并非瞬息灭绝，其过程经历了约200万年。一些科学家据此认为，恐龙并未在地球上销声匿迹，而是受气候影响产生了物种变异。他们相信，当前生活在巴俾路支省等地区的一些鸟类和蜥蜴，就是史前恐龙的后裔。类似的种种推测，人们只能对恐龙化石进行更深入的研究后，才能得出答案。

(2)恐龙灭绝的原因

1980年，美国科学家在6500万年前的地层中发现了高浓度的铱，其含量超过正常含量几十甚至数百倍。这样浓度的铱在陨石中可以找到，因此，科学家们就把它与恐龙灭绝联系起来了。根据铱的含量还推算出撞击物体是相当于直径10千米的一颗小行星。这么大的陨石撞击地球，绝对是一次无与伦比的打击，以地震的强度来计算，大约是里氏10级，而撞击产生的陨石坑直径将超过100千米。科学工作者用了10年的时间，终于有了初步结果，他们在中美洲犹加敦半岛的地层中找到了这个大坑。据推算，这个坑的直径在180～300千米之间。现在，科学工作者们还在对这个大坑做进一步的研究。

小行星撞击地球

科学家们开始为我们描绘6500万年前那壮烈的一幕。有一天，恐龙们还在地球乐园中无忧无虑地尽情吃喝，突然天空中出现了一道刺眼的白光，一颗直径10千米相当于一座中等城市般大的巨石从天而降。那是一颗小行星，它以每秒40千米的速度一头撞进大海，在海底撞出一个巨大的深坑，海水被迅速气化，蒸汽向高空喷射达数万米，随即掀起的海啸高达5千米，并以极快的速度扩散，冲天大水横扫着陆地上的一切，汹涌的巨浪席卷地球表面后会合于撞击点的背面一端，在那里巨大的海水力量引发了德干高原强烈的火山喷发，同时使地

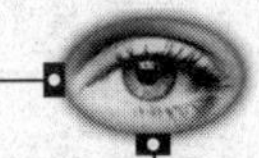

球板块的运动方向发生了改变。

那是一场多么可怕的灾难啊。陨石撞击地球产生了铺天盖地的灰尘,极地雪融化,植物毁灭了,火山灰也充满天空。一时间暗无天日,气温骤降,大雨滂沱,山洪暴发,泥石流将恐龙卷走并埋葬起来。在以后的数月乃至数年里,天空依然尘烟翻滚,乌云密布,地球因终年不见阳光而进入低温中,苍茫大地一时间沉寂无声。生物史上的一个时代就这样结束了。

不论以上的事情是否真的发生过,恐龙的全部灭绝都将是一个奇特的事情。好在我们现在获得了一些珍贵的恐龙化石,使科学家们的研究工作能够进行。我们相信在不久的将来,这个谜一定会解开。同时我们应该知道,任何一种生物都要经历产生、繁荣、灭亡的过程。这是大自然的规律,并不会因为哪一物种庞大强盛而改变。恐龙灭绝了,随后出现了一个崭新的时代,更多的更高级的生物世界把地球装点得更加美好。

我国地学专家杨超群提出了有关恐龙灭绝的新假说:"由于古气候及地质——地球化学因素的影响,据今 6500 万年前的白垩纪末期,雄性恐龙出现了性功能障碍,大量的恐龙蛋未能受精,导致了恐龙最终灭绝。"这一观点已得到一些知名地质、古生物专家的肯定。支持这一观点的例证,是英国一名化石商人在来自中国的 70 个恐龙蛋中,只发现一个有胚胎化石,也说明恐龙蛋的受精率颇低。

恐龙化石

在恐龙繁盛的侏罗纪时期,雌雄恐龙的生殖能力都很强,大量的受精蛋均孵化出了恐龙,因此出现了保存大量恐龙骨骼化石而未见恐龙蛋化石的情况。到了晚白垩纪,雌性恐龙的生殖功能仍较强,但雄性恐龙却出现了性功能障碍，大量的蛋未能受精，因此出现了大量的蛋化石而骨骼化石则相对十分稀少的情况。而且，从晚白垩纪早期到晚期，地层中的恐龙蛋化石逐渐减少，说明恐龙的生殖功能逐渐衰退，恐龙的数量不断减少，最终灭绝。

根据晚白垩纪至早第三纪地层中常见有膏盐（石膏、岩盐等）矿物及膏盐层的事实，分析导致恐龙生殖功能衰退的古气候及地质——地球化学因素，可认为当时是在持续炎热干旱的气候条件下，由于强烈的蒸发浓缩作用，使湖水中的矿化度逐渐增高而演变成盐湖。恐龙在饮用了的盐湖水后，特别是盐湖水中的硫酸根的浓度大大增高时，极可能对它们的生殖功能造成破坏。此外，华南与含恐龙蛋化石同时代的地层中，有的地方还发现含铀砂岩，铀的核辐射对恐龙的生殖能力也有一定的负面影响。在中国新疆西部伽师县和岳普湖县一带流行的一种男性不育、女性不孕的地方病——伽师病的例子，说明其病因是由于病者饮用了硫酸根、氯、钠、镁含量过高的克孜河河水所导致，这与恐龙生殖功能的衰退有类似之处。

（3）恐龙没有灭绝之说

2001年4月，美国古生物学家罗伯特·巴克在一所大学里举行讲座时，发出了一个惊人之语：恐龙，并不是像我们所想象的那样，而且现在，它们正在天空飞翔！此论一出，举座震惊。其实，这是继20世纪70年代古生物学界爆发的那场论战的延续。当然也是罗伯特·巴克毕生研究的最终成果。

国际古生物学界在20世纪后半叶，围绕着恐龙是不是热血动物、恐龙是否灭绝展开了一场论战。认为恐龙不是变温的冷血动物而是恒温的热血动物这一学说的提出，改变了古脊椎动物学上的许多陈旧提法。有研究者认为恐龙并未灭绝，鸟类就是恐龙的后裔，由此提出鸟与恐龙在分类学上应列为同一个纲。此外，对恐龙的生态及生活习性也提出了新的看法。难怪有人说，热血恐龙理论的出现，是古生物学上的一场革命。

其实，对恐龙化石的研究已经有170多年的历史。“恐龙”这一名称最早是由英国的古生物学家欧文（Owen，1804～1892）在1842年创建的。欧文在创建这一名称时，主要想概括当时已被发现的一些个体较

大，样子有点叫人可怕的像蜥蜴一样的古代爬行动物，他把它们叫做“恐怖的蜥蜴”（Dinosauria），我国的地质古生物工作者最初把它译为“恐龙”。

人们把恐龙描绘成像蜥蜴那样的动物这种观念为恐龙的灭亡提供了口实：在物种演变的竞争中，恐龙因其懒惰、迟钝，总之因为它是低级动物而输给了哺乳动物，于6500万年前灭绝了。这种观点直到20世纪60年代，一直在人们的看法和科学家的见解中占支配地位。美国耶鲁大学教授奥斯特罗姆在研究了一块1964年出土的恐龙化石后向传统学说发出了挑战，他认为，恐龙非常善于捕杀猎物，因此，它必定是一种动作非常敏捷、非常活跃的食肉动物。1969年他大胆地提出了看法，反对把恐龙看成是冷血和呆头呆脑的爬行动物。

作为学生的巴克，认为老师奥斯特罗姆言之有理，决定对恐龙的生活方式亲自进行调研。巴克以分析耶鲁大学自然历史博物馆里的恐龙标本作为对恐龙这方面研究的开始。恐龙的标本那时都做成像蜥蜴：前脚都向外张开，长着一个拖地的大尾巴。在他完成为期两年的对恐龙解剖学研究时，他深信标本的这种姿态是完全不对的。他研究得出的结论是，恐龙跟大象等其他大哺乳动物一样是哺乳动物，恐龙也跟其他哺乳动物一样能够调整体温，动作迅速。这一个还在引起争论的观点马上就赢得了支持者，他们认为这也是一个最有希望和前途的想法。它提出了一些需要思考的新问题，并展示了一些新的启示，像异军突起般给人们揭示了恐龙的一种完全崭新的形象。

与此同时，巴黎大学的里克莱通过完全是另一种的途径，几乎与奥斯特罗姆同时独立地作出了相同的结论。里克莱在研究了多种典型的化石和现代动物骨骼的内部构造后，于1969年提出，从生理学上来看恐龙更近于哺乳类动物而非爬行类。他强调指出，恐龙骨骼很像哺乳动物的骨骼，而非常不同于冷血的爬行类和两栖类，可能就说明它们是热血的。

1968年获得耶鲁大学硕士学位的罗伯特·巴克对这种新的思想作了全面的探索，他在《发现》杂志上发表的文章中进一步提出：“如果恐龙真是行动缓慢的一堆冷血的肉，那么它怎能在数百万年中征服那些行动迅速的温血动物呢？”由此，他挑起了一场关于恐龙是温血动物还是

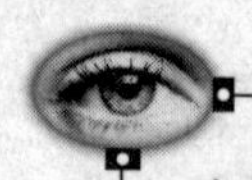

冷血动物的大辩论。

尽管这场辩论引起传媒对恐龙见解的注意，但巴克的论点，就像他后来的许多工作一样，没有被他的同行们轻易地接受。事实上，他关于恐龙是温血动物或吸热动物的理论，使他成了少数派。他不顾一些同行的反对，仍努力寻找能证实他论点的有力证据。直到1984年，他发现了一块支持他关于恐龙是温血动物论点的化石。这块化石显示恐龙走动速度很快，它捕捉猎物时的速度可与今日的食肉动物相比，这种速度只有能够保持体温不变的动物才能达到。另外，恐龙有巨大的肋骨架，这就是说恐龙有巨大的心脏，这是快速新陈代谢的先决条件。这也是支持巴克关于恐龙是温血动物之说的一个证据。

巴克认为，在侏罗纪(2.13亿年到1.46亿年前)恐龙的栖息地不是像以前想象的沼泽地，而是随季节的变化时而干燥时而潮湿的地方，就像今天的非洲：有植物丰盛的雨季和植物枯萎的旱季。巴克认为，恐龙必须像今天东非的大象那样随着雨水迁移，以便得到足够的食物。这样来回奔跑，冷血动物是做不到的。爬行动物不可能有这种长途跋涉的持久能力。蜥蜴能蹦很短的距离，但不能作这种远程巡游。只有新陈代谢很快的动物才能做得到。长期以来，在大多数人印象中，恐龙是在6500万年前左右被一颗大陨星撞死的似乎已成定论。但实际上，迄今为止，科学家们提出的对于恐龙灭绝原因的假想已不下十几种，比较富于刺激性和戏剧性的陨星说不过是其中之一而已。

有关学者还开列出其他几种原因：①6500万年前地球气候陡然变化，气温大幅下降，造成大气含氧量下降，令恐龙无法生存。②恐龙是冷血动物，身上没有毛或保暖器官，无法适应地球气温的下降，都被冻死了。③白垩纪末期可能下过强烈的酸雨，使土壤中包括锶在内的微量元素被溶解，恐龙通过饮水和食物直接或间接地摄入锶，出现急性或慢性中毒，最后一批批死掉了。④地球上曾经有一段被子植物时期，这些植物含有毒素，恐龙吃它们吃得太多了，体内毒素聚集过多，都被毒死了。⑤恐龙年代末期出现了最初的哺乳类动物，这些动物属啮齿类，可能以恐龙蛋为食。这种小动物缺乏天敌，越来越多，最终吃光了恐龙蛋。

小行星撞击论很快获得了许多科学家的支持。1991年在墨西哥的尤卡坦发现一个发生在久远年代的陨星撞击坑，这又进一步证实了这种

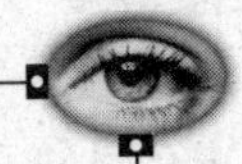

观念。但也有许多人对这种小行星撞击论持怀疑态度,因为事实是:蛙类、鳄鱼以及其他许多对气温很敏感的动物都顶住了白垩纪而生存下来了。这种理论无法解释为什么只有恐龙死光了。巴克认为,疾病是导致恐龙死亡的真正原因,但恐龙并未因此灭绝。

巴克相信,恐龙不仅不习惯于海上生活,而且也没有灭种。1975年,他在美国《科学》杂志上发表的一篇文章中大胆宣布:"有证明显示恐龙从未灭绝,仍有一种族活着,这个种族我们称之为鸟!"

11. 世界最大的恐龙脚印

2001 年春,在甘肃永靖县内发掘出了一群保存十分完整清晰的恐龙足印化石。在被发掘的化石当中,有一组是迄今为止世界上发现的最大的恐龙足印。在永靖县境内的黄河河畔,地质工作者经过近半年的挖掘,挖出了 100 多个清晰可见的恐龙足印化石。这些化石都产生在一个山坡的砂岩层面上,可分辨的一共有 10 组。足印保存得十分完整,可以清晰地分辨出每组脚印的走向。其中最大的一组足印长 1.5 米,宽 1.2 米,而且前足印大,后足印小,并成对出现。中国科学院古脊椎动物研究所对挖掘出的足印进行了鉴定。据介绍,该遗迹目前露出面积约 400 余平方米,含两类蜥脚类巨型足印(四足行走),一类瘦脚类足印(虚骨龙类,两足行走)、一类鸟类足印,并且共生有恐龙尾部支撑痕迹、卧迹及粪迹等,是一处世界罕见的、具有重大科学意义的恐龙遗迹化石产地。其足印之大,类别和属种之多,保存之清晰完好,堪称世界之最。

在 400 余平方米的地区内,10 组足印中有 6 组是非常清晰连续的,足印的布局表明,当时恐龙主要是沿湖岸或由水边向陆地方向行走。据推测,很可能是一大群食植类恐龙在觅食或饮水过程中留下的,同时周围还尾随有食肉类恐龙。经初步测定,这些足印形成的地质年代大概有两种可能,一是距今约 1.6 亿年前的晚侏罗纪,二是距今约 1 亿年前的早白垩纪。关于这一问题,专家正在开展进一步研究。据介绍,这些足印是在当时的湖滨上留下的,脚踩下后带出的泥沙也保存完好,经过上亿年的演变后,变成了现在所见的化石。在砂岩层面上还可以清楚地分辨出水的波纹以及泥沙脱水固结时形成的龟裂。

这 100 多个足印是由 10 只恐龙踩出的,它们又属于 3 种不同的类型。一种类型是大的蜥脚类,身长 30 多米。另一种类型是小型的蜥脚类,有可能是幼年个体,比较小,它的垫是圆弧的脚垫。还有一种类型是虚骨龙,属于吃肉的,肉食性的。在我国已经发现的恐龙遗迹中,大部分为蜥臀目恐龙。而这类恐龙又分为兽脚类和蜥脚类。它们的主要区别在于蜥脚类以吃植物为主,体形相对较大,在甘肃留下巨大足印的恐龙就是属于这一种。而兽脚类恐龙个体较小,却以吃肉为主,性情凶残,这种三趾足印就是食肉恐龙留下的,根据爪痕专家确定它是虚骨龙。同时,在远离湖面的地方发现了这种长长的印痕,初步断定这是一只食素的恐龙躺卧过的痕迹。而小片印痕却是由恐龙的粪便形成的。

12. 类恐龙怪兽

恐龙是地球上生活过的最庞大的陆上动物。凡是见过恐龙骨架化石或复原标本的人,对它那巨大的身体,奇异的形状和凶猛的形象都会留下极其深刻的印象。而恐龙的突然灭亡,也使人感到不可理解。因此,人们自然而然地会想:在这个地球上,恐龙有没有留下后代。而每当世界各地发现神秘的未知动物时,也就有人认为,他们看到的怪兽就是活着的恐龙。

在非洲中部的乌班吉河和桑加河流域之间,有一个湖,名叫泰莱湖。泰莱湖周围是大片的热带雨林和沼泽,人迹罕至,许多地方根本无法通行。这里生活的土著居民——俾格米人,据他们说,在泰莱湖中,有一种名叫“莫凯莱·姆奔贝”(意为“虹”)的怪兽。这种怪兽半像蟒蛇半像大象,身长 12~13 米,有 10 多吨重,长着长长的脖子和尾巴,脚印像河马,但比河马大得多。怪兽生活在水中,只在夜里出来活动。它以植物为食,一般不伤人。

从土著居民的描述来看,这种怪兽很像中生代生存过的蜥脚类恐龙。这引起了许多动物学家们的极大兴趣,它是活着的恐龙吗?一时间,刚果成了科学家和探险者们瞩目的地方。1978 年,一支法国探险队进入密林,去追踪怪兽的踪迹,可是他们从此一去不返。

1980 年和 1981 年,美国芝加哥大学生物学教授罗伊·麦克尔和专门研究鲤鱼的生物学家鲍威尔两次带领探险队前往刚果,他们深入泰莱湖畔的蛮荒之地,从目击过怪兽的土著人那里了解了许多情况。一个名

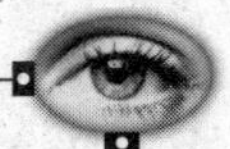

叫芒东左的刚果人说，他曾在莫肯古依与班得各之间的利科瓦拉赫比勘探河中看到怪兽。因为那时河水很浅，怪兽的身躯差不多全露了出来。芒东左估计怪兽至少有 10 米长，仅头和颈就有 3 米长，还说它头顶上有一些鸡冠似的东西。

考察队员们拿出许多种动物的照片，让当地居民辨认，居民们指着雷龙画片毫不犹豫地说，他们看到的就是那东西。在泰莱湖畔的沼泽地带，考察队员们发现了“巨大的脚印，还有一处草木曲折倒伏的地带，脚印在一条河边消失”。他们认为怪兽是从此处潜入河中去了。据麦克尔博士说“脚印大小和象的脚印差不多”，“那片被折倒的草地显然是一只巨形爬行动物走过留下的痕迹”。但是由于天气恶劣和运气不好，他们始终没能亲眼看到怪兽。麦克尔相信，刚果盆地的沼泽中确有一种奇异的巨大爬行动物。

1983 年，刚果政府组织了一支考察队，再次深入泰莱湖畔。据说他们拍下了怪兽的照片，但这些照片一直没有公布。20 世纪 90 年代，刚果地区政局动荡，战乱频繁，多次发生武装政变和军事冲突，这使科学考察很难再继续进行，追踪泰莱湖畔怪兽的工作，只好暂时终止。因此，怪兽究竟是不是残存的活恐龙，也仍然还是一个不解之谜。

13. 长白山天池之谜团

(1)怪兽

许多年来，有很多人都声称在天池发现有奇特的“怪兽”出没。这给天池又增添了几分神秘的色彩，也引起了许多科学研究人员和科学爱好者的极大关注。尤其是在 1980 年 9 月 18 日，《延边日报》发出一条惊人消息：“长白山天池发现奇异动物，有关部门正在密切观察中。”消息如同惊天石，在全国激起了巨大波澜，世界各国也引起了强烈的反响。一时间，“长白山天池怪兽”名闻中外，成了人们的热门话题。

其实这种深湖“怪兽”，世界上并非绝无仅有。1880 年初秋的一天，在英国苏格兰北部的尼斯湖中，曾出现了一个脖子很长，脑袋似蛇头的“怪物”，它昂首破浪，顶翻了一只游船，使船上游客全部葬身湖底，无一生还。当时世界各国报刊将此事大加宣传，并为怪兽起了个很好听的名字——“尼西”。正是由于“尼西”的出现，使尼斯湖在世界上出了名，并成为世界著名的旅游胜地。从那时起,“尼斯湖怪兽”就闻名于世,并与飞碟、野人、百慕大三角一起被称为世界四大谜。

有关长白山“天池怪兽”的记载也由来已久了。最早出自《奉天通志》,据称大约在100年前,“有猎者四人,至天池钓鳌台,见芝盘峰下,自池中有物出水,金黄色,首大如盎,方顶有角,长颈多须,低头缓动,如吸水状,众惧,登坡至半,忽闻轰隆一声,四顾不见,均以为龙……”《长白山江岗志略》记载更为详细:“引路人徐永顺云:光绪二十九年五月,其弟复顺随王让、俞福等六人,到长白山狩鹿,追至天池,适来一物,大如水牛,吼声震耳,状欲扑人,众益惧,相对失色,束手无策。俞急取枪击放,机停火灭。物目眈眈,势将噬俞。复顺腰携六轮小枪,暗取放之,中物腹,咆哮长鸣,伏于池中。半钟余,雹落如雨,大者寸计,六人各避石下,俞与复顺头颅血出,用湿衣裹之,池内重雾如前,毫无所见。”

事隔100多年后,这个“怪兽”又出现了。

• 1962年8月中旬,有人用6倍望远镜看到出没在天池中的“怪兽”。据记述:“距岸边200～300米的水面上露出两个动物的头,一前一后相距二三十米,互相追逐游动。时而沉入水中,时而露出水面。从望远镜中看去有狗头大小,黑褐色。用肉眼看只有两个黑点,但身后留下人字形波纹却十分清楚。后来此动物潜入水中。”

• 1976年9月26日,延吉县老头沟苗圃的工人及解放军,共20余人,在天文峰上看见一个高约2米,像牛一样大的“怪兽”,正伏在天池的岩边休息。“怪兽”被惊动,走进湖里,游到天池中心处附近消失。

• 1980年8月下旬,多次出现的“怪兽”先后被10多人目睹,引起了轩然大波。中国作家协会副主席雷加是目击者之一,他曾写有《天池怪兽目击记》,后来写成了散文《天池纪行》,发表在《光明日报》上。继雷加发现“怪兽”之后,8月23日中央工艺美术学院学生、省气象局的工作人员和天池气象站的电影放映员也看见天池中有动物涌出水面,向北岸游来,身后有很长的人字形的分水纹,其头部和一部分颈部露出水面,头的直径约15厘米,向上仰翘,见颌下光滑为灰白色的皮,不见口、眼、鼻,状如蛇头。长约1.2～1.5米,与身相近处有白色环纹一条,毛皮光滑,类似海豹皮,但无花斑,灰白色。此物出水部分除头颈上,还有背部的一部分,怪物在距岸30米左右处折回,潜入水中,其转弯时划水半径

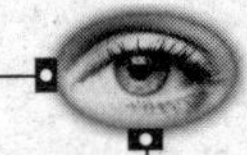

很大。据推测，怪物全身可能有牛那么大。

• 1980 年 10 月 10 日，《美洲华侨日报》发表了一篇新闻"身披长毛，像牛似狗，长白山吸引人的大水怪不寂寞，有人说见了 5 头"。

• 1981 年 7 月 12 日，朝鲜有关部门派出的科学考察团在对长白山天池的科学考察中，发现了一只怪物。当天凌晨 5 时零 5 分，一只奇怪的动物从峰顶下到天池，从峰麓向对岸峭壁游去。游程 1.8 千米，历时 1 小时 20 分钟。游至对岸后，坐立 2 小时 30 分钟，随后又沿峭壁一直爬上 60 米处，停留 20 分钟左右，又西行约 2～3 千米。上午 10 时 20 分许，怪物进入山谷。根据观察和详细摄影资料，朝鲜科学家认为"怪物是一只野熊，全身呈黑色，胸前有多处白色斑点"。

• 更为轰动的是 1981 年 9 月 2 日下午 1 时 20 分，《新观察》杂志社记者李晓斌拍到了唯一的一张"天池怪兽"的照片。这天下午 1 时 20 分，李晓斌身背"尼康"照相机登上了天池，就在这时"天池怪兽"又出现了，他赶紧用 100 毫米的长焦距镜头对准怪兽，迅速按下了快门，就在这一瞬间，一只在湖面上飞翔的乌鸦和这只怪兽一同被摄进了镜头，结果照片的前景显出了乌鸦，下面则是一个像反扣着的大锅似的天池怪兽。

• 1985 年 8 月 16 日又有几位游人见到了畅游在天池中的"怪兽"。1985 年 11 月 2 日，《光明日报》再次发表署名文章"天池怪兽之迹"介绍了天池怪兽出现的经过。

• 1986 年 8 月 5 日 6 时 25 分，"天池怪兽"又一次向人类展示了它的存在，64 名游人同时看到了漂浮在水面上的棕黄色的"怪兽"。10 分钟后，"怪兽"突然抬了头，随即潜入水中。"又是天池怪兽！"人们不约而同地喊起来，这也是见到"天池怪兽"人数最多的一次。

• 1996 年 9 月 1 日，通化矿务局组织职工医院离休的老同志去长白山旅游。当日 11 时，他们一行 6 人到达天文峰，天池的美景使这些离休的老同志激动不已。这时，吴大夫突然发现天池湖面上冒出一个黑黑的大家伙，向天文峰方向游来。吴大夫屏息凝神注视着这个黑黑的怪物，并大声喊道："怪兽出现了。"随同吴大夫一起去的通化矿务局电视台的小李，把摄像机对准天池湖面上的"黑家伙"，小李拍摄了大约有 20 秒钟的时间，随后"怪兽"沉入湖中不见了。记者反复看了多遍录像片。可以肯定这部录像片是真实的，这部录像片比其他拍摄到的天池怪兽资料都清晰，它详细、清晰地记录下"怪兽"在湖面上出现到最后沉入湖中的全过程。根据"怪兽"游动时湖面上翻滚的水花和怪兽头部形体的晃动，"怪兽"很像是一只长白山黑熊。

历史的记载和目击者们的描述，给我们勾画了一幅幅"天池怪兽"的图像。然而对于它究竟是一种什么动物，至今尚无定论。因为根据动物分类学的要求，要证实一个物种的存在至少需要得到一副动物的头骨才行。根据目前所掌握的资料，科学家们也对"天池怪兽"作出了各种各样的推论和猜测。有人认为"天池怪兽"很像英国尼斯湖的尼斯菱鳍龙，可能是一种在6500万年前遍布全球的爬行动物——恐龙的后代。但有人提出异议，长白山主峰火山锥体是第三纪以来形成的，而恐龙类动物早在6500万年前已绝灭，并且长白山火山在新生代有过多次火山喷发，天池又是火山喷发中心，若天池中果真有恐龙的后代遗留下来的话，恐怕也早已灰飞烟灭，尸骨无存了。更何况对于"尼斯湖怪兽"至今也无定论，仍然是一个未解的科学之谜。有人认为"怪兽"可能是水獭或黑熊，可又无法解释有人看见那个"怪兽"时而沉入水中，时而露出水面，最后消失于湖心之中。还有一说似乎更为离奇：认为"怪兽"不过是一只蛾子在水中扑腾形成的划水线。此说无法解释人们看到的"头大如牛，体形似狗，嘴状如鸭"的形象。也有人大胆设想：在天池底部或许存在着一个独特的、与阳光无关的生态系统，为"怪兽"的生活提供了必要条件。这种设想显然也没有足够的科学证据。还有人推断天池中所谓的"怪兽"可能是在特殊光学条件下，在池水中形成的幻影，这种解释似乎更难以让人们接受。时至今日，对于众多目击者亲眼看到的出没在长白山天池中的"怪兽"。还没有得到令人满意的解释，它和神农架野人之谜、飞碟以及尼斯湖怪兽之谜几乎是一样的，虽然目击者甚多，或只望其形，或只见其影，都没有真正拿到可信的、科学的证据，都没有采集到活的或者死的怪兽标本，当然是不能得出任何定论的。因此"天池怪兽之谜"尚有待于更多的人去考察、去探索。终究有一天，待哪位幸运者捕捉到这个怪物后，就会彻底揭穿这个怪兽之谜的。

(2)游鱼

长白山天池湖水清澈透明，偌大的一潭池水，很难见鱼儿的踪影。那么天池究竟有没有鱼呢？这是生物学界颇感兴趣的自然之谜。很久以来,人们都认为天池水不适于鱼类生存。主要原因有二,一是天池水温太低。众所周知,长白山主峰冬季漫长而严寒,冬季长达6~7个月,年平均气温为零下7.3摄氏度,最低气温曾出现过-44摄氏度,相应天池水温也很低,在如此低温的冷水中,显然是不利于一般鱼类生存的。其二是天池集水区地表基岩裸露,并且在严寒的气候条件下,植物极端贫乏,以至于天池水中的有机物质、微生物极少;池水清澈透明,缺乏可供鱼类生存的食物,鱼类自然不可能在天池水中生存了。鉴于上述原因,人们推测天池不会有鱼类存在。

可是关于天池游鱼的传说也由来已久。近年来关于天池游鱼的传闻也接二连三不断传出,却使天池无鱼之推论开始动摇了。据调查,长白山自然保护区管理局白山管理站的数人都在天池中见到过游鱼。据介绍,天池中确有鱼类生存,为一种耐低温的鱼类,称红点龟,有人还保留着天池游鱼的照片。据《长白山古今览胜》记载:“1988年7月份,在长白瀑布下面相继发现有鱼出现。自然保护区管理局的同志还捕到七尾作标本。”至于这些鱼是不是天池水中的,这还是个谜。

14. 青海湖怪兽

坐落在“世界屋脊”上的青海湖,诞生于距今200万年前的中更新世纪,是由于地层断隔而形成的断陷湖。那时的青海湖经倒淌河与黄河相衔接,是个直通大海的外泄湖。大约在13万年前(地质学称为“第四纪”),湖水出口地带又一次强烈隆起,外泄通道被渐渐升高的日月山所阻隔。湖盆封闭后,我国西北地区曾出现温润潮湿的气候期,使湖面扩大,湖水加深,适于各种生物包括恐龙等生存,呈现五彩缤纷的景象。

时至今日,几经变迁的青海湖相对定格:界于北纬36°15′至38°20′、东经90°50′至101°20′之间,面积达4573平方千米,是华夏第一大内陆湖;湖面海拔3196米,比两个东岳泰山叠起来还要高,实乃天上悬湖;湖水储量742亿立方米;平均深度18米,最深处达32米。如此博大幽玄的青海湖隐藏着许多鲜为人知的奥秘。

碧波浩渺,亦真亦幻的青海湖,深藏着许多令人神秘莫测的奥秘。早在清代杨应琚编纂的《西宁府新志》第一次以文学形式透露了湖怪的蛛丝马迹。该书第三十八卷《艺文·杂记·青海异兽》记载:“青海住牧蒙古,见海中有物,牛身豹首,白质黑文,毛杂赤绿,跃浪腾波,专家如惊鹘。近岸见人,即潜入水中。不知其为何兽也。”这则语焉不详的史料,为我们提供了如下信息:在青海湖畔放牧的蒙古族牧民,目睹过湖中怪兽。据说那些目睹“海怪”的牧民们莫不诚惶诚恐、顶礼膜拜,事后还要煨桑祭海,敬献牛羊三牲。于是海神显灵的传说不胫而走,在青海高原那一方神秘的大地上悄悄流传……

后来,在20世纪40年代又有数起当地牧民目睹怪兽的报告。1982年青海湖渔场有一条机帆船在湖上作业,船上的人也见到前方有形似渔船的动物沉浮戏浪,欲迫近观察,怪兽已潜入水中,无法看清它的全貌。

1990年5月,中国科学院组织有关方面专家对青藏高原腹地可可西里无人区进行大规模科学考察。考察队的地质学家们在海拔5000米的乌兰乌拉山西端发现了大量侏罗纪海生物化石,无可辩驳地证明青藏高原距今1.4亿年前这里还是汪洋大海,从而推翻了“古老大陆”之说。考察队员,曾留学英国并获得博士学位的古生物学家沙金庚,采集到一套珍贵的中上侏罗纪海生物标本。遗憾的是考察队未能进行深层发掘,那里肯定埋藏着恐龙化石。距此不远的青海湖极有可能幸存古生物,几个世纪以来“湖怪”屡屡被人目击绝非偶然。随着科学技术的不断进步发展,人类的诸多之谜包括青海湖怪兽终将会大白天下。

15. 令人遐想的“美人鱼”

老普利尼是一位记述过“美人鱼”生物的自然科学家,在他的不朽著作《自然历史》中写到:“至于美人鱼,也叫做尼厄丽德,这并非难以置信……她们是真实的,只不过身体粗糙,遍体有鳞,甚至像女人的那些部位也有鳞片。”

泰国撒米拉海滩上的美人鱼雕像

1990年4月中国《文汇报》有这样一则报道:一些科学家正在竭力设法找到这一当今考古学最惊人

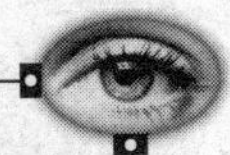

的发现，一个3000年前美人鱼的木乃伊遗体的由来。一队建筑工人，在索契城外的黑海岸边附近的一个放置宝物的坟墓里，发现了这一难以相信的生物。这一发现的消息是由苏联考古学家耶里米亚博士在最近透露给西方的。她看起来像一个美丽的黑皮肤公主，下面有一条鱼尾巴。这一惊人的生物从头顶到带鳞的尾巴，计长有173厘米。科学家相信她死时约有100多岁的年龄。

著名的丹麦美人鱼

人们假想中的“美人鱼”

1991年7月2日，新加坡《联合日报》发表了题为《南斯拉夫海岸发现1.2万年前美人鱼化石》的报道：“科学家们最近发掘到世界首具完整的美人鱼化石，证实了这种以往只在童话中出现的动物，的确曾在真实世界里存在过。化石是在南斯拉夫海岸发现的。化石保存得很完整，能够清楚见到这种动物拥有锋利的牙齿，还有强壮的双颚，足以撕肉碎骨，将猎物杀死。这只动物是雌性的。大概1.2万年前在附近海岸出现。”来自美国加利福尼亚州的考古学家奥干尼博士，在美人鱼出现的海域工作了4年。奥干尼博士说：“它在一次水底山泥倾泻时活埋，然后被周围的石灰石所保护，而慢慢转为化石。化石显示，上半身是人下半身是鱼的美人鱼高160厘米，腰部以上像人类，头部发达，脑体积相当大，双手有利爪，眼睛跟其他鱼类一样，没有眼帘。”

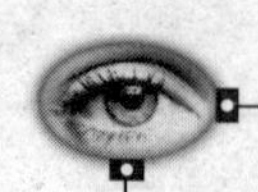

1991 年 8 月,美国两名渔民发现人鱼,报道如下:“最近美国两名职业捕鲨高手在加勒比海海域捕到 11 条鲨鱼,其中有一条虎鲨长 18.3 米,当渔民解剖这条虎鲨时,在它的腹内胃里发现了一副异常奇怪的骸骨骨架,骸骨上身 1/3 像成年人的骨骼,但从骨盆开始却是一条大鱼的骨骼。当时渔民将之转交警方,警方立即通知验尸官进行检验,检验结果证实是一种半人半鱼的生物。对于这副奇特的骨骼,警方又请专家进一步研究,并将资料输入电脑,根据骨骼形状绘制出了美人鱼形状。参加这项工作的美国埃毁斯度博士说,从他们所掌握的证据来看,美人鱼并不是传说或虚构出来的生物,而是世界上确实存在的一种生物。

科威特的《火炬报》在 1980 年 8 月 24 日报道:最近,在红海海岸发现了生物领域的一个奇迹——美人鱼。美人鱼的形状上半身如鱼,下半身像女人的形体——跟人一样长着两条腿和 10 个脚趾。可惜的是,它被发现时已经死了。

关于发现活人鱼的报道也是有的。1962 年曾发生过一起科学家活捉小人鱼的事件。英国的《太阳报》,中国哈尔滨的《新晚报》及其他许多家报刊对此事进行了报道。苏联列宁科学院维诺葛雷德博士讲述了经过:1962 年,一艘载有科学家和军事专家的探测船,在古巴外海捕获一个能讲人语的小孩,皮肤呈鳞状,有鳃,头似人,尾似鱼。小人鱼称自己来自亚特兰蒂斯,还告诉研究人员在几百万年前,亚特兰蒂斯大陆横跨非洲和南美,后来沉入海底……现在留存下来的人居于海底,寿命达 300 岁。后来小人鱼被送往黑海一处秘密研究机构里,供科学家们深入研究。

1958 年,美国国家海洋学会的罗坦博士,在大西洋 5 千米深的海底,摄到一些类似人的海底足迹。1963 年,在波多黎各东南海底,美国海军潜艇演习时,发现了一条怪船,时速 280 千米,无法追踪,人类现代科技望尘莫及。1968 年,美国摄影师穆尼,在海底附近发现怪物,脸像猴子,脖子比人长 4 倍,眼睛像人但要大得多,腿部有快速“推进器”。1938 年,人们曾在爱沙尼亚的朱明达海滩上,发现“蛤蟆人”,鸡胸、扁嘴、圆脑袋,飞快跳进波罗的海里。诸如“人鱼”这类海底奇异生物的存在由于有了实物作证,那么它也就由人们所谓的“荒诞”、“迷信”、“神话”的东西转变为当前一项严肃的科学研究课题了。

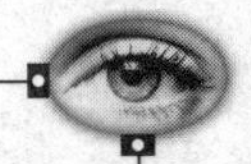

16. 令人冥想的木乃伊

木乃伊是用防腐香料涂抹过而保存下来的干尸。古埃及人保存下的尸体，其宗教认为，人由灵魂和身体结合而成，相信万物有灵，灵魂不灭。为了让死人在墓中永远活下去，保有视力，并能开口，能看到、吃到供品，除用防腐药物及香料处理尸体外，还借用法术。早在公元前26世纪已采用。后来处理木乃伊形成一整套宗教仪式，往往历时达70天。

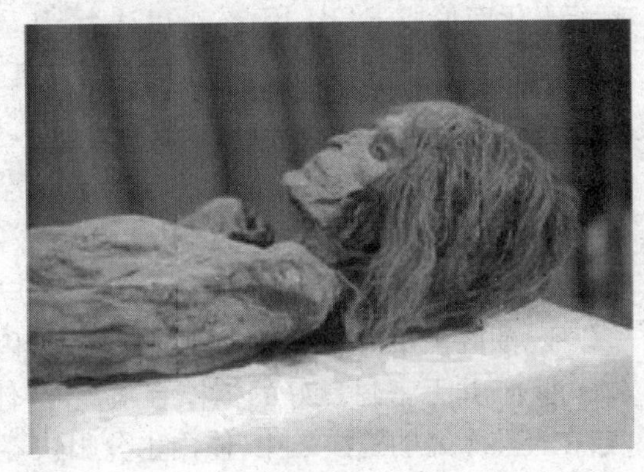

拉美西斯二世木乃伊

木乃伊制作的步骤大体为：①将尸体面朝上放在桌上；②将特制的钩子从尸体鼻孔伸入脑部。反复摇动钩子，直到将脑浆全部捣碎；③将尸体翻转，让脑浆从鼻孔中流出来。当脑浆流完后，将滚烫的树脂灌入尸体脑部；④切开尸体腰部左侧，用手伸进切口，将尸体的内脏掏出来；⑤直到公元前1000年，埃及人都将尸体的内脏，包括肺、肠、胃等放在一个罐中。但是从公元前1000年起，他们改变了做法：将所有器官放入一个特制的"胸部"，并将它放入尸体内；⑥用特制的香料和油层层涂抹尸体。在防腐程序完成之后，在头发上涂抹香油，保持发质亮泽。接下来还要用特制的化妆品为脸部上妆；⑦用在香油中浸泡过的布条将尸体层层包裹起来；⑧在木乃伊的脸上戴上黄金面具，身上也用黄金包裹起来（仅限于王公贵人）。

木乃伊的特点是：周身灰暗，皮肉干枯贴骨，肚腹低陷。木乃伊干尸又可分成两大类型：

(1) 人工干尸

人工干尸就是国外通常所报道的干尸，即木乃伊，它们在死亡后都经过处理：剖开体腔，取出内脏，尸体用热溶的松香浇灌，然后用浸透松香的布包裹，出土的木乃伊在颅内、乳突小房内均有松香。此类应属人工干尸。如古埃及法老死后，经人工脱水和用树脂香料处理而制成的木乃伊。另一种则是国内所发现的棺内干尸。主要由于墓地地势高爽，地下水位低，加之棺和墓内密封程度高，棺不漏气，所以没有受到地下水及湿度的影响。而棺内的腐败过程和氧化过程耗掉了留下的氧气，形成缺氧环境；加之尸体组织和一些物质的分解产物，不利于腐败细菌的生长繁殖，尸体的腐败便逐渐停止下来。尸体水分渗出体外，被殓装、棺木或棺内存放的灯心草、木炭、石灰等吸水物质所吸收，尸体便逐渐干化而形成干尸。因此，可以认为，凡是尸体埋葬前进行过防腐、取脏器、浇灌松香或棺内放入吸水物质等人工处理所形成的干尸，称之为人工干尸。

(2)自然干尸

自然干尸指那些未经人工处理，主要由于埋葬环境干燥导致尸体脱水而自然形成的干尸。比如新疆的楼兰古尸就是由于该地区地势低凹，气候干燥，降雨量极少，尸体仅以粗制毛布和羊皮覆盖，上面压一层干树枝和沙土，并无密封良好的棺椁装殓，故尸体周围可接触外界流通的空气，在炎热干燥的荒漠之中，体内水分很快蒸发，对细菌生长繁殖极为不利，即便已开始腐败的组织也逐渐减慢其腐败过程，最后处于静止的平稳状态，使尸体保存下来。电镜下观察到皮肤、软骨、横纹肌、肾、肠等组织中出现大量的细菌或细菌芽孢结构，足以说明死者体内发生过细菌繁殖过程。这些细菌与机体组织自溶、分解相互作用，使部分组织器官遭到一定程度的破坏，但由于干热环境的影响，尸体水分大量迅速减少，细菌生长和尸体组织腐败较快受到抑制，这也是使楼兰古尸保存完好的重要原因。

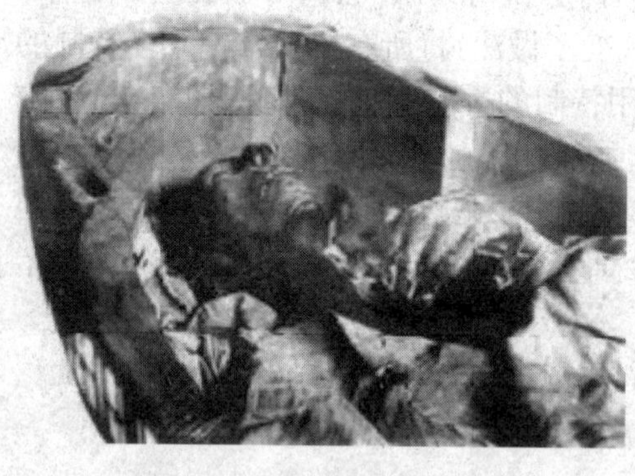
楼兰铁板河古尸

又如哈密古尸，其情况与楼兰古尸类似，其墓葬地点是深入戈壁荒漠之中的一处偏僻的绿洲。地势低凹，海拔只有200米，周围是一片戈壁荒漠,气候特别干燥,有"哈密的吐鲁番"之称。哈密县全年的降雨量平均只有34.1毫米,湿度年平均为40%~50%。可见古墓地所处的环境是十分干燥的。而哈密古尸所在的墓穴和墓室十分简陋,墓顶封土很浅,葬具不密封,这些因素会造成尸体与外界流通的空气接触,在极干燥的环境中,尸体内的水分便很快蒸发。与此同时也抑制了细菌的繁殖,尸体的腐败也就停止,并较好地保存下来。

17. 各国"死亡谷"

世界上有五大死亡谷,它们分别存在于美国、俄罗斯、中国、意大利和印尼。美国内华达州与加利福尼亚州相连处的"死亡谷"长225千米,宽6~26千米,面积1408平方千米,地势险峻。这里对禽兽极宽容,生活着多种野生动物。而涉足这里的人却几乎全部丧生。俄罗斯堪察加岛上有一个长约2千米、宽100~300米的山谷,这里地势坎坷,天然硫磺露出地面,熊、狼等野兽尸骨随处可见。意大利那不勒斯附近的"死亡谷"对人的生命却无威胁,而每年在这里死于非命的动物却达几千只。印度尼西亚爪哇岛上的"死亡谷"有6个具有吞吸生灵威力的山洞,人和动物从洞口经过,就会被一种神奇的吸力吸入洞内,因而洞内白骨累累。以上"死亡谷"何以如此,尚无结论。

(1)美国"死亡谷"

在美国加利福尼亚州与内华达州相毗连的群山之中,有一条特大的"死亡谷"。它长225千米,宽约6~26千米不等,面积达1400多平方千米。峡谷两"岸",悬崖绝壁,地势十分险恶。这里也是北美洲最炽热、最干燥的地区。几乎常年不下雨,更有过连续6个多星期气温超过40摄氏度的纪录。每逢倾盆大雨,炽热的地方便会冲起滚滚泥流。这里还有"死火山口"。

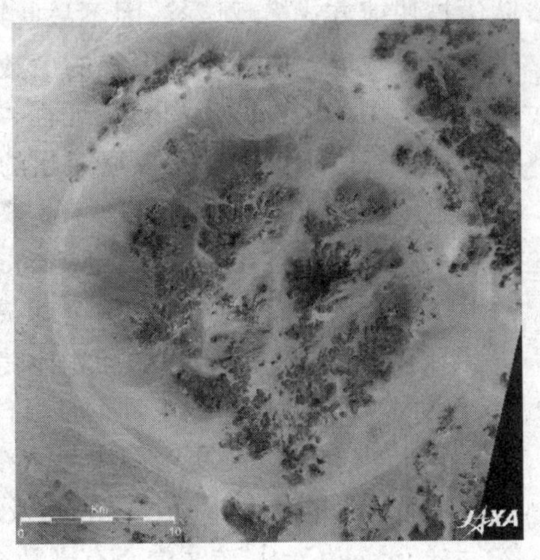

鸟瞰美国"死亡谷"

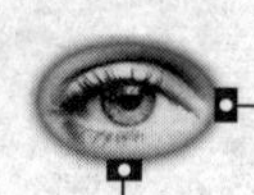

据说在1949年,美国有一支寻找金矿的勘探队伍欣然前往“未开垦的处女地”,因迷失方向而涉足其间,几乎全队覆灭。几个侥幸脱险者,不久后也神秘地死去。此后,有些前去探险或试图揭开死亡谷之谜的人员,也屡屡葬身谷中。

后来,科学家用航空侦察,惊诧地发现这个人间活地狱,竟是飞禽走兽的“极乐世界”。据航测统计,在这死亡谷里大约繁衍着300多种鸟类、20余种蛇类、17种蜥蜴,还有1500百多头野驴,它们居然在那里悠然逍遥。它们或飞、或爬、或跑、或卧,好不自在。时至今日,谁也弄不清这条峡谷为何对人类是如此的凶残,而对动物却是如此的仁慈。

死亡谷形成约在300万年前,起因乃由于地球重力将地壳压碎成巨大的岩块而致,当时部分岩块突起成山,部分倾斜成谷。直至冰河时代,排山倒海的湖水灌入较低地势,淹没整个盆底,复经过几百万年火焰般日头的蒸熬酷晒,这个太古世纪遗留下来的大盐湖终于干涸而尽。如今展露在大自然下的死谷,只是一层层覆盖泥浆与岩盐层的堆积。

印第安人在此所遗留的文化残骸,可追溯至9000年前,但“死亡谷”之恶名直至150年前才被宣扬开来。1849年冬,一列往金山的淘金队伍抄快捷方式横越该谷,因不敌此地恶劣的天候,导致无垠的黄沙中平添白骨数堆。成功穿越山谷的少数人在离开此地时伤心地时说了句“Goodbye Death Valley”(再见,死亡谷),Death Valley由此得名。

死亡谷位于美国加利福尼亚州的东南方,与内华达州接壤,那里的极限温度可达56.7℃,年均46.768毫米的降雨量也仅比撒哈拉沙漠稍多了一点。死亡谷在“恶水”(Badwater)地带,地势低于海平面86米,为西半球最低点。而它同时也是全球最热的地区之一,1913年曾有高达78摄氏度的气温。死亡谷的面积比美国德拉瓦州大一倍半。

死亡谷在11月初至4月末是最佳游览旺季,尤其复活节、感恩节及圣诞节期间气候略寒,更吸引大批人潮。观光点为Black Mountain山下一道4.5千米的Artists Drive路线,及其入口北方2.5千米处的“黄金峡谷”。Furnace Creek访客中心有影片介绍,并提供专人导游。门票每车5美元。洛杉矶到死亡谷150千米,由10号公路接15号往北,至Cajan

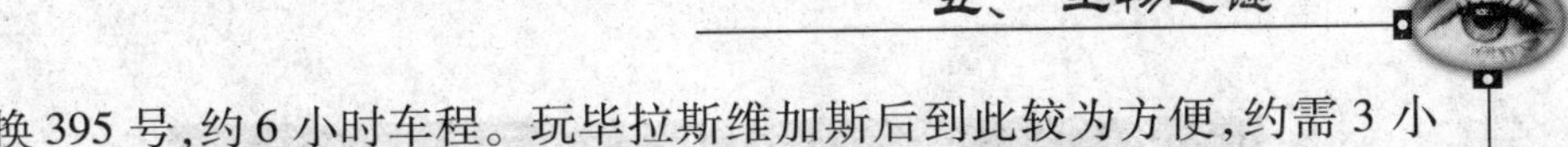

换395号,约6小时车程。玩毕拉斯维加斯后到此较为方便,约需3小时车程即可到达。

(2)俄罗斯"死亡谷"

俄罗斯"死亡谷"

该谷位于堪察加半岛的克罗诺基山区,此谷长2千米,宽只有100米到300米。人若走进这个山谷,很少能活着走出来。这里不但是人的死亡谷,也是野兽的死亡谷。据山区的一位守林员说,他曾目睹一只大狗熊闯进谷中觅食,不料进去不久,突然栽倒,一命呜呼。但是在距离这座死亡谷不到一箭之地有一村落,那里的农民却活得好好的。这个村和死亡谷之间并没有树林和山谷作为屏障。

(3)意大利"死亡谷"

意大利的"死亡谷",它的情形正好和俄、美的死亡谷相反——它只杀害飞禽走兽,对人类却十分友善。

这个被称为"动物墓地"的死亡谷,坐落在那不勒斯和瓦维尔诺湖附近,风景十分优美。它本是一座各种野兽赖以生存的原始森林。但不知何故,每年在这座山谷中死亡的野兽多达3.7万多只。科学家和动物学家们多次入该谷考察,都始终找不出具体的答案。

意大利“死亡谷”

(4)印度尼西亚“死亡谷”

印度尼西亚“死亡之谷”实际是印度尼西亚的“死亡洞”。印度尼西亚爪哇岛上有许多山洞，其中有 6 个大山洞，均是人兽死亡的陷阱。

这 6 个大山洞到底有多大？多深？谁也不知道。山洞内存在着一股巨大的引力，每当人或野兽接近时，就会被吸入洞内，必死无疑。据侦察，山洞里已是白骨累累。

印度尼西亚“死亡谷”

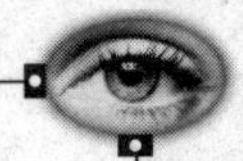

(5)中国“死亡谷”

中国“死亡谷”

中国的“死亡谷”在四川峨眉山中，又称黑竹沟。平时很少有人涉足。该死亡谷的进口称鬼门关，连猎人都不敢进入，如进入必死无疑。至于到底是什么原因，目前仍是个谜。

“黑竹沟”为汉人定的名。由于黑竹沟藏有不少未解开的“谜”，当地彝汉人民把黑竹沟称之为南林区的“魔鬼三角洲”。

当地人谈起黑竹沟，就会向你道出一些神秘的历史事件来：解放初期胡宗南残部半个连30多人进入而不见踪影；解放军3个侦察兵从甘洛县方向进入黑竹沟仅排长一人生还；1995年解放军某部测绘队在黑竹沟高缘派出2名战士购粮，途经黑竹沟失踪，后来只发现2人的武器；1976年四川森堪一大队3名队员失踪于黑竹沟，发动全县人民寻找，3个月后只发现3具无肉骨架。

1991年6月24日黄昏，神秘的黑竹沟突然浓云密布，林雾滚滚，大有蔽日遮天之势，川南林业局设计工程小队的7名队员，17名民工集体失踪于黑竹沟。庆幸的是，由于发现得早，寻找及时，这24名失踪人员只在黑竹沟深谷充当了20个小时的“山老虎”，历尽艰难而无一伤亡。黑竹沟被称为中国的百慕大，1996年5月被四川省定为第四批省级风景名胜区，其景色主要是以原始森林为主。

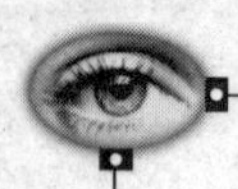

18. 人类进化过程中的缺环

还在上两个世纪,英国生物学家赫胥黎在研究了尼安德特人的头骨以后,认为是一个具有猿脸的头骨,但绝不是人与猿之间的中间缺环。这就告诉我们,人与猿之间的亲缘关系,似乎还应该有一环。至19世纪末,这个缺环的化石一直未被发现。1891年荷兰的军医杜布瓦在爪哇发现直立猿人(爪哇猿人)的骨骼,全世界都为之轰动起来。爪哇猿人的发现,证明这个缺环确实是存在的。20世纪20年代,又在我国的周口店先后发现了北京猿人的牙齿和头盖骨。可是,在20世纪中叶,日本的人类学家认为爪哇猿人和北京猿人尚不是真正的中间缺环,它更接近于人的一方。这样,刚发现了不久的中间一环,又被否定了。于是人类学家又不得不去寻找介于猿和人之间的新的一环以取代直立猿人。这就把南方古猿作为缺环提出来了。可是遗憾得很,南方古猿从脑的大小上看,它跟黑猩猩和大猩猩几乎差不多。所以,设想中的缺环还是没有找到。那么,在猿与人之间到底应该是什么样的一环呢?日本人类学家把它称为"类猿人"(注意:不是类人猿)。如果这一缺环确实是存在的话,那么,应该相信,类猿人将会被发现,或者正在发现之中。

19. 印度气功——瑜伽

印度宗教瑜伽图

印度把气功和练气功的师傅统称为瑜伽。瑜伽在印度极为盛行。宗教化瑜伽留下的烙印很深。一个训练有素的瑜伽,可以连续多天不吃、不喝,使心跳加速或减慢等等。神奇的瑜伽谜,一直吸引着世界各国科学家们的注意。

印度教对于灵魂和肉体的关系是这样认为的:生命不是以生为始,以死而终,而是无穷无尽一系列生命之中的一个环节,每一段生命都是由前世造作的行为(业)所

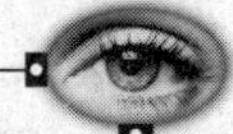

决定的。动物、人和神的存在都是这个连锁中的环节。一个人的善良品行,可以使他升天,邪恶则能令他来世堕为畜类。一切生命,即使在天上,都必有终期,不能在天上或人间求得快乐。虔诚的印度人的愿望是获得解脱,即脱离生死轮回,在那种不变的状态之中获得安息,这称为梵和涅。

牛被印度人看作是神的化身,受到人们的保护不被宰杀。牛被称作"如意牛",也代表幸福吉祥;印度人使用牛粪来治疗皮肤病和一般的外伤,疗效非常好。恒河是印度的圣河,他孕育了印度的文明,人们称天河,每年的许多节日和祭典都在恒河河畔举行,小孩子的成人礼也需要恒河水来淋浴。经常看到人们在恒河中洗浴身体,人们希望通过圣水消除疲劳、驱除疾病、洗净身体的罪恶。

祭典是敬神的重要表现,祭祀也是随着人们祈求幸福的出现和召唤神秘力量而产生的。在古代的圣典就记录了名目繁多的祭典内容和方法。古代祭祀是大型的活动,一般人无法承担这样的花费,数以千计的牲畜被宰杀,雇用劳力搭建气派的祭台,制作上好的香火和贡品,还要请婆罗门来担当祭典的主持人和重要工作,看一个祭祀的成功与否还要看是否有重要人士参加,那些出生于名望家族以及有威望的人,知名的僧人的参加将使承办者获得极大的荣誉。现在,人们仍然坚持祭祀的仪式,但是内容已变得十分的简单,通过咏念梵文和使用简单的祭祀物品就可以完成全部的过程。当然,古代沿袭下来的一些要求依然被现代人所遵守。

印度人民供奉的神有许多,这主要是因为众多教派都存在的原因。教派之间相互尊重,相互融洽,大家都有自己的主神,对于其他的神的存在通常被看作是神的不同形式。

印度教经典《薄伽梵歌》中有一段说:"吞灭一切的死,诞生者的生,在无尽的时间中,是形貌遍宇的载持。是发辉者的光芒,是胜利者的辨识,是高尚者的美德。"

苦行是瑜伽士寻求解脱的主要方法之一。在印度经常可以看到袒胸露肩的苦行者在路旁打坐冥想,在这段时间里苦行者以极端瑜伽方式对待自己的身体,生活极其简单并实行彻底的禁欲。有时还遵守古代沿袭下来的各种条例规定,苦行者通常身体消瘦,衣襟简朴甚至破烂,皮肤

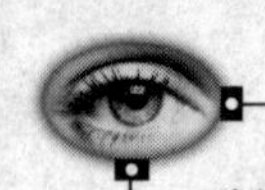

黝黑和行囊羞涩，但是他们目光犀利，有坚定的信念和善良品行，经常具有常人没有的神奇的神通力，他们遵守瑜伽的道德，坚信通过苦行可摆脱业的束缚，使生命得到永恒的净化，他们是我们敬重的人。

目前印度除了宗教瑜伽之外，还有大量的世俗瑜伽。后者抛弃了宗教学说的神秘色彩，以修身养性，作为健康身心、防治疾病、延年益寿的手段。在印度有许多瑜伽学校，专门传授瑜伽术，还有不少瑜伽师漂洋过海赴欧美传徒授艺。

1935年，印度玛德拉斯省的一个叫克里什纳玛哈里自称能使心脏停止跳动。法国心脏病专家黛丽丝·布洛斯医生用手提式心动电流描记器对他进行了现场观察。克里什纳玛哈里先运了几口气，接着入静。试验开始后，瑜伽脉搏摸不到了，心音听不见了，心电图呈一条直线，证明心脏停止跳动。但人还活着，黛丽丝·布洛斯的观察引起了更多的科学家对瑜伽的兴趣。1961年，新德里的医生们观察了3个自称能够停止心跳的瑜伽。观察结果证实瑜伽的脉搏、血压、心音都停止了，只有心电图呈现出正常的曲线。X光透视发现心脏直径变小了。这证明心脏由于体积微缩，活动已变得极其微弱。

瑜伽是怎样控制自己心脏活动的呢？其中两个瑜伽的表演过程是：他们先深深地吸气，然后闭住气，用力扩张喉肌、胸肌和腹肌。医生们认为，这种方式可以急剧提高腹压，从而大大减少静脉血进入心脏的流量。从而使心室充血不足，心脏活动大大减弱，体积逐渐变小，以致从体表摸不到脉搏，量不出血压，也听不到心音了。当然，只有经过多年锻炼的瑜伽，才能用这种方法产生这种神奇的效果。一般人绝不可以轻易一试，因为这很可能引起昏厥甚至死亡。而第三个瑜伽采取的入静方式是剧烈收缩胃部，把胃提到横膈以上。医生们认为，这种方式可以加强迷走神经的紧张程度，从而使心脏活动减弱。

1968年，科学家们比较仔细地观察了一次瑜伽表演“活埋”的情况。表演者4人，（一个是职业瑜伽，两个是学过三年气功的世俗瑜伽，还有一个健康的男人，没有任何瑜伽功夫），他们分别下到墓穴，上面黄土封顶，不留气孔。职业瑜伽在下面呆了18小时，其余三人各呆了14小时。试验证明，不论是职业瑜伽，还是普通试验者，在墓穴中的需氧量都大大降低了。

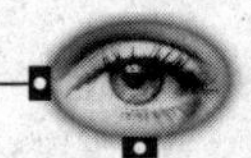

这是什么原因呢？生理学家们早已知道，如果人吸入了含二氧化碳高的空气，大脑皮层和皮下层就会受到压迫，从而使肌肉松弛，内脏活动减弱，内分泌减少，其结果必然是需氧量的降低。所以，在含二氧化碳量高的墓穴内的人需氧量降低，这是正常现象。还有一点也可以说明这种判断的正确性，即接受试验的瑜伽在墓穴外面反而经受不住空气中含氧量的降低。

印度乌台浦尔邦医科学校的医生对瑜伽进行过一次令人难以置信的观察。一位叫萨蒂雅穆尔蒂的瑜伽在众目睽睽之下被“活埋”了整整8个昼夜。试验的过程是这样进行的：先挖一个墓穴，不置任何食物，只放5升蒸馏水进去。据瑜伽说，这水不是为了饮用，而是为了湿润空气的。试验结束时，水还剩下一半。穴内温度24～33摄氏度。经过8个昼夜之后，墓穴被打开，瑜伽仍然和开始试验时的姿势一样地坐在那里，但全身处于僵木状态，对周围的变化反应迟钝。体温大大降低，只有34.8摄氏度，而开始试验时是37.2摄氏度。刚打开封土时，瑜伽全身剧烈颤抖，持续两小时之后，体温才恢复正常。在试验期间，瑜伽体重降低了4.5千克，血糖有所升高。特别应该指出的是，在试验期间，瑜伽机体的新陈代谢不仅没有停止，而且也没有很明显的降低。

修炼瑜伽者的坐姿

在瑜伽接受试验的八昼夜期间，心电图一直观察着，只有几次很短的间断。心电图的记录是出人意料的：“活埋”两小时之后，心跳逐渐加快，第一天晚上达到每分钟250次！一直持续到第一天傍晚时，心电图突然出现了一条直线，这使医生们大为惊讶。心电图的直线意味着什么呢？医生们全面检查了仪器，证明一切正常，没有问题。“瑜伽死了！”惊恐的医生们决定立即停止试验，扒出瑜伽。但瑜伽的助手认为没有必要大惊小怪。他说，瑜伽还活着，只是心脏停止了跳动……于是，试验接着进行在预定结束试验之前半小时，心电图才又开始出现曲线，心跳记

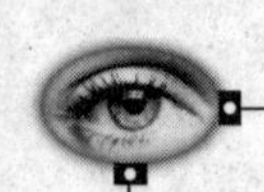

录是每分钟142次！是什么原因使心电图出现直线呢？至今仍然是个谜。如果说瑜伽自己脱开了电极板，以后又自己接上了，这就需要很熟悉心电图技术，而且不是一两个导联，是12个导联！再说，到第八天全身处于僵木状态的瑜伽怎么能够自己接上电极板呢？

当然，说瑜伽停止了心脏跳动也是不可信的，因为在整个试验过程中，他的新陈代谢是正常的。神奇的瑜伽之谜正等待着科学家们进一步的探索。

20. 人类变性的奥秘

不仅动物界有雌雄互变的现象，而且在我们人类中也不乏男变女、女变男的事。有的男人成年以后，其体格形态、心理素质和性格突然发生与男性截然不同的深刻巨大变化：不长胡须，没有胸毛，说话嗓音尖细，全身皮下脂肪增多，乳部、腹部、臀部有较多脂肪，乳腺组织发达，肩膀狭，骨盆大，喉头软骨不凸出，头发多而且长，身体变成丰满柔美，近似女性体态，男人终于变成了女人，甚至可以怀孕、生儿育女，做妈妈。这叫做男人女性化。

有的女人成年后，其体格形态、心理素质和性格突然发生与女性截然不同的巨大变化：长胡须，身上有类似男性体毛长出，喉头软骨突出，嗓音变粗，乳腺组织衰退，性格变成像男人一样刚烈、勇猛，体形因肌肉及骨架变化而近似男人，甚至可以像一般男人一样娶妻子，生育后代，做爸爸，这叫做女人男性化。

我国古籍记载，战国时期魏襄王十三年（公元前306年），魏国有"女子化丈夫"，这是世界医学史上最早记载的女子男性化的事例。男女互变（即男人女性化或女人男性化）虽然是人类性别史上极个别的一种异常现象，少而又少，但古今中外却屡有发现。请看下面的事例：珍出世时，是一个正常的女婴，逐渐成长为一个美丽的中学生，后来她参加了澳洲空军。在服役期间，开始对其他女性产生魅力。她很害怕，就匆匆结婚生孩子。希望通过这些让生命细节进入正常的轨道，可是她还是没有逃脱厄运。当她生下女儿之后，她就有一种恐怖的感觉，知道自己的身体正在发生一些奇怪的变化，后来变化愈来愈明显，脸上开始长毛，身体器官由女性变成男性。澳洲的医生对于她毫无办法，便推荐她去英国

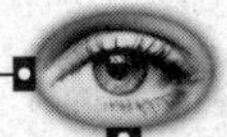

找专家诊治。于是她漂洋过海来到了伦敦著名的佳氏医院。那里的医生也从未见过这种情况，医学书中也未有过这样的记录。经过一番检查之后，医生发现她有独特的染色体，可能就是这种独特的染色体改变了她性别的命运。

1980 年，在湖南湘潭大学的一次婚礼上，38 岁的新娘竟是从前做爸爸的男子汉。10 多年前，她本是一个地道的男子汉，结婚生子后，不知什么缘故，男性生殖系统逐渐衰退变成了女性，乳房膨大，像少女一样突起，在医生的建议下做了变性手术，变成了地道的女性。

这种变化到底是怎么产生的呢？医生们对此做了多方探讨。有人从人体激素方面进行分析，雄激素在构成雌雄判别方面是起决定性因素的。不论是男性还是女性，体内肾上腺皮质能产生少量的雄激素，这在正常情况下不起主导作用。雄激素是促使机体男性化的激素，它在体内过多或过少都是不正常的。女人体内肾上腺皮质正常时分泌少量雄激素，这不会引起男性化。但在不正常的情况下，如果女人体内的雌激素衰退或消失，而她体内肾上腺皮质却分泌大量雄激素，就可在她身上引起男性的外部形象表现，变成近似男性体态。相反的，如果男人体内睾丸组织的间质细胞遭受到严重损坏，睾丸功能衰退或消失，不仅降低了产生精子的能力，也失去了分泌雄激素——睾丸酮的来源，同时他体内却分泌大量雌激素，这样就可在他身上引起女性外部形象表现，变成近似女性体态。

还有的学者从染色体角度进行分析，认为决定男女性别的不仅是性染色体，胎儿在胎内 6 个星期以前以具有共同的性腺原基发育，其后，X 染色体从其共同的原基础打开通向卵巢的道路。Y 染色体打开通向睾丸的道路，Y 染色体入睾丸分泌出男性激素，形成外性器官。当男性激素的功能不正常时，便产生外性器官女性化，因而出现半阴阳的现象，这是人类性别上的一种阴差阳错。除纯粹的阴阳人外，还有出生时性器官分不清男女，长大后才知道是半阴阳人的现象。

还有人认为某些药物可促使性别的变化。

以上是部分科学家对男女互变问题的一些分析和论断。由于男女互变是人类性别上一种极个别但又颇复杂的异常现象，其中还有不少疑谜尚待科学家们今后继续努力去深入探索和研究。

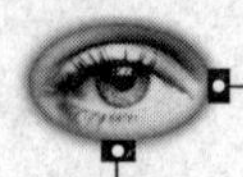

21. 人类容貌为何各不相同

脸是人体最引人注目的部位，也是人们互相识别和了解的依据。为什么人们的脸各不相同？“塑造”脸的动力是什么呢？达尔文的自然选择学说认为，适应是普遍存在的生命现象，无论是植物、动物，还是微生物；无论是生物的形态结构、生理机能，还是行为习性，无一例外。脸也是人类适应自然环境的产物。白种人的头发是亚麻色的，略微有点透明，这是适应高纬度地区寒冷环境的结果，因为这样容易使头皮吸收太阳光的热量。反之，黑种人的头发黑色卷曲，有利于阻隔太阳光带来的热量，保护大脑。这是适应热带环境的结果。同样道理。南部非洲人的鼻梁低而短，而埃塞俄比亚人的鼻梁高而长，这是由于埃塞俄比亚地区海拔高、气候冷的缘故：高而长的鼻梁可以增大鼻腔容积，温暖湿润吸入的寒冷干燥空气，使肺得到保护。黄种人倾斜的凤眼和眼睑内的褶皱，可能与亚洲中部地区多风沙有关。这种结构可以保护眼睛，使之免受风沙尘土的侵袭。诸如此类的脸部特征，都可以用适应自然环境来加以解释。自然选择成了塑造人脸的一大动力。

然而，也有一些脸部特征是很难用适应自然环境来解释的。非洲黑种人的嘴唇厚而突出，可是白种人的嘴唇却薄而不突出，这是怎么形成的？有些民族的男子中间，络腮胡须非常普遍，而另一些民族中络腮胡须者十分少见，这又该如何解释呢？

达尔文认为，人类脸上的许多特征是“性选择”的结果。例如，厚嘴唇、高鼻梁、络腮胡须等脸部特征，在一些种族、部落中被视为健美的标准，具有这些特征的人容易找到配偶，有更多的机会留下后代，于是这些脸部特征便在人群中逐代普遍化。

近年来，另一种解释“塑造”脸部特征动力的理论正在崛起，这就是“中性突变漂变学说”，又称“非达尔文主义进化学说”。1968 年日本遗传学家木村资生，在英国科学杂志《自然》上，发表了《分子水平上的进化速率》一文。翌年，美国的两位科学家雅克·金和托玛斯·朱克斯，在美国杂志《科学》上发表了《非达尔文主义进化》一文，于是以“中性突变”为基础的分子进化学说逐渐形成了。

这个学说认为，从分子水平看，大部分突变对于生物体的生存既不

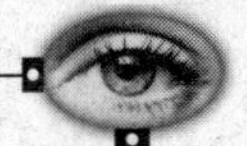

产生有利的效应，也不酿成不利的后果，因此，这类突变在自然选择中是“中性”的。在亿万年中，生物体内的基因不断地产生“中性突变”，它们不受自然选择的支配，而是通过随机的偶然的过程即遗传漂变，在群体中固定下来或是被淘汰，结果就造成了基因和蛋白质分子的多样性，实现了分子的进化。

生物体的所有特征都是由遗传基因控制决定的，脸部的各种特征也有着不同的控制基因。例如，单眼皮和双眼皮各有其不同的基因型，在一个很大的人群中，单眼皮基因型和双眼皮基因型所占的比例为一稳定的值，称为基因频率。如果让这一人群自由通婚繁殖，基因频率将从一代到另一代维持不变。这就是有名的哈代范堡遗传平衡定律。然而，如果这一人群分成若干小群，迁移到一些地理上相互隔离的地区。小群中某些性状基因频率，就可能与原来大群中的不同。之后，随着这一小群的盛衰变化，基因频率随机改变，后代中出现这些性状的个体数也会发生变化。这就是遗传漂变。

在美国宾夕法尼亚州有一种“敦克尔人”，是 18 世纪初从德国西部迁居来的。他们在本族内通婚，形成了一个半隔离的小群。如今，敦克尔人的脸部特征不同于德国西部人，也不同于宾夕法尼亚州的其他美国人。这是遗传漂变的结果。生活在北极的白人、瑞典人、德国人、意大利人的脸部特征各不相同，但是，他们是同一祖先的后裔，是遗传漂变“塑造”出形形色色的脸。

除了自然选择和遗传漂变，还有没有“塑造”人脸的其他动力呢？在人脸的进化中，自然选择和遗传漂变的关系如何呢？回答这些问题还需要时间，需要进一步的探索。

22. 引发“无名火”的玛特利现象

从远古起，人类就和火结下了不解之缘。然而，火在给人类带来光明和温暖的同时，也会造成灾难。所谓“玛特利现象”就是尚未揭开谜底的“怪火”。

在沙特阿拉伯腹地的哈迪岩村，居住着一个牧羊人：拉西德·玛特利。1986 年开斋节后的一天中午，他的一间用羊毛制成的小毡房突然起火，玛特利和妻子一起把火扑灭了。第二天，一间内屋又突然起火，玛

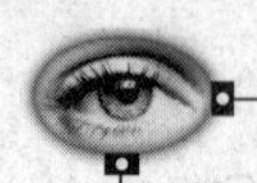

特利这才着急了，立即报告了村长。当村长赶到时，来势凶猛的火一下子烧掉了三间房屋。玛特利感到惊恐不安，就向法赫德国王、内政大臣纳伊夫亲王和政府有关部门报告此事，并请求政府派遣专家到现场调查。哈纳迪亚亲王府最先派出一个调查组赶赴现场，结果只是建议玛特利一家搬到其他地方一试。于是，玛特利一家到离哈迪岩村30千米的哈斯渥，支起了两座帐篷。不料，他妻子和女儿居住的帐篷又起火了，而他放在汽车里的一件衣服也无缘无故地自燃。玛特利家里的怪火奇事，由此名闻遐迩。

伊斯兰联盟调查组和其他国家、地区的一些科学家闻讯赶来。他们调查后发现：玛特利家中的怪火都是发生在白天，尤其是中午和下午最多，夜间未曾有过。至于为何火灾屡屡，则未能做出一个令人信服的解释。于是，人们便把这种莫名其妙的怪火，命名为“玛特利现象”。

“玛特利现象”不仅在中东，而且在世界其他地区也出现过。美国伊利诺斯州有一座豪华住宅，住着长努夫妇和两个子女。不料，从1989年3月起，住宅内怪事连连。墙上的电源插座会无缘无故地冒出火焰，就像是一个喷火器。这种火焰约有几英寸宽、几英尺长。床上的被褥、家具、器皿都曾被火焰燃及。保险公司的专家起先还以为是室内的线路安装有问题，于是出资将整座楼房的电线全部改装。然而，怪火依旧不绝。更为蹊跷的是，住宅内出现怪火的同时，还不时涌出浓烟，整个住宅内浓烟滚滚，看上去阴森恐怖。无奈之下，保险公司只得出钱买下住宅，然后用推土机铲平。好端端的一座豪华住宅，就因为神秘的“玛特利现象”而不复存在。

乌克兰一家医院的首席医生科钦科，曾经给一个名叫萨沙的男孩看过病。据萨沙的双亲和亲戚介绍，萨沙不可自制的特异功能已经引起100多次火灾，给亲戚朋友带来灾难，迫使他们必须搬家避难。萨沙的母亲安娜说：“萨沙一进入房间，里面的地毯、家具和电器常常就会在一刹那燃烧起来。”她还说，家里的人不敢一起睡觉，必须轮流值班，以防火患。

其实，类似的“起火人”并非萨沙一人。数年前，人们在意大利的旅游胜地发尔米雅，发现了一个两眼能喷射出不易被人察觉的热火的少年贝耐戴多·苏比诺。一次，苏比诺去看牙病，候诊时随手拿起一本杂志

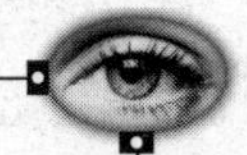

阅读，不料杂志竟烧了起来。晚上，他刚睡下，被单又被烧坏了。

因此，一些专家、学者指出"玛特利现象"也许就是这些"起火人"在"放火"，而之所以神秘莫测乃是因为这些"起火人"并不知道自己有"起火"的特异功能，会在无意之中到处"放火"，导致"玛特利现象"屡屡发生。

美国纽约布鲁克理工学院的毕奇教授，是一位研究爆炸静电学的权威，同时又是一位研究"玛特利现象"的专家，他认为：人体所带的高强静电在释放时引起了怪火。毕奇教授解释说，在干燥的冬天，差不多每个人身上的静电都上升到几千伏特。在 10 万人中，会有一个人的皮肤特别干燥，因此产生的静电也就特别高。凡是身上带有这种静电的人，都十分危险，如果"放射"出来，又遇上空气中存在超量的可燃气体，就极易"碰撞"出"星星之火"，进而"燎原"。

美国俄亥俄州的一家电机厂，在一段时间内火灾频频，有时一天内竟有 8 起之多。毕奇教授亲自到工厂检验。他请每个员工站到一块金属板上，手里拿着一块电板，毕奇教授则注意观察静电电压表的变化。结果发现，有一名女工身上的静电为 3 万伏特，电阻为 50 万欧姆。毕奇便建议厂主将该女工调到不与易燃物品接触的部门。后来，这个厂里再也没有发生过火灾。

"玛特利现象"的发生，到现在已有好几十年了。而如果溯本求源的话，我们可以从古代的史册、笔记中，寻找到"玛特利现象"的影子。俗话说：水火无情。只要"玛特利现象"存在一天，生命和财产就会受到威胁。"玛特利现象"已经向人类和现代科学提出了挑战。

23. 为何人体会自燃

身体自燃在中古世纪一直被视为上帝的惩罚或巫术，遇害者与一般火灾中的死者有颇大的分别，普通火灾中的死者即使在猛烈的大火中，只会是外层皮肤烧焦，自燃的死者却只余下四肢末端，其余都烧成灰烬，包括骨骼及内脏，估计温度需要高达千摄氏度，高温并需维持一段长时间。尸旁的家具和墙纸只有轻微损毁，明显与一般火警不同，专家估计火舌只有半米至 1 米高。其中更奇怪的是，这样的大火邻居却通常不会发现，死者更不会发出求救声。在多数的个案中，死者多是独居老人、肥

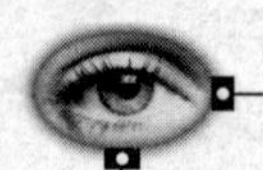

胖及酗酒者。另外,在发现尸体的地方通常会被一层湿润的油烟覆盖,残留难闻气味。

到底“自我燃烧”是魔鬼的罪证,还是上帝的惩罚呢?普通火灾如何严重尸体都只会表面烧焦,而非化成灰烬。人体自燃的事例最早记载于17世纪的医学报告,到了20世纪,事例多达200余宗,以下是其中数宗详细事例:

• 最早的完整记录是法国人雷尔于1830年第一篇有关人体自燃的论文,记录了1673年巴黎一名嗜饮烈酒的贫妇,一天晚上,睡觉后神秘地自燃死,被发现时只遗下头部和手指,其余部分则烧成灰烬。

• 1966年美国宾夕法尼亚州本特莱博士(Dr. John Bentley)在《罗棱萨学报》中报告:1776年10月,一个名叫巴塔利亚的医生,记载了他曾为一个少数自燃案例的生还者治疗的记录:“一天,意大利教士贝多利在姐夫家中祈祷时,突然着火焚烧。目击者说贝多利独自在房中祈祷,过了几分钟,突然传出教士痛苦的呼叫声,家人察看时,看见贝多利躺在地上,全身被一团小火焰包围,但上前察看时,火焰便逐渐消退,最后熄灭了。次日,他被送到巴塔利亚医生处检查,医生发现他右臂的皮肤几乎完全脱离肌肉,吊在骨头上,肩膀至大腿,皮肤同样损伤,最严重的右手,已开始腐烂。在四天的治疗里,贝多利一直发烧,全身抽搐,不断呕吐,陷于谵妄状态,最后在昏迷中死去。最恐怖的是贝多利在死亡前已发出腐肉似的恶臭,而且有虫从他身上爬出来,他的指甲也脱落了。奇怪的是,他的衬衫虽然烧成灰烬,袖口却完整无缺,裤子也完好无损,帽子完全焚毁,头发却一根也没有烧焦。”

• 美国佛罗里达州圣彼得堡,1951年7月2日房东卡本特太太(Mrs. Pansy M. Carpenter)递交一封电报给她的寡妇租客里泽太太(Mrs. Mary Hardy Reeser),然而房门的把手把她烫着了,在两名油漆工人的协助下,他们把房门打开,发现房内布满浓烟,一股热气正不断涌出,后来,消防员到达检查,发现地板上有一处直径1.2米的烧焦痕迹,而原有80千克的里泽太太,只余下不到4.5千克的残骸,包括一个烧焦了的肝脏、一只仍然穿着鞋的脚、1.2米以上的墙壁以及天花板都沾满了一层气味难闻的油烟,1.2米以下的部分则没有,除了里泽太太所坐的椅子及旁边的茶几外,其余家具并无损毁,一份在不足30厘米外的报

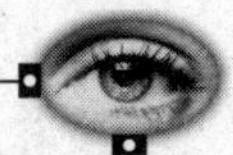

纸更安然无恙。这个事件是一个重要案例，因为它是首宗以科学方法去研究自我燃烧的案件，包括病理学家、研究火灾的专家及当地消防部门亦介入调查。往后的调查，他们否定了漏电、化学易燃品、闪电、自杀及谋杀等可能，最终当局亦承认调查失败。然而值得留意的是里泽太太的儿子里泽博士、媳妇和卡本特太太证实最后一次见死者时，她曾服食两片安眠药和抽烟。

1964 年以后，科学家提出过多种引发自我燃烧的可能性，包括以下一种或多种的结合：①肠内气体容易燃烧。② 某些元素或混合物一旦暴露于空气中会自动着火，如人体元素之一的磷。③ 闪电引发自燃。④ 某些活跃的化学品与其他物品混合会引起爆炸。⑤ 静电产生的火花，在某些情况下可引发自我燃烧。然而，事实证明上述假设仍有很多漏洞，即使喝了大量白兰地的胖子接近火源也不会着火；医生亦提出质疑，人体含有大量水分而脂肪相对较少，为何无故起火；另外实验亦证明，即使把一只浸在酒精中一年的老鼠点着，外皮虽然会腾起烈火，肌肉烧焦，但内部组织及器官却依然不会严重焚毁。此外，专家指出：在酒精浓度足够引至自燃前醉酒者早会死于酒精中毒。

时至现在，“灯芯效应”(wick - effect)是一个最有力的解释。在大多数案例中，科学家均发现有不同的体外火种来源，包括蜡烛、油灯、火炉、烟头等，绝非无故起火，衣服则成为助燃物，火种因意外烧着助燃物，高温把人体内的脂肪及骨骼中的骨髓熔化，脂肪慢慢渗入燃着了的衣服，提供新的燃料，结果不断燃烧，肌肉、内脏及骨骼在长时间燃烧下最终烧成灰烬。在不久前，英国广播公司(BBC)的一个节目中拍摄了一次有关“灯芯效应”的实验，科学家用一只死去不久的猪来进行，以毛毯包裹，然后以少量油把毛毯烧着，结果他们相当成功地模仿到人身自我燃烧中的特征。在接近 6 小时的燃烧过程中，温度维持在 700 ~ 800 摄氏度，火舌约 1 米高，这正好解释为何残骸附近的家具并没有焚毁，却熔化旁边的塑胶用品。另外，浓烟亦将四周的墙壁熏黑，在多宗记录中的黄色液体估计是未燃着而熔化了的脂肪，科学家相信自燃个案中的死者通常四肢会完好无缺是因为四肢脂肪较少，所以没有烧成灰烬。这理论亦正好解释为何以往有八成死者为女性，相信是因女性皮下脂肪较多，一切与自燃案件中的特征相似。另外，不少案件牵涉老人和好酒的人是因他们晕倒或醉酒，所以无法发出求救、呼叫。然而，亦有少数案例发生于饮食有度、瘦削和年轻人身上，则未有合理的解释。

24. 人类大脑记忆之谜

记忆对于人类的生存和发展有极重要的意义，我们对周围世界的各种知识绝大部分是通过学习而获得的。记忆使我们在一定时间内保持获得的知识，并可随时取出以适应我们的需要。尽管人类早就开始对记忆机制进行探讨，并从行为、生理、细胞和分子等不同层面对记忆展开研究，取得了不少成果。然而到目前为止，我们对人类的记忆机理的了解仍然非常有限。记忆机制的研究不仅对揭示人脑的工作原理、记忆疾患的防治和提高人类的记忆能力有重要意义，而且对于发展新型的信息处理机器也有很大作用，特别是当今世界面临信息爆炸的时候。因此，记忆的研究已成为我们当今科学研究的热点和面临的难题。

人类记忆的目的是存储对其生存有意义的内外环境的信息，而人类在自然状态下，由各种感官不断传入大量的信息，如果把传入信息都存储起来，将占用过多的存储资源，而且增加正确提取的困难。实际上，人脑不是将传入信息原原本本地加以存储，而是根据轻重缓急加以选择和处理后再存储。如何选择有意义的信息是信息存储的组织首先面临的问题。

人类的记忆依靠脑内存在的广泛联系采用并行分布方式，多种不同记忆可同时进行处理和存储。为了有效存储信息，脑内的记忆不是单纯输入信息的印记，而是将信息按本身需要和自然界本质特征，分门别类整理和加工，形成一定的存储结构。人类的记忆实际表明，记忆系统利用客观存在的事物聚类，事物在时空中的联系，通过归纳、组合、抽象等方式，将信息纳入到联系最省事和方便提取的记忆结构中。在心理学研究中，已揭示有组块、图式等高级存储结构。我们现在还不清楚脑如何具体实现这样的任务。但从神经系统的生理和结构看，大致应对应于一种并行、分布、多层次结构的广泛联系的神经网络。揭示这一脑内存储结构的形成和发展，将大大推动对人类记忆的理解。这里包含许多问题，如层次结构如何通过学习而建立？不同层次和不同类记忆间如何相互协调？而层次信息在脑内如何表示？这些是其中最基本的问题，而此

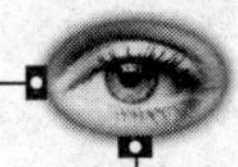

问题已成为当前计算神经理论的一个热点。

脑内的记忆的存储和提取是一个复杂的动态过程,其过程中产生的脑内兴奋可能相当广泛并可能有不同的程度,这些兴奋通过突触联系造成脑内兴奋的运动。在存储过程中,输入信息不仅使相应脑区兴奋,而且可引起脑内的响应,特别是与输入有关的原有记忆的脑区也可被兴奋,两者互相作用而使新的信息融合到原有的记忆结构之中。已有人提出这种响应性的记忆痕迹是自由回忆的基础。在记忆过程中脑内有多少种不同程度的兴奋存在,相互间有何关系,新的信息如何嵌入到已有的记忆结构中去等等,这些问题都有待解决。

上面提出的许多问题,涉及许多方面,要解决这些问题有赖于多学科的共同努力。目前首先应综合认知心理学、神经心理学、神经生理学、神经解剖学的资料和神经网络研究成果,建立反映记忆组织过程的神经网络模型,特别要注意利用多种手段同时进行观察记录的实验资料。控制论和系统论为综合不同学科知识,建立复杂系统的功能模型提供基本方法。

模型在生物医学研究中的作用已日见重要。模型不仅可以综合不同学科的成果,建立神经生理与神经心理之间的桥梁。正确的模型能反映原有系统的特征以及系统参数对过程的影响;因而可用计算机仿真来代替部分难于实现的或费力、费时、费钱的生物学实验。模型应能预报系统的行为并为进一步的实验提供指导。

解决上述人类记忆的组织问题,不能期望通过一次综合、一个模型的研究就能解决。总之,人脑记忆的组织问题,有赖于多科学的协作,综合各学科成果的功能模型研究最为重要。应当从简到繁,从易到难,通过综合模型验证实验和再综合模型验证的过程,反复进行和逐渐深入,才能一步步前进。我们相信人类终将解开人类记忆之谜。